工业和信息化普通高等教育"十三五"规划教材

高等院校"十三五"会计系列规划教材

U0683976

I NTERMEDIATE FINANCIAL
I ACCOUNTING

中级财务会计

微课版 第2版

◆ 王晓燕 张秀梅 编著

人民邮电出版社

北 京

图书在版编目（CIP）数据

中级财务会计：微课版 / 王晓燕，张秀梅编著. --
2版. -- 北京：人民邮电出版社，2019.8（2023.7重印）
高等院校"十三五"会计系列规划教材
ISBN 978-7-115-50846-1

Ⅰ. ①中… Ⅱ. ①王… ②张… Ⅲ. ①财务会计－高
等学校－教材 Ⅳ. ①F234.4

中国版本图书馆CIP数据核字（2019）第029241号

内 容 提 要

本书共 13 章。第 1 章总论，概括介绍了财务会计的特征与目标、会计假设、会计信息质量要求、会计要素、会计确认基础、会计计量属性等。第 2 章至第 8 章主要介绍了企业资产增减变化的会计事项处理方法，包括货币资金、应收及预付款项、金融资产、长期股权投资、存货、固定资产、无形资产和其他资产。第 9 章和第 10 章为负债的内容，介绍流动负债和非流动负债的确认与计量的会计处理方法。第 11 章是所有者权益，介绍所有者权益的构成内容及会计处理方法。第 12 章是收入、费用和利润部分，主要介绍收入和费用的确认与计量、利润的构成及会计处理方法、所得税的会计处理方法、净利润的结转与分配程序等。第 13 章是财务会计报告部分，介绍财务会计报告的组成内容，即财务报表和附注，其中，财务报表是核心，包括资产负债表、利润表、现金流量表、所有者权益变动表 4 个主表和相关附表；在介绍财务报表的一般编制方法后，以某一企业为例，编制具体的资产负债表、利润表、现金流量表、所有者权益变动表。读者通过学习本书内容，可以全面理解和掌握中级财务会计的内容框架和会计确认、计量与报告的方法体系。

本书可作为普通高等院校和高等职业院校会计、财务管理等专业的教材，也可作为会计工作人员的自学用书。

◆ 编　著　王晓燕　张秀梅
　　责任编辑　赵　月
　　责任印制　焦志炜

◆ 人民邮电出版社出版发行　　北京市丰台区成寿寺路 11 号
　　邮编　100164　电子邮件　315@ptpress.com.cn
　　网址　http://www.ptpress.com.cn
　　北京天宇星印刷厂印刷

◆ 开本：787×1092　1/16
　　印张：17.75　　　　　　　　2019 年 8 月第 2 版
　　字数：538 千字　　　　　　2023 年 7 月北京第 2 次印刷

定价：49.80 元

读者服务热线：（010）81055256　印装质量热线：（010）81055316
反盗版热线：（010）81055315
广告经营许可证：京东市监广登字 20170147 号

前言 FOREWORD

2006 年，财政部发布了新的《企业会计准则——基本准则》和《企业会计准则第 1 号——存货》等 38 个具体准则与《企业会计准则——应用指南》，并在 2007 年 1 月 1 日开始实施。2014—2018 年，财政部陆续发布了新增或修订的企业会计准则。为了更好地体现会计准则的核心内容，并以会计准则为指导处理企业发生的经济业务，我们编写了《中级财务会计》一书。本书注重实务操作的理解和应用，注重财务会计专业素质和操作技能的培养。

本书第 1 版出版后，财政部随后颁布和修订了部分会计准则。为了适应教学需要，结合新修订的企业会计准则以及新税法，编者对第 1 版进行了修订。主要修订内容如下。

（1）根据财政部新修订的《企业会计准则第 22 号——金融工具确认和计量》（2017），修订了第 4 章金融资产的相关内容。

（2）根据财政部新修订的《企业会计准则第 21 号——租赁》（2018），修订了第 7 章、第 10 章的相关内容。

（3）根据财政部颁布的《关于修订印发一般企业财务报表格式的通知》，修订了财务报表的格式和内容，并相应修订了涉及报表项目的有关内容，包括涉及的会计科目及核算内容等。

（4）根据财政部、税务总局、海关总署联合发布的《关于深化增值税改革有关政策的公告》（2019），修订了有关增值税的税率及相关会计处理方法。

（5）对第 1 版中的知识进行了全面的补充和完善，使内容更加完整、准确、易懂，更加满足教学的需要。

（6）本书对相关重难点、变化更新点等进行了视频讲解，在文中以二维码链接的形式体现，读者扫码即可观看。

本书以一个企业的经济业务会计处理为主线，按照会计要素构成及具体会计准则体系介绍了会计业务流程全过程的会计处理。本书附有例题，力求将复杂问题简单化、简单问题直观化。本书在每章结束后都有本章小结（扫描二维码即可阅读）、思考与练习；同时，本书根据学习进度安排了课堂测试，以使读者综合、全面地领会所学内容，巩固所学知识。

在编写本书的过程中，编者参考了和财务会计内容有关的书籍，借鉴了其中的一些观点，在此对有关专家学者表示感谢；同时，也感谢天津科技大学经济与管理学院在本书的编撰过程中给予的帮助。

本书由天津科技大学王晓燕、张秀梅编著。具体编写分工如下：王晓燕编写前言、第1章、第2章、第6章、第11章、第12章、第13章；张秀梅编写第3章、第4章、第5章、第7章、第8章、第9章、第10章。王晓燕和张秀梅对本书进行修改和校对。

编者

2019年4月

目 录 CONTENTS

第 1 章 总论

本章主要阐述了财务会计的含义、特征和目标，会计信息质量要求，会计确认基础与计量属性，以及财务会计要素的构成内容。通过本章的学习，读者应了解财务会计的产生和发展，掌握财务会计的含义、特征和目标；了解会计假设及会计信息质量要求；掌握会计确认基础与会计计量属性；掌握财务会计要素的构成内容，了解每个会计要素的概念、特征和确认条件。

1.1 财务会计概述

1.1.1 财务会计的产生和发展

会计是随着人类社会生产劳动而产生和发展的。会计最初表现为人类对经济活动的计量与记录，是生产职能的附带部分。随着社会分工和社会生产的不断发展，特别是产生了货币以后，会计逐渐成为一项独立的工作。

18 世纪中叶到 19 世纪初的产业革命，使企业组织形式和经营方式发生了重大变革。股份制企业组织形式开始出现，企业的社会联系也日益广泛，会计核算的重心逐渐由个体转向了企业。

19 世纪末到 20 世纪初，股份有限公司逐渐成为主要的企业组织形式。股份有限公司的迅猛发展，使企业所有者和经营者相分离。为了使企业所有者及时了解企业的财务状况和经营成果，在传统会计基础上产生了对外报告会计——财务会计。

股份制企业在资本市场上发行股票和债券，向社会公众筹资。股份制企业在经营活动中，形成较为复杂的经济业务。在企业外部形成了与企业利益相关的集团、股东、债权人、供应商、顾客、政府管理部门等。他们都会成为企业财务信息的使用者。这些企业外部的利害关系人，都要求企业能如实地向他们提供有关财务状况和经营成果的信息。在这种环境下，企业会计的发展出现了分化的趋势。到 20 世纪中叶，企业会计分化为两大分支：财务会计和管理会计。以向企业外部各种利害关系人提供会计信息为主要目标的分支是财务会计。财务会计旨在向企业外部的投资人、债权人及其他与企业有关的集团、部门提供投资决策和经营决策等所需的会计信息。

1.1.2 财务会计的概念

财务会计是在传统会计的基础上发展而来的，但是又有不同于传统会计之处。为了防止财务信息的失真和漏报，并加强财务信息之间的可比性，企业外部各种利害关系人要求，企业通过财务会计报告如实提供有关财务状况和经营成果的信息时要对传统会计的程序和方法以及财务会计报告的内容和表达方式进行规范。因此，财务会计是规范化的传统会计。财务会计的一般概念可表述为：财务会计是运用会计核算的专门方法，对企业会计要素进行确认、计量，并将各会计主体的财务状况、经营成果及其变动情况等信息提供给信息使用者的一门专业会计，也称对外报告会计。

财务会计按课程体系又可具体分为初级财务会计（亦称会计基础或会计原理）、中级财务会计和高级财务会计。本书属中级财务会计课程内容范畴。中级财务会计所处理的会计事项都是以会计基本前提（会计假设）（参见本章 1.2 节相关内容）为基础，发生在企业生产经营过程中的一般会计事项。它提供的最终产品是财务会计报告。财务会计报告的构成要素是资产、负债、所有者权益、收入、费用、利润等会计要素（参见本章 1.4 节相关内容）。因此，中级财务会计是以会计基本前提为基础，以会计要素为构成框架并对其进行确认、计量、记录和报告的会计。高级财务会计亦称特殊业务会计或企业特殊会计。它研究的范围是特定企业（如矿产企业）、特殊时期（如破产）、特殊情况下出现的会计事项，如外币交易、租赁、物价变动、债务重组、矿产资源、企业并购与合并报表等会计事项的处理。

1.1.3　财务会计的特征

财务会计与管理会计相比有以下几方面的特征。

（1）服务对象具有多元性，侧重于为企业外部利害关系人服务。财务会计主要是向企业的投资者、债权人、政府部门以及社会公众提供会计信息。它不仅服务于企业内部，更侧重于为企业外部的信息使用者服务。管理会计仅服务于企业内部，服务对象单一。

（2）定期提供已经发生的信息。财务会计主要提供过去实际已经发生的经济业务及由此产生的结果，即财务会计是定期地向与企业有利害关系的集团或个人提供较为全面的、系统的、连续的和综合的财务信息。管理会计主要侧重于规划未来，对企业的重大经营活动进行预测和决策，以及加强事中控制，其提供信息的时间跨度不是固定的，而是根据企业需要而定。

（3）工作程序以会计准则为约束依据。财务会计工作必须遵守公认会计原则，以保证其所提供的财务会计报告在时间上的前后一致性和空间上的可比性。公认会计原则是指导财务会计工作的基本原理和准则，是组织会计活动、处理会计业务的规范。公认会计原则由基本会计准则和具体会计准则所组成。作为补充，我国又制定了适用于不同行业和不同经济成分的企业会计制度。这都是财务会计必须遵循的规范。而管理会计则不必严格遵守公认会计原则。

（4）会计程序与方法相对固定。财务会计按照固定的会计循环程序进行会计处理，其程序是不能随意颠倒的，而且相应的会计方法比较稳定。财务会计所采用的会计方法是统一的、定型的方法。管理会计则不拘泥于既定的规范和程序，方法灵活多样，完全取决于企业内部管理的特定要求。

（5）会计工作主体是整个企业。财务会计的工作主体是整个企业，所反映的信息是整个企业的信息。管理会计工作主体可以是整个企业，也可以是企业内部的某一部门。它所反映的信息根据管理会计的工作主体来确定。

1.1.4　财务会计报告的目标

财务会计报告的目标也叫财务会计目标，是指在一定的会计环境中，人们期望通过会计活动达到的结果。或者说，财务会计目标是指在一定环境下运行财务会计系统所要达到的目的。财务会计目标是现代会计理论结构的最高层次，其集中体现了财务会计活动的宗旨。

财务会计目标需解决3个方面的问题：一是提供会计信息的对象是谁；二是会计信息的用途有哪些；三是提供什么信息。

对于财务会计目标，目前有两种观点：一是受托责任观；二是决策有用观。受托责任观认为，财务会计报告的目标应当反映企业管理层受托责任的履行情况，有助于企业外部投资者和债权人等评价企业的经营管理责任和资源使用的有效性。决策有用观认为，企业财务会计报告的目标就是向会计信息的使用者提供与其做出经济决策相关的信息。

我国《企业会计准则——基本准则》（以下简称《基本准则》）明确了财务会计报告的目标是向财务会计报告使用者提供与企业财务状况、经营成果和现金流量等有关的会计信息，反映企业管理层受托责任的履行情况，有助于财务会计报告使用者做出经济决策。因此，我国基本准则对财务会计目标的界定兼顾了决策有用观和受托责任观，即我国财务会计拥有双重目标。因为财务会计报告的决策有用观和受托责任观是统一的，所以，投资者出资委托企业管理层经营，以实现股东财富最大化，从而进行可持续投资；企业管理层接受投资者的委托从事生产经营活动，其目标就是实现资产保值增值，防范风险，促进企业可持续化发展，能够更好地持续履行受托责任，为投资者提供回报，为社会创造价值。企业编制财务会计报告应当努力达成这些目标，以服务于我国市场经济发展的需要。

具体来说，财务会计的目标主要有以下几个方面。

（1）帮助投资者和债权人做出合理的决策。财务会计最主要的目标就是帮助投资者和债权人做出合理的投资和信贷决策。一般认为，最为关注企业会计信息的莫过于投资者和债权人。而这两类会计信息使用者的决策对于资源分配具有重大影响。此外，符合投资者和债权人需要的信息，一般对其他使用者也是有用的。因此，财务会计把服务于投资者和债权人作为其主要目标。

投资者和债权人所需要的经济信息包括企业某一时日的财务状况、某一期间的经营绩效和财务状况的变动。从决策有用性的观点看，不论是投资者，还是债权人，甚至企业职工，其经济利益都同企业未来的现金流动密切相关，例如，投资者应分得的股利、债权人应得到的贷款本金及利息、职工应得的薪酬等，都需要预期现金流量的信息。

（2）为国家提供宏观调控所需要的特殊信息。国家是国民经济的组织者与管理者，为了达到有效实施宏观调控这一目标，国家还要求从一切企业编报的会计报表中，获取进行宏观调控所需要的特殊信息。国家不仅是通用报表的使用者，而且是特殊报表的使用者。

（3）考评企业管理当局管理资源的责任和绩效。企业的经济资源均为投资者及债权人所提供，委托企业经营者保管和经营，投资者和经营者之间存在着一种委托代理关系。

投资者和债权人要随时了解和掌握企业经营者管理和运用其资源的情况，以便考评经营者的经营绩效，适时改变投资方向或更换经营者。这就要求企业财务会计报告提供这方面的信息，并说明企业的经营者怎样管理和使用资源，向所有者报告其经营情况，以便明确其经营责任。

（4）为企业经营者提供经营管理所需要的各种信息。企业管理人员也要利用企业的会计信息对企业的生产经营进行管理。对企业财务状况、收入与成本费用进行分析，可以发现企业在生产经营上存在的问题，以便其采取措施，改进经营。

财务会计信息系统应怎样处理数据和加工信息，最后将提供什么样的财务报表，在很大程度上取决于会计目标。目标指引着财务会计信息系统的运行方向。

1.2 会计假设与会计信息质量要求

1.2.1 会计假设

企业所处的经营环境极为复杂，而且变化不定。面对复杂且多变的经营环境带来的诸多不确定因素，企业必须建立一些合乎情理的假设条件，并以此作为确定会计核算对象、选择会计政策、处理会计数据、提供财务会计报告的基本前提。这样才能保证会计工作的正常进行。所谓会计假设，就是对会计所处的时间和空间环境做出合理的设定，也称为会计核算的基本前提，包括会计主体、持续经营、会计分期、货币计量等 4 个会计假设。

1. 会计主体

会计主体是指企业会计确认、计量和报告的空间范围，即会计为之服务的对象是一个独立的特定经济实体。会计主体假设包含了以下 3 个方面的含义。

（1）明确会计核算范围。对于企业会计来说，只是针对企业本身的生产经营活动进行核算，即站在企业自身角度对企业用货币反映的经济活动进行会计确认、计量。确定会计主体，就是要明确为谁核算，核算谁的经济业务。为此，《基本准则》明确指出："企业应当对其本身发生的交易或事项进行会计确认、计量和报告。"为了正确确认和计量资产、负债和所有者权益，以及利润，企业必须以会计为之服务的特定实体的权利义务为界限，相对独立于其他主体。

（2）企业的经济活动独立于企业的投资者。会计主体主要是规定会计确认、计量的范围。它不仅要求会计确认、计量应当区分自身的经济活动与其他企业单位的经济活动，还必须区分企业的经济活动与投资者的经济活动。企业会计记录和财务会计报告涉及的只是企业主体的活动。将企业作为会计主体进行核算，反映了企业经营者正确计算并严格考核企业盈亏的要求。另外，从进一步记录财产和收支的角度看，所有者的财产一旦投入某一个企业，就应在账簿上独立地记录，以分清哪些是与企业的生产经营无关而属于所有者本人的财产收支或其他经济往来。

（3）会计主体与法律主体（即法人）是有区别的。会计主体可以是法人，如企事业单位，也可以是非法人，如独资企业或合伙企业。独资与合伙企业通常不具有法人资格，它们所拥有的财产和所负担的债务，在法律上仍视为业主或合伙人的财产与债务，但在会计确认、计量中，则把它们作为独立的会计主体来处理。集团公司由若干具有法人资格的企业组成。集团公司中的企业都是独立的会计主体，定期对外报告个别企业财务信息。为了反映集团公司整体财务信息，集团公司应作为一个独立的会计主体，编制自身的合并报表。因此在编制合并会计报表时，会计人员要采用特定的方法将集团公司所属企业内部的债权债务相互抵销，并扣除因所属企业之间的销售活动而产生的利润。

2．持续经营

持续经营是指在可以预见的将来，企业将会按当前的规模和状态继续经营下去，不会停业，也不会大规模削减业务。持续经营是会计核算时间范围的界定。

为使会计确认、计量中使用的会计处理方法保持稳定，保证企业会计记录和财务会计报告真实可靠，《基本准则》规定："会计确认、计量和报告应当以企业持续经营为前提。"也就是说，企业可以在持续经营的基础上，使用它所拥有的各种资源和依照原来的偿还条件来偿还它所负担的各种债务。会计确认、计量上所使用的一系列的会计处理方法都是建立在持续经营的前提基础之上的。这解决了很多常见的财产计价和收益确认问题。

在持续经营假设下，企业会计确认、计量和报告应当以持续经营为前提。这一基本假设意味着会计主体将按照既定用途使用资产、按照既定的合约条件清偿债务，而会计人员就可以在此基础上选择会计政策和会计估计方法。

3．会计分期

会计分期又称会计期间，是指将企业持续不断的生产经营活动分割为若干期间，据以结算账目和编制财务会计报告，从而及时地反映企业财务状况和经营成果的会计信息。

假定持续经营，也就是假定企业经济活动将会无休止地运行。那么，在会计实践活动中，会计人员提供的会计信息，应从何时开始，又在何时终止？所以，会计确认、计量应当将持续不断的企业生产经营活动期间人为地划分为一个个首尾相接、间距相同的会计期间。这就是会计分期。会计分期是持续经营的客观要求。会计期间通常为一年，可以是日历年，也可以是营业年。我国《会计法》规定以日历年作为企业的会计年度，即以公历1月1日～12月31日为一个会计年度。

会计期间分为年度和中期。年度和中期均按公历起讫日期确定。在我国，中期是指短于一个完整的会计年度的报告期间，包括月份、季度、半年度报告期间。

会计期间的划分对于确定会计确认、计量程序和方法具有极为重要的作用：由于有了会计期间，才产生了本期与非本期的区别；由于有了本期与非本期的区别，才产生了权责发生制和收付实现制，才使不同类型的会计主体有了记账的基准。为此，企业需要在会计处理上运用应收、应付、预收、预付等会计方法。

4．货币计量

货币计量是指会计主体在财务会计确认、计量和报告时以货币计量，反映会计主体的财务状况、经营成果和现金流量。货币计量包含两层含义。

（1）假定币值稳定，不存在严重的通货膨胀。在币值变动不大的情况下，已确认的会计要素的名义价值与实际价值相差不大，一般不考虑币值的变动。本书讲述的各种会计核算方法均是在此假设下进行的。如果存在严重的通货膨胀，已确认的会计要素的名义价值远远偏离其实际价值，则需要采用通货膨胀会计的专门方法对其进行调整。

（2）确定记账本位币。在多币种货币同时存在的情况下，需要确定一种货币作为统一计量尺度，该币种称为记账本位币，其他币种按照汇率折算为记账本位币进行计量。我国企业会计准则规定，一般应以人民币作为记账本位币，如果企业的经营大量使用其他国家或地区的货币进行结算，也可以将其他国家或地区的货币作为记账本位币，除此之外的其他货币应按照汇率折算为记账本位币进行计量。但是，企业在编制财务报表时，必须将以其他国家或地区货币为计量基础编制的财务报表折算为以人民币为计量基础的财务报表。

> 📌注意　　"外币"作为会计术语，不是指其他国家或地区的货币，而是指记账本位币以外的货币。

1.2.2　会计信息质量要求

会计信息质量要求是衡量或评价会计信息质量高低的标准，是会计信息应当具备的质量特征，包括可靠性、相关性、可理解性、可比性、实质重于形式、重要性、谨慎性、及时性等。

1．可靠性

可靠性是指企业应当以实际发生的交易或者事项为依据进行会计确认、计量和报告，并如实反映符合确认和计量要求的各项会计要素及其他相关会计信息，保证会计信息真实可靠、内容完整。可靠性是会计信息的重要质量特征，是会计工作最基本的要求，也是会计信息首先应当达到的质量标准。会计信息要有用，必须以可靠为基础。如果财务会计报告所提供的会计信息是不可靠的，就会对投资者等会计信息使用者的决策产生误导甚至带来损失。为了贯彻可靠性要求，企业的会计信息应当做到以下 3 个方面。

（1）真实性。即会计核算要以实际发生的交易或者事项为依据进行确认、计量，将符合会计要素定义及其确认条件的资产、负债、所有者权益、收入、费用和利润等如实反映在财务会计报告中。会计的记录和报告不加任何掩饰，做到内容真实、数字准确、资料可靠。

（2）完整性。在符合重要性和成本效益原则的前提下，保证会计信息的完整性，其中包括应当编报的报表及其附注内容等要保持完整，不能随意遗漏或者减少应予披露的信息。

（3）中立性。中立性是指会计信息应不偏不倚，不带主观成分地将真相如实地和盘托出，结论让用户自己去判断。这要求在财务会计报告中的会计信息应当是中立的、无偏的。如果企业在财务会计报告中为了达到事先设定的结果或效果，通过选择列示有关会计信息以影响决策和判断的，则这样的财务会计报告信息就不是中立的。

2．相关性

相关性是指要求企业提供的会计信息应当与财务会计报告使用者的经济决策需要相关。这有助于财务会计报告使用者对企业过去、现在或者未来的情况做出评价或者预测。会计信息是否有用，是否具有价值，关键看其与使用者的决策需要是否相关，是否有助于决策或者提高决策水平。因此，一项信息是否具有相关性取决于其是否具有预测价值和反馈价值。

（1）预测价值。相关的会计信息应当具有预测价值，有助于使用者根据财务会计报告所提供的会计信息预测企业未来的财务状况、经营结果和现金流量。例如，区分收入和利得、费用和损失，区分流动资产和非流动资产、流动负债和非流动负债以及适度引入公允价值等，都可以提高会计信息的预测价值，进而提升会计信息的相关性。

（2）反馈价值。相关的会计信息能够帮助使用者评价企业过去的决策、证实或者修正过去的有关预测，因而具有反馈价值。反馈价值有助于未来决策。信息反馈价值与信息预测价值同时并存，相互影响。

会计信息质量的相关性要求，需要企业在确认、计量和报告会计信息的过程中，充分考虑使用者的决策模式和信息需要。但是，相关性是以可靠性为基础的，两者之间并不矛盾，不应将两者对立起来。也就是说，会计信息在可靠性前提下，要尽可能地做到相关，以满足投资者等财务会计报告使用者的决策需要。

3. 可理解性

可理解性是指要求企业提供的会计信息应当清晰明了，便于财务会计报告使用者理解和使用。

企业提供会计信息的目的在于让使用者利用会计信息进行决策。会计信息使用者要想充分利用会计信息，就必须首先了解会计信息的内涵、熟知会计信息内容。这就要求企业提供的信息要准确、清晰、简洁、易懂，既能综合反映企业的财务状况、经营成果和现金流量，又容易为使用者所理解；从会计核算上看，要依据合法、方法适当、记录清晰准确、账户对应关系清楚；从提供的财务会计报告上看，要内容完整、项目齐全、数字准确、勾稽关系清楚。

可理解性是决策者与决策有用性的联结点。若信息不能被决策者理解，那么这种信息毫无用处。因此，可理解性不仅是信息的一种质量标准，也是一个与使用者有关的质量标准。会计人员应尽可能传递表达易被人理解的会计信息，而使用者也应设法提高理解信息的能力。

4. 可比性

可比性要求企业提供的会计信息应当相互可比，其主要包括以下两层含义。

（1）同一企业不同时期可比。即纵向可比，是要求同一企业不同时期发生的相同或者相似的交易或者事项，应当采用一致的会计政策，不得随意变更。但是，满足会计信息可比性要求，并非表明企业不得变更会计政策。如果按照规定或者在会计政策变更后可以提供更可靠、更相关的会计信息的，则可以变更会计政策。有关会计政策变更的情况，应当在附注中予以说明。

（2）不同企业相同会计期间可比。即横向可比，是要求不同企业发生的相同或者相似的交易或者事项，应当采用企业会计准则统一规定的会计政策，确保会计信息口径一致、相互可比，从而使不同企业按照一致的确认、计量和报告要求提供有关会计信息。这主要是为了便于投资者等财务会计报告使用者评价不同企业的财务状况、经营成果和现金流量及其变动情况。

不同企业的会计信息或同一企业不同时期的会计信息如能相互可比，就会大大增强信息的有用性。一家企业的会计信息如能与其他企业类似的会计信息相比较，如能与本企业以前年度同日期或其他时点的类似会计信息相比较，就不难发现它们之间相似相异之处，进而发现本企业当前生产经营管理上的问题。

5. 实质重于形式

实质重于形式是指企业应当按照交易或者事项的经济实质进行会计确认、计量和报告，不应仅以交易或事项的法律形式为依据。

在实务中，通常情况下经济实质和法律形式是一致的，但也会存在二者不一致的情况，此时，交易或者事项的法律形式往往不能真实地反映其实质内容。例如，企业与租赁公司签订合同租赁固定资产，从法律形式上看，固定资产的所有权并没有转移给承租企业，但是，如果根据合同条款约定，承租企业有权获得在使用期间内使用租赁资产所产生的几乎全部经济利益，并有权在该使用期间主导该资产的使用，则承租企业应将该租入的固定资产确认为企业的资产。

遵循实质重于形式的要求，体现了对经济实质的尊重，能够保证会计确认、计量信息与客观经济事实相符。

6. 重要性

重要性是指企业提供的会计信息应当反映与企业财务状况、经营成果和现金流量等有关的所有重要交易或者事项。

在会计核算中，企业应当对交易或事项区分其重要程度，采用不同的会计处理方法。这对资产、负债、损益等有较大影响。影响财务会计报告使用者据以做出合理判断的重要会计事项，必须按照规定的会计方法和程序予以处理，并在财务会计报告中予以充分、准确的披露。次要的会计事项，在不影响会计信息真实性和财务会计报告使用者做出正确判断的前提下，可适当简化处理。强调重要性的要求，一方面可以提高核算的效益，减少不必要的工作量；另一方面可以使会计信息分清主次，突出重点。

遵循会计处理重要性的要求，必须在保证财务会计报告和会计信息质量的前提下进行，兼顾全面性和重要性。

某一会计事项是否具有重要性，在很大程度上取决于会计人员的职业判断。一般来说，重要性可以从质和量两个方面进行判断。从性质方面讲，当某一会计事项的发生可能对决策有重大影响时，就属于具有重要性的事项。从数量方面讲，当某一会计事项的发生达到总资产的一定比例（如 5%）时，一般认为其具有重要性。

7. 谨慎性

谨慎性是指企业对交易或者事项进行会计确认、计量和报告时，应当保持应有的谨慎，不应高估资产或者收益，不应低估负债或者费用。

在市场经济环境下，企业的生产经营活动面临着许多风险和不确定性问题，如应收款项的可收回性、固定资产的使用寿命、无形资产的使用寿命、售出存货可能发生的退货或者返修等。这些时候，企业应当保持应有的谨慎，充分估计到各种风险和损失，既不高估资产或者收益，也不低估负债或者费用。这就是会计谨慎性的要求。例如，企业对可能发生的资产减值损失计提资产减值准备、对售出商品可能发生的保修义务确认预计负债等，就体现了会计信息质量的谨慎性要求。

谨慎性要求体现于会计确认、计量的全过程，包括会计确认、计量、报告等各个方面。但是，企业不能漫无边际、任意使用或歪曲使用谨慎性原则，否则将会影响会计确认、计量的客观性，造成会计秩序的混乱。

8. 及时性

及时性是指企业对于已经发生的交易或者事项，应当及时进行确认、计量和报告，不得提前或者延后。

会计信息的价值在于帮助所有者或者其他方面做出经济决策，具有时效性。即使是可靠、相关的会计信息，如果不及时提供，就失去了时效性，对于使用者的效用就大大降低，甚至不再具有实际意义。

及时性在会计确认、计量的过程中主要体现在以下 3 个方面：一是要求及时收集会计信息，即在经济业务发生后，及时收集整理各种原始单据或者凭证；二是要求及时处理会计信息，即按照企业会计准则的规定，及时对经济交易或事项进行确认、计量，并编制出财务会计报告；三是要求及时传递会计信息，即按照国家规定的期限，及时地将编制的财务会计报告传递给财务会计报告使用者，便于其及时使用和决策。

在实务中，为了及时提供会计信息，可能需要在有关交易或者事项的信息全部获得之前就进行会计处理，从而满足会计信息的及时性要求，但可能会影响会计信息的可靠性；反之，如果企业等到与交易或者事项有关的全部信息获得之后再进行会计处理，这样的信息披露可能会由于时效性问题，对于投资者等财务会计报告使用者决策的有用性将大大降低。这就需要会计处理在及时性和可靠性之间做相应权衡，以满足投资者等财务会计报告使用者的经济决策需要为判断标准。

1.3 会计确认基础与会计计量属性

1.3.1 会计确认基础

会计确认是指判断某一事项是否应作为一项会计要素登记入账并列报于财务会计报告的过程。企业在进行会计确认时，应当以权责发生制为基础，正确处理收入与费用的配比关系，合理划分收益性支出与资本性支出。

1．权责发生制

企业应当以权责发生制为基础进行会计确认、计量和报告，而不应以收付实现制为基础。

权责发生制是指在确认收入或者费用时，不是以是否在该期间内收到或付出货币资金为标志，而是依据经济利益的流入或流出是否归属于该期间来确定。权责发生制与会计分期相联系：凡是属于当期经济利益的流入或流出，不论款项是否收付，都应作为当期收入和费用处理；凡是不属于当期经济利益的流入或流出，即使款项已经在当期收付，也不应作为当期的收入和费用。

按照权责发生制，对于收入的确认应以实现为原则，判断收入是否实现，主要看产品是否已经完成销售过程、劳务是否已经提供。如果产品已经完成销售过程，劳务已经提供，并已取得收款的权利，就代表已经取得收入，而不管是否已经收到货款，都应计入当期收入。对费用的确认应以发生为原则，判断费用是否发生，主要看与其相关的收入是否已经实现，费用应与收入相配比。如果某项收入已经实现，那么与之相关的费用就已经发生，而不管这项费用是否已经付出。在确认收入的期间也要确认与之相关的费用。与权责发生制相对应的是收付实现制。在收付实现制下，对收入和费用的入账，完全按照款项实际收到或支付的日期为基础来确定它们的归属期。将权责发生制作为会计记账基础，能够客观地反映企业的财务状况及其经营成果。

2．配比

配比是指企业在进行会计确认、计量时，收入与成本、费用应当相互配比，同一期间内的各项收入和与其相关的成本、费用，应当在该会计期间内确认。

配比关系包括两层含义：一是因果关系的配比，即按照收入和费用的因果关系进行配比。收入是由于消耗一定的经济资源而产生的结果，费用是为了取得收入而付出的代价，如主营业务收入与主营业务成本的配比；二是时间配比，即按照收入和费用的发生时间，将一定期间取得的收入和该期间发生的费用进行配比，如销售费用、管理费用、财务费用等，需要与发生在同一会计期间的收入进行配比。

3．划分收益性支出与资本性支出

划分收益性支出与资本性支出，是指企业应当根据支出的性质，合理划分收益性支出与资本性支出的界限。收益性支出是指该项支出的发生，是为了取得本期收益，即仅仅与本期收益的取得有关，必须反映于本期的损益之中。资本性支出则是指该项支出的发生，不是仅仅为了本期收益，而是与本期和以后几期的收益有关。因此，应当在以后逐步分配计入各期的费用。

在会计核算中，合理区分两类不同性质的支出，可以正确地反映企业的财务状况和经营成果。如果混淆了两类不同性质的支出，将资本性支出作为收益性支出处理，就会低估资产价值和当期收益；而将收益性支出作为资本性支出处理，就会高估资产价值和当期收益。

1.3.2 会计计量属性

会计计量是指在会计确认的前提下，对会计要素的内在数量关系加以衡量、计算并予以确定，使其转化为可用货币表现的信息。简言之，会计计量就是对会计要素金额的确定。

会计计量与会计确认密切相关。会计确认解决定性问题，即解决"是不是"和"是什么"的问题；会计计量则解决定量问题，即解决"是多少"的问题。会计确认是计量的基础，确认的原则不同，会计计量的结果就不一样。

会计计量属性主要包括历史成本、重置成本、可变现净值、现值和公允价值。

1．历史成本

历史成本又称实际成本，是指企业取得或建造某项财产物资时所支付的现金及其等价物。在历史成本计量下，资产按照购置时支付的现金或者现金等价物的金额，或者按照购置资产时所付出的对价的公允价值计量；负债按照其因承担现时义务而实际支付的货币或者资产的金额，或者承担现时义务的合同金额，或者按照日常活动中为偿还负债预期需要支付的现金或者现金等价物的金额计量。

2．重置成本

重置成本又称现行成本，是指按照当前的市场条件，重新取得相同的资产或其相当的资产将会支付的现金或现金等价物。在重置成本计量下，资产按照其现在购买相同或者相似资产所需支付的现金或者现金等价物的金额计量；负债按照现在偿付该项债务所需支付的现金或者现金等价物的金额计量。

3．可变现净值

可变现净值是指在正常生产经营过程中，以预计售价减去进一步加工成本和销售所必需的预计税金、费用后的净值。在可变现净值计量下，资产按照其正常对外销售所能收到现金或者现金等价物的金额扣减该资产至完工时估计将要发生的成本、估计的销售费用以及相关税金后的金额计量。

4．现值

现值是指对未来现金流量以恰当的折现率进行折现后的价值，是考虑货币时间价值因素的一种计量属性。在现值计量下，资产按照预计从其持续使用和最终处置中所产生的未来净现金流入量的折现金额计量；负债按照预计期限内需要偿还的未来净现金流出量的折现金额计量。

5．公允价值

公允价值是指市场参与者在计量日发生的有序交易中，出售一项资产所能收到或者转移一项负债所需支付的价格。在公允价值计量下，资产和负债按照在公平交易中，熟悉情况的交易双方自愿进行资产交换或者债务清偿的金额计量。

企业在对会计要素进行计量时，一般采用历史成本，因为历史成本最可靠。基本准则强调，采用重置成本、可变现净值、现值、公允价值计量的，应当保证所确定的会计要素金额能够取得并可靠计量。

1.4　会计要素及其确认

从财务会计目标角度分析，会计要素可称为财务报表要素；从财务会计核算角度分析，会计要素可称为财务会计要素。财务会计要素是构成财务报表的必要因素，是设定财务报表结构和内容的基本依据，也是进行会计确认和计量的依据。

1.4.1　反映财务状况的要素

财务状况要素是反映企业在某一日期经营资金的来源和分布情况的各项要素，一般通过资产负债表反映。

财务状况要素由资产、负债和所有者权益等3个会计要素构成。

1．资产

（1）资产的概念及特征

资产是指企业过去的交易或者事项形成的、由企业拥有或者控制的、预期会给企业带来经济利益的资源。根据资产的定义，资产具有以下基本特征。

① 资产是由过去的交易、事项所形成的经济资源。也就是说，资产必须是现实资产，是由于过去已经发生的交易或事项所拥有或控制的经济资源，而不是预期的资产。未来交易或事项以及未发生的交易或事项可能产生的结果，不属于现在的资产，不得作为资产确认。

② 资产是企业拥有或控制的经济资源。经济资源是确认资产的必要条件，但并不是所有经济资源都是企业的资产。一般来说，企业拥有产权的经济资源才能确认为资产，即企业拥有资产所有权，可以按照自己的意愿使用或处置。对于一些特殊方式形成的资产，企业虽然对其不拥有所有权，但能够实际控制的，也应将其作为企业的资产予以确认，如融资租入固定资产。

③ 资产预期给企业带来经济利益。资产是预期给企业带来经济利益的经济资源。资产必须具有交换价值和使用价值，可以用货币进行可靠的计量。例如，企业的机器设备，在未来生产中能够加工产品，创造价值，且产品通过销售能够收回其价值，则该机器设备属于能够为企业带来经济利益的资源；反之，如果该机器设备不能加工合格的产品，不再具有有用性，无法给企业带来经济利益，则不能确认为资产。

资产按其流动性一般分为流动资产和非流动资产。

流动资产是指包括现金以及可合理预计在一个营业周期或自资产负债表日起一年（两者孰长）内转换成现金、或被出售、或被消耗的其他资产。正常的营业周期指为取得商品和接受劳务，支出现金到这些商品和劳务转换成现金的平均时间。因此，它是从现金支出，至存货销售，至应收账款又回到现金的平均时间长度。

非流动资产是与流动资产相对立的概念，也称为长期资产，是在一个营业周期或自资产负债表日起一年（两者孰长）以上的时间里转变成现金、或被出售、或被消耗的资产。

（2）资产的确认条件

某一资源符合资产的概念，并同时满足以下两个条件时确认为资产。

① 与该资源有关的经济利益很可能流入企业。能够带来经济利益是资产的一个本质特征，但是由于经济环境的变化，与资源有关的经济利益能否流入企业具有不确定性。因此，资产的确认应当与经济利益流入的可能性判断结合起来。如果根据编制财务会计报告时所取得的证据判断，与该资源有关的经济利益很可能流入企业，就应当将其作为资产进行确认。

② 该资源的成本或者价值能够可靠地计量。会计要素确认的前提是可计量性。企业拥有或者控制的资源，只要实际发生的购买或者生产成本能够可靠地计量，就应视为符合了资产的可计量性确认条件。在有些情况下，企业取得的资源没有实际成本或实际成本很小，但是其公允价值能够可靠地计量的，也被认为符合了资产的可计量性条件。

符合资产概念和资产确认条件的项目，应当列入资产负债表；符合资产概念但不符合资产确认条件的项目，不应当列入资产负债表。

2．负债

（1）负债的概念和特征

负债是指企业过去的交易或者事项形成的、预期会导致经济利益流出企业的现时义务。根据负债的定义，负债具有以下基本特征。

① 负债是企业的现时义务。负债作为企业承担的一种义务，是由企业过去交易或事项形成的、现已承担的义务。如银行借款是因为企业接受了银行贷款形成的债务，如果没有接受贷款，就不会发生银行借款这项负债。应付账款是因为赊购商品或接受劳务形成的债务，在这种购买未发生之前，相应的应付账款并不存在。

② 负债的清偿预期会导致经济利益流出企业。无论负债以何种形式出现，其作为一种现时业务，最终的履行预期均会导致经济利益流出企业。具体表现为交付资产、提供劳务、将一部分股权转让给债权人等。对此，企业不能或很少可以回避。从这个意义上讲，企业能够回避的义务，不能确认为一项负债。

负债按照偿还期长短可分为：流动负债和非流动负债。

流动负债是指预计在一年或者超过一年的一个正常营业周期中清偿的债务。流动负债一般包括短期借款、应付账款、其他应付款、一年内到期的长期负债、预收账款、应付职工薪酬、应付利息和应交税费等。这些项目的清偿不超过一年或一个营业周期（两者孰长）。

非流动负债是指流动负债以外的负债，通常是偿还期在一年以上，或超过一年的一个营业周期以上的债务和其他债务。非流动负债一般包括长期借款、应付债券、长期应付款、预计负债等。

（2）负债的确认条件

将一项义务确认为负债，需要符合负债的定义，并同时满足以下两个条件。

① 与该义务有关的经济利益很可能流出企业。企业履行偿债义务所需流出的经济利益带有不确定性，特别是与推定义务相关的经济利益通常依赖于大量的估计。因此，如果根据编制财务报表时所取得的证据判断，与现时义务有关的经济利益很可能流出企业，就应当将其作为负债予以确认。

② 未来流出的经济利益能够可靠地计量。企业的负债也要符合可计量性的要求，对于未来流出的经济利益的金额应当能够可靠地计量。

符合负债概念和负债确认条件的项目，应当列入资产负债表；符合负债概念但不符合负债确认条件的项目，不应当列入资产负债表。

3．所有者权益

（1）所有者权益的概念和特征

所有者权益是指企业资产扣除负债后由所有者享有的剩余权益，也称为净资产。企业的所有者权益又称为股东权益。企业所有者权益的来源构成包括 3 类：所有者投入的资本、直接计入所有者权益的利得和损失，以及留存收益。

直接计入所有者权益的利得和损失，是指企业非日常经营活动发生的不计入当期损益的利得或损失，称为其他综合收益。

利得和损失有两个去向：直接计入当期损益，列示在利润表中；直接计入所有者权益（其他综合收益），列示在资产负债表中。

留存收益是指企业实现的净利润中留存在企业的部分，包括盈余公积和未分配利润。

根据所有者权益的定义，所有者权益具有以下基本特征。

① 除非发生减资清算，企业不需要偿还所有者权益。

② 企业清算时，只有在清偿所有的负债后，所有者权益才返还给所有者。

③ 所有者凭借所有者权益能够参与企业的利润分配。

（2）所有者权益的确认条件

所有者权益体现的是所有者在企业中的剩余权益，因此，所有者权益的确认主要依赖于其他会计要素，尤其是资产和负债的确认。同时，所有者权益金额的确定也主要取决于资产和负债的计量。所有者权益项目应当列入资产负债表。

1.4.2　反映经营成果的要素

经营成果是指企业在一定时期内生产经营活动的结果，是企业生产经营过程中取得的收入与耗费相比较的差额。

经营成果要素一般通过利润表来反映，由收入、费用和利润等 3 个会计要素构成。

1．收入

（1）收入的概念

收入是指企业在日常活动中形成的、会导致所有者权益增加的、与所有者投入资本无关的经济利益的总流入。

（2）收入的特征

① 收入是由企业的日常活动产生的，而不是从偶发的交易或事项中产生的。

② 收入可表现为企业资产的增加，也可表现为企业负债的减少，或者两者兼而有之。

③ 收入能导致所有者权益的增加。

④ 收入只包括本企业经济利益的流入，不包括所有者向企业投入资本导致的经济利益流入以及为第三方或客户代收的款项。

（3）收入的确认条件

收入在确认时除了应当符合收入定义外，还应当同时满足以下3个条件。

① 与收入相关的经济利益应当大概率流入企业。

② 经济利益流入企业的结果会导致企业资产的增加或者负债的减少。

③ 经济利益的流入金额能够可靠地计量。

符合收入概念和收入确认条件的项目，应当列入利润表。

2．费用

（1）费用的概念

费用是指企业在日常活动中发生的、会导致所有者权益减少的、与向所有者分配利润无关的经济利益的总流出。

（2）费用的特征

① 企业在日常活动中形成的经济利益流出。

② 费用是与向所有者分配利润无关的经济利益的总流出。

③ 费用会导致所有者权益减少。

（3）费用的确认条件

费用的确认除了应当符合费用定义外，还应当同时满足以下3个条件。

① 与费用相关的经济利益很可能流出企业。

② 经济利益流出企业的结果会导致资产的减少或者负债的增加。

③ 经济利益的流出金额能够可靠地计量。

符合费用概念和费用确认条件的项目，应当列入利润表。

3．利润

（1）利润的概念

利润是指企业在一定会计期间的经营成果，其反映的是企业的经营业绩情况，是业绩考核的重要指标。

利润的来源构成：收入减去费用后的差额以及直接计入当期损益的利得、损失、公允价值变动损益、资产减值损失以及营业外收入和营业外支出等。

利润按其形成过程，分为税前利润和税后利润。税前利润也称利润总额；税前利润减去所得税费用即为税后利润，也称净利润。

（2）利润的确认条件

利润反映的是收入减去费用、利得减去损失后的净额，因此，利润的确认主要依赖于收入和费用以及利得和损失的确认，其金额的确定也主要取决于收入、费用、利得、损失金额的计量。

利润项目应当列入利润表。

1.5　我国会计规范体系的构成

1.5.1　我国会计相关法规体系

根据《中华人民共和国立法法》的规定，我国会计法律制度体系由会计法律、会计行政法规、会计部门规章和会计规范性文件 4 部分组成。

会计法律由全国人民代表大会常务委员会制定，由国家主席签发，包括《中华人民共和国会计法》《中华人民共和国公司法》《中华人民共和国企业所得税法》。其中，《中华人民共和国会计法》是会计法律制度中层次最高的法律规范，是制定其他会计法规的依据，也是指导会计工作的最高准则。

会计行政法规是指调整我国经济生活中某些方面会计关系的法律规范。会计行政法规由国务院制定发布，或者由国务院有关部门拟定经国务院批准发布，制定依据是《会计法》，目前主要包括以下两个方面。

（1）《企业财务会计报告条例》。它主要规定了企业财务会计报告的构成、编制和对外提供的要求、法律责任等。它是对《会计法》中有关财务会计报告的规定的细化。

（2）《总会计师条例》。它主要规定了单位总会计师的职责、权限、任免、奖惩等。

会计部门规章是指国家主管会计工作的行政部门（即财政部门）以及其他相关部委根据法律和国务院的行政法规、决定、命令，在本部门的权限范围内制定的，调整会计工作中某些方面内容的国家统一的会计制度和规范性文件，包括《财政部门实施会计监督办法》《会计师事务所审批和监督办法》《会计从业资格管理办法》《企业会计准则——基本准则》等。

会计规范性文件是指主管全国会计工作的行政部门即国务院财政部门以文件形式印发的制度办法，包括《企业会计准则——具体准则》《企业会计准则——应用指南》《小企业会计准则》《内部会计控制规范》《会计基础工作规范》及《会计档案管理办法》等。

我国现行的会计法规体系如表 1-1 所示。

表 1-1　我国现行的会计法规体系

法律体系	法规主要内容
会计法律	《中华人民共和国会计法》《中华人民共和国公司法》《中华人民共和国企业所得税法》
会计行政法规	《企业财务会计报告条例》《总会计师条例》
会计部门规章	《企业会计准则——基本准则》《会计从业资格管理办法》《财政部门实施会计监督办法》
会计规范性文件	《企业会计准则——具体准则》《企业会计准则——应用指南》《小企业会计准则》

1.5.2　会计准则体系

财政部于 2006 年 2 月 15 日发布的《企业会计准则——基本准则》（财政部令〔2006〕33 号）和财政部发布的《企业会计准则（具体准则）》（财会〔2006〕3 号），对旧的会计准则进行了完善。完善后的企业会计准则体系由 1 项基本准则、38 项具体准则和应用指南构成，可理解为 3 个层次：第一层次为基本准则，第二层次为具体会计准则，第三层次为具体会计准则的应用指南。

2014 年 7 月 23 日，财政部发布《财政部关于修改〈企业会计准则——基本准则〉的决定》，对《企业会计准则——基本准则》进行修订。修订后的准则结构发生了变化，每项准则的结构包括 4 个部分：准则主体、应用指南、起草（或修订）说明及会计准则主体的英译文。继 2014 年发布新增或修订的 8 项企业会计准则之后，截至 2018 年 12 月，财政部陆续正式发布了 1 项新增、7 项修订的企业会计准则，包括：新增 1 项《企业会计准则第 42 号——持有待售的非流动资产、处置组和终止经营》准则；修订 4 项金融工具相关准则，即《企业会计准则第 22 号——金融工具确认和计量》《企业会计准则第 23 号——金融资产转移》《企业会计准则第 24 号——套期会计》和《企业会计准则第 37 号——金融工具列报》；修订《企业会计准则第 16 号——政府补助》准则；修订《企业会计准则第 14 号——收入》准则；修订《企业会计准则第 21 号——租赁》准则。

我国现行会计准则体系如表 1-2 所示。

表1-2　我国现行会计准则体系

准则结构	具体内容
基本准则	总则（包括会计核算基本前提与一般原则）
	会计信息质量要求
	会计要素
	会计计量
	财务会计报告
具体准则	《企业会计准则第1号——存货》~《企业会计准则第42号——持有待售的非流动资产、处置组和终止经营》等共42项具体准则

本章小结

思考与练习

1. 财务会计的概念及其主要特征是什么？
2. 财务会计的目标主要有哪几方面？
3. 如何理解会计假设的概念？具体包括哪些假设？
4. 会计计量属性包括哪些内容？你是否同意将现值作为一种计量属性？
5. 反映企业财务状况和经营成果的要素分别有哪些？
6. 资产、负债以及所有者权益的确认条件有哪些？
7. 收入、费用以及利润的确认条件有哪些？

第 2 章 货币资金

本章主要阐述了货币资金的含义和管理规定，以及库存现金、银行存款、其他货币资金的会计处理方法。通过本章的学习，读者应知道货币资金包括哪些内容；熟知库存现金管理的有关规定，掌握库存现金的会计处理方法；了解银行存款账户的种类，掌握银行转账结算方式，掌握银行存款的会计处理方法；掌握其他货币资金的核算内容及其会计处理方法。

2.1 货币资金的含义和管理

2.1.1 货币资金的含义

货币资金是指企业在生产经营过程中，以货币形态存在的那部分资产。

货币资金按其存放地点和用途，可分为库存现金、银行存款和其他货币资金。它是流动资产中流动性最强的资产，具有普遍的可接受性。

2.1.2 货币资金管理和控制的原则

货币资金是企业资产中流动性较强的一种资产，加强对其管理和控制，对于保障企业资产安全完整，提高货币资金周转速度和使用效益具有重要的意义。加强对货币资金的控制，应当结合企业的生产经营特点，制定相应的控制制度，并监督实施。一般来说，货币资金的管理和控制应当遵循以下原则。

（1）严格职责分工。严格职责分工是将涉及货币资金不相容的职务分别由不同的人员担任，形成严密的内部牵制制度，以减少和降低货币资金管理上舞弊的可能性。

（2）实行交易分开。实行交易分开是将现金支出业务和现金收入业务分开进行处理，防止将现金收入直接用于现金支出的坐支行为的发生。

（3）实施内部稽核。实施内部稽核是要设置内部稽核单位和人员，建立内部稽核制度，以加强对货币资金管理的监督，及时发现货币资金管理中存在的问题，以便及时改进对货币资金的管理控制。

（4）实施定期轮岗制度。实施定期轮岗制度，是对涉及货币资金管理和控制的业务人员进行定期岗位轮换。通过轮换岗位，减少货币资金管理和控制中产生舞弊的可能性，并及时发现有关人员的舞弊行为。

2.1.3 货币资金内部控制的规定

为了规范企业的内部会计控制，财政部于 2001 年 6 月 22 日发布了《内部会计控制规范——基本规范（试行）》和《内部会计控制规范——货币资金（试行）》，其中，《内部会计控制规范——货币资金（试行）》（以下简称规范）共 6 章 27 条，适用于国家机关、社会团体、公司、企业、事业单位和其他经济组织（以下统称单位）。该规定基本内容如下。

（1）单位负责人对本单位货币资金内部控制的建立健全和有效实施以及货币资金的安全完整负责。

（2）单位应当建立货币资金业务的岗位责任制，明确相关部门和岗位的职责权限，确保办理货币资金业务的不相容岗位相互分离、制约和监督。

出纳人员不得兼任稽核、会计档案保管和收入、支出、费用、债权债务账目的登记工作。单位不得由一人办理货币资金业务的全过程。

（3）单位应当配备合格的人员办理货币资金业务，并根据单位具体情况进行岗位轮换。办理货币资金业务的人员应当具备良好的职业道德，忠于职守，廉洁奉公，遵纪守法，客观公正，不断提高会计业务素质和职业道德水平。

（4）单位应当对货币资金业务建立严格的授权批准制度，明确审批人对货币资金业务的授权批准方式、权限、程序、责任和相关控制措施，规定经办人办理货币资金业务的职责范围和工作要求。

（5）审批人应当根据货币资金授权批准制度的规定，在授权范围内进行审批，不得超越审批权限。经办人应当在职责范围内，按照审批人的批准意见办理货币资金业务。对于审批人超越授权范围审批的货币资金业务，经办人员有权拒绝办理，并及时向审批人的上级授权部门报告。

（6）单位对于重要的货币资金支付业务，应当实行集体决策和审批，并建立责任追究制度，防范贪污、侵占、挪用货币资金等行为。严禁未经授权的机构或人员办理货币资金业务或直接接触货币资金。

（7）单位应当加强与货币资金相关的票据的管理，明确各种票据的购买、保管、领用、背书转让、注销等环节的职责权限和程序，并专设登记簿进行记录，防止空白票据的遗失和被盗。

（8）单位应当加强银行预留印鉴的管理。财务专用章应由专人保管，个人名章必须由本人或其授权人员保管。严禁一人保管支付款项所需的全部印章。按规定需要有关负责人签字或盖章的经济业务，必须严格履行签字或盖章手续。

（9）单位应当建立对货币资金业务的监督检查制度，明确监督检查机构或人员的职责权限，定期和不定期地进行检查。对监督检查过程中发现的货币资金内部控制中的薄弱环节，单位应当及时采取措施，加以纠正和完善。

2.2 库存现金

2.2.1 库存现金的含义

现金有广义和狭义之分。广义的现金包括库存现金、银行存款和其他符合现金定义的票据等。狭义的现金是指企业的库存现金，特指存放在企业中的可流通的现款。

2.2.2 库存现金的管理

现金具有流通性强的特点。为了防止现金丢失、被盗及舞弊行为的发生，企业必须遵守现金管理的有关规定，加强现金收支的日常管理，建立现金内部控制制度。

1. 现金使用范围

根据《中华人民共和国现金管理暂行条例》（以下简称《现金管理暂行条例》）规定的现金使用范围，企业使用现金仅限于下列情况。

（1）职工的工资、津贴。

（2）个人的劳务报酬。

（3）根据国家规定颁发给个人在科学技术、文化艺术、体育等方面的各种奖金。

（4）各种劳保、福利费用以及国家规定的对个人的其他支出。

（5）向个人收购农副产品和其他物资的价款。

（6）出差人员必须随身携带的差旅费。

（7）结算起点（1 000 元）以下的零星支出。

（8）中国人民银行确定需要支付现金的其他支出。

凡不属于国家现金结算范围的支出，一律不准使用现金结算，而必须通过银行办理转账结算。

现金收入有以下 3 项。

（1）单位及个人交回剩余差旅费和备用金等。

（2）收取不能转账的单位或个人的销售收入。

（3）不足转账起点的小额收入等。

2．库存现金限额

库存现金限额是指企业根据现金管理制度规定的每一个企业财务部门留存现金的最高限额。制定这一限额的原则，是以保证企业日常零星开支的需要为限，开户银行要根据企业日常现金的需要量、企业距离银行的远近以及交通便利与否等因素，核定企业库存现金的最高限额。

核定的依据一般为 3～5 天的正常现金开支需要量，偏远地区和交通不便地区最高不超过 15 天的现金开支需要量。

企业每日结存的现金不能超过核定的库存限额，超过部分应按规定及时送存银行，低于限额的部分，可向银行提取现金补足。

3．现金收支的管理

根据《内部会计控制规范》和《现金管理暂行条例》的有关规定，企业应对库存现金建立严格的规章管理制度，以保障现金的安全性和完整性。

企业的现金收入必须当天入账，尽可能在当天送存银行，当天不能存入银行的应于次日送存银行。需要支付现金时，可以从库存现金限额中支付或者从开户银行提取支付，不得从本单位的现金收入中直接支付现金（坐支）。企业因特殊需要而坐支现金的，应事先报经开户银行审批，由开户银行核定坐支范围和限额。企业应定期向银行报送坐支金额和使用情况。

2.2.3　现金收支业务的会计处理

1．应设置的账户

（1）"库存现金"账户

该账户用于核算企业库存现金的收入、支出和结存情况，即狭义现金。该账户借方登记库存现金的增加额，贷方登记库存现金的减少额，期末借方余额反映企业持有的库存现金数额。

库存现金作为货币资金的组成部分，列示在资产负债表"流动资产"下的第一项，即"货币资金"项目中。

企业应设置"现金日记账"，由出纳人员根据审核无误的现金收付款凭证对现金业务按照业务发生的先后顺序进行逐日逐笔序时登记。每日终了，结算当天的现金收入合计数、现金支出的合计数和余额，并与实际库存现金数进行核对，做到日清月结、账款相符。有外币现金的企业，还应按外币币种分别设置现金日记账。通过现金日记账的记录，企业可以随时掌握现金的动态，保证现金的安全完整。

现金日记账必须采用订本式账簿，一般采用三栏式账页，设有借方、贷方和余额等 3 栏，分别登记现金的增加、减少和余额。

这里需要注意的是，在登记现金日记账时，从银行提取现金或者将现金存入银行的金额，应根据银行存款、库存现金的付款凭证登记。这类业务一般只编制银行付款凭证，不需再编制收款凭证。

（2）"待处理财产损溢"账户

该账户核算在财产清查中发现的各项财产物资的盘盈、盘亏及其处理情况。该账户的贷方登记待处理财产物资的盘盈数及经批准后的盘亏和毁损转销数，借方登记待处理财产物资的盘亏和毁损数及经批准后的盘盈转销数，期末如为贷方余额，反映尚待批准处理的财产物资盘盈数，期末如为借方余额，反映尚待批准处理的财产物资盘亏和毁损数。

该账户设置"待处理财产损溢——待处理流动资产损溢""待处理财产损溢——待处理固定资产损溢"两个明细账户，分别核算待处理流动资产和固定资产损溢情况。

2．现金日记账

现金日记账是库存现金序时核算的账簿。该账簿由出纳人员根据审核无误的收款、付款凭证，按照收付款业务发生的先后顺序逐日逐笔登记，每日终了应计算本日库存现金收入、支出合计数及结余数，并同库存现金实存数核对，做到日清月结、账款相符。

现金日记账必须采用订本式账簿，一般采用三栏式账页。三栏式现金日记账的格式如表 2-1 所示。

3．现金收支的会计处理

每一笔现金收入和现金支出业务，都必须根据审核无误的原始凭证编制记账凭证，然后据以入账。收入现金时，借记"库存现金"账户，贷记"主营业务收入"等其他有关账户；支出现金时，贷记"库存现金"账户，借记"原材料"等其他有关账户。

陆达轮胎股份有限公司（以下简称陆达公司）20×1年8月2日发生以下现金收支业务。

【例 2.1】 陆达公司从银行取现金 2 000 元备用。

陆达公司根据现金支票存根凭证，应进行如下会计处理。

借：库存现金　　　　　　　　　　　　　　　　　　　　　　　　2 000
　　贷：银行存款　　　　　　　　　　　　　　　　　　　　　　　　2 000

【例 2.2】 陆达公司零星销售产品，货款 1 000 元，增值税税额 130 元，共收 1 130 元现金。

陆达公司根据发货票和现金收入凭证，应进行如下会计处理。

借：库存现金　　　　　　　　　　　　　　　　　　　　　　　　1 130
　　贷：主营业务收入　　　　　　　　　　　　　　　　　　　　　　1 000
　　　　应交税费——应交增值税（销项税额）　　　　　　　　　　　　130

【例 2.3】 供应部门购买办公用品 1 680 元，以现金支付。

陆达公司根据现金支出凭证，应进行如下会计处理。

借：管理费用　　　　　　　　　　　　　　　　　　　　　　　　1 680
　　贷：库存现金　　　　　　　　　　　　　　　　　　　　　　　　1 680

【例 2.4】 采购员王梅报销差旅费，原借款 2 000 元，报销 2 320 元，余款付现金。

陆达公司出纳人员根据差旅费报销凭单和现金支出凭证，应进行如下会计处理。

借：管理费用　　　　　　　　　　　　　　　　　　　　　　　　2 320
　　贷：其他应收款——王梅　　　　　　　　　　　　　　　　　　　2 000
　　　　库存现金　　　　　　　　　　　　　　　　　　　　　　　　320

根据上述业务登记现金日记账，如表 2-1 所示。

表 2-1　现金日记账

单位：元

20×1年		凭证		摘要	对方账户	借方	贷方	余额
月	日	种类	号数					
8	1			承前页				200
	2	付款	1	取现		2 000		
	2	收款	1	销售产品		1 130		
	2	付款	2	供应部门购买办公用品			1 680	
	2	付款	3	采购员王梅报销差旅费			320	
				本日合计		3 130	2 000	1 330

2.2.4　现金的清查

为了保证库存现金与账面余额相符，企业应定期或不定期地对库存现金进行清查。在现金清查中，如果发现现金清查结果是溢余或短缺，在未查明原因和未确定处理意见时，会计人员先通过"待处理财产损溢——待处理流动资产损溢"账户进行核算，待查明原因后予以处理。

1．现金溢余

现金溢余是指库存现金实有数超出现金账面余额的差额。发现现金溢余，借记"库存现金"账户，贷记"待处理财产损溢——待处理流动资产损溢"账户。查明原因，属于应支付给有关人员或单位的，借记"待处理财产损溢——待处理流动资产损溢"账户，贷记"其他应付款——应付现金溢余（×× 个人或单位）"账户；属于无法查明原因的现金溢余，经批准后，贷记"营业外收入"账户。

2．现金短缺

现金短缺是指库存现金实有数低于现金账面余额的差额。发现现金短缺，应借记"待处理财产损溢——待处理流动资产损溢"账户，贷记"库存现金"账户。查明原因，属于由责任人赔偿的部分，借记"其他应收款——应收现金短缺（×× 个人）"或"库存现金"等账户；属于保险公司赔偿部分，应借记"其他应收款——应收保险赔款"账户；属于无法查明的其他原因，根据管理权限，经批准后处理，借记"管理费用"账户，贷记"待处理财产损溢——待处理流动资产损溢"账户。

【例 2.5】　陆达公司在现金清查中，发现库存现金较账面余额多出 50 元。

陆达公司根据"现金清查报告单"凭证，应进行如下会计处理。

借：库存现金　　　　　　　　　　　　　　　　　　　　　　　　50
　　贷：待处理财产损溢——待处理流动资产损溢　　　　　　　　　　50

【例 2.6】　上述长款经查原因不明，经批准转入营业外收入。

陆达公司根据有关凭证，应进行如下会计处理。

借：待处理财产损溢——待处理流动资产损溢　　　　　　　　　　50
　　贷：营业外收入　　　　　　　　　　　　　　　　　　　　　　50

【例 2.7】　陆达公司在现金清查中发现库存现金较账面余额短缺 80 元。

陆达公司根据"现金清查报告单"凭证，应进行如下会计处理。

借：待处理财产损溢——待处理流动资产损溢　　　　　　　　　　80
　　贷：库存现金　　　　　　　　　　　　　　　　　　　　　　　80

【例 2.8】　经查，上述现金短缺属于出纳人员郝明责任，应由其赔偿。

陆达公司根据有关凭证，应进行如下会计处理。

借：其他应收款——应收现金短缺（郝明）　　　　　　　　　　　80
　　贷：待处理财产损溢——待处理流动资产损溢　　　　　　　　　　80

【例 2.9】　收到出纳人员郝明赔款 80 元。

陆达公司根据有关凭证，应进行如下会计处理。

借：库存现金　　　　　　　　　　　　　　　　　　　　　　　　80
　　贷：其他应收款——应收现金短缺（郝明）　　　　　　　　　　　80

2.3　银行存款

2.3.1　银行存款的管理

1．银行存款账户

银行存款是指企业存放于银行或其他金融机构的货币资金。按照国家有关规定，凡是独立核算的单位都必须在当地银行开设账户。企业在银行开设账户后，除了按核定的限额保留库存现金外，超过限额的现金必须存入银行，通过银行存款账户进行结算。

根据中国人民银行账户管理办法的规定，企业可以在当地银行开设的人民币账户包括4种：基本存款账户、一般存款账户、临时存款账户和专用存款账户。

（1）基本存款账户。基本存款账户是企业办理日常转账结算和现金收付的账户。企业的工资、奖金等现金的支取，只能通过基本存款账户办理。

（2）一般存款账户。一般存款账户是企业在基本存款账户以外的银行借款转存、与基本存款账户的企业不在同一地点的附属非独立核算单位开立的账户，企业可以通过本账户办理转账结算和现金缴存，但不能办理现金支取。

（3）临时存款账户。临时存款账户是存款人因临时经营活动需要开立的账户。企业可以通过本账户办理转账结算和根据国家现金管理的规定办理现金收付。

（4）专用存款账户。专用存款账户是企业、事业单位因特定用途需要开立的账户，如基本建设项目专项资金等。

一般企业、事业单位只能选择一家银行的一个营业机构开立一个基本存款账户，不得在多家银行机构开立基本存款账户；可以在其他银行的一个营业机构开立一个一般存款账户，不得在同一家银行的几个分支机构开立一般存款账户。

2．银行结算纪律

（1）遵守银行信贷、结算和现金管理的有关规定，接受银行监督。

（2）基本存款账户只能开设一个，实行开户许可制度。

（3）不准出租、出借、转让银行账户，禁止利用银行账户进行非法活动。

（4）不准签发空头支票、远期支票，不准签发、取得和转让没有真实交易和债权债务的票据，不准套取资金。

（5）及时办理结算业务，定期和银行对账。

2.3.2　银行转账结算方式

根据国家的规定，各单位之间的经济往来，除一部分可以使用现金支付以外，企业在经营过程中所发生的货币收支业务都必须通过银行进行转账结算。

结算方式分为现金结算和转账结算两种，其中，用现金直接支付，结清款项往来的结算业务，称为现金结算；收付双方通过银行以转账划拨方式进行的结算业务，称为转账结算。

现行转账结算方式中适用于国内的有支票、银行汇票、银行本票、商业汇票、汇兑、委托收款、托收承付、信用卡等。

适用于国外的转账结算方式主要有汇款、托收、信用证和保函等4种。

各种转账结算方式的结算程序和管理要求各不相同，会计处理方法也不一致。相关详细内容将在有关章节中讲解。

2.3.3　银行存款业务的会计处理

1．应设置的账户

企业应设置"银行存款"账户。"银行存款"账户核算企业存入银行或其他金融机构的各类款项。该账户借方登记银行存款的增加额，贷方登记银行存款的减少额；余额在借方，反映企业银行存款实有数额。

银行存款作为货币资金的组成部分列示在资产负债表"流动资产"下的第一项，即"货币资金"项目中。

2．银行存款日记账

企业应设置银行存款日记账进行明细核算。银行存款日记账由出纳人员根据审核无误的银行存款收付款凭证，对银行存款业务按照业务发生的先后顺序进行逐日逐笔序时登记；同时，企业需逐日结出银行存款余额。月末，企业还应结出本月银行存款收入、支出合计数及结存数。通过银行存款日记账的记录，企业可以随时掌握银行存款的动态，监督银行存款的使用情况。

银行存款日记账必须采用订本式账簿，一般采用三栏式账页，设有借方、贷方和余额等3栏，分别登记银行存款的增加、减少和余额。

3．不同转账结算方式下银行存款收支业务的会计处理

银行结算方式不同，其会计处理也有所不同。有的结算方式直接通过"银行存款"账户核算，有的是先通过其他账户核算，最终也要通过"银行存款"账户核算。下面主要介绍国内使用的转账结算方式及国际使用的信用证结算方式。

（1）通过"银行存款、应收账款、应付账款"等账户核算的结算方式

其包括支票、托收承付、委托收款和汇兑4种结算方式。

① 支票。支票是出票人签发的，委托办理支票存款业务的银行或者其他金融机构在见票时无条件支付确定的金额给收款人或者持票人的票据。单位或个人在同一票据交换地区的各种款项结算，均可以使用支票。支票由银行统一印制，分为现金支票、转账支票和普通支票。支票上印有现金字样的为现金支票，只能用于支取现金；印有转账字样的为转账支票，只能用于转账；未注明现金或转账字样的为普通支票，可以用于支取现金，也可以用于转账；在普通支票的左上角划两条平行线为划线支票，划线支票只能转账不能支取现金。支票格式如图 2-1、图 2-2 所示。

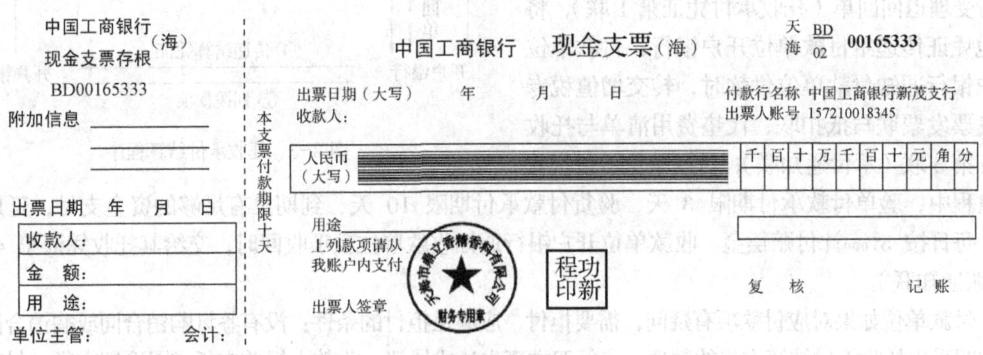

图 2-1　现金支票样例

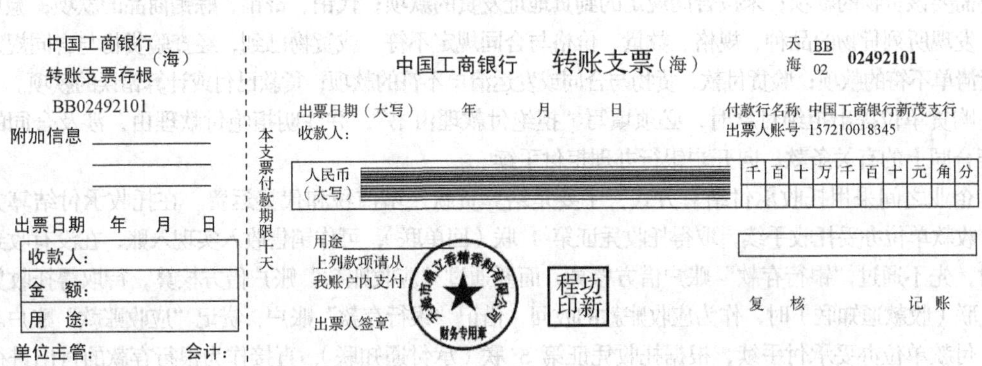

图 2-2　转账支票样例

支票结算方式的适用范围及条件为：适用于单位和个人在同一票据交换区域各种款项的结算，包括商品交易、劳务供应、付费、清理债务；支票一律记名，可根据需要在票据交换区域内背书转让，

支票起点金额为 100 元；支票的持票人应当自出票日起 10 日内提示付款，异地使用的支票，其提示付款的期限由中国人民银行另行规定；禁止签发空头支票。出票人签发的支票金额超过其付款时在付款人处实有的存款金额的，为空头支票。签发空头支票，银行除退票外，还按票面金额处以 5%但不低于 1 000 元的罚款，持票人有权要求出票人赔偿支票金额 2%的赔偿金。

② 托收承付。托收承付结算方式是收款单位根据经济合同发货后，委托银行向异地付款单位收取款项，由付款单位向银行承诺付款的结算方式。

托收承付结算方式的适用范围及条件为：适用于国有企业或供销合作社，以及经营管理较好并经开户银行审查同意的城乡集体所有制工业企业；结算范围适用于企业之间的商品交易以及因商品交易而产生的劳务供应款项结算，即代销、寄销和赊销商品款项不能办理托收承付结算；收付双方使用托收承付结算方式，必须签有符合《中华人民共和国合同法》的购销合同，并在合同上写明使用托收承付结算方式；收款人办理托收，必须具有商品确已发运的证件（包括铁路、航运、公路等运输部门的运单、运单副本和邮局包裹回执）或其他符合托收承付结算的有关证明；除新华书店系统每笔金额起点为 1 000 元外，其他结算每笔金额起点为 10 000 元。

托收承付结算方式的结算程序如图 2-3 所示。

企业在采用托收承付结算方式办理委托银行收款手续时，要向银行出示合同，填制一式五联的"托收凭证"，并提供增值税专用发票发票联与抵扣联、代垫费用清单、发运证件等；银行受理退回回单（托收承付凭证第 1 联），将其他凭证传递给付款单位开户银行；付款单位开户银行通知付款单位付款时，转交增值税专用发票发票联与抵扣联、代垫费用清单与托收凭证第 5 联（承付通知联）；付款单位承付货款

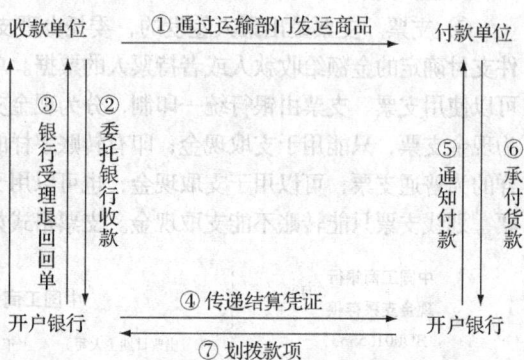

图 2-3　托收承付结算程序

的过程中，验单付款承付期限 3 天，验货付款承付期限 10 天，到期没有足够的资金支付，延期支付，每日按 5‰计付赔偿金。收款单位开户银行通知收款单位款项收回时，交给其托收凭证第 4 联（收账通知联）。

付款单位如果对应付款项有疑问，需要拒付，应满足拒付的条件：没有签订购销合同或购销合同中未注明采用托收承付结算方式的款项；未经双方事先达成协议，收款人提前交货或因逾期交货，付款人不再需要该货物的款项；未按合同规定的到货地址发货的款项；代销、寄销、赊销商品的款项；验单付款，发现所列货物的品种、规格、数量、价格与合同规定不符，或货物已到，经查验货物与合同规定或发货清单不符的款项；验货付款，货物与合同或发货清单不符的款项；货款已付或计算错误的款项。

购货单位提出拒绝付款时，必须填写"拒绝付款理由书"，并注明拒绝付款理由，涉及合同的应引证合同上的有关条款，向开户银行办理拒付手续。

企业之间采用托收承付结算方式，主要是结算货款、增值税和代垫运费。在托收承付结算方式下，收款单位办妥托收手续，取得托收凭证第 1 联（回单联），可作销售收入实现入账，在没有收到款项时，先不通过"银行存款"账户借方核算，而要通过"应收账款"账户借方核算，待取得托收凭证第 4 联（收款通知联）时，作为应收账款的收回，借记"银行存款"账户，贷记"应收账款"账户。

付款单位办妥承付手续，根据托收凭证第 5 联（承付通知联），直接作为银行存款的付出进行会计处理。借记有关账户，贷记"银行存款"账户。

如在付款期满前提前付款的，应于通知银行付款之日，编制付款凭证。若拒绝付款，属于全部拒付的不做会计处理；属于部分拒付的，企业应在付款期内出具部分拒付的理由并退回有关单位，根据银行盖章退回的拒付理由书，编制部分付款凭证，拒付部分不做会计处理。

③ 委托收款。委托收款结算方式是收款人提供收款依据，委托银行向付款人收取款项的结算方式。这一结算方式适用于同城和异地的结算，不受金额起点限制，有邮寄和电报划回两种方式。

委托收款结算方式适用范围及条件：同城、异地具有债务证明的各种款项结算；适用于收取电费和电话费等付款人众多、分散的公用事业费等有关款项；付款期限为 3 天。

企业进行会计处理时，收款单位对于托收款项，根据银行的收款通知，据以编制收款凭证；付款单位在收到银行转来的委托收款凭证后，根据委托收款的付款通知和有关原始凭证，编制付款凭证；若在付款期满前付款，则应于通知银行付款之日，编制付款凭证。如果拒付，不做会计处理。

④ 汇兑。汇兑结算方式是汇款人委托银行将款项汇给外地收款人的结算方式。单位或个人的各种款项结算均可以使用这种方法。汇兑分信汇与电汇两种，适用于异地之间的各种款项的结算。这种结算方式划拨款项简便、灵活。

采用汇兑结算方式时，收款企业根据收到的银行收账通知，编制收款凭证。付款单位根据经银行办理汇款的汇款回执，编制付款凭证。

在汇兑结算方式下，付款单位通过银行将款项汇给收款人，根据汇款凭证第 1 联（回单）借记有关账户，贷记"银行存款"账户。收款单位收到款项，根据银行收款凭证借记"银行存款"账户，贷记有关账户。

（2）通过"银行存款、应收票据""应付票据"等账户核算的结算方式

主要是商业汇票结算方式。商业汇票结算方式是由收款人或付款人（或承兑申请人）签发商业汇票，由承兑人承兑，并于到期日通过银行向收款人或被背书人支付款项的结算方式。

商业汇票结算方式适用范围及条件：同城或异地签有购销合同的商品交易；商业汇票一律记名，允许背书转让或向银行贴现；在银行开立账户的法人与其他经济组织之间须有真实交易关系或债权债务关系才能使用；付款期限由交易双方协商确定，最长不超过 6 个月。商业汇票的提示付款期限为自汇票到期日起 10 日内。

按照承兑人不同，商业汇票分为商业承兑汇票和银行承兑汇票两种。

商业承兑汇票是由收款人签发，经付款人承兑，或由付款人签发并承兑的汇票。承兑时，购货方应在汇票正面记载"承兑"字样和承兑日期并签章。承兑不得附有条件，否则视为拒绝承兑。汇票到期时，付款企业的开户银行凭将票款划给收款企业或贴现银行。汇票到期，若付款企业不能支付货款，则开户银行应将汇票退还收款企业，银行不负责付款，由购销双方自行处理。商业承兑汇票格式如图 2-4 所示。

样张

商业承兑汇票

ΔN B　0　666888

出票日期　年　月　日　　　　第　32　号

付款人	全称				收款人	全称												
	账号					账号												
	开户银行					开户银行			行号									
出票金额							千	百	十	万	千	百	十	元	角	分		
汇票到期日					交易合同号码													
					备注：													
出票人签章																		

单位主管：　　　会计：　　　　审核：　　　　记账：

图 2-4　商业承兑汇票样例

企业之间商品交易款项结算采用商业承兑汇票结算方式，首先应由收款人或付款人填制一式三联的"商业承兑汇票"，之后由付款人承兑。承兑时，付款人应在汇票正面记载"承兑"字样和承兑日

期并签章，并在承兑后交给收款人。付款人应在汇票到期前，备足资金存入其开户银行，以备付款。收款人在汇票提示付款期限内，填制"托收凭证"，连同到期的商业承兑汇票一并送交银行，委托银行收取票款（或直接向付款人提示付款）。银行审核受理后，退回回单联，将汇票及有关凭证传递给付款人开户银行。付款人开户银行收到到期的汇票及有关凭证后，通知付款单位付款，付款单位同意付款后，划拨款项。收款人开户银行收到款项后，通知收款人款项收回。

银行承兑汇票是由收款人或承兑申请人签发，并由承兑申请人向开户银行申请，经银行审查同意承兑的票据。

在采用银行承兑汇票结算款项的过程中，由承兑申请人签发的汇票，向其开户银行申请承兑。与银行签订"承兑协议"，承兑银行按票面金额向出票人收取万分之五的手续费，银行在汇票第 2 联正票联上加盖"承兑"字样后退给承兑申请人，并将一联承兑协议交承兑申请人，作为双方执行的依据。银行承兑汇票经过承兑，可交给收款人作为到期收款的依据。在银行承兑汇票到期日前，承兑申请人要向银行存足款项，以备到期支付。如果到期存款不足支付，承兑银行除凭票向持票人无条件付款外，对出票人尚未支付的汇票金额按照每天 5‰计收罚息。在银行承兑汇票提示付款期时，收款人填制"委托收款凭证"，连同商业汇票送交银行，通过银行收款；银行将商业汇票传递于承兑申请人开户银行后，通知申请人付款；承兑申请人同意付款，银行之间划拨款项。收款人开户银行划拨收回款项时，通知收款人款项已进账。

在商业汇票结算方式下，收款人收到经承兑的商业汇票，借记"应收票据"账户，贷记"主营业务收入"等账户；商业汇票到期收回款项时，根据银行收款凭证借记"银行存款"账户，贷记"应收票据"账户。付款人申请银行承兑汇票，根据承兑协议支付手续费，根据银行收费凭证，借记"财务费用——手续费"账户，贷记"库存现金"或"银行存款"账户；将经承兑的汇票交收款人换回发票货物，根据商业汇票等凭证，借记有关账户，贷记"应付票据"账户；待到期日企业支付款项，根据银行付款凭证，借记"应付票据"账户，贷记"银行存款"账户。

（3）通过"银行存款、其他货币资金"等账户核算的结算方式

其包括银行汇票、银行本票、信用卡、信用证等 4 种结算方式。

① 银行汇票。银行汇票结算方式是汇款人将款项交存当地银行，由银行签发汇票，并由汇款人持银行汇票在兑付银行办理转账结算或支付现金的结算方式。

银行汇票具有使用灵活、票随人到、兑现性强的特点，适用于同城或异地（一般为异地）先收款后发货或钱货两清的商品交易。单位或个人的各种款项结算，均可使用银行汇票。

银行汇票适用于转账。填明"现金"字样的银行汇票也可以用于支取现金。银行汇票一律记名，付款期限为自出票日起 1 个月内。超过付款期限提示付款不获付款的，持票人须在票据权利时效内向出票银行做出说明，并提供本人身份证件或单位证明，持银行汇票和解讫通知向出票银行请求付款。

银行汇票结算方式的结算程序如图 2-5 所示。

企业申请办理银行汇票时，要填制一式三联的"银行汇票申请书"，除留存第 1 联存根外，将第 2 联（借方凭证）和第 3 联（贷方凭证）交当地开户银行。银行同意后，签发一式四联的银行汇票，用压数机压印金额，将第 2 联（正票）、第 3 联（解讫通知）和第 4 联（多余款收账通知联）交给汇款人。汇款人持银行汇票可向外地或当地收款人办理结算，将实际结算金额准确、清晰地填入汇票的有关栏内。持票人在银行提示付款处盖章后，将银行汇票交给收款人。在

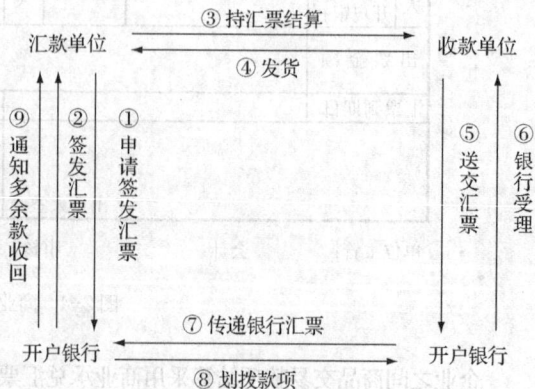

图 2-5　银行汇票结算程序

银行开立账户的收款人收到后应及时填写进账单，连同银行汇票一并送交银行办理转账。填明"现金"字样的银行汇票可以用于支取现金。兑付银行受理或兑付后，将银行汇票第 2 联、第 3 联、第 4 联传递给签发银行。签发银行按实际结算金额划付并结清汇票款后，将第 4 联交给收款人。

在银行汇票结算方式下，付款单位取得汇票后，根据银行盖章的"银行汇票申请书"收款凭证（存根联），借记"其他货币资金——银行汇票"账户，贷记"银行存款"账户；企业使用银行汇票支付款项后，依据发票账单及开户行转来的有关副本等凭证，根据实际结算金额，借记有关账户，贷记"其他货币资金——银行汇票"账户；若实际采购支付后，银行汇票有余额，则企业应根据"银行汇票"第 4 联（多余款收账通知联）借记"银行存款"账户，贷记"其他货币资金——银行汇票"账户。

收款单位将"银行汇票"送存银行，根据"进账单"收款凭证，借记"银行存款"账户，贷记有关账户。

② 银行本票。银行本票结算方式是申请人将款项交存银行，由银行签发银行本票给申请人，申请人凭此办理转账或支取现金的结算方式。

银行本票适用于单位或个人在同一票据交换区域的各种款项结算，有定额本票和不定额本票两种，其中，定额本票面值分别为 1 000 元、5 000 元、10 000 元、50 000 元。银行本票一律记名，可以背书转让，付款期限为出票日起不超过 2 个月。

企业向银行申请银行本票，要填制一式三联的"银行本票申请书"。出票银行受理后，签发或给付银行本票。不定额银行本票一式 2 联，不定额银行本票压数机压印出票金额，第 1 联签发银行留存卡片，第 2 联为正票。定额银行本票在一张上分为存根和正联两部分。银行本票的传递过程与转账支票基本一致。

采用银行本票结算方式，企业向银行提交"银行本票申请书"并将款项交存银行，取得银行本票时，根据银行盖章退回的申请书存根联，借记"其他货币资金——银行本票"账户，贷记"银行存款"账户；使用银行本票购货或付费时借记有关账户，贷记"其他货币资金——银行本票"账户；当企业因本票超过付款期限等原因未曾使用而要求银行退款时，应填制进账单，连同本票一并送交银行后，企业应根据银行收回本票时盖章退回的一联进账单，借记"银行存款"账户，贷记"其他货币资金——银行本票"账户。

③ 信用卡。信用卡是商业银行向个人和单位发行的，凭此向特约单位购物、消费和向银行存取现金，且具有消费信用的特制载体卡片。

信用卡按使用对象分为单位卡和个人卡；按信誉等级分为金卡和普通卡。

采取信用卡结算方式是指企业申请信用卡，按照有关规定填制信用卡保证书，并按银行要求存备用金，在银行开立信用卡存款账户。企业持信用卡向特约商户购物或消费，特约商户向持卡人提供商品或劳务，持卡人刷卡并在签购单上签字。信用卡结算方式适用于同城或异地款项的结算。凡在中国境内金融机构开立基本存款账户的单位，均可以申领单位卡。企业可申请若干张单位卡。持卡人资格由单位法定代表人或者委托代理人书面指定和注销，持卡人不得出租或转借信用卡。单位卡账户资金一律从其基本存款账户转账存入，不得交存现金，不得将销货收入款项存入其账户。单位卡一律不得用于 10 万元以上的商品交易、劳务供应款项的结算，且不得支取现金。信用卡在规定的限额和期限内允许善意透支。透支期限最长为 60 天。透支利息计算不分段，按最后期限或者最高透支额的最高利率档次计算。

企业办理信用卡时，应根据银行盖章退回的交存备用金的进账单，借记"其他货币资金——信用卡"账户，贷记"银行存款"账户；企业使用信用卡消费后，应根据签购单和发票账单等凭证，借记有关账户，贷记"其他货币资金——信用卡"账户。

另外，在汇兑结算方式下，企业将款项委托当地银行汇往采购地开立专户时，根据汇出款项凭证，借记"其他货币资金——外埠存款"账户，贷记"银行存款"账户；外出采购人员报销用外埠存款支付材料的采购货款等款项时，企业根据发票账单等报销凭证，借记有关账户，贷记"其他货币资金——外埠存款"账户；采购员完成采购任务，将多余的外埠存款转回当地银行时，根据银行的收账通知借记"银行存款"账户，贷记"其他货币资金——外埠存款"账户。

④ 信用证。信用证是银行（即开证行）依照进口方（即开证申请人）的要求和指示，对出口方（即受益人）开立的有条件承诺付款的书面文件。按照信用证结算方式的一般规定，进口方先将货款交存银行，由银行开立信用证，通知异地出口方开户银行转告出口方，出口方按合同和信用证规定的条款发货，银行代进口方付款。信用证是国际贸易中最常用的支付方式。

信用证业务涉及 6 个方面的当事人。a. 开证申请人（Applicant），是指向银行申请开立信用证的人，又称开证人（Opener）。b. 开证行（Opening Bank, Issuing Bank），是指接受开证申请人的委托开立信用证的银行。该银行一般是申请人的开户银行。c. 通知行（Advising Bank），是指受开证行的委托，将信用证转交出口方的银行。它只证明信用证的真实性，不承担其他义务，是出口地所在银行。d. 受益人（Beneficiary），是指信用证上所指定的有权使用该证的人，一般为出口方或实际供货人。e. 议付银行（Negotiating Bank），是指愿意买入或贴现受益人交来跟单汇票和单据的银行。f. 付款银行（Paying Bank），是指信用证上指定付款的银行。一般为开证行，也可以是开证行所指定的银行。

信用证结算方式的一般收付程序如下。a. 开证申请人根据合同填写开证申请书，向所在地银行申请开证。开证要交纳一定数额的信用证保证金，或请第三方有资格的公司担保。b. 开证银行根据申请书内容，向受益人开出信用证并寄交出口方所在地通知行。c. 通知行核对印鉴无误后，向出口方发出信用证通知书。d. 出口方接到信用证通知后，凭此通知书前往银行领取信用证，经过核对信用证与合同条款，审核信用证合格后发货。e. 出口方在按信用证规定发货后，取得货物装船的有关单据，并开出汇票，在信用证有效期内，向所在地议付银行交单，办理议付货款。f. 议付银行核验信用证和有关单据合格后，按照汇票金额扣除利息和手续费，将货款垫付给出口方，出口方收到后即可结汇。g. 议付银行将汇票和货运单寄给开证银行收账。h. 开证银行收到汇票和有关单据后，通知进口方付款。i. 进口方接到开证银行的通知后，向开证银行付款或承兑并领取货运单据（付款是指向开证银行交除预交开证定金后的信用证余额货款）。

进口企业根据合同填写开证申请书并交纳保证金，申请开证行开证。根据开户银行盖章退回的交纳保证金回单，借记"其他货币资金——信用证保证金"账户，贷记"银行存款"账户；企业收到银行转来的进口货物汇票和有关单据后，向开证银行付款或承兑并领取货运单据，借记"在途物资""原材料""应交税费——应交增值税（进项税额）"等账户，贷记"其他货币资金——信用证保证金"账户。如果企业收到未用完的信用证存款余额，则应借记"银行存款"账户，贷记"其他货币资金——信用证保证金"账户。

2.3.4 银行存款的清查

企业在银行存取款项及委托银行转账结算款项时，企业与银行都要进行记账。为了检查企业和开户银行账目是否存在错漏，掌握银行存款的实有数额，企业应定期将银行存款日记账与银行对账单进行核对，每月至少核对一次，如有不符，应查明原因，及时调整。

1. 银行存款余额调节的原因

银行每月提供给企业对账单上的存款余额，在大多数情况下与企业银行存款日记账上的余额不相符。这主要是由于双方的会计处理和记账日期不同，账面的记载不一致，包括记录上出现的错误和月末存在的未达账项等原因。

记录上出现的错误主要是金额和账户在记载时发生的错误。例如，有几个往来银行时，企业签发的某一往来银行的支票有可能错记在另一往来银行的账上，银行也有可能将某一存款户的业务错记在另一存款户的账户中。

月末存在的未达账项也会使企业银行存款日记账账面余额与银行对账单上的余额不一致。所谓未达账项，是指企业与银行之间由于结算凭证的传递存在一定时间差别而导致一方已记账，另一方尚未记账的款项。未达账项是造成企业银行存款日记账账面余额与银行对账单上的余额不一致的主要原因。

常见的未达账项有以下几种情况。

（1）企业已收款入账，银行尚未收到的款项，如企业送存银行的支票。

（2）企业已付款入账，银行尚未支付的款项，如企业开出的支票，收款人尚未到银行办理提款或转账。

（3）银行已收款入账，企业尚未收到的款项，如银行存款利息。

（4）银行已付款入账，企业尚未记录支付的款项，如银行代扣的各种公共事业费。

当发生上述（1）、（4）两种情况时，企业银行存款账面余额将大于银行对账单余额；当发生（2）、（3）两种情况时，企业银行存款账面余额将小于银行对账单余额。

2．银行存款余额的调节

当发生记账错误或者未达账项，导致企业银行存款日记账账面余额与银行对账单余额不符时，会计人员应逐笔核对，查明原因，将两者调节相符。一般通过编制"银行存款余额调节表"来进行调节，直到双方余额一致为止。

下面举例说明银行存款余额调节表的编制。

【例2.10】　陆达公司20×1年8月31日收到开户银行提供的对账单余额为65 000元，同一日，企业银行存款余额为54 000元。经过逐一核对，发现有以下需要调节的账项。

（1）企业在8月25日收到并送存银行的甲公司的支票4 000元，因付款单位存款余额不足而被退回，银行尚未通知企业。

（2）银行代企业支付电话费1 800元，银行已登记企业银行存款减少，但企业未收到银行付款通知，尚未记账。

（3）企业签发的下列支票，至8月31日止银行尚未兑现。

支票号码　　　签发日期　　　　金额

#2830　　　20×1年8月25日　　1 900

#2835　　　20×1年8月28日　　3 500

#2910　　　20×1年8月29日　　3 000

#2925　　　20×1年8月29日　　5 600

　　　　　　　　　　　　　　14 000

（4）企业委托银行收取乙公司的应收票据5 800元，银行已如数收妥，28日已记作存入款项并附带贷项通知单一份。

（5）企业本月收到并保存银行的丙公司用于支付货款的支票3 000元，银行对账单上尚无相应的记录。

根据上述资料，可编制银行存款余额调节表，如表2-2所示。

表2-2　银行存款余额调节表

20×1年8月31日　　　　　　　　　　　　　　　　　　　　　　单位：元

项目	金额	项目	金额
企业银行存款日记账余额	54 000	银行对账单余额	65 000
加：银行已收、企业未收款	5 800	加：企业已收、银行未收款	3 000
减：银行已付、企业未付款	1 800	减：企业已付、银行未付款	14 000
减：退回甲公司存款不足支票	4 000		
调节后余额	54 000	调节后余额	54 000

注意　　为了简化会计核算工作，防止重复记账，对于未达账项不能以银行存款余额调节表作为原始凭证，据以调整银行存款账面记录。只有等到有关银行结算凭证到达企业，未达账项变成"已达账项"时，才能进行相应的会计处理。

2.4 其他货币资金

2.4.1 其他货币资金的内容

其他货币资金是指企业除库存现金、银行存款以外的其他各种货币资金。就性质而言，其他货币资金同现金和银行存款一样属于货币资金，但是，由于存放地点和用途不同，这3种货币资金在会计上是分别进行核算的。其他货币资金主要包括外埠存款、银行汇票存款、银行本票存款、信用卡存款、信用证保证金存款和存出投资款等。

外埠存款是指企业到外地进行临时或零星采购时，汇往采购地银行开设采购专户的款项。

银行汇票存款是指企业为取得银行汇票，按规定存入银行的款项。

银行本票存款是指企业为取得银行本票，按规定存入银行的款项。

信用卡存款是指企业为取得信用卡并按规定存入银行信用卡专户的款项。

信用证保证金存款是指企业为取得信用证按规定存入银行信用证保证金专户的款项。

存出投资款是指企业已存入证券公司但尚未进行证券交易的款项。

2.4.2 应设置的账户

为了核算和监督其他货币资金的收支和结存情况，企业应设置"其他货币资金"账户。该账户借方登记其他货币资金的增加数，贷方登记其他货币资金的减少数，期末借方余额反映企业实际持有的其他货币资金。该账户按其他货币资金的具体内容设置明细账户，进行明细核算，具体明细账户包括："外埠存款""银行汇票""银行本票""信用卡""信用证保证金""存出投资款"等。

其他货币资金在资产负债表上作为货币资金组成部分列示在"流动资产"项下的第一项。

2.4.3 其他货币资金的会计处理

1. 外埠存款

【例2.11】 20×1年8月7日，陆达公司为临时采购需要在上海某工商银行开设外埠存款账户，存入7 000元；8月15日，采购员交来供货单位发票，货物价款为6 000元，增值税税额780元，货物尚未收到；8月20日，将多余的资金220元转回原开户银行。

陆达公司根据有关凭证，应进行如下会计处理。

① 20×1年8月7日，开设账户。

借：其他货币资金——外埠存款	7 000
贷：银行存款	7 000

② 20×1年8月15日，收到供货单位发票。

借：在途物资	6 000
应交税费——应交增值税（进项税额）	780
贷：其他货币资金——外埠存款	6 780

③ 20×1年8月20日，将多余的资金220元转回原开户银行。

借：银行存款	220
贷：其他货币资金——外埠存款	220

2. 银行汇票

【例2.12】 20×1年8月10日，陆达公司为办理银行汇票结算，填制"银行汇票委托书"，金额为50 000元，并将款项交存银行，取得银行汇票。8月15日，企业用银行汇票采购原材料，所购原材料价款43 000元，增值税税额5 590元，多余款1 410元退回。

陆达公司根据有关凭证，应进行如下会计处理。

① 20×1 年 8 月 10 日，取得银行汇票。

借：其他货币资金——银行汇票　　　　　　　　　　　　　　　　50 000

　　贷：银行存款　　　　　　　　　　　　　　　　　　　　　　　　50 000

② 20×1 年 8 月 15 日，购买材料，取得购货发票。

借：原材料　　　　　　　　　　　　　　　　　　　　　　　　43 000

　　应交税费——应交增值税（进项税额）　　　　　　　　　　　5 590

　　贷：其他货币资金——银行汇票　　　　　　　　　　　　　　　48 590

③ 20×1 年 8 月 15 日，多余款项退回。

借：银行存款　　　　　　　　　　　　　　　　　　　　　　　1 410

　　贷：其他货币资金——银行汇票　　　　　　　　　　　　　　　1 410

3．银行本票

银行本票会计处理和银行汇票会计处理基本相同。在此不再列举例题。

4．信用卡

【例 2.13】　20×1 年 8 月 12 日，陆达公司在中国银行申请开立信用卡，按照银行要求向银行交存备用金 50 000 元；8 月 15 日，陆达公司使用信用卡支付 8 月的电话费 2 000 元。

陆达公司根据有关凭证，应进行如下会计处理。

① 20×1 年 8 月 12 日，款项存入银行开立信用卡。

借：其他货币资金——信用卡　　　　　　　　　　　　　　　　50 000

　　贷：银行存款　　　　　　　　　　　　　　　　　　　　　　　50 000

② 20×1 年 8 月 15 日，支付电话费。

借：管理费用　　　　　　　　　　　　　　　　　　　　　　　2 000

　　贷：其他货币资金——信用卡　　　　　　　　　　　　　　　　2 000

5．信用证保证金

【例 2.14】　20×1 年 8 月 12 日，陆达公司与境外某公司签订合同，向其购买一批原材料，合同总价款为 50 000 美元，采用信用证方式结算。8 月 15 日，陆达公司向中国银行申请开出一张信用证，并交付 10 000 美元信用证保证金，当日，美元对人民币汇率为 1：6.7。9 月 13 日，陆达公司按照银行通知补付货款 40 000 美元，赎回信用结算凭证及所附发票账单等有关凭证，并将原材料验收入库，当日，美元对人民币汇率为 1：6.7。（假设不考虑相关税费）

陆达公司根据有关凭证，应进行如下会计处理。

① 20×1 年 8 月 15 日，委托中国银行开出信用证并支付保证金。

借：其他货币资金——信用证保证金　　　　　　　　　　　　　67 000

　　贷：银行存款——美元户　　　　　　　　　　　　　　　　　　67 000

② 20×1 年 9 月 13 日，购买材料，付款赎单。

借：原材料　　　　　　　　　　　　　　　　　　　　　　　335 000

　　贷：其他货币资金——信用证保证金　　　　　　　　　　　　　67 000

　　　　银行存款　　　　　　　　　　　　　　　　　　　　　　268 000

6．存出投资款

【例 2.15】　20×1 年 8 月 15 日，陆达公司将 100 000 元从银行结算户划出，存入在证券公司开立的账户。20×1 年 8 月 17 日，购买股票 100 000 元。（假设不考虑相关税费）

陆达公司根据有关凭证，应进行如下会计处理。

① 20×1 年 8 月 15 日，将款项划入证券公司账户。

借：其他货币资金——存出投资款　　　　　　　　　　　　　　100 000
　　贷：银行存款　　　　　　　　　　　　　　　　　　　　　　　　　100 000
② 20×1 年 8 月 17 日，购买股票。
借：交易性金融资产——成本　　　　　　　　　　　　　　　　100 000
　　贷：其他货币资金——存出投资款　　　　　　　　　　　　　　　100 000

本章小结

思考与练习

一、思考题

1. 如何理解货币资金概念？现金与货币资金有何不同？
2. 货币资金管理有哪些规定？
3. 企业在银行可以开立哪些账户？每类账户的用途是什么？
4. 各种银行转账结算方式、程序、特征、适用范围如何？
5. 什么是未达账项？未达账项有哪些类型？如何编制银行存款余额调节表？
6. 什么是其他货币资金？包括哪些内容？如何进行其他货币资金的会计处理？

二、业务处理题

1. 目的：练习现金收支及清查业务的会计处理。

资料：顺达公司 20×1 年 9 月发生以下现金收支业务。

（1）9 月 1 日，签发现金支票一张，从银行提取 3 000 元现金备用。

（2）9 月 6 日，本单位行政管理部门职工李明因公出差预借差旅费 1 800 元，财务部门支付现金。

（3）9 月 16 日，李明因出差报销费用 1 850 元，50 元由财务处付给现金。

（4）9 月 25 日，支付管理部门 9 月房屋租金 850 元。

（5）9 月 28 日，张强借现金 500 元买办公用品，实际用 480 元。

（6）9 月 28 日，在现金清查过程中，发现长款 180 元，其原因待查。

（7）9 月 30 日，在现金清查中，发现短款 50 元，无法查明具体原因。

（8）9 月 30 日，现金清查过程中的长款，经领导批准，转作营业外收入。经核查，以上短款是出纳人员陈翔疏忽造成，应由其赔偿。

要求：根据以上现金收支业务进行会计处理。

2. 目的：练习银行存款余额调节表的编制。

资料：光明公司 20×1 年 9 月 30 日基本存款账户银行存款日记账的余额为 86 850 元，银行转来对账单的余额为 124 500 元。经逐笔核对，发现以下未达账项及错账。

（1）送存银行转账支票 90 000 元，企业已登记银行存款增加，但银行尚未记账。

（2）企业开出转账支票 67 500 元，但持票单位尚未到银行办理转账。

（3）企业委托银行代收某公司购货款 72 000 元，银行已收妥并登记入账，但企业尚未收到收账通知，尚未入账。

（4）银行代企业支付电话费 6 000 元，银行已登记企业银行存款减少，但企业尚未收到银行付款通知，尚未记账。

（5）9 月 15 日开出的一张转账支票，支付应付账款 6 500 元，当时编制的银行存款付款凭证如下。

借：应付账款   650

      贷：银行存款   650

该凭证已登记入账。

要求：更正记账错误，并编制银行存款余额调节表对银行存款余额进行核对。

3．目的：练习其他货币资金的会计处理。

资料：光明公司因采购原材料的需要，向银行申请办理银行汇票，金额为 50 000 元，银行受理后签发银行汇票和解讫通知；业务员持银行汇票前往外地采购原材料，并用银行汇票支付材料价款 40 000 元，增值税进项税额 5 200 元；会计部门收到银行转来的余款收账通知。

要求：根据上述经济业务，进行相关的会计处理。

第3章 应收及预付款项

本章主要阐述了应收及预付款项核算范围和相关业务的会计处理。通过本章的学习，读者应熟悉各项应收及预付款项的核算内容；掌握应收票据的取得、转让、贴现和到期业务的会计处理；掌握应收账款的取得和收回业务的会计处理；掌握预付账款和其他应收款业务的会计处理；掌握坏账损失的估计方法和计提坏账准备业务的会计处理。

3.1 应收票据

3.1.1 应收票据概述

票据作为一种债权凭证，包括企业持有的各种票据，如支票、本票、汇票等。在我国的会计实务中，支票、银行汇票和银行本票均为即期票据，无须通过应收票据处理。因此，在会计上应收票据仅指企业持有的未到期或未兑现的商业汇票。

商业汇票根据承兑人不同可分为商业承兑汇票和银行承兑汇票；根据是否带息可分为带息商业汇票和不带息商业汇票。在我国，商业汇票多为不带息汇票。企业持有的应收票据是短期债权，需在资产负债表上作为流动资产列示。

3.1.2 应收票据的会计处理

企业取得应收票据时按其面值入账，对于带息票据，应于期末按应收票据的票面价值和确定的利率计提利息，增加应收票据的账面价值。

1．应设置的账户

为了核算和监督应收票据的增减变动情况，企业应设置"应收票据"账户。该账户借方登记应收票据的面值和期末计提的利息，贷方登记到期收回或未到期向银行贴现的应收票据的账面金额，期末借方余额反映尚未到期的票据的账面价值。

企业应设置"应收票据登记簿"，逐笔登记每一种应收票据的种类、号码、签发日期、票面金额、交易合同号、承兑人、背书人的姓名或单位名称、到期日、背书转让日、贴现日、贴现率、贴现净额、未计提的利息、收款日期和收款金额等详细事项。商业汇票到期结清票款或退票后，应当在备查簿内逐笔注销原记录。

2．不带息应收票据的会计处理

企业采用商业汇票结算方式销售商品，收到承兑的商业汇票时，按商业汇票的票面金额，借记"应收票据"账户；按应确认的销售收入，贷记"主营业务收入"等账户；按应交增值税税额，贷记"应交税费——应交增值税（销项税额）"账户。若企业收到的商业汇票是用来抵偿应收账款的，应按票据的面额，借记"应收票据"账户，贷记"应收账款"账户。应收票据到期，委托银行收回票据款时，按实际收到的金额，借记"银行存款"账户；按票据票面金额，贷记"应收票据"账户。如果商业承兑汇票到期，承兑企业无力偿还票据款，收款企业应将应收票据账面价值转入"应收账款"账户，借记"应收账款"账户，贷记"应收票据"账户。

【例3.1】 20×1年8月5日，陆达公司按照销售合同向甲公司销售产品200件，每件价格300

元，货已发出，货款 60 000 元，增值税税额 7 800 元，当日收到甲公司签发并经其开户行承兑的期限为 4 个月的不带息银行承兑汇票，票面金额 67 800 元，不考虑其他相关税费。

陆达公司根据有关凭证，应进行如下会计处理。

借：应收票据　　　　　　　　　　　　　　　　　　　　　67 800
　　贷：主营业务收入　　　　　　　　　　　　　　　　　　60 000
　　　　应交税费——应交增值税（销项税额）　　　　　　　　7 800

【例 3.2】 接【例 3.1】，20×1 年 12 月 5 日，上述票据到期，陆达公司全额收回票据款 67 800 元，转入银行存款账户。

陆达公司根据有关凭证，应进行如下会计处理。

借：银行存款　　　　　　　　　　　　　　　　　　　　　67 800
　　贷：应收票据　　　　　　　　　　　　　　　　　　　　67 800

3. 带息应收票据的会计处理

带息票据的到期值为票据面值与利息之和。企业应于期末计提票据利息，借记"应收票据"账户，贷记"财务费用"账户。票据到期，按实际收回的票款，借记"银行存款"账户；按应收票据账面金额，贷记"应收票据"账户；按借、贷方之间的差额，贷记"财务费用"账户。为了简化核算，如果票据时间短，也可以不计息，票据到期时，按照收到的利息额，直接借记"银行存款"账户，贷记"财务费用"账户。

$$票据利息＝应收票据面值×票面利率×票据期限$$
$$票据到期值＝应收票据面值＋应收票据利息$$
$$＝应收票据面值×（1＋票面利率×票据期限）$$

票据期限有两种表示方式：一是以"天数"表示，即按实际天数计算到期日；二是以"月数"表示，即票据到期日以签发日数月后的对日计算，而不论各月份实际日历天数多少。

【例 3.3】 20×1 年 8 月 30 日，陆达公司收到甲公司为偿付前欠购货款 120 000 元交来的当天签发 3 个月限的商业承兑汇票，利率为 6%。

陆达公司根据有关凭证，应进行如下会计处理。

借：应收票据　　　　　　　　　　　　　　　　　　　　　120 000
　　贷：应收账款——甲公司　　　　　　　　　　　　　　　120 000

20×1 年 11 月 30 日，票据到期如数兑现时，陆达公司根据银行收款通知凭证，应进行如下会计处理。

票据到期利息＝120 000×6%×3÷12＝1 800（元）

借：银行存款　　　　　　　　　　　　　　　　　　　　　121 800
　　贷：应收票据　　　　　　　　　　　　　　　　　　　　120 000
　　　　财务费用　　　　　　　　　　　　　　　　　　　　　1 800

如果该票据到期，甲公司无力偿付票据款，陆达公司应将到期票据的账面金额全部转入"应收账款"账户。

借：应收账款——甲公司　　　　　　　　　　　　　　　　　120 000
　　贷：应收票据　　　　　　　　　　　　　　　　　　　　120 000

未收到的利息在备查簿中登记，待实际收到时再冲减收到当期的财务费用。

4. 应收票据转让的会计处理

应收票据的转让是指持票人将未到期的商业汇票背书转让给其他单位或个人的经济活动。例如，企业需要资金购买材料用于生产经营时，可以将持有的商业汇票背书转让给材料供应商用于抵付材料物资款。商业汇票背书转让时，按取得所需物资成本和应支付的增值税进项税额，借记"原材料"

"应交税费——应交增值税（进项税额）"等账户；按商业汇票票面金额，贷记"应收票据"账户；按应付购货款和背书转让商业汇票金额的差额，借记或贷记"银行存款"等账户。

【例3.4】 接【例3.1】，20×1年9月5日，陆达公司将持有的甲公司8月5日签发的4个月期限，票面金额为67 800元的银行承兑汇票背书转让给乙公司，用于购买原材料10吨，每吨价格8 000元，增值税专用发票上注明价款为80 000元，增值税税额为12 800元，不足货款以转账支票支付，材料已到并验收入库。

陆达公司根据有关凭证，应进行如下会计处理。

借：原材料		80 000
应交税费——应交增值税（进项税额）		10 400
贷：应收票据		67 800
银行存款		22 600

3.1.3 应收票据的贴现

企业资金短缺时，可将未到期的应收票据背书，将其收款权利转让给银行以提前兑付款项。这种持票人将未到期的商业汇票转让给银行，银行受理后，从票据到期值中扣除按一定的贴现率计算的自贴现日至票据到期日的利息，将余款付给贴现企业的票据融资行为称为应收票据的贴现。

1. 应收票据贴现的计算

应收票据贴现计算公式如下。

$$票据到期值=票据面值×（1+年利率×票据到期天数÷360）$$
$$或 \qquad =票据面值×（1+年利率×票据到期月数÷12）$$

对于不带息票据来讲，票据的到期值就是其面值。

$$贴现所得=票据到期值-贴现息$$
$$贴现息=票据到期值×贴现率×贴现期$$

贴现所得是指企业将票据贴现后从金融机构取得的货币资金。

贴现息是指银行接受贴现票据时收取的利息费用。

贴现期是指银行持有该票据的时间，是票据到期日减去贴现日的实际天数。

2. 应收票据贴现的会计处理

（1）不附追索权的应收票据贴现

不附追索权的应收票据贴现是指票据到期时，如果付款企业无力支付票款，贴现银行放弃对贴现申请人的追索权，即申请贴现的企业不负连带支付票据款的责任。不附追索权的应收票据贴现后，企业对贴现票据不再承担连带责任，应终止确认该应收票据。在我国，采用银行承兑汇票进行结算，收款企业一般不存在财务风险，在到期日能够足额收到汇票款。银行承兑汇票贴现后可以视为该汇票的风险和报酬全部转移，不存在追索权。

企业将不附追索权的应收票据贴现时，按实际收到的款项，借记"银行存款"账户；按应收票据的票面金额，贷记"应收票据"账户，借、贷方的差额（贴现利息）借记或贷记"财务费用"账户。票据到期时，无论出票人是否有能力付款，贴现企业不需做任何会计处理。

【例3.5】 20×1年11月5日，陆达公司将持有的甲公司当年8月5日签发的4个月期限，面值为70 200元的不带息银行承兑汇票向银行办理贴现，假设银行的贴现率为12%。

陆达公司根据有关凭证，应进行如下会计处理。

$$贴现息=70 200×12\%×30÷360=702（元）$$

借：银行存款		69 498
财务费用		702
贷：应收票据		70 200

假设上述银行承兑汇票为带息票据，票面利率 6%，贴现时，需做的计算及会计处理如下。

票据到期值 = 70 200 ×（1 + 6% × 4 ÷ 12） = 71 604（元）

贴现息 = 71 604 × 12% × 30 ÷ 360 = 716.04（元）

贴现所得 = 71 604 − 716.04 = 70 887.96（元）

借：银行存款	70 887.96
贷：应收票据	70 200
财务费用	687.96

（2）附追索权的应收票据贴现

附追索权的应收票据贴现是指已经贴现的商业汇票到期时，如果付款企业无力支付票据款，申请贴现的企业应负连带付款责任。这种情况下，企业在将商业汇票贴现后，仍可能承担支付票据款的责任，从而构成企业的一项负债。该负债在贴现银行收到票据款后才能解除。因此，企业将附追索权的应收票据贴现时，不应冲销应收票据账户金额，而应视为向贴现银行的短期借款。

附追索权的应收票据贴现

企业持有的附追索权的应收票据贴现时，按实际收到的贴现所得，借记"银行存款"账户；按贴现利息，借记"财务费用"账户；按商业汇票的到期值，贷记"短期借款"账户。如果商业汇票到期，付款人将票据款足额支付给贴现银行，贴现企业解除了连带偿还责任，应终止确认应收票据和短期借款，借记"短期借款"账户，贷记"应收票据"账户。如果汇票到期，付款人无力偿还票据款，贴现企业应代为偿还，在收到银行的退票等凭证后，借记"短期借款"账户，贷记"银行存款"账户，同时，将应收票据转为应收账款，借记"应收账款"账户，贷记"应收票据"账户。

【例 3.6】 20×1 年 10 月 31 日，陆达公司将持有的乙公司于当年 7 月 30 日签发的 4 个月期限，票面金额为 120 000 元的不带息商业承兑汇票向银行办理贴现，银行的贴现率为 12%。

陆达公司根据有关凭证，应进行如下会计处理。

① 贴现时。

贴现息 = 120 000 × 12% × 30 ÷ 360 = 1 200（元）

贴现所得 = 120 000 − 1 200 = 118 800（元）

借：银行存款	118 800
财务费用	1 200
贷：短期借款	120 000

② 票据到期时，如果乙公司将票据款足额支付给贴现银行。

借：短期借款	120 000
贷：应收票据	120 000

③ 票据到期时，如果乙公司无力支付票据款，则陆达公司应代为偿还。

借：短期借款	120 000
贷：银行存款	120 000

同时，

借：应收账款	120 000
贷：应收票据	120 000

需要说明的是，附追索权的应收票据贴现业务中，贴现申请企业获得的现金净额与票据到期值的差额应确认为一项金融负债，记入"短期借款——利息调整"账户，并在票据贴现期间采用实际利率法确认为利息费用。在本例中，企业获得的现金净额与票据到期值的差额金额较低，因此进行简化处理，直接计入了当期损益。

3.2 应收账款

3.2.1 应收账款概述

应收账款是指企业因销售商品、提供劳务等经营活动业务，应向购货单位或接受劳务单位收取的款项。企业拥有的、无条件（即，仅取决于时间流逝）向客户收取对价的权利应当作为应收款项。正常情况下，应收账款能够在一年以内收回，属于流动资产。

实际工作中，对应收账款的核算需要考虑商业折扣和现金折扣等合同可变对价情况。

1. 商业折扣

商业折扣是指对商品价目单中所列的商品价格，根据批发、零售、特约经销等不同销售对象，给予一定的折扣优惠。商业折扣通常作为促销的手段，目的是扩大销路、增加销量。商业折扣通常用百分数来表示，如 5%、10% 等。一般情况下，商业折扣直接从商品价目单所列的商品价格中扣减，扣减商业折扣后的价格才是商品的实际销售价格。购买方应付的货款和销售方应收的货款都根据扣减商业折扣后的价格来计算。商业折扣的作用仅仅是确定商品的实际销售价格，不需要在会计账面上反映。

2. 现金折扣

现金折扣是指为了鼓励客户在规定的期限内早日付款，而向其提供的付款额的抵减优惠。现金折扣一般用"折扣/付款期限"的方式表示。例如，2/10、1/20、n/30，表示企业为客户提供最长 30 天的信用期限，如果客户在 10 天内付款，能得到 2% 的交易价格折扣，第 11 天至第 20 天付款，能得到 1% 的交易价格折扣，第 21 天至第 30 天付款，则需全额支付货款，不能享受折扣。或者 2/30、1/60、n/90，表示企业为客户提供最长 90 天的信用期限。具体应提供多少现金折扣，应由购销双方的销售合同确定。因此，折扣属于合同中存在可变对价的情况，有关合同中存在可变对价情况的会计处理，参见本书第 12 章 12.1 节的相关内容。

3.2.2 应收账款的会计处理

1. 应设置的账户

为了核算和监督应收账款的发生和收回情况，企业应设置"应收账款"账户。该账户借方登记应收账款的增加数，贷方登记应收账款的收回数及确认坏账损失应冲减的数额，期末借方余额反映尚未收回的应收账款数额。该账户应按其债务人设置明细账户进行明细核算。

2. 应收账款的会计处理

企业销售商品或提供劳务应收的一般款项，根据销售发票及有关凭证，按应收货款、税金和代垫运费，借记"应收账款"账户；按销售货款和增值税销项税额，贷记"主营业务收入"和"应交税费——应交增值税（销项税额）"账户；按为对方代垫的运费，贷记"银行存款"账户。

收回应收账款时，根据收款凭证，按应收金额，借记"银行存款"账户，贷记"应收账款"账户；如果应收账款以商业汇票方式结算，在收到已承兑的商业汇票时，按票面金额，借记"应收票据"账户，贷记"应收账款"账户。

【例 3.7】 20×1 年 8 月 3 日，陆达公司按照销售合同以托收承付结算方式向甲公司销售 A 商品一批，按照销售合同确定的交易价格为 600 000 元，增值税税额为 78 000 元，商品已经发出并且办妥托收手续。

陆达公司根据有关凭证，应进行如下会计处理。

借：应收账款——甲公司   678 000
  贷：主营业务收入   600 000
    应交税费——应交增值税（销项税额）   78 000

【例 3.8】 20×1 年 8 月 12 日，陆达公司 A 商品的标价为每件 500 元，生产成本为每件 300 元。乙公司购买 A 商品 2 000 件，根据陆达公司规定的折扣条件，乙公司可得到 10% 的商业折扣。陆达公司已按实际应收款开具增值税专用发票，A商品的增值税税率为13%，销货款项尚未收到。

发票价格＝2 000×500×（1－10%）＝900 000（元）

增值税销项税额＝900 000×13%＝117 000（元）

陆达公司根据有关凭证，应进行如下会计处理。

借：应收账款——乙公司	1 017 000
贷：主营业务收入	900 000
应交税费——应交增值税（销项税额）	117 000

3.3 预付账款和其他应收款

3.3.1 预付账款

1．预付账款核算的内容

预付账款是指企业按购货合同或劳务合同规定，预先支付给销货方的款项。预付账款与应收账款都属于企业的债权，但两者产生原因不同。应收账款是企业因销售商品，取得收款权利形成的应收债权。预付账款产生于采购业务，企业预付了采购款，在没有取得所购货物的所有权时，应将其预付的采购款视为应收债权。为了加强预付账款的管理，预付账款和应收账款应分别设置账户进行核算。

2．应设置的账户

为了反映预付账款的增减变动及结算情况，企业应设置"预付账款"账户。该账户借方登记企业因购货预付的款项和收到所购货物时补付的货款，贷方登记收到采购货物时按发票金额冲销的预付账款和退回多付的款项；期末如为借方余额则反映预付的货款数额，如为贷方余额则反映企业应补付的款项。本账户应按供应单位设置明细账，以进行明细核算。预付账款业务不多的企业，可以不单独设置"预付账款"账户，而是用"应付账款"账户进行会计处理。

3．预付账款的会计处理

企业按购销合同的规定向销售方预付货款时，借记"预付账款"账户，贷记"银行存款"账户；收到所购货物时，按有关发票账单金额，借记"在途物资""原材料"等账户，贷记"预付账款"账户；当预付货款小于采购货物的货款及增值税税额时，按补付的款项，借记"预付账款"账户，贷记"银行存款"账户；当预付货款大于采购货物的货款及增值税税额时，按收回的多余款项，借记"银行存款"，贷记"预付账款"账户。

预付账款

【例3.9】 20×1年9月8日，陆达公司按合同规定预付给甲公司部分材料款22 000元；9月25日，收到甲公司发来的材料和结算凭证，材料已验收入库，价款为52 000元，增值税税额为6 760元；10月2日，陆达公司以银行存款补付余款36 760元。

陆达公司根据有关凭证，应进行如下会计处理。

① 20×1年9月8日，预付材料款。

借：预付账款——甲公司	22 000
贷：银行存款	22 000

② 20×1年9月25日，收到材料并验收入库。

借：原材料	52 000
应交税费——应交增值税（进项税额）	6 760
贷：预付账款——甲公司	58 760

③ 20×1年10月2日，补付材料款。

借：预付账款——甲公司	36 760
贷：银行存款	36 760

3.3.2 其他应收款

1．其他应收款核算的内容

其他应收款核算企业除应收票据、应收账款、预付账款、应收股利、应收利息等以外的各种应收、暂付款项，主要包括：应收的各种赔款、罚款，如因企业财产遭受意外损失而应向有关保险公司收取的赔款；应收的出租包装物的租金；存出的保证金，如租入包装物等暂付的押金；拨付给企业内部单位的备用金；应向职工收取的各种暂付款项，如为职工垫付的水电费、应由职工负担的医药费和房租费等；预付账款的转入，即预付货款后，既没有收到所购货物，预付款也没有退回，按规定将其转入其他应收款的数额；其他各种应收、暂付款项等。

2．应设置的账户

为了反映其他应收款的增减变动及其结存情况，企业应当设置"其他应收款"账户。该账户借方登记企业发生的各项其他应收款，贷方登记企业收回的各种其他应收款，期末借方余额反映尚未收回的其他应收款。该账户应根据应收、暂付款项的具体内容以及债务人设置明细账进行明细核算。

3．其他应收款的会计处理

企业发生各种应收的赔款、罚款、扣款、租金等其他应收款时，借记"其他应收款"账户，贷记"库存现金""银行存款""营业外收入"等账户；收回或转销其他应收款时，借记"库存现金""银行存款""应付职工薪酬"等账户，贷记"其他应收款"账户。

【例3.10】 20×1年9月8日，因甲公司违约，陆达公司应向甲公司收取违约金3 000元。

陆达公司根据有关凭证，应进行如下会计处理。

① 确认违约金收入。

借：其他应收款——甲公司　　　　　　　　　　　　　　　　　　3 000
　　贷：营业外收入——罚没收入　　　　　　　　　　　　　　　　　　3 000

② 收到违约金。

借：银行存款　　　　　　　　　　　　　　　　　　　　　　　　3 000
　　贷：其他应收款　　　　　　　　　　　　　　　　　　　　　　3 000

【例3.11】 20×1年9月8日，材料供应部门经理张晨出差，以现金支付预借的差旅费3 000元。

陆达公司根据有关凭证，应进行如下会计处理。

借：其他应收款——供应部门（张晨）　　　　　　　　　　　　　　3 000
　　贷：库存现金　　　　　　　　　　　　　　　　　　　　　　　3 000

【例3.12】 20×1年9月18日，张晨出差归来，报销差旅费2 700元，退回现金300元。

陆达公司根据有关凭证，应进行如下会计处理。

借：管理费用　　　　　　　　　　　　　　　　　　　　　　　　2 700
　　库存现金　　　　　　　　　　　　　　　　　　　　　　　　300
　　贷：其他应收款——供应部门（张晨）　　　　　　　　　　　　　3 000

4．备用金

备用金是企业财会部门预付给内部有关部门或人员，用于支付零星的日常开支的备用款项，如购买办公用品、支付医药费或差旅费等。备用金设置的目的主要是满足企业内部经常使用现金的部门或人员日常零星开支的需要。

备用金的管理办法一般有两种：一是随借随用、用后报销制度，适用于不经常使用备用金的单位和个人；二是定额备用金制度，适用于经常使用备用金的单位和个人。定额备用金制度的特点是对经常使用备用金的部门，根据其日常零星开支的需要，预先核定备用金定额，并按定额一次拨付款项；报销时，根据有关凭证经审核后支付现金，补足定额，使备用金使用部门仍保持原有的定额数。

为了反映备用金的设立、领用和报销情况，应在"其他应收款"账户下专设"备用金"明细账户进行核算。如果使用备用金的部门或人员较多，为了加强核算和管理，也可以单独设置"备用金"总账账户进行核算。

使用备用金的部门或人员一般应设置"备用金登记簿",详细记录本部门或本人对备用金的使用情况。

【例3.13】 陆达公司销售部为了满足日常零星开支的需要,申请核定备用金定额3 000元。

（1）会计部门开出一张3 000元的现金支票为销售部建立备用金。

陆达公司根据有关凭证,应进行如下会计处理。

借：其他应收款——备用金（销售部）   3 000
    贷：银行存款   3 000

（2）销售部购买办公用品1 000元,备用金的经管人员将所保存的支出单据汇总向会计部门报销,补足备用金。

陆达公司根据有关凭证,应进行如下会计处理。

借：销售费用   1 000
    贷：库存现金   1 000

如果企业认为必要时,经有关人员批准可以增加或减少备用金定额,或全部收回备用金。对此,应进行增加或减少备用金的会计处理,同时减少或增加银行存款。

（3）销售部因与市场开发部合并,最后一次以1 800元的费用单据向会计部门报销并交回剩余的1 200元现金。

陆达公司根据有关凭证,应进行如下会计处理。

借：库存现金   1 200
    销售费用   1 800
    贷：其他应收款——备用金（销售部）   3 000

3.4 应收款项的减值

3.4.1 坏账准备的计提范围

出于谨慎性的考虑,企业应当以预期信用损失为基础,对应收款项进行减值会计处理并确认减值损失,以合理的方法预计应收款项未来可收回金额,按期估计坏账损失,计入信用减值损失,同时形成坏账准备。当某一应收款项全部或部分被确认为坏账时,应根据其金额冲减已经提取的坏账准备,同时,核销相应的应收款项。有关信用减值的会计处理,参见本书第4章4.6节的相关内容。

企业可以根据各类应收款项的性质和发生坏账的可能性,确定是否对该应收款项计提坏账准备。

应收账款是企业赊销形成的债权,其他应收款的内容繁杂,两种应收款项产生坏账的风险都较大,应计提坏账准备。

企业的应收票据,对于银行承兑汇票来说,一般不会产生坏账,因此不需要计提坏账准备;对于商业汇票来说,如有确凿证据证明某项应收票据不能收回或收回的可能性不大,则应将"应收票据"账户的账面余额转入"应收账款"账户,并计提相应坏账准备。

企业的预付账款,未来收回的是存货而非货币资金,产生坏账的风险通常也较小,但是如有确凿证据表明某项预付账款不符合预付账款性质,或者因供货单位破产、撤销等原因已无望再收到所购货物,则应将"预付账款"账户的账面余额转入"其他应收款"账户,并计提相应坏账准备。

3.4.2 应收款项减值的会计处理

1. 应设置的账户

为了反映应收款项减值情况,企业应设置"坏账准备"账户。该账户是"应收账款"等相关应收款项账户的备抵账户，贷方登记按规定每期提取的坏账准备和重新收回的已作为坏账转销的应收款项，借方登记发生坏账损失时转销的坏账准备和应冲减的多提的坏账准备金额，期末贷方余额反映已提取尚未转销的坏账准备金额。在资产负债表中"应收票据及应收账款""其他应收款"项目应按抵减相应"坏账准备"账户余额后的净额列示。

2. 应收款项减值的会计处理

企业应当采用特定的方法对各会计期间的坏账损失进行合理估计。企业坏账损失的发生带有很大的不确定性，因此只能以过去的经验为基础，并参照当前的信用政策、市场情况和行业惯例，特别是赊销金额巨大的客户的支付能力等因素，尽量准确地对坏账损失进行估计。常用的坏账准备计算方法有应收款项余额百分比法、账龄分析法和赊销百分比法等。

（1）应收款项余额百分比法

应收款项余额百分比法是指按企业应收款项期末余额的一定百分比计算确定坏账损失，计提坏账准备的一种方法。坏账损失的产生与应收款项的余额是直接相关的，应收款项的余额越大，通常产生坏账的风险也就越高，因此，可以根据应收款项的余额估计期末应收款项可能发生的坏账损失，计提坏账准备。

在某一会计期末，企业可按下列公式计算确定当期实际应计提的坏账准备金额。

$$\text{当期实际计提的坏账准备金额} = \text{应收款项期末余额} \times \text{坏账准备提取率} - \text{"坏账准备"账户贷方余额}（\text{或} + \text{"坏账准备"账户借方余额}）$$

根据以上公式，当期末估计的坏账与"坏账准备"账户的余额有差异时，应当对"坏账准备"账户的余额进行调整，使得调整后的"坏账准备"账户余额与期末估计的坏账金额一致。具体情况如下。

① 期末计提前，"坏账准备"账户无余额，应按本期应收款项期末余额乘以坏账准备提取率计算的金额计提坏账准备，借记"信用减值损失"账户，贷记"坏账准备"账户。

② 期末计提前，"坏账准备"账户为贷方余额，且按本期应收款项期末余额乘以坏账准备提取率计算的金额大于"坏账准备"账户贷方余额，应按两者的差额补提坏账准备，借记"信用减值损失"账户，贷记"坏账准备"账户。

③ 期末计提前，"坏账准备"账户为贷方余额，且按本期应收款项期末余额乘以坏账准备提取率计算的金额小于"坏账准备"账户贷方余额，应按两者的差额冲减坏账准备，借记"坏账准备"账户，贷记"信用减值损失"账户。

④ 期末计提前，"坏账准备"账户为借方余额，应按本期应收款项期末余额乘以坏账准备提取率计算的金额与"坏账准备"账户借方余额合计数，借记"信用减值损失"账户，贷记"坏账准备"账户。

经过上述会计处理，各期期末计提坏账准备后，"坏账准备"账户如果有余额应为贷方余额，金额为按本期应收款项期末余额乘以坏账准备提取率确定的估计坏账金额。

【例3.14】陆达公司按年末应收账款余额百分比法计提坏账准备。20×1年12月31日，应收账款余额3 000 000元，"坏账准备"账户贷方余额100 000元；20×2年10月将已确认无法收回的应收账款20 000元作为坏账处理，当年年末应收账款余额2 800 000元；20×3年6月收回以前年度已作为坏账注销的应收账款10 000元，当年年末应收账款余额2 000 000元。该公司坏账准备计提比率为5%。

陆达公司根据有关凭证，应进行如下会计处理。

20×1年12月31日，计提坏账准备。

20×1年年末实际计提的坏账准备＝3 000 000×5%－100 000＝50 000（元）

借：信用减值损失   50 000
    贷：坏账准备   50 000

20×2年10月，确认坏账损失。

借：坏账准备   20 000
    贷：应收账款   20 000

20×2年12月31日，计提坏账准备。

20×2年年末计提前"坏账准备"账户贷方余额＝150 000－20 000＝130 000（元）

20×2年年末实际计提的坏账准备＝2 800 000×5%－130 000＝10 000（元）

借：信用减值损失　　　　　　　　　　　　　　　　　　　　　　　　　10 000
　　贷：坏账准备　　　　　　　　　　　　　　　　　　　　　　　　　　　10 000

20×3 年 6 月，以前年度已作为坏账注销的应收账款又收回。

借：应收账款　　　　　　　　　　　　　　　　　　　　　　　　　　　10 000
　　贷：坏账准备　　　　　　　　　　　　　　　　　　　　　　　　　　　10 000

同时，

借：银行存款　　　　　　　　　　　　　　　　　　　　　　　　　　　10 000
　　贷：应收账款　　　　　　　　　　　　　　　　　　　　　　　　　　　10 000

20×3 年 12 月 31 日，冲减坏账准备。

20×3 年年末计提前"坏账准备"账户贷方余额＝140 000＋10 000＝150 000（元）

20×3 年实际计提的坏账准备＝2 000 000×5%－150 000＝－50 000（元）

借：坏账准备　　　　　　　　　　　　　　　　　　　　　　　　　　　50 000
　　贷：信用减值损失　　　　　　　　　　　　　　　　　　　　　　　　　50 000

（2）账龄分析法

账龄是指顾客所欠账款时间的长短。账龄分析法是指对应收款项按账龄的长短进行分类并分别确定计提坏账准备的百分比，据以计算减值损失、计提坏账准备的一种方法。

采用账龄分析法计提坏账准备，首先要对应收款项按账龄的长短进行分类，然后分别确定各类应收款项计提坏账准备的百分比，据以计算各类应收款项应计提的坏账准备金额，最后将各类应收款项应计提的坏账准备金额进行加总，求得全部应收款项应计提的坏账准备金额。

企业为了加强应收款项的管理，在期末要编制"应收款项账龄分析表"。根据账龄分析表中各账龄段应收账款的余额乘以相应的坏账损失率计算期末应计提的坏账准备金额。

【例 3.15】　陆达公司 20×1 年年末应收账款余额为 320 000 元。该公司将应收账款按账龄划分为未超过信用期限、超过信用期限 3 个月以内、超过信用期限 6 个月以内、超过信用期限 1 年以内、超过信用期限 2 年以内、超过信用期限 3 年以内和超过信用期限 3 年以上等 7 类。

根据应收账款明细账中的有关记录，陆达公司编制应收账款账龄分析表，如表 3-1 所示。

表 3-1　应收账款账龄分析表

20×1 年 12 月 31 日

应收账款账龄	应收账款账面余额	估计坏账率（%）	估计坏账损失金额（元）
未到期	40 000	0.5	200
过期 3 个月以内	80 000	2	1 600
过期 3 个月至 6 个月	50 000	5	2 500
过期 6 个月至 1 年	60 000	10	6 000
过期 1 年至 2 年	30 000	20	6 000
过期 2 年至 3 年	40 000	40	16 000
过期 3 年以上	20 000	60	12 000
合计	320 000	—	44 300

采用账龄分析法计提坏账准备的会计处理方法与应收款项余额百分比法相同。例如，假设该企业 20×1 年 12 月 31 日"坏账准备"账户有贷方余额 20 000 元，则应计提的坏账准备为 24 300（44 300－20 000）元。

一般来说，账款被拖欠的时间越长，发生坏账的可能性就越大，坏账率也就越高，企业也据此应该确定更高的坏账准备计提比率。因此，账龄分析法计算确定的坏账准备金额比应收款项余额百分比法更合理。

（3）赊销百分比法

按企业某一期间赊销净额的一定比例估计坏账损失，计提坏账准备。坏账损失的产生与赊销业务

存在一定的相关性，当期的赊销业务越多，产生坏账损失的可能性就越大。采用这种方法，企业应根据过去的经验和当前有关资料，估计坏账损失与赊销净额之间的比率，再用这一比率乘以当期的赊销净额，计算坏账损失的估计数，借记"信用减值损失"账户，贷记"坏账准备"账户。

企业应根据以往的经验、债务单位的财务状况与现金流量情况，以及其他相关信息合理估计并及时调整估计坏账准备的计提比率。

本章小结

思考与练习

一、思考题

1. 附追索权和不附追索权的商业汇票贴现业务的会计处理有什么不同？
2. 简述应收账款的会计处理方法。
3. 简述预付账款的会计处理原则。
4. 其他应收款核算的范围是什么？
5. 比较估计坏账损失的三种方法的优缺点。

二、业务处理题

1. 目的：练习应收票据贴现业务的会计处理。

资料：企业于20×1年8月1日将一张12月31日到期，出票日期为6月1日，面值为200 000元的不带息商业承兑汇票向银行贴现，该票据附有追索权，银行贴现率为9%。

要求：计算贴现的净额并进行相关的会计处理。

2. 目的：练习应收款项业务的会计处理。

资料：甲企业20×1年8月发生如下的经济业务。

（1）1日，办公室建立定额备用金制度，定额为5 000元，财务部拨出现金。

（2）2日，预先向胜利公司支付货款50 000元，后收到胜利公司交来的产品价款40 000元，增值税税额为5 200元，并收到退回的余款4 800元。

（3）18日，收到购货单位交来的4个月期限的商业承兑汇票一张，面值为216 450元，用以抵付货款。

（4）20日，收到银行收账通知，到期的商业汇票款项30 000元已到账。

（5）22日，销售A产品120件，总价款为80 000元，增值税税率为13%，收到购货单位交来的期限为3个月、利率为5%的商业承兑汇票一张，并于3个月后收到了该笔款项。

（6）29日，上月销货款及增值税总计33 900元已通过银行转账收取。

（7）31日，办公室报销办公用品800元，用现金支付。

要求：根据上述经济业务，对甲企业进行相关业务的会计处理。

3. 目的：练习坏账准备的会计处理。

资料：20×1年年末，某企业的应收账款余额为800 000元，坏账准备的提取比例为4%；20×2年发生坏账损失4 000元，该年末应收账款余额为980 000元；20×3年发生坏账损失12 000元，上年已冲销的应收账款中有2 000元本年度又收回，该年末应收账款余额为600 000元。该企业坏账准备的计算采用应收账款余额百分比法。

要求：计算各年应提取的坏账准备金额并进行相关的会计处理。

第 4 章 金融资产

本章主要阐述了金融资产的范围、分类以及不同类别金融资产的确认原则与会计处理方法。通过本章的学习，读者应理解金融资产的分类依据；掌握以摊余成本计量的金融资产、以公允价值计量且其变动计入其他综合收益的金融资产和以公允价值计量且其变动计入当期损益的金融资产的取得、持有期间和处置等相关业务的会计处理；了解金融资产重分类的几种情况；理解金融资产减值损失的确认基础与计量原则。

4.1 金融资产的内容与分类

金融工具是指形成一方的金融资产并形成其他方金融负债或权益工具的合同。金融工具包括金融资产、金融负债和权益工具。金融负债和权益工具的相关内容参见本书第 9 章、第 10 章和第 11 章。

4.1.1 金融资产的内容

金融资产是指企业持有的现金、其他方的权益工具以及符合下列条件之一的资产。

（1）从其他方收取现金或其他金融资产的合同权利。例如，企业的银行存款、应收账款、应收票据和发放的贷款等。预付账款产生的未来经济利益是商品或服务，不是收取现金或其他金融资产的权利，因此不属于金融资产。银行存款在本书第 2 章讲述，应收账款、应收票据在本书第 3 章讲述，本章不再赘述。

（2）在潜在有利条件下，与其他方交换金融资产或金融负债的合同权利。如企业持有的看涨期权或看跌期权等。

例如，20×1 年 1 月 31 日，丙上市公司的股票价格为 113 元。甲企业与乙企业签订 6 个月后结算的期权合同。合同规定：甲企业以每股 4 元的期权费买入 6 个月后执行价格为 115 元的丙公司股票的看涨期权。20×1 年 7 月 31 日，如果丙公司股票的价格高于 115 元，则行权对甲企业有利，甲企业将选择执行该期权。本例中，甲企业享有在潜在有利条件下与乙企业交换金融资产的合同权利，应当确认一项衍生金融资产。

（3）将来须用或可用企业自身权益工具进行结算的非衍生工具合同，且企业根据该合同将收到可变数量的自身权益工具。

例如，甲企业为上市公司，为回购其普通股股份，20×1 年 2 月 1 日与乙企业签订合同，并向其支付 100 万元现金。根据合同，乙企业将于 20×1 年 6 月 30 日向甲企业交付与 100 万元等值的甲企业普通股。甲企业可获取的普通股的具体数量以 20×1 年 6 月 30 日甲企业的股价确定。本例中，甲企业收到的自身普通股的数量随着其普通股市场价格的变动而变动。在这种情况下，甲企业应当确认一项金融资产。

（4）将来须用或可用企业自身权益工具进行结算的衍生工具合同，但以固定数量的自身权益工具交换固定金额的现金或其他金融资产的衍生工具合同除外。

例如，甲企业于 20×1 年 2 月 1 日向乙企业支付 5 000 元购入以自身普通股为标的的看涨期权。根据该期权合同，甲企业有权以每股 100 元的价格向乙企业购入甲企业普通股 1 000 股，行权日为 20×1 年 6 月 30 日。在行权日，期权将以甲企业普通股净额结算。假设行权日甲企业普通股的每股市价为 125 元，则期权的公允价值为 25 000 元［（125－100）元×1 000 股］，则甲企业会收到 200

（25 000÷125）股自身普通股对看涨期权进行净额结算。本例中，期权合同属于将来须用企业自身权益工具进行结算的衍生工具合同，由于合同约定以甲企业的普通股净额结算期权的公允价值，而非按照每股100元的价格全额结算1 000股甲企业股票，因此不属于"以固定数量的自身权益工具交换固定金额的现金"。在这种情况下，甲企业应当将该看涨期权确认为一项衍生金融资产。

4.1.2 金融资产的分类

1．金融资产的类别

企业应当根据其管理金融资产的业务模式和金融资产的合同现金流量特征，对金融资产进行合理分类。金融资产一般划分为以下3类。

（1）以摊余成本计量的金融资产。

（2）以公允价值计量且其变动计入其他综合收益的金融资产。

（3）以公允价值计量且其变动计入当期损益的金融资产。

金融资产分类

2．金融资产分类依据

企业应依以下两方面的因素对金融资产进行分类。

（1）企业管理金融资产的业务模式

企业管理金融资产的业务模式是指企业以产生现金流量的方式管理金融资产。企业管理金融资产的业务模式主要包括3种。

① 以收取合同现金流量为目标的业务模式。企业管理金融资产旨在通过在金融资产存续期内收取合同付款来实现现金流量，而不是通过持有并出售金融资产产生整体回报。

② 以收取合同现金流量和出售金融资产为目标的业务模式。企业关键管理人员认为收取合同现金流量和出售金融资产对于实现其管理目标而言都是不可或缺的。与以收取合同现金流量为目标的业务模式相比，此业务模式涉及的出售通常频率更高，价值更大。

③ 其他业务模式。即除上述两种模式外的其他情况。如企业持有金融资产的目的是交易性的，即企业管理金融资产的目标是通过出售金融资产以实现现金流量，即使在持有过程中会收取合同现金流量，对于实现该业务模式目标来说也只是附带性质的活动。

（2）金融资产的合同现金流量特征

金融资产的合同现金流量特征，是指金融工具合同约定的、反映相关金融资产经济特征的现金流量属性。

企业分类为以摊余成本计量的金融资产和以公允价值计量且其变动计入其他综合收益的金融资产，其合同现金流量特征应当与基本借贷安排相一致。即相关金融资产在特定日期产生的合同现金流量仅为对本金和以未偿付本金金额为基础的利息的支付。

金融资产分类应区分债务工具和权益工具。债务工具可以分类为以摊余成本计量的金融资产、以公允价值计量且其变动计入其他综合收益的金融资产，以及以公允价值计量且其变动计入当期损益的金融资产。权益工具可以分类为以公允价值计量且其变动计入其他综合收益的金融资产和以公允价值计量且其变动计入当期损益的金融资产。

4.2 以摊余成本计量的金融资产

4.2.1 以摊余成本计量的金融资产的确认与计量

1．确认条件

以摊余成本计量的金融资产为债务工具投资，企业持有的权益工具不存在约定的合同现金流量，因此不能划分为此类。金融资产同时符合下列条件的，应当分类为以摊余成本计量的金融资产。

（1）企业管理该金融资产的业务模式是以收取合同现金流量为目标。

（2）该金融资产的合同条款规定，在特定日期产生的现金流量，仅为对本金和以未偿付本金金额为基础的利息的支付。

企业管理金融资产的业务模式是以收取合同现金流量为目标，且其合同现金流量特征应当与基本借贷安排相一致（即相关金融资产在特定日期产生的合同现金流量仅为对本金和以未偿付本金金额为基础的利息的支付），则该金融资产将被分类为以摊余成本计量的金融资产。例如，企业购入固定利率公司债券，合同明确了投资者应收取的现金流量的金额和时间，同时企业持有该债券以在特定日期收取该现金流量为目标，则该债券投资应分类为以摊余成本计量的金融资产。

2．计量方法

（1）初始确认时，企业应当按照公允价值计量。

（2）与取得该金融资产直接相关的交易费用计入初始确认金额。相关交易费用是指可直接归属于购买、发行或处置金融工具的增量费用。增量费用是指企业没有发生购买、发行或处置相关金融工具的情形就不会发生的费用，包括支付给代理机构、咨询公司、券商、证券交易所、政府有关部门等的手续费、佣金、相关税费以及其他必要支出，不包括债券溢价、折价、融资费用、内部管理成本和持有成本等与交易不直接相关的费用。

（3）企业应该对所持有的以摊余成本计量的金融资产用实际利率法进行后续计量。因此，企业在初始确认该类金融资产时，应计算其实际利率，并在持有期间以其摊余成本和实际利率计算确定各会计期间的利息收入。

实际利率是指将金融资产或金融负债在预计存续期的估计未来现金流量，折现为该金融资产账面余额或金融负债摊余成本时所使用的利率。在确定实际利率时，应当在考虑金融资产或金融负债所有合同条款（如提前还款、展期、看涨期权或其他类似期权等）的基础上估计预期现金流量，但不应当考虑预期信用损失。

金融资产的摊余成本，应当以该金融资产的初始确认金额经下列调整后的结果确定。

（1）扣除已偿还的本金。

（2）加上或减去采用实际利率法将该初始确认金额与到期日金额之间的差额进行摊销形成的累计摊销额。

（3）扣除累计计提的损失准备。

4.2.2　应设置的账户

企业对于分类为以摊余成本计量的金融资产，应设置"债权投资""应收利息"和"投资收益"等账户进行核算。

（1）"债权投资"账户。该账户核算以摊余成本计量的金融资产的取得、收取现金流量、处置等业务。借方登记该类金融资产的初始投资成本、购入该类金融资产形成的利息调整（债券溢价）以及资产负债表日利息调整（债券折价的摊销），贷方登记购入该金融资产形成的利息调整（债券折价）以及资产负债表日利息调整（债券溢价的摊销），期末借方余额反映企业持有该类金融资产的账面价值。

企业应当按以摊余成本计量的金融资产的类别、品种，分别设置"成本""利息调整""应计利息"明细账户进行明细核算，其中，"成本"明细账户反映债券的面值；"利息调整"明细账户反映债券的初始投资成本与其面值、应计利息的差额，以及按实际利率法分期摊销后该差额的摊余金额；"应计利息"明细账户反映企业计提的到期一次付息债券应计未付的利息。对于以摊余成本计量的债券投资，企业可以在"债权投资"账户下设置"债券面值"明细账户代替"成本"明细账户进行核算。

（2）"应收利息"账户。该账户核算企业分期付息债权投资应收利息的发生和收回等业务。借方登记企业在债券持有期间应收取的利息，贷方登记实际收回的利息，期末借方余额反映尚未收回的利息。

（3）"投资收益"账户。该账户核算企业持有相关金融资产期间取得的投资收益以及处置该金融资产所实现的投资收益或发生的投资损失。贷方登记持有期间收取的现金股利和利息以及出售该金融资产所实现的投资收益，借方登记出售该金融资产发生的投资损失，期末将本账户余额转入"本年利润"账户后无余额。

4.2.3 以摊余成本计量的金融资产的会计处理

1. 取得

企业取得债券时，按该债券的面值，借记"债权投资——成本"账户；按支付的价款中包含的已到付息期但尚未收到的利息，借记"应收利息"账户；按实际支付的金额，贷记"银行存款"账户，借贷方的差额借记或贷记"债权投资——利息调整"账户。

【例 4.1】 20×1 年 1 月 1 日，陆达公司以 820 000 元的价格购入甲公司当日发行的面值为 800 000 元、3 年期、年利率为 6% 的公司债券，另支付交易费用 4 000 元。该债券每年 1 月 1 日付息。公司购买该债券的目的是按合同约定到期收回本金和利息，因此将该债券分类为以摊余成本计量的金融资产。

陆达公司根据有关凭证，应进行如下会计处理。

借：债权投资——成本   800 000

    债权投资——利息调整   24 000

  贷：银行存款   824 000

【例 4.2】 20×1 年 1 月 1 日，陆达公司以 564 000 元的价格购入乙公司于当日发行的面值为 600 000 元、5 年期、年利率为 4% 的公司债券。该债券利息于到期时随本金一并支付，陆达公司取得该债券时将其分类为以摊余成本计量的金融资产。

陆达公司根据有关凭证，在 20×1 年 1 月 1 日购入债券时应进行如下会计处理。

借：债权投资——成本   600 000

  贷：银行存款   564 000

    债权投资——利息调整   36 000

2. 持有期间

以摊余成本计量的金融资产在后续持有期间，应采用实际利率法进行核算，即确定该金融资产的摊余成本，按实际利率与摊余成本计算各会计期间的利息收入。实际利率应当在取得该金融资产时确定，并在其存续期间保持不变。利息收入是指企业在该金融资产的持有期间实际获得的投资收益。

以摊余成本计量的金融资产的相关计算公式如下。

（1）实际利率的计算公式如下：

$$P_0 = \sum_{t=1}^{n} C_t (1+i)^{-t}$$

式中，P_0：金融资产的账面余额或摊余成本；

    C_t：第 t 年的现金流量；

    i：实际利率。

（2）利息收入＝债权投资摊余成本×实际利率。

（3）应收利息＝债券面值×票面利率（合同利率）。

（4）利息调整摊销额＝利息收入－应收利息。

（5）摊余成本＝债券面值±利息调整摊余金额－债权投资减值准备

或   ＝初始确认金额±利息调整累计摊销额－债权投资减值准备。

资产负债表日，如果以摊余成本计量的金融资产为分期付息、一次还本的债券，应按债券的面值和票面利率计算确定的应收未收利息，借记"应收利息"账户；如果该金融资产为到期一次还本付息的债券，则借记"债权投资——应计利息"账户，按债券的摊余成本和实际利率计算确定的利息收入，贷记"投资收益"账户，按借贷方差额，借记或贷记"债权投资——利息调整"账户。

【例 4.3】 接【例 4.1】，陆达公司对持有的甲公司的债券采用实际利率法确认利息收入。陆达公司在持有该债券期间的会计处理如下。

（1）计算实际利率。

$$824\,000=（800\,000\times6\%）\sum_{t=1}^{3}(1+i)^{-t}+800\,000\times(1+i)^{-3}$$

求得 i 值即为该债券的实际利率。

利用 Excel 中的财务函数 IRR（内部收益率），求得 $i\approx4.9\%$。

（2）采用实际利率法编制利息收入与摊余成本计算表，如表 4-1 所示。

表 4-1　利息收入与摊余成本计算表（分期付息溢价摊销）

（实际利率法）

单位：元

日期	应收利息（1） =面值×6%	投资收益（利息收入）（2） =（5）×4.9%	利息调整（3） =（1）-（2）	利息调整余额（4） =（4）-（3）	摊余成本（5） =（5）-（3）
20×1.01.01				24 000.00	824 000.00
20×1.12.31	48 000.00	40 376.00	7 624.00	16 376.00	816 376.00
20×2.12.31	48 000.00	40 002.42	7 997.58	8 378.42	808 378.42
20×3.12.31	48 000.00	39 621.58*	8 378.42*	0.00	800 000.00
合计	144 000.00	120 000.00	24 000.00	—	—

*含尾数调整。

（3）根据表 4-1 的计算结果，陆达公司应进行如下会计处理。

① 20×1 年 12 月 31 日，确认利息收入。

借：应收利息　　　　　　　　　　　　　　　　　　　　　　　　48 000

　　贷：投资收益　　　　　　　　　　　　　　　　　　　　　　　40 376

　　　　债权投资——利息调整　　　　　　　　　　　　　　　　　7 624

② 20×2 年 1 月 1 日，收到上年的债券利息。

借：银行存款　　　　　　　　　　　　　　　　　　　　　　　　48 000

　　贷：应收利息　　　　　　　　　　　　　　　　　　　　　　　48 000

以下收到利息的会计处理略。

③ 20×2 年 12 月 31 日，确认利息收入。

借：应收利息　　　　　　　　　　　　　　　　　　　　　　　　48 000

　　贷：投资收益　　　　　　　　　　　　　　　　　　　　　　　40 002.42

　　　　债权投资——利息调整　　　　　　　　　　　　　　　　　7 997.58

④ 20×3 年 12 月 31 日，确认利息收入。

借：应收利息　　　　　　　　　　　　　　　　　　　　　　　　48 000

　　贷：投资收益　　　　　　　　　　　　　　　　　　　　　　　39 621.58

　　　　债权投资——利息调整　　　　　　　　　　　　　　　　　8 378.42

【例 4.4】 接【例 4.2】，陆达公司对持有的乙公司债券采用实际利率法确认利息收入。该公司在持有期间的会计处理如下。

（1）计算实际利率。

$564\,000 = 600\,000 \times (1 + 4\% \times 5) \times (1 + i)^{-5}$

求得 i 值即为该债券的实际利率。

利用 Excel 中的财务函数 IRR，求得 $i \approx 5\%$。

（2）采用实际利率法编制利息收入与摊余成本计算表，如表 4-2 所示。

表 4-2 利息收入与摊余成本计算表（到期一次付息折价摊销）

（实际利率法）

单位：元

日期	应计利息（1）＝面值×4%	投资收益（利息收入）（2）＝（5）×5%	利息调整（3）＝（2）-（1）	利息调整余额（4）＝（4）-（3）	摊余成本（5）＝（5）+（1）+（3）
20×1.01.01				36 000.00	564 000.00
20×1.12.31	24 000.00	28 200.00	4 200.00	31 800.00	592 200.00
20×2.12.31	24 000.00	29 610.00	5 610.00	26 190.00	621 810.00
20×3.12.31	24 000.00	31 090.50	7 090.50	19 099.50	652 900.50
20×4.12.31	24 000.00	32 645.02	8 645.02	10 454.48	685 545.52
20×5.12.31	24 000.00	34 454.48*	10 454.48*	0.00	720 000.00
合计	120 000.00	156 000.00	36 000.00	—	—

*含尾数调整。

（3）根据表 4-2 的计算结果，陆达公司应进行如下会计处理。

① 20×1 年 12 月 31 日，确认利息收入。

借：债权投资——应计利息　　　　　　　　　　　　　　24 000

　　债权投资——利息调整　　　　　　　　　　　　　　4 200

　　贷：投资收益　　　　　　　　　　　　　　　　　　　　28 200

② 20×2 年 12 月 31 日，确认利息收入。

借：债权投资——应计利息　　　　　　　　　　　　　　24 000

　　债权投资——利息调整　　　　　　　　　　　　　　5 610

　　贷：投资收益　　　　　　　　　　　　　　　　　　　　29 610

持有期间以后各年的会计处理依此类推，此处略。

企业一般应当采用实际利率法确认利息收入，但如果实际利率与票面利率差别较小，也可按票面利率计算利息收入，计入投资收益。

3．到期兑现

一般来说，企业持有的以摊余成本计量的金融资产期满时，其溢价、折价金额已经摊销完毕，无论按面值购入还是溢价或折价购入，"债权投资"账户的余额均为债券面值和应计利息。

企业应在债券到期兑现时，收回债券面值金额及应收未收的利息。如果是分期付息的债券，到期时企业应按实际收到的金额，借记"银行存款"账户；按债券的面值，贷记"债权投资——成本"账户；按已确认未收回的最后一期利息，贷记"应收利息"账户。如果是到期一次付息的债券，到期时企业应按实际收到的本金和利息，借记"银行存款"账户；按债券的面值，贷记"债权投资——成本"账户；按应收取的利息，贷记"债权投资——应计利息"账户。

【例 4.5】接【例 4.3】，20×4 年 1 月 1 日，陆达公司持有的甲公司的债券到期，收回本金和最后一年的利息。

陆达公司根据有关凭证，应进行如下会计处理。

借：银行存款　　　　　　　　　　　　　　　　　　　848 000

　　贷：债权投资——成本　　　　　　　　　　　　　　　　800 000

　　　　应收利息　　　　　　　　　　　　　　　　　　　　48 000

【例4.6】接【例4.4】，20×6年1月1日，陆达公司持有的乙公司债券到期，收回本金和全部利息。陆达公司根据有关凭证，应进行如下会计处理。

借：银行存款　　　　　　　　　　　　　　　　　　　　　720 000
　　货：债权投资——成本　　　　　　　　　　　　　　　　　600 000
　　　　债权投资——应计利息　　　　　　　　　　　　　　　120 000

4.3　以公允价值计量且其变动计入其他综合收益的金融资产

4.3.1　以公允价值计量且其变动计入其他综合收益的金融资产的确认与计量

1. 确认条件

以公允价值计量且其变动计入其他综合收益的金融资产包括债务工具和权益工具。

企业应当将同时符合下列条件的金融资产，归类为公允价值计量且其变动计入其他综合收益的金融资产。

（1）企业管理该金融资产的业务模式，既以收取合同现金流量为目标，又以出售该金融资产为目标。

（2）该金融资产的合同条款规定，在特定日期产生的现金流量，仅为对本金和以未偿付本金金额为基础的利息的支付。

对于债务工具，如果企业的持有目的既是为了收取资产的合同现金流量，又是为了出售资产，且该现金流量仅代表本金和利息的支付，则该债务工具应被分类为以公允价值计量且其变动计入其他综合收益的金融资产。例如，企业持有的普通债券，合同现金流量是到期收回本金和按约定利率在合同期间收取的固定或浮动利息，一般情况下，其合同现金流量符合仅为对本金和以未偿付本金金额为基础的利息支付的要求。如果企业管理层考虑将该债券一直持有以收取债券本金及利息，在必要时也会将该债券转让以获取现金，则该债券应当分类为以公允价值计量且其变动计入其他综合收益的金融资产。

初始确认时，企业可以将非交易性权益工具投资指定为以公允价值计量且其变动计入其他综合收益的金融资产。该指定一经做出，不得撤销。

2. 计量方法

（1）初始确认时，以公允价值计量且其变动计入其他综合收益的金融资产应按照公允价值计量。

（2）与取得该金融资产直接相关的交易费用直接计入初始确认金额。

（3）该金融资产持有期间所产生的所有利得或损失，除减值损失和汇兑损益之外，均应当计入其他综合收益。但是，采用实际利率法计算的该金融资产的利息应当计入当期损益。

（4）指定为以公允价值计量且其变动计入其他综合收益的非交易性权益工具投资，除获得的股利计入当期损益外，其他相关利得和损失均应当计入其他综合收益，且后续不得转入当期损益。

4.3.2　应设置的账户

企业对于以公允价值计量且其变动计入其他综合收益的金融资产应分别设置"其他债权投资""其他权益工具投资""应收股利"等账户进行核算。

（1）"其他债权投资"账户。该账户核算其他债权投资的取得、利息、处置、公允价值变动等业务。借方登记该类金融资产的取得成本、利息调整和公允价值变动增加额，贷方登记该类金融资产的处置成本、利息调整和公允价值变动减少额，期末借方余额反映企业持有的该类金融资产的公允价值。该账户可根据其他债权投资的类别和品种分别设置"成本""应计利息""利息调整""公允价值变动"等明细账户。

（2）"其他权益工具投资"账户。该账户核算指定为以公允价值计量且其变动计入其他综合收益的非交易性权益工具投资的取得、处置、公允价值变动等业务。借方登记该类金融资产取得的成本和公允价值变动增加额，贷方登记该类金融资产的处置成本和公允价值变动减少额，期末借方余额反映企业持有的该类金融资产的公允价值。该账户可根据其他权益工具投资的类别和品种，分别设置"成本""公允价值变动"等明细账户。

（3）"应收股利"账户。该账户核算企业因进行股权投资而发生的应收取的现金股利和利润等业务。借方登记企业应享有的被投资单位宣告发放的现金股利或利润，贷方登记收到的现金股利或利润，期末借方余额反映企业尚未收回的现金股利或利润。该账户应按被投资单位设置明细账户。

4.3.3 以公允价值计量且其变动计入其他综合收益的金融资产的会计处理

1. 取得

企业取得以公允价值计量且其变动计入其他综合收益的金融资产为债权投资的，应按其本金，借记"其他债权投资——成本"账户；按支付的价款中包含的已到付息期但尚未领取的利息，借记"应收利息"账户；按实际支付的金额，贷记"银行存款"账户，若有差额，借记或贷记"其他债权投资——利息调整"账户。

企业将非交易性权益工具投资指定为以公允价值计量且其变动计入其他综合收益的金融资产的，取得时，按其公允价值与交易费用之和，借记"其他权益工具投资——成本"账户；按实际支付的价款中包含的已宣告但尚未发放的现金股利，借记"应收股利"账户；按实际支付的金额，贷记"银行存款"账户。

【例4.7】 陆达公司于20×1年1月1日以528 000元的价格（包括买价和交易费用）购入丙公司当日发行的面值为500 000元、5年期、年利率为6%的公司债券。公司持有该债券的目的既是为了收取本金和利息，也考虑在适当的时候出售，将其分类为以公允价值计量且其变动计入其他综合收益的金融资产。该债券每年1月1日付息，实际利率为4.72%。

陆达公司根据有关凭证，应进行如下会计处理。

借：其他债权投资——成本　　　　　　　　　　　　　　　　　　　　500 000
　　　　　　　　——利息调整　　　　　　　　　　　　　　　　　　 28 000
　　贷：银行存款　　　　　　　　　　　　　　　　　　　　　　　　528 000

【例4.8】 陆达公司于20×1年1月3日从证券市场上购入了丁公司2%的股权，共支付2 000 000元（包括相关税费），公司将其指定为以公允价值计量且其变动计入其他综合收益的非交易性权益工具投资。

陆达公司根据有关凭证，应进行如下会计处理。

借：其他权益工具投资——成本　　　　　　　　　　　　　　　　　 2 000 000
　　贷：银行存款　　　　　　　　　　　　　　　　　　　　　　　 2 000 000

2. 持有期间

以公允价值计量且其变动计入其他综合收益的金融资产在持有期间取得的利息或现金股利，应当计入投资收益。

若持有的金融资产为债券，要分别按不同的债券类型进行处理：如果是分期付息、一次还本的债券，应按票面利率计算确定的应收未收利息，借记"应收利息"账户；按债券的摊余成本和实际利率计算确定的利息收入，贷记"投资收益"账户；按其差额，借记或贷记"其他债权投资——利息调整"账户。如果是到期一次还本付息的债券，应按票面利率计算确定的应收未收利息，借记"其他债权投资——应计利息"账户；按债券的摊余成本和实际利率计算确定的利息收入，贷记"投资收益"账户；按其差额，借记或贷记"其他债权投资——利息调整"账户。

若持有的金融资产为股权，被投资方宣告发放现金股利时，按应享有的份额，借记"应收股利"账户，贷记"投资收益"账户。

资产负债表日，以公允价值计量且其变动计入其他综合收益的金融资产应当以公允价值计量，因公允价值变动形成利得或损失，应作为所有者权益变动，计入其他综合收益。该金融资产的公允价值高于其账面价值的差额，借记"其他债权投资——公允价值变动""其他权益工具投资——公允价值变动"账户，贷记"其他综合收益"账户。若公允价值低于其账面余额，则按差额做相反的会计处理。

【例4.9】 接【例4.7】，20×1年12月31日，陆达公司所持有的丙公司债券的公允价值为526 000元。

应确认的利息收入（投资收益）＝528 000×4.72%＝24 922（元）

应收利息＝500 000×6%＝30 000（元）

应摊销的利息调整＝30 000－24 922＝5 078（元）

陆达公司根据有关凭证，应进行如下会计处理。

借：应收利息		30 000
贷：其他债权投资——利息调整		5 078
投资收益		24 922

应确认公允价值变动＝526 000－（528 000－5 078）＝3 078（元）

借：其他债权投资——公允价值变动		3 078
贷：其他综合收益		3 078

【例4.10】 接【例4.8】，20×1年4月8日丁公司宣告发放现金股利6 000 000元，4月15日，陆达公司收到现金股利。陆达公司所持有的该股权在20×1年12月31日和20×2年12月31日的公允价值分别为2 200 000元和2 100 000元。

陆达公司根据有关凭证，应进行如下会计处理。

① 20×1年4月8日，按持股比例确认应从丁公司收取的现金股利。

6 000 000×2%＝120 000（元）

借：应收股利		120 000
贷：投资收益		120 000

② 20×1年4月15日，收到现金股利。

借：银行存款		120 000
贷：应收股利		120 000

③ 20×1年12月31日，确认公允价值变动。

2 200 000－2 000 000＝200 000（元）

借：其他权益工具投资——公允价值变动		200 000
贷：其他综合收益		200 000

④ 20×2年12月31日，确认公允价值变动。

2 100 000－（2 000 000＋200 000）＝－100 000（元）

借：其他综合收益		100 000
贷：其他权益工具投资——公允价值变动		100 000

3．处置

处置以公允价值计量且其变动计入其他综合收益的金融资产时，应将取得的价款与该金融资产账面价值之间的差额，确认为投资收益；同时，将原累计计入其他综合收益的公允价值变动转为投资收益或留存收益。

出售其他债务工具时，应根据实际收到的金额，借记"银行存款"账户；按其账面价值，贷记"其他债权投资"账户；按借贷方的差额，贷记或借记"投资收益"账户。同时，根据原计入其他综合收益的公允价值累计变动额，借记或贷记"其他综合收益"账户，贷记或借记"投资收益"账户。

出售其他权益工具时，应按实际收到的金额，借记"银行存款"账户；按其账面价值，贷记或借记"其他权益工具投资"账户；按照之前计入其他综合收益的公允价值累计变动额，借记或贷记"其他综合收益"账户；按借贷方的差额，贷记或借记"盈余公积""利润分配——未分配利润"账户。

【例4.11】接【例4.9】，20×2年1月10日，陆达公司将所持有的丙公司债券全部出售，取得处置转让收入525 800元。

陆达公司根据有关凭证，应进行如下会计处理。

① 取得处置转让收入。

借：银行存款 525 800
  投资收益 200
  贷：其他债权投资——成本 500 000
      ——公允价值变动 3 078
      ——利息调整 22 922

② 同时，转出公允价值累计变动额。

借：其他综合收益 3 078
  贷：投资收益 3 078

【例4.12】接【例4.10】，20×3年12月1日，陆达公司将所持有的丁公司股权全部转让，取得处置转让收入1 980 000元。陆达公司按净利润的10%提取盈余公积金。不考虑税金等其他因素。

陆达公司根据有关凭证，应进行如下会计处理。

借：银行存款 1 980 000
  其他综合收益 100 000
  盈余公积 2 000
  利润分配——未分配利润 18 000
  贷：其他权益工具投资——成本 2 000 000
      ——公允价值变动 100 000

4.4 以公允价值计量且其变动计入当期损益的金融资产

4.4.1 以公允价值计量且其变动计入当期损益的金融资产的确认与计量

1. 确认条件

以公允价值计量且其变动计入当期损益的金融资产属于剩余类别，即企业应当将以摊余成本计量的金融资产和以公允价值计量且其变动计入其他综合收益的金融资产之外的金融资产分类为以公允价值计量且其变动计入当期损益的金融资产。例如，企业持有的普通股股票的合同现金流量源自收取企业未来股利分配以及其清算时获得剩余收益的权利，股利及获得剩余收益的权利均不符合本金和利息的定义，因此，该普通股股票应分类为以公允价值计量且其变动计入当期损益的金融资产。

企业为交易目的而持有的权益工具以及在非同一控制下的企业合并中作为购买方确认的或有对价构成金融资产的，应当分为此类。

金融资产满足下列条件之一的，表明企业持有该金融资产的目的是交易性的。

（1）取得相关金融资产的目的，主要是为了近期出售。

（2）相关金融资产在初始确认时属于集中管理的可辨认金融工具组合的一部分，且有客观证据表明近期实际存在短期获利模式。

（3）相关金融资产属于衍生工具。但符合财务担保合同定义的衍生工具以及被指定为有效套期工具的衍生工具除外。

2. 计量方法

（1）初始确认时，以公允价值计量且其变动计入当期损益的金融资产应按照公允价值计量。

（2）与取得该金融资产直接相关的交易费用直接计入当期损益。

（3）该金融资产持有期间公允价值变动金额计入当期损益。

4.4.2　应设置的账户

为了核算以公允价值计量且其变动计入当期损益的金融资产，应设置"交易性金融资产""公允价值变动损益"等账户。

（1）"交易性金融资产"账户。该账户核算企业划分为以公允价值计量且其变动计入当期损益的金融资产的公允价值，包括债券、股票、基金等金融资产投资，以及企业持有的其他该类金融资产的公允价值。借方登记该类金融资产的取得成本、资产负债表日其公允价值高于账面余额的差额，贷方登记资产负债表日该类金融资产公允价值低于账面余额的差额、出售该类金融资产时结转的成本和公允价值变动损益，期末借方余额反映企业持有的该类金融资产的公允价值。该账户按该类金融资产的类别和品种，分别设置"成本""公允价值变动"等明细账户进行明细核算。

（2）"公允价值变动损益"账户。该账户核算企业因该类金融资产公允价值变动而形成的应计入当期损益的利得或损失。借方登记资产负债表日该类金融资产的公允价值低于账面余额的差额，贷方登记资产负债表日该类金融资产的公允价值高于账面余额的差额，期末将本账户余额结转到"本年利润"账户，结转后本账户无余额。

4.4.3　以公允价值计量且其变动计入当期损益的金融资产的会计处理

1. 取得

企业取得以公允价值计量且其变动计入当期损益的金融资产时，按金融资产的公允价值，借记"交易性金融资产——成本"账户；按发生的交易费用，借记"投资收益"账户；按实际支付的金额，贷记"银行存款"等账户。企业为取得该类金融资产所支付的价款中包含的已宣告但尚未发放的现金股利，或者已到付息期但尚未领取的债券利息，应单独确认为应收项目。

【例4.13】20×1年6月1日，陆达公司以10 500 000元购入甲公司股票100万股，每股价格10元，另支付相关交易费用金额为10 000元。陆达公司取得甲公司股权的目的主要是为了近期出售，公司将该项股权划分为以公允价值计量且其变动计入当期损益的金融资产。

陆达公司根据有关凭证，应进行如下会计处理。

借：交易性金融资产——成本　　　　　　　　　　　　　　　　　　　　　10 000 000

　　投资收益　　　　　　　　　　　　　　　　　　　　　　　　　　　　　　10 000

　　　贷：银行存款　　　　　　　　　　　　　　　　　　　　　　　　　10 010 000

【例4.14】20×1年10月1日，陆达公司按896 000元的价格购入乙公司于20×1年1月1日发行的面值为900 000元，期限5年，票面利率6%，每年支付利息，到期还本的债券作为以公允价值计量且其变动计入当期损益的金融资产，并支付交易费用3 000元。

陆达公司根据有关凭证，应进行如下会计处理。

借：交易性金融资产——成本 896 000
   投资收益 3 000
  贷：银行存款 899 000

2．持有期间

企业在持有以公允价值计量且其变动计入当期损益的金融资产期间所获得的现金股利或债券利息，应当确认为投资收益。被投资单位宣告发放现金股利或实际支付利息时，投资企业按应享有或实际收到的金额，借记"应收股利""银行存款"等账户，贷记"投资收益"账户。

资产负债表日，企业应将以公允价值计量且其变动计入当期损益的金融资产的公允价值变动计入当期损益，借记或贷记"交易性金融资产——公允价值变动"账户，贷记或借记"公允价值变动损益"账户。

【例4.15】 接【例4.13】，20×1年6月30日，甲公司股票价格为每股11元。20×1年12月31日，甲公司股票价格为每股9.5元。20×2年3月26日，甲公司宣告发放20×1年度的现金股利每股0.2元。20×2年4月1日，陆达公司收到上述股利。

陆达公司根据有关凭证，应进行如下会计处理。

① 20×1年6月30日，确认公允价值变动。

公允价值变动金额＝1 000 000×11－10 000 000＝1 000 000（元）

借：交易性金融资产——公允价值变动 1 000 000
  贷：公允价值变动损益 1 000 000

② 20×1年12月31日，确认公允价值变动。

公允价值变动金额＝1 000 000×9.5－11 000 000＝－1 500 000（元）

借：公允价值变动损益 1 500 000
  贷：交易性金融资产——公允价值变动 1 500 000

③ 20×2年3月26日，甲公司宣告发放现金股利。

借：应收股利 200 000
  贷：投资收益 200 000

④ 20×2年4月1日，收到现金股利。

借：银行存款 200 000
  贷：应收股利 200 000

【例4.16】 接【例4.14】，假设陆达公司所持有的乙公司债券每年末付息一次，20×1年12月31日，收到乙公司支付的债券利息54 000元。20×1年12月31日，该债券的公允价值为850 000元。假设乙公司每年均如期支付利息。

陆达公司根据有关凭证，应进行如下会计处理。

① 20×1年12月31日，收到乙公司支付的债券利息。

借：银行存款 54 000
  贷：投资收益 54 000

② 20×1年12月31日，确认公允价值变动。

公允价值变动金额＝850 000－896 000＝－46 000（元）

借：公允价值变动损益 46 000
  贷：交易性金融资产——公允价值变动 46 000

3．处置

企业出售以公允价值计量且其变动计入当期损益的金融资产时，其公允价值与账面金额之间的差额应确认为投资收益。

企业应按实际收到的金额，借记"银行存款"等账户；按该金融资产的账面金额，贷记"交易性金融资产——成本"账户，借记或贷记"交易性金融资产——公允价值变动"账户；按借贷方的差额，借记或贷记"投资收益"账户。

【例 4.17】　接【例 4.15】，20×2 年 5 月 12 日，陆达公司将持有的甲公司股票以 10 300 000 元价格全部出售。出售时，"交易性金融资产——成本"账户为借方余额 10 000 000 元，"交易性金融资产——公允价值变动"账户为贷方余额 500 000 元，"公允价值变动损益"账户为借方余额 500 000 元。

陆达公司根据有关凭证，应进行如下会计处理。

借：银行存款　　　　　　　　　　　　　　　　　　　　　　　10 300 000
　　交易性金融资产——公允价值变动　　　　　　　　　　　　　　500 000
　　贷：交易性金融资产——成本　　　　　　　　　　　　　　　10 000 000
　　　　投资收益　　　　　　　　　　　　　　　　　　　　　　　800 000

【例 4.18】　接【例 4.16】，20×2 年 1 月 15 日，陆达公司将持有的乙公司债券以 820 000 元的价格全部出售。

陆达公司根据有关凭证，应进行如下会计处理。

借：银行存款　　　　　　　　　　　　　　　　　　　　　　　　820 000
　　交易性金融资产——公允价值变动　　　　　　　　　　　　　　 46 000
　　投资收益　　　　　　　　　　　　　　　　　　　　　　　　　30 000
　　贷：交易性金融资产——成本　　　　　　　　　　　　　　　　896 000

4.5　金融资产的重分类

4.5.1　金融资产重分类的原则

企业改变其管理金融资产的业务模式时，应当对所有受影响的相关金融资产进行重分类。企业对金融资产进行重分类，应当自重分类日起采用未来适用法进行相关会计处理，不得对以前已经确认的利得、损失（包括减值损失或转回）或利息进行追溯调整。

重分类日，是指导致企业对金融资产进行重分类的业务模式发生变更后的首个报告期间的第一天。例如，甲上市公司决定于 20×1 年 3 月 20 日改变其管理某金融资产的业务模式，则重分类日为 20×1 年 4 月 1 日（即下一个季度会计期间的期初）。

企业管理金融资产业务模式的变更是一种极其少见的情形。该变更源自外部或内部的变化，必须由企业的高级管理层进行决策，且其必须对企业的经营非常重要，并能够向外部各方证实。因此，只有当企业开始或终止某项对其经营影响重大的活动时（如当企业收购、处置或终止某一业务线时），其管理金融资产的业务模式才会发生变更。

4.5.2　金融资产重分类的计量

1. 以摊余成本计量的金融资产的重分类

（1）重分类为以公允价值计量且其变动计入当期损益的金融资产

企业将以摊余成本计量的金融资产重分类为以公允价值计量且其变动计入当期损益的金融资产时，应当按照该资产在重分类日的公允价值进行计量，原账面价值与公允价值之间的差额计入当期损益。

企业应在重分类日，按该金融资产的摊余成本，借记"交易性金融资产"账户；按原账面价值，贷记"债权投资"账户，同时按该金融资产公允价值与摊余成本的差额，调整公允价值，借记或贷记

"交易性金融资产——公允价值变动"账户，贷记或借记"公允价值变动损益"账户。如果已经计提了债权投资减值准备的，还应借记"债权投资减值准备"账户。

【例 4.19】 陆达公司于 20×1 年 1 月 1 日购入乙公司债券作为以摊余成本计量的金融资产。该债券面值为 500 000 元，期限 5 年，票面利率为 6%，每年 12 月 31 日付息。后因对该债券的管理目标进行调整，该公司于 20×3 年 12 月 31 日将上述债券重分类为以公允价值计量且其变动计入当期损益的金融资产。重分类日，乙公司债券公允价值 520 000 元，该债券账面摊余成本 512 035 元，其中，成本 500 000 元，利息调整 12 035 元。

重分类日，陆达公司根据有关凭证，应进行如下会计处理。

① 结转该债券账面价值。

借：交易性金融资产——成本 512 035
　　贷：债权投资——面值 500 000
　　　　　　——利息调整 12 035

② 调整公允价值。

借：交易性金融资产——公允价值变动 7 965
　　贷：公允价值变动损益 7 965

（2）重分类为以公允价值计量且其变动计入其他综合收益的金融资产

企业将以摊余成本计量的金融资产重分类为以公允价值计量且其变动计入其他综合收益的金融资产时，应当按照该金融资产在重分类日的公允价值进行计量，原账面价值与公允价值之间的差额计入其他综合收益。

企业应在重分类日，按该金融资产的摊余成本，借记"其他债权投资"账户；按该金融资产相关明细账户的账面价值，贷记"债权投资——成本""债权投资——应计利息"账户，贷记或借记"债权投资——利息调整"账户，同时，按该金融资产公允价值与摊余成本的差额，调整公允价值，借记或贷记"其他债权投资——公允价值变动"账户，贷记或借记"其他综合收益"账户。如果已经计提了债权投资减值准备的，还应借记"债权投资减值准备"账户。

【例 4.20】 根据【例 4.19】资料，重分类日，陆达公司将持有的乙公司的以摊余成本计量的债券重分类为以公允价值计量且其变动计入其他综合收益的金融资产。

重分类日，陆达公司根据有关凭证，应进行如下会计处理。

① 结转该债券账面价值。

借：其他债权投资——成本 500 000
　　　　　　——利息调整 12 035
　　贷：债权投资——成本 500 000
　　　　　　——利息调整 12 035

② 调整公允价值。

借：其他债权投资——公允价值变动 7 965
　　贷：其他综合收益 7 965

2. 以公允价值计量且其变动计入其他综合收益的金融资产的重分类

（1）重分类为以摊余成本计量的金融资产

企业将以公允价值计量且其变动计入其他综合收益的金融资产重分类为以摊余成本计量的金融资产，应当将之前计入其他综合收益的累计利得或损失转出，调整该金融资产在重分类日的公允价值，并以调整后的金额作为新的账面价值，即视同该金融资产一直以摊余成本计量。

（2）重分类为以公允价值计量且其变动计入当期损益的金融资产

企业将以公允价值计量且其变动计入其他综合收益的金融资产重分类为以公允价值计量且其变动计入当期损益的金融资产时，应当继续以公允价值计量该金融资产。同时，企业应当将之前计入其他综合收益的累计利得或损失从其他综合收益转入当期损益。

3．以公允价值计量且其变动计入当期损益的金融资产的重分类

（1）重分类为以摊余成本计量的金融资产

企业将以公允价值计量且其变动计入当期损益的金融资产重分类为以摊余成本计量的金融资产时，应当以其在重分类日的公允价值作为新的账面余额。

企业应当根据该金融资产在重分类日的公允价值确定其实际利率。自重分类日起，企业应当对该金融资产适用金融资产减值的相关规定。

（2）重分类为以公允价值计量且其变动计入其他综合收益的金融资产

企业将以公允价值计量且其变动计入当期损益的金融资产重分类为以公允价值计量且其变动计入其他综合收益的金融资产时，应当继续以公允价值计量该金融资产。

对于属于债务工具的金融资产，企业应当根据该金融资产在重分类日的公允价值确定其实际利率。自重分类日起，企业应当对该金融资产适用金融资产减值的相关规定。

4.6 金融资产减值

4.6.1 金融资产减值的确认

企业应当以预期信用损失为基础，对以摊余成本计量的金融资产和以公允价值计量且其变动计入其他综合收益的债务工具进行减值会计处理并确认损失准备。减值准备的计提不以减值的实际发生为前提，而是以未来可能的违约事件造成的损失的期望值来计量当前应当确认的减值准备。

预期信用损失，是指以发生违约的风险为权重的金融工具信用损失的加权平均值。这里的发生违约的风险，可以理解为发生违约的概率。信用损失应按根据合同应收的现金流量与预期能收到的现金流量之间的差额（现金流缺口）的现值确定。

由于预期信用损失考虑付款的金额和时间分布，所以即使企业预计可以全额收款但收款时间晚于合同规定的到期期限，也会产生信用损失。在估计现金流量时，企业应当考虑金融工具在整个预计存续期的所有合同条款（如提前还款、展期、看涨期权或其他类似期权等）。

一般情况下，企业应当在每个资产负债表日评估相关金融工具的信用风险自初始确认后是否已显著增加，并按照下列情形分别计量其损失准备、确认预期信用损失及其变动。

（1）对于自初始确认后信用风险显著增加的金融资产，企业应当按照相当于该金融工具整个存续期内预期信用损失的金额计量其损失准备，由此形成的损失准备的增加或转回金额，作为减值损失或利得计入当期损益。

（2）对于自初始确认后信用风险并未显著增加的金融资产，企业应当按照相当于该金融工具未来 12 个月内预期信用损失的金额计量其损失准备，由此形成的损失准备的增加或转回金额，作为减值损失或利得计入当期损益。

4.6.2 金融资产发生信用减值的证据

当对金融资产预期未来现金流量具有不利影响的一项或多项事件发生时，该金融资产成为已发生信用减值的金融资产。金融资产已发生信用减值的证据主要包括下列可观察信息。

（1）发行方或债务人发生重大财务困难。

（2）债务人违反合同，如偿付利息或本金违约或逾期等。

（3）债权人出于与债务人财务困难有关的经济或合同考虑，给予债务人在任何其他情况下都不会做出的让步。

（4）债务人很可能破产或进行其他财务重组。

（5）发行方或债务人财务困难导致该金融资产无法在活跃市场继续交易。

（6）以大幅折扣购买或源生一项金融资产，该折扣反映了发生信用损失的事实。

金融资产发生信用减值，有可能是多个事件的共同作用所导致的，未必只是由可单独识别的单一事件导致的。

企业通常应当在金融工具逾期前确认该工具整个存续期内的预期信用损失。通常情况下，如果逾期超过 30 日，则表明金融工具的信用风险已经显著增加。

4.6.3　金融资产减值的会计处理

对于购买或源生的已发生信用减值的金融资产，企业应当将自初始确认后整个存续期内预期信用损失的累计变动确认为损失准备，作为减值损失或利得计入当期损益。在资产负债表日，按照应确认的损失准备，借记"信用减值损失"账户，贷记"债权投资减值准备"等账户。

企业在前一会计期间已经按照相当于金融资产整个存续期内预期信用损失的金额计提了损失准备，但在当期资产负债表日，该金融资产已不再属于自初始确认后信用风险显著增加的情形的，企业应当在当期资产负债表日按照相当于未来 12 个月内预期信用损失的金额计量该金融资产的损失准备，由此形成的损失准备的转回金额应当作为减值利得计入当期损益。按照应转回的损失准备，借记"债权投资减值准备"等账户，贷记"信用减值损失"账户。

【例 4.21】　陆达公司于 20×1 年 1 月 1 日（债券发行日）以 292 500 元的价格购入面值 300 000 元的甲公司债券作为以摊余成本计量的金融资产。该债券期限 5 年，票面利率为 5%，在初始确认时的实际利率为 5.59%，每年 12 月 31 日付息。

20×1 年 12 月 31 日，陆达公司发现，因甲公司发生财务困难，预计所持有的甲公司债券到期只能收回 90% 本金。20×1 年 12 月 31 日，该债券的账面摊余成本为 293 850 元。不考虑其他因素。

陆达公司根据有关凭证，应进行如下会计处理。

预计到期可收回本金＝300 000×90%＝270 000（元）

预计收取的现金流量的现值＝270 000×（1＋5.59%）$^{-4}$＝217 206（元）

减值损失＝293 850－217 206＝76 644（元）

借：信用减值损失　　　　　　　　　　　　　　　　　　　　　　　　　76 644

　　贷：债权投资减值准备　　　　　　　　　　　　　　　　　　　　　　76 644

对于以公允价值计量且其变动计入其他综合收益的其他债权投资，企业应当在其他综合收益中确认其损失准备，并将减值损失计入当期损益，且不应减少该金融资产在资产负债表中列示的账面价值。在该金融资产发生减值时，按应确认的损失准备金额，借记"信用减值损失"账户，贷记"其他综合收益——信用减值准备"账户。

本章小结

思考与练习

一、思考题

1. 金融资产包括哪些内容？

2. 以摊余成本计量的金融资产的确认条件和会计处理要点是什么？

3. 以公允价值计量且变动计入其他综合收益的金融资产的确认条件和会计处理要点是什么？

4. 以公允价值计量且变动计入当期损益的金融资产的确认条件和会计处理要点是什么？

5. 金融资产发生信用减值的证据有哪些？

二、业务处理题

1. 目的：练习以摊余成本计量的金融资产的会计处理。

资料：20×1 年 1 月 1 日，甲公司以 1 920 000 元的价格（包括买价和交易费用）购入乙公司当日发行的面值为 2 000 000 元、3 年期、年利率为 5% 的公司债券，作为以摊余成本计量的金融资产。该债券每年 12 月 31 日付息，实际利率为 6.5%。甲公司对持有的该债券采用实际利率法确认利息收入。

要求：根据上述资料，为甲公司相关业务进行会计处理。

2. 目的：练习以公允价值计量且其变动计入其他综合收益的金融资产的会计处理。

资料：乙公司于 20×1 年 8 月 13 日取得 A 公司 5% 的股权，支付价款 15 000 000 元，并支付手续费 30 000 元。初始确认时，该股权被指定为以公允价值计量且其变动计入其他综合收益的金融资产。

20×1 年 12 月 31 日，该股权的公允价值为 16 000 000 元。20×3 年 8 月 1 日，乙公司将该股权全部转让，取得价款 14 000 000 元。

要求：根据上述资料，为乙公司相关业务进行会计处理。

3. 目的：以公允价值计量且其变动计入当期损益的金融资产的会计处理。

资料：甲公司 20×1 年有关交易性金融资产的业务如下。

（1）3 月 1 日，以银行存款购入 A 公司股票 40 000 股，并准备随时变现，每股买价 15 元，同时支付相关税费 3 000 元。

（2）4 月 10 日，A 公司宣告发放的现金股利每股 0.2 元。

（3）4 月 15 日，又购入 A 公司股票 60 000 股，并准备随时变现，每股买价 16.2 元（其中包含已宣告发放尚未支取的股利每股 0.2 元），同时支付相关税费 4 800 元。

（4）4 月 20 日，收到 A 公司发放的现金股利 20 000 元。

（5）6 月 30 日，A 公司股票价格为每股 16.4 元。

（6）7 月 15 日，该公司以每股 16.8 元的价格转让 A 公司股票 60 000 股，扣除相关税费 5 040 元，实得金额为 1 002 960 元。

（7）12 月 31 日，A 公司股票价格为每股 17 元。

要求：根据上述资料，为甲公司相关业务进行会计处理。

第5章 长期股权投资

本章主要阐述长期股权投资的范围、确认条件、成本法和权益法的会计处理等内容。通过本章的学习，读者应掌握长期股权投资的核算范围；掌握长期股权投资的初始计量，以及确定取得长期股权投资成本的方法；掌握长期股权投资成本法和权益法的会计处理；了解成本法与权益法之间的转换；熟悉长期股权投资减值的会计处理。

5.1 长期股权投资概述

5.1.1 长期股权投资的概念

长期股权投资是企业通过各种资产的投入以影响、控制被投资企业，获得长远利益的经济行为。企业进行长期股权投资后，即成为被投资单位的股东，有参与被投资企业经营决策的权利。根据《企业会计准则第 2 号——长期股权投资》，长期股权投资是指投资方对被投资单位实施控制、重大影响的权益性投资，以及对其合营企业的权益性投资。

在确定能否对被投资单位实施控制时，投资方应当根据《企业会计准则第 33 号——合并财务报表》的有关规定进行判断。投资方能够对被投资单位实施控制的，被投资单位为其子公司。

重大影响是指投资方对被投资单位的财务和经营政策有参与决策的权力，但并不能够控制或者与其他方一起共同控制这些政策的制定。在确定能否对被投资单位施加重大影响时，投资方应当考虑投资方和其他方持有的被投资单位当期可转换公司债券、当期可执行认股权证等潜在表决权因素。投资方能够对被投资单位施加重大影响的，被投资单位为其联营企业。

在确定被投资单位是否为合营企业时，投资方应当根据《企业会计准则第 40 号——合营安排》的有关规定进行判断。

5.1.2 长期股权投资的范围

根据长期股权投资准则的规定，下列几种情况应确认为长期股权投资。

（1）企业持有的能够对被投资单位实施控制的权益性投资，即对子公司投资。

（2）投资企业与其他合营方一同对被投资单位实施共同控制的权益性投资，即对合营企业投资。

（3）投资企业对被投资单位具有重大影响的权益性投资，即对联营企业投资。

1. 对子公司投资

对子公司投资是指企业持有的能够对被投资单位实施控制的权益性投资。此处的控制是指投资方拥有对被投资方的权力，通过参与被投资方的相关活动而享有可变回报，并且有能力运用对被投资方的权力影响其回报金额。投资企业能够对被投资单位实施控制的，被投资单位为其子公司。投资方应当在综合考虑被投资方的设立目的、被投资方相关活动、投资方享有的权利、投资方与其他方的关系等的基础上，对是否控制被投资方进行判断。

控制一般存在于以下情形。

（1）投资方持有被投资方半数以上的表决权。

（2）投资方持有被投资方半数或以下的表决权，但具有实质控制权。

2．对合营企业投资

合营安排是指一项由两个或两个以上的参与方共同控制的安排。合营安排分为共同经营和合营企业。共同经营是指合营方享有该安排相关资产且承担该安排相关负债的合营安排。合营企业是指合营方仅对该安排的净资产享有权利的合营安排。根据合营方在合营安排中所享有的权利和承担的义务确定参与合营安排的各方是否为合营企业。

对合营企业投资是指企业持有的与其他合营方一同对被投资单位实施共同控制的权益性投资。此处的共同控制是指按相关约定对某项安排所共有的控制，并且该安排的相关活动必须经过分享控制权的参与方一致同意后才能决策。

3．对联营企业投资

对联营企业投资是指企业持有的能够对被投资单位施加重大影响的权益性投资。此处的重大影响是指投资方对一个企业的财务和经营政策有参与决策的权力，但并不能够控制或者与其他方一起共同控制这些政策的制定。投资企业能够对被投资单位施加重大影响的，被投资单位为其联营企业。

投资企业直接或通过子公司间接拥有被投资单位 20% 以上但低于 50% 的表决权资本时，一般认为对被投资单位具有重大影响。投资企业拥有被投资单位 20% 以下的表决权资本，但如果投资企业符合以下条件，则投资企业往往也能够对被投资单位施加重大影响：在被投资单位的董事会或类似权力机构中派有代表；参与被投资单位经营政策的制定过程；与被投资单位之间发生重要交易；向被投资单位派出管理人员；向被投资单位提供关键技术资料等。

5.2　长期股权投资的取得

为了核算企业长期股权投资的增减变动和结存情况，应设置"长期股权投资"账户。该账户借方登记长期股权投资的增加额，贷方登记长期股权投资的减少额，期末余额在借方，反映长期股权投资的期末账面金额。长期股权投资按投资的种类和被投资人设置明细账户。此外，为了核算长期股权投资减值的情况，还应设置"长期股权投资减值准备"账户。

在取得长期股权投资时，应按初始投资成本入账。长期股权投资初始投资成本，应区别"企业合并"和"非企业合并"两种情况分别确定。

5.2.1　企业合并的分类

企业合并是指将两个或者两个以上单独的企业合并形成一个报告主体的交易或事项。

1．从合并方式上划分

从本质上看，企业合并是一个企业取得对另一个企业的控制权、吸收另一个或多个企业的净资产以及将参与合并的企业相关资产、负债进行整合后成立新的企业等情况。因此，以合并方式为基础，企业合并包括控股合并、吸收合并及新设合并。

（1）控股合并是指合并方（或购买方，下同）通过企业合并交易或事项取得对被合并方（或被购买方，下同）的控制权，能够主导被合并方的生产经营决策，从而将被合并方纳入其合并财务报表范围形成一个报告主体的情况。控股合并中，被合并方在企业合并后仍保持其独立的法人资格继续经营，合并方在合并中取得的是对被合并方的控制权，被合并方成为其子公司，合并方在其账簿及个别财务报表中应确认对被合并方的长期股权投资。

（2）吸收合并是指合并方在企业合并中取得被合并方的全部净资产，并将有关资产、负债并入合并方自身的账簿和报表进行核算。企业合并后，注销被合并方的法人资格，由合并方持有合并中取得的被合并方的资产、负债，在新的基础上继续经营。

（3）新设合并是指企业合并中注册成立一家新的企业，由其持有原参与合并各方的资产、负债，在新的基础上经营。原参与合并各方在合并后均注销其法人资格。

吸收合并和新设合并之后，只存在一个法律主体，将被合并方的资产、负债等并入合并方进行统一核算。控股合并后，合并各方依旧是独立的法律主体，投资企业需要核算其在被投资企业所拥有的股权。也就是说，企业合并形成的长期股权投资只产生于控股合并方式中。

2．从合并类型上划分

企业合并会计准则将控股合并划分为两大基本类型——同一控制下的企业合并和非同一控制下的企业合并。企业合并类型不同，所遵循的会计处理原则也不同。

（1）同一控制下的企业合并

同一控制下的企业合并，指参与合并的企业在合并前后均受同一方或相同的多方最终控制，且该控制并非暂时性的。对于同一控制下的企业合并，在合并日取得对其他参与合并企业控制权的一方为合并方，参与合并的其他企业为被合并方。合并日是指合并方实际取得对被合并方控制权的日期。

同一控制下的企业合并包括但不仅限于以下几种情况。实务操作中，企业应根据企业会计准则中对于同一控制下企业合并的界定，按照实质重于形式的原则进行判断。

① 母公司将其持有的对子公司的股权用于交换非全资子公司增加发行的股份。

② 母公司将其持有的对某一子公司的控股权出售给另一子公司。

③ 集团内某子公司自另一子公司处取得对某一孙公司的控制权。

（2）非同一控制下的企业合并

参与合并的各方在合并前后不受同一方或相同的多方最终控制的，为非同一控制下的企业合并。非同一控制下的企业合并，在购买日取得对其他参与合并企业控制权的一方为购买方，参与合并的其他企业为被购买方。购买日是指购买方实际取得对被购买方控制权的日期。

5.2.2 控股合并方式取得长期股权投资

1．同一控制下的企业合并

同一控制下的企业合并，最终控制方在合并前后能够实施控制的净资产没有发生变化，因此，合并方在此情况下取得的长期股权投资的成本所代表的是被合并方所有者权益账面价值中的相应份额。

控股合并方式取得
长期股权投资

企业取得的长期股权投资，应在合并日，按取得被合并方所有者权益账面价值的份额，借记"长期股权投资"账户，按支付的合并对价的账面价值，贷记有关资产或有关负债账户，按借贷方差额，借记或贷记"资本公积——资本溢价（或股本溢价）"账户，如为借方差额且资本溢价或股本溢价不足冲减的，依次借记"盈余公积"和"利润分配——未分配利润"账户。

合并方发生的审计、法律服务、评估咨询等中介费用以及其他相关管理费用，应当于发生时计入当期损益。

（1）合并方以支付现金、转让非现金资产或承担债务方式作为合并对价的，应当在合并日按取得被合并方所有者权益账面价值的份额作为长期股权投资的初始投资成本，借记"长期股权投资"账户，长期股权投资初始投资成本与支付的现金、转让的非现金资产以及所承担债务账面价值之间的差额，应当调整资本公积（资本溢价或股本溢价），资本公积不足冲减的，调整留存收益。

【例5.1】 陆达公司和甲公司同为E公司的子公司，20×1年8月1日，陆达公司支付银行存款700万元取得甲公司80%的所有者权益，聘请专业机构对甲公司的资产进行评估，支付评估费用2万元。同日，甲公司所有者权益的账面价值为1000万元。

陆达公司长期股权投资的初始投资成本为应享有的被合并方所有者权益账面价值800（1000×80%）万元。支付的对价与投资成本的差额看作是资本增值，计入资本公积。

陆达公司根据有关凭证，应进行如下会计处理。

借：长期股权投资	8 000 000
贷：银行存款	7 000 000
资本公积——股本溢价	1 000 000
借：管理费用	20 000
贷：银行存款	20 000

假设陆达公司支付银行存款 1 200 万元取得上述股权，合并日陆达公司账面上资本公积（股本溢价）贷方余额 100 万元，盈余公积贷方余额 100 万元。陆达公司按照净利润的 10% 提取法定盈余公积。

长期股权投资初始投资成本依然是 800（1 000×80%）万元，支付对价与投资成本的借方差额 400（1 200−800）万元。这时需首先冲减资本公积 100 万元，其次冲减盈余公积 30[（400−100）×10%]万元，其余部分计入未分配利润账户。

陆达公司根据有关凭证，应进行如下会计处理。

借：长期股权投资	8 000 000
资本公积——股本溢价	1 000 000
盈余公积	300 000
利润分配——未分配利润	2 700 000
贷：银行存款	12 000 000

（2）合并方以发行权益性证券作为合并对价的，在合并日，按取得被合并方所有者权益账面价值的份额作为长期股权投资的初始投资成本，借记"长期股权投资"账户；按发行股份的面值总额，贷记"股本"账户，长期股权投资初始投资成本与所发行股份面值总额之间的差额，应当借记或贷记"资本公积（资本溢价或股本溢价）"账户，资本公积不足冲减的，调整留存收益。

【例 5.2】　陆达公司和乙公司同为 F 公司的子公司，20×1 年 8 月 5 日，陆达公司发行 600 万股普通股（每股面值 1 元）作为对价取得乙公司 60% 的股权。同日，乙公司所有者权益的账面价值为 1 100 万元。

陆达公司根据有关凭证，应进行如下会计处理。

长期股权投资成本＝1 100×60%＝660（万元）

借：长期股权投资	6 600 000
贷：股本	6 000 000
资本公积——股本溢价	600 000

（3）通过多次交换交易，分步取得股权最终形成控股合并的，企业应当在个别报表中以持股比例计算的合并日应享有被合并方账面所有者权益份额作为该项投资的初始投资成本。初始投资成本与其原长期股权投资账面价值加上合并日为取得新的股份所支付对价的公允价值之和的差额，调整资本公积（资本溢价或股本溢价），资本公积不足冲减的，冲减留存收益。

2. 非同一控制下的企业合并

（1）非同一控制下的企业合并本质上为市场化购买，购买方取得的各项资产、负债应当按照购买日的公允价值计量。购买方在购买日应当按其付出的资产、发生或承担的负债、发行的权益性证券的公允价值作为长期股权投资的初始投资成本。

企业取得的长期股权投资，应在购买日按企业合并成本（不含应自被投资单位收取的现金股利或利润），借记"长期股权投资"账户；按享有被投资单位已宣告但尚未发放的现金股利或利润，借记"应收股利"账户；按支付合并对价的账面价值，贷记有关资产或有关负债账户；按其差额，贷记或借记"投资收益""资产处置损益"等账户。

非同一控制下的企业合并涉及以库存商品等存货作为合并对价的，应按存货的公允价值，贷记"主营业务收入"等账户，并同时结转相关存货的成本。涉及增值税的，还应进行相应的处理。

购买方为企业合并发生的审计、法律服务、评估咨询等中介费用以及其他相关管理费用，应当于发生时计入当期损益。为完成企业合并发行的权益性证券所发生的手续费、佣金等相关发行费用从溢价中扣除，冲减资本公积，资本公积不足冲减的，冲减留存收益。

【例 5.3】 20×1 年 8 月 10 日，陆达公司以一项固定资产和银行存款 200 万元向丙公司投资（两公司合并前后不受同一方或相同的多方最终控制），投资后拥有丙公司注册资本的 60%。该固定资产的账面原价为 1 000 万元，已计提累计折旧 100 万元，已计提固定资产减值准备 50 万元，公允价值为 860 万元。不考虑其他相关税费。

陆达公司根据有关凭证，应进行如下会计处理。

① 将用于投资的固定资产转入清理。

借：固定资产清理	8 500 000
累计折旧	1 000 000
固定资产减值准备	500 000
贷：固定资产	10 000 000

② 该业务的合并成本等于陆达公司为取得长期股权投资所付出银行存款和固定资产的公允价值的合计。

合并成本＝200＋860＝1 060（万元）

合并成本高于陆达公司所付出的合并对价资产的账面净值之间的差额 10（1 060－200－850）万元为处置固定资产利得。

借：长期股权投资	10 600 000
贷：固定资产清理	8 500 000
银行存款	2 000 000
资产处置损益	100 000

【例 5.4】 20×1 年 8 月 10 日，陆达公司以一项专利权和银行存款 200 万元向丙公司投资（两公司合并前后不受同一方或相同的多方最终控制），取得丙公司注册资本的 60%。该专利权的账面原值为 1 000 万元，已计提累计摊销150 万元，未计提无形资产减值准备，公允价值为800 万元。不考虑其他相关税费。

陆达公司根据有关凭证，应进行如下会计处理。

合并成本＝200＋800＝1 000（万元）

借：长期股权投资	10 000 000
累计摊销	1 500 000
资产处置损益	500 000
贷：无形资产	10 000 000
银行存款	2 000 000

【例 5.5】 陆达公司 20×1 年 8 月 11 日与丁公司签订协议，陆达公司以库存商品和银行存款作为对价换取丁公司 60%股权（陆达公司和丁公司不属于受同一方最终控制的公司）。合并日，丁公司可辨认净资产公允价值为 1 000 万元；陆达公司作为合并对价的库存商品的公允价值为 400 万元，增值税税额为 52 万元，账面成本 300 万元，另以银行存款支付 200 万元。不考虑其他相关费用。

以存货作为对价换取长期股权投资，在会计上视同销售行为，销售收入与销项税额应一并计入长期股权投资的初始成本。

陆达公司根据有关凭证，应进行如下会计处理。

合并成本＝400＋64＋200＝664（万元）

借：长期股权投资	6 520 000
贷：银行存款	2 000 000
主营业务收入	4 000 000
应交税费——应交增值税（销项税额）	520 000

借：主营业务成本　　　　　　　　　　　　　　　　　　　　　　3 000 000
　　贷：库存商品　　　　　　　　　　　　　　　　　　　　　　　　　3 000 000

（2）通过多次交换交易，分步取得股权最终形成控股合并的，应当以购买日之前所持被购买方的股权投资的账面价值与购买日新增投资成本之和，作为该项投资的初始投资成本。具体分以下两种情况。

① 形成企业合并前对持有的长期股权投资采用权益法核算的，长期股权投资的成本为原权益法下的账面价值加上购买日为取得新的股份所支付对价的公允价值之和。购买日之前持有的股权投资因采用权益法核算而确认的其他综合收益或其他资本公积暂时不做处理，待到处置该项投资时转入当期损益。

② 形成企业合并前以公允价值计量的（例如，原分类为以公允价值计量且其变动计入其他综合收益的金融资产的股权投资），长期股权投资的成本为原公允价值计量的金融资产在购买日的账面价值加上购买日为取得进一步的股份新支付的对价的公允价值之和。购买日之前持有的被购买方的股权涉及其他综合收益的，转入当期投资收益。

【例 5.6】　陆达公司于 20×1 年 8 月 12 日以银行存款 1 600 万元取得大成公司 40% 的股权，采用权益法核算该项投资。当年，因大成公司盈利而确认对大成公司 100 万元的投资收益。

20×2 年 11 月 1 日，又支付 1 000 万元银行存款取得大成公司 20% 的股权。陆达公司无其他所有者权益变动，对该项长期股权投资未计提减值准备。

此案例中，陆达公司通过分步购买累计取得大成公司 60% 的股权，完成了对大成公司的控股合并。

20×1 年长期股权投资账面价值为 1 700（1 600＋100）万元，20×2 年 11 月 1 日追加投资 1 000 万元时，确认长期股权投资成本 1 000 万元。因此，购买日，陆达公司对大成公司长期股权投资的投资成本为 2 700（1 700＋1 000）万元。

5.2.3　企业合并以外的其他方式取得长期股权投资

除控股合并形成的长期股权投资应遵循特定的会计处理原则以外，其他方式取得的长期股权投资，应当遵循下列规定确定其初始投资成本。

1. 以支付现金方式取得长期股权投资

以支付现金方式取得的长期股权投资，应当按实际支付的购买价款作为初始投资成本。初始投资成本包括与取得长期股权投资直接相关的费用、税金及其他必要支出。企业取得长期股权投资，实际支付的价款或对价中包含的已宣告但尚未发放的现金股利或利润，作为应收项目处理。

【例 5.7】　20×1 年 8 月 12 日，陆达公司取得甲公司 20% 股份作为长期股权投资，支付价款 6 000 万元，另支付手续费 30 万元。假设陆达公司取得该股权后，能够对甲公司的财务和生产经营决策施加重大影响。

陆达公司根据有关凭证，应进行如下会计处理。

长期股权投资成本＝6 000＋30＝6 030（万元）

借：长期股权投资　　　　　　　　　　　　　　　　　　　　　60 300 000
　　贷：银行存款　　　　　　　　　　　　　　　　　　　　　　　60 300 000

2. 以发行权益性证券方式取得长期股权投资

以发行权益性证券方式取得的长期股权投资，应当按发行权益性证券的公允价值作为初始投资成本。为发行权益性证券支付的手续费、佣金等发行直接相关费用应自权益性证券的溢价发行收入中扣除，溢价收入不足冲减的，应冲减盈余公积和未分配利润。

【例 5.8】　20×1 年 8 月 13 日，陆达公司发行 100 万股普通股作为对价，取得乙公司 25% 的股权，每股面值为 1 元，公允价值为每股 3 元。另向证券承销机构等支付佣金和手续费 60 000 元。假设陆达公司取得该股权后，能够对乙公司的财务和生产经营决策施加重大影响。

陆达公司根据有关凭证，应进行如下会计处理。

借：长期股权投资   3 000 000
  贷：股本   1 000 000
    资本公积——股本溢价   2 000 000

陆达公司向证券承销机构等支付的佣金和手续费 60 000 元从溢价收入中扣除。

借：资本公积——股本溢价   60 000
  贷：银行存款   60 000

3．以非货币性资产交换、债务重组等方式取得的长期股权投资

通过非货币性资产交换方式取得的长期股权投资，其初始投资成本应当按照《企业会计准则第 7 号——非货币性资产交换》的规定确定。

通过债务重组方式取得的长期股权投资，其初始投资成本应当按照《企业会计准则第 12 号——债务重组》的规定确定。

5.3 长期股权投资的成本法和权益法

长期股权投资在持有期间，根据投资企业对被投资单位的影响程度进行划分，应当分别采用成本法及权益法进行核算。

5.3.1 长期股权投资的成本法

1．成本法的定义和适用范围

成本法是指长期股权投资按成本计价的方法。成本法核算适用于企业能够对被投资单位实施控制的长期股权投资，即对子公司的投资。

2．成本法的核算

（1）初始投资或追加投资时，按初始投资或追加投资的成本增加长期股权投资的账面价值。

（2）取得投资时，实际支付的价款或对价中包含已宣告但尚未发放的现金股利或利润，属于应收项目，不应作为投资成本入账。这时，按投资成本，借记"长期股权投资"账户；按实际支付的价款或对价中包含已宣告但尚未发放的现金股利或利润，借记"应收股利"账户；按实际支付的价款或对价，贷记"银行存款"等相关账户。

（3）除取得投资时实际支付的价款或对价中包含的已宣告但尚未发放的现金股利或利润外，投资企业应当按照享有被投资单位宣告发放的现金股利或利润，确认投资收益。按被投资单位宣告发放的现金股利或利润中属于本企业的部分，借记"应收股利"账户，贷记"投资收益"账户。

【例5.9】 20×1 年 4 月 28 日，陆达公司以银行存款 1 500 万元购入甲公司普通股 1 000 万股，占甲公司 90% 的股权。甲公司已于 20×1 年 4 月 25 日公告了 20×0 年度利润分配方案，每股分派现金股利 0.02 元，股利发放日为 5 月 1 日。20×2 年 4 月 1 日，甲公司公告 20×1 年度利润分配方案，每股分派现金股利 0.05 元。陆达公司对该项长期股权投资采用成本法核算。假设不存在其他相关税费。

陆达公司根据有关凭证，应进行如下会计处理。

① 20×1 年 4 月 28 日，取得投资。

借：长期股权投资——甲公司   14 800 000
  应收股利   200 000
  贷：银行存款   15 000 000

② 20×1 年 5 月 1 日，收到甲公司发放的现金股利。

借：银行存款   200 000

    贷：应收股利   200 000

③ 20×2 年 4 月 1 日，甲公司公告 20×1 年度利润分配方案。

借：应收股利   500 000

    贷：投资收益   500 000

5.3.2 长期股权投资的权益法

1. 权益法的定义和适用范围

权益法是指投资以初始投资成本计量后，在投资持有期间，投资方根据被投资企业所有者权益的变动，按其应享有（或应分担）被投资单位所有者权益份额调整长期股权投资的账面价值的方法。

投资企业对合营企业和对联营企业的长期股权投资，应当采用权益法核算。

2. 权益法核算的一般程序

（1）应设置的账户

采用权益法核算，在"长期股权投资"账户下应当设置"投资成本""损益调整""其他综合收益""其他权益变动"明细账户，用于反映长期股权投资的初始投资成本，以及因被投资单位所有者权益发生增减变动，而对长期股权投资账面价值进行调整的金额。

"投资成本"反映长期股权投资的初始投资成本，以及在长期股权投资的初始投资成本小于投资时应享有被投资单位可辨认净资产公允价值份额的情况下，按初始投资成本与公允价值间的差额，调整初始投资成本后形成的新的投资成本。"损益调整"反映投资企业应享有或应分担的被投资单位实现的净损益的份额，以及被投资单位分派的现金股利或利润中投资企业应获得的份额。"其他综合收益"反映被投资单位其他综合收益变动中，投资企业应享有或承担的份额。"其他权益变动"反映被投资单位除净损益、利润分配以及其他综合收益以外的所有者权益的其他变动中，投资企业应享有或承担的份额。

（2）核算程序

长期股权投资权益法核算的一般程序如下。

① 初始投资成本的确定。初始投资或追加投资时，按初始投资或追加投资的投资成本，增加长期股权投资的账面价值。

② 投资企业取得长期股权投资后，应视以下两种情况确定是否需要对长期股权投资的成本进行调整。

第一种情况：长期股权投资的初始投资成本大于投资时投资方应享有被投资单位可辨认净资产公允价值份额。这部分差额实质上是企业在取得投资过程中，通过购买作价体现出来的与所取得股权份额相对应的商誉以及被投资单位不符合确认条件的资产的价值，不调整已确认的初始投资成本。

第二种情况：长期股权投资的初始投资成本小于投资时投资方应享有被投资单位可辨认净资产公允价值份额。这部分差额体现为交易双方作价过程中被投资方做出的让步，是投资方经济利益的流入，应作为投资方投资当期的收益，同时调整增加长期股权投资的账面价值。

③ 投资方取得长期股权投资后，随着被投资单位所有者权益的变动相应调整增加或减少长期股权投资的账面价值，分别按以下 3 种情况做相应处理。

第一种情况：对属于因被投资单位发生净损益产生的所有者权益的变动，投资企业按照应享有或应分担的份额，增加或减少长期股权投资的账面价值，同时确认为当期投资损益。

第二种情况：对属于因被投资单位其他综合收益变动导致的所有者权益变动，投资企业按照应享有或应分担的份额，增加或减少长期股权投资的账面价值，同时确认为其他综合收益。

第三种情况：对属于因被投资单位除净损益、其他综合收益和利润分配以外的其他权益变动，投资企业按照应享有或应分担的份额，调整长期股权投资的账面价值，并计入所有者权益。

④ 被投资单位宣告分派现金股利或利润时，投资企业按照被投资单位宣告分派的利润或现金股利计算应享有的部分，相应减少长期股权投资的账面价值。

3. 长期股权投资初始投资成本的调整

初始投资或追加投资时，按投资成本，增加长期股权投资的账面价值。同时，考虑初始投资成本与投资时应享有被投资单位可辨认净资产公允价值份额之间的差额。

长期股权投资的初始投资成本大于投资时投资方应享有被投资单位可辨认净资产公允价值份额的，不调整长期股权投资的初始投资成本。

长期股权投资的初始投资成本小于投资时投资方应享有被投资单位可辨认净资产公允价值份额，并应按两者差额调整增加长期股权投资成本的，借记"长期股权投资——××公司（投资成本）"账户，贷记"营业外收入"账户。

投资企业应享有被投资单位可辨认净资产公允价值的份额，可用下列公式计算。

$$\begin{array}{l}\text{应享有被投资单位可辨} \\ \text{认净资产公允价值份额}\end{array} = \begin{array}{l}\text{投资时被投资单位可辨} \\ \text{认净资产公允价值总额}\end{array} \times \begin{array}{l}\text{投资企业} \\ \text{持股比例}\end{array}$$

【例 5.10】 20×1 年 8 月 1 日，陆达公司以银行存款 2 000 万元取得甲公司 30% 的股权。取得投资时，甲公司可辨认净资产的公允价值为 6 000 万元。

甲公司在生产经营决策过程中，所有股东均按持股比例行使表决权。陆达公司在取得甲公司股权后，派人参与甲公司的生产经营决策，能够对其施加重大影响，因此，陆达公司对该长期股权投资应当采用权益法核算。

陆达公司根据有关凭证，应进行如下会计处理。

借：长期股权投资——甲公司（投资成本）　　　　　　　　　　　　20 000 000
　　贷：银行存款　　　　　　　　　　　　　　　　　　　　　　　　　20 000 000

长期股权投资的初始投资成本 2 000 万元大于投资时应享有的甲公司可辨认净资产公允价值的份额 1 800（6 000×30%）万元，所以差额 200 万元不调整长期股权投资的账面价值。

假设投资时，甲公司可辨认净资产的公允价值为 7 000 万元，其他条件不变，则陆达公司长期股权投资的初始投资成本为 2 000 万元，小于投资时应享有的甲公司可辨认净资产公允价值的份额 2 100（7 000×30%）万元，两者的差额 100 万元应调整增加长期股权投资的投资成本，并确认取得投资当期的营业外收入。

借：长期股权投资——甲公司（投资成本）　　　　　　　　　　　　20 000 000
　　贷：银行存款　　　　　　　　　　　　　　　　　　　　　　　　　20 000 000
借：长期股权投资——甲公司（投资成本）　　　　　　　　　　　　　1 000 000
　　贷：营业外收入　　　　　　　　　　　　　　　　　　　　　　　　　1 000 000

4. 被投资单位发生净损益的会计处理

（1）投资损益的确认

在权益法核算下，被投资单位当年实现的净利润或发生的净亏损均影响所有者权益，因此，投资单位的长期股权投资的账面价值也需要做相应的调整，借记或贷记"长期股权投资——损益调整"账户，贷记或借记"投资收益"账户。

投资企业在确认应享有或应分担被投资单位的净利润或净亏损时，如果取得投资时被投资单位的各项资产、负债的公允价值与其账面价值不同的，则投资企业要对被投资单位净利润进行调整，按照调整后的净利润作为确认投资净损益的依据。

投资企业应考虑以下因素对被投资单位净利润的影响，并进行相应会计调整。

一是被投资单位采用的会计政策和会计期间与投资企业不一致时，应按投资企业的会计政策和会计期间对被投资单位的财务报表进行调整，以调整后的净利润为基础计算确认投资损益。

二是以取得投资时被投资单位固定资产、无形资产的公允价值为基础计提的折旧额或摊销额，以及投资企业取得投资时的公允价值为基础计算确定的减值准备金额对被投资单位净利润的影响。

被投资单位个别报表中的净利润是以其持有的资产、负债的账面价值为基础持续计算的，而投资企业在取得投资时，是以被投资单位有关资产、负债的公允价值为基础确定投资成本。长期股权投资的投资收益所代表的是于投资日被投资单位资产、负债在公允价值计量的情况下在未来期间通过经营产生的损益中归属于投资企业的部分，取得投资时有关资产、负债的公允价值与其账面价值是不同的。因此，未来期间，在计算归属于应享有的净利润或应承担的净亏损时，投资企业应以投资时被投资单位有关资产对投资企业的成本（即取得投资的公允价值）为基础确定。

针对上述事项对被投资单位实现的净利润进行调整时，应考虑重要性原则。存在下列情况之一的，可以按照被投资单位的账面净损益与持股比例计算确认投资损益，但应当在附注中说明事实及其原因。

① 无法可靠确定投资时被投资单位各项可辨认资产等的公允价值。

② 投资时被投资单位可辨认资产等的公允价值与其账面价值之间的差额较小。

③ 其他原因导致无法对被投资单位净损益进行调整。

【例 5.11】 20×1 年 1 月 1 日，陆达公司支付 700 万元取得乙公司 30% 的股权，取得股权后，陆达公司能够对乙公司的财务和生产经营决策施加重大影响。投资取得日，乙公司可辨认净资产的公允价值为 2 000 万元，除表 5-1 中项目外，乙公司其他资产、负债的公允价值与账面价值相同。乙公司 20×1 年实现净利润 500 万元，假设不考虑所得税的影响。

表 5-1　乙公司资产中公允价值与账面价值之间的差异　　　　单位：万元

项目	账面原价	已提折旧	公允价值	甲企业预计使用年限	陆达公司取得投资后剩余使用年限
固定资产	1 000	200	1 200	20	16
无形资产	600	120	800	10	8
合计	1 600	320	2 000		

陆达公司根据有关凭证，应进行如下会计处理。

① 取得投资。

借：长期股权投资——乙公司（投资成本）　　　　　　　7 000 000
　　贷：银行存款　　　　　　　　　　　　　　　　　　　　7 000 000

② 计算 20×1 年度以投资时乙公司可辨认净资产公允价值为基础持续计量的净利润。

陆达公司计算应享有的投资收益时，应在乙公司实现净利润的基础上，根据取得投资时有关资产的账面价值与其公允价值差额的影响进行调整。

固定资产公允价值与账面价值的差额应调整增加的折旧额 $=1 200÷16-1 000÷20=25$（万元）

无形资产公允价值与账面价值的差额应调整增加的摊销额 $=800÷8-600÷10=40$（万元）

调整后的净利润 $=500-25-40=435$（万元）

③ 陆达公司按照持股比例计算确认当期投资收益。

投资收益 $=435×30\%=130.5$（万元）

借：长期股权投资——乙公司（损益调整）　　　　　　　1 305 000
　　贷：投资收益　　　　　　　　　　　　　　　　　　　　1 305 000

三是投资单位计算确认应享有或应分担被投资单位的净利润或亏损时，与联营企业、合营企业之间发生的未实现内部交易损益按照应享有的比例计算归属于投资方的部分，应当予以抵销，并在此基础上确认投资收益。未实现的内部交易是指有关资产未对外部独立第三方出售的情况。

未实现内部交易损益的抵销包括顺流交易和逆流交易两种情况，顺流交易是指投资企业向其联营企业或合营企业出售资产。在顺流交易中，投资企业已经在其个别报表中确认了销售损益，被投资企业未实现销售，即损益未能实现，因此，应将投资企业未实现损益中属于投资企业享有的份额在确认投资收益时予以抵销。逆流交易是指联营企业或合营企业向投资企业出售资产。在逆流交易中，被投资企业在其个别报表中确认了销售损益，而投资企业未实现销售，即损益也未能实现，因此，也应当将被投资企业未实现损益中属于投资企业享有的份额在确认投资收益时予以抵销。但是，投资企业与其联营企业及合营企业之间发生的无论是顺流交易，还是逆流交易，所产生的未实现内部交易损失，属于所转让资产发生减值损失的，有关的未实现内部交易损失不应予以抵销。

【例5.12】 接【例5.11】，陆达公司于20×2年度实现账面净利润为500万元，20×2年6月30日，陆达公司向乙公司销售一批商品，不含增值税的销售价格为100万元，商品销售成本为80万元，乙公司将购入的商品确认为存货，至20×2年12月31日，该批商品尚未向第三方出售。

陆达公司根据有关凭证，应进行如下会计处理。

① 计算20×2年度以投资时乙公司可辨认净资产公允价值为基础持续计量的净利润。

调整乙公司固定资产公允价值与账面价值差额对利润的影响＝25（万元）

调整乙公司无形资产公允价值与账面价值差额对利润的影响＝40（万元）

陆达公司销售商品未实现的内部利润＝100－80＝20（万元）

调整后的净利润＝500－25－40－20＝415（万元）

② 陆达公司按照持股比例计算确认当期投资收益。

投资收益＝415×30%＝124.5（万元）

借：长期股权投资——乙公司（损益调整）　　　　　　　　　　　　　　　　1 245 000

　　贷：投资收益　　　　　　　　　　　　　　　　　　　　　　　　　　　1 245 000

【例5.13】 接【例5.11】和【例5.12】，乙公司于20×3年度实现账面净利润为500万元。20×3年，乙公司将上年从陆达公司购入的商品全部对外销售。

陆达公司根据有关凭证，应进行如下会计处理。

① 计算20×3年度以投资时乙公司可辨认净资产公允价值为基础持续计量的净利润。

调整乙公司固定资产公允价值与账面价值差额对利润的影响＝25（万元）

调整乙公司无形资产公允价值与账面价值差额对利润的影响＝40（万元）

陆达公司销售商品实现的内部利润＝20（万元）

调整后的净利润＝500－25－40＋20＝455（万元）

② 陆达公司按照持股比例计算确认当期投资收益。

投资收益＝455×30%＝136.5（万元）

借：长期股权投资——乙公司（损益调整）　　　　　　　　　　　　　　　　1 365 000

　　贷：投资收益　　　　　　　　　　　　　　　　　　　　　　　　　　　1 365 000

【例5.14】 接【例5.13】，20×4年6月20日，乙公司向陆达公司销售一件商品，不含税销售价格为100万元，商品销售成本80万元，陆达公司将购入的商品确认为生产用固定资产，折旧年限为5年，不考虑净残值，采用年限平均法计提折旧。乙公司20×4年度实现账面净利润为500万元。

陆达公司根据有关凭证，应进行如下会计处理。

① 计算20×4年度以投资时乙公司可辨认净资产公允价值为基础持续计量的净利润。

调整乙公司固定资产公允价值与账面价值差额对利润的影响＝25（万元）

调整乙公司无形资产公允价值与账面价值差额对利润的影响＝40（万元）

乙公司销售商品未实现的内部利润＝100－80＝20（万元）

陆达公司按照未实现的内部利润多计算的当年折旧额＝20÷5×6÷12＝2（万元）

调整后的净利润＝500－25－40－20＋2＝417（万元）

② 陆达公司按照持股比例计算确认当期投资收益

投资收益＝417×30%＝125.1（万元）

借：长期股权投资——乙公司（损益调整） 1 251 000

　　贷：投资收益 1 251 000

（2）取得现金股利或利润

投资企业自被投资单位取得的现金股利或利润，应冲减长期股权投资的账面价值。在被投资单位宣告分派现金股利或利润时，借记"应收股利"账户，贷记"长期股权投资——损益调整"账户。

【例5.15】 接【例5.14】，20×5年3月15日，乙公司股东会批准将20×4年实现的净利润中的100万元用于分配现金股利。

陆达公司根据有关凭证，应进行如下会计处理。

陆达公司可分得的现金股利＝1 000 000×30%＝300 000（元）

借：应收股利 300 000

　　贷：长期股权投资——乙公司（损益调整） 300 000

（3）超额亏损的确认

投资企业确认被投资单位发生的净亏损，应当以长期股权投资的账面价值以及其他实质上构成对被投资单位净投资的长期权益减记至零为限，但投资企业负有承担额外损失义务的除外。长期股权投资账面价值是指该长期股权投资的账面余额减去该项投资已提的减值准备后的金额。

其他实质上构成对被投资单位净投资的长期权益，通常指长期应收项目。比如，企业对被投资单位的长期债权，该债权没有明确的清收计划，而且在可预见的未来期间不准备收回的，实质上构成了对被投资单位的净投资。如果将长期股权投资的账面价值和其他长期权益减记至零后，仍有未确认的投资损失，则需视投资企业是否负有额外承担损失义务来确定是否确认相应的投资损失。

在确认应分担被投资单位发生的亏损时，应按下列顺序进行处理。

① 冲减长期股权投资的账面价值。在确认被投资单位发生的净亏损时，冲减"长期股权投资——损益调整"明细账户金额，而不冲减其他明细账户。

② 长期股权投资的账面价值不足以冲减的，应当以其他实质上构成对被投资单位净投资的长期权益账面价值为限继续确认投资损失，冲减其他长期权益的账面价值。

③ 经过上述处理后，按照投资合同或协议约定企业仍承担额外义务的，应按预计承担的义务确认预计负债，并计入当期的投资损失。

④ 经上述处理如果仍有应分担的亏损未予确认，则不再确认，仅做备查登记。

被投资单位若在以后会计期间实现盈利，则应在扣除未确认的亏损分担额后，按与上述顺序相反的顺序处理，以恢复其他实质上构成对被投资单位净投资的长期权益以及长期股权投资的账面价值。同时，投资方还应当重新复核预计负债的账面价值。

【例5.16】 陆达公司对丙公司的投资按照权益法进行核算。陆达公司20×1年1月1日以300万元银行存款取得丙公司30%的股份。取得投资时，丙公司可辨认净资产的公允价值为800万元（假设公允价值与账面价值相同）。陆达公司持有该投资期间，丙公司各年的净损益如下。

（1）20×1年实现净利润100万元。

（2）20×2年发生净亏损1 400万元。

（3）20×3年实现净利润450万元。

（4）20×4年实现净利润500万元。

假定陆达公司持有丙公司长期应收款100万元，根据投资合同规定，陆达公司不承担额外损失义务。

陆达公司根据有关凭证，应进行如下会计处理。

① 取得投资时。长期股权投资的初始投资成本 300 万元大于投资时应享有的丙公司可辨认净资产公允价值的份额240（800×30%）万元，不调整长期股权投资的账面价值。

借：长期股权投资——丙公司（投资成本）　　　　　　　　　　　　3 000 000
　　贷：银行存款　　　　　　　　　　　　　　　　　　　　　　　　　3 000 000

② 20×1年确认投资收益。

应确认的投资收益＝1 000 000×30%＝30（万元）

借：长期股权投资——丙公司（损益调整）　　　　　　　　　　　　　300 000
　　贷：投资收益　　　　　　　　　　　　　　　　　　　　　　　　　300 000

期末陆达公司对丙公司长期股权投资的账面价值＝300＋30＝330（万元）

③ 20×2年确认投资损失。

应确认的投资损失＝1 400×30%＝420（万元）

该项长期股权投资的账面价值＝330（万元）

超额亏损额＝420－330＝90（万元）

应确认的投资损失超过该项长期股权投资的账面价值，只能减少长期股权投资的账面价值330万元，使长期股权投资的账面价值减记至零。

由于陆达公司持有丙公司长期应收款100万元，所以可以继续确认这一部分损失。

借：投资收益　　　　　　　　　　　　　　　　　　　　　　　　　4 200 000
　　贷：长期股权投资——丙公司（损益调整）　　　　　　　　　　　3 300 000
　　　　长期应收款——丙公司　　　　　　　　　　　　　　　　　　　900 000

④ 20×3年确认投资收益。

因为丙公司实现净利润，所以陆达公司按照应享有的收益份额，先恢复对丙公司的长期应收款，再恢复长期股权投资的账面价值。

恢复长期股权投资的账面价值＝450×30%－90＝45（万元）

借：长期股权投资——丙公司（损益调整）　　　　　　　　　　　　　450 000
　　　长期应收款——丙公司　　　　　　　　　　　　　　　　　　　　900 000
　　贷：投资收益　　　　　　　　　　　　　　　　　　　　　　　　1 350 000

⑤ 20×4年确认投资收益。

陆达公司按照应享有的收益份额继续恢复长期股权投资的账面价值。

恢复长期股权投资的账面价值＝500×30%＝150（万元）

借：长期股权投资——丙公司（损益调整）　　　　　　　　　　　　1 500 000
　　贷：投资收益　　　　　　　　　　　　　　　　　　　　　　　　1 500 000

此外，在评估投资方对被投资单位是否具有重大影响时，应当考虑潜在表决权的影响，但在确定应享有的被投资单位实现的净损益、其他综合收益和其他所有者权益变动的份额时，潜在表决权所对应的权益份额不应予以考虑。再有就是在确认应享有或应分担的被投资单位净利润（或亏损）额时，法规或章程规定不属于投资企业的净损益应当予以剔除后计算，例如，被投资单位发行了分类为权益的可累积优先股等类似的权益工具，无论被投资单位是否宣告分配优先股股利，投资方计算应享有被投资单位净利润时，均应将归属于其他投资方的累积优先股股利予以扣除。

5．被投资单位其他综合收益变动的会计处理

在权益法核算下，投资单位确认的其他综合收益及其变动，会影响被投资单位所有者权益总额，进而影响投资企业应享有被投资单位所有者权益的份额。因此，当被投资单位其他综合收益发生变动时，投资企业应当按照归属于本企业的部分，调整长期股权投资的账面价值，同时计入其他综合收益。投资方确认应分担被投资单位其他综合收益减少净额，将有关长期股权投资冲减至零并产生了未确认投资净损失的，与上述超额亏损业务的处理原则一致。

【例 5.17】 陆达公司持有丁公司 30% 的股份，采用权益法核算。20×1 年 12 月 31 日，丁公司持有的一项成本为 1 200 万元，以公允价值计量且其变动计入其他综合收益的金融资产的公允价值上升至 1 400 万元。丁公司按公允价值超过成本的差额 200 万元调整增加该项金融资产的账面价值，并计入其他综合收益。

陆达公司根据有关凭证，应进行如下会计处理。

应享有其他综合收益份额＝200×30%＝60（万元）

借：长期股权投资——丁公司（其他综合权益）　　　　　　　　　　　600 000

　　贷：其他综合收益　　　　　　　　　　　　　　　　　　　　　　600 000

6．被投资单位其他所有者权益变动的会计处理

在权益法核算下，投资企业对于被投资单位除净损益、利润分配以及其他综合收益以外的所有者权益的其他变动，应按照持股比例与被投资单位所有者权益的其他变动计算的归属于本企业的部分，相应调整长期股权投资的账面价值，同时增加或减少资本公积——其他资本公积。这种情况主要包括：被投资单位接受其他股东的资本性投入、被投资单位发行可分离交易的可转换公司债券中包含的权益成分、以权益结算的股份支付等。

被投资单位提取法定盈余公积和任意盈余公积，以盈余公积弥补亏损，以资本公积、盈余公积等转增资本（或股本）等业务仅影响所有者权益的结构，不会影响所有者权益总额，投资企业只需要对增加的股份等进行备查记录，不需要进行会计处理。

对于被投资单位分派的股票股利，投资企业只需于除权日注明所增加的股数，以反映份额的变化，不做会计处理。

5.4 长期股权投资核算方法的转换

长期股权投资在持有期间，因各方面情况的变化，可能导致长期股权投资核算需要由一种方法转换为另外的方法。投资企业应根据转换的具体情况进行相应的会计处理。

5.4.1 公允价值计量或权益法转换为成本法

因追加投资原因导致原持有的《企业会计准则第 22 号——金融工具确认和计量》范围内的金融资产的股权投资，以及对联营企业或合营企业的投资转变为对子公司投资的，长期股权投资账面价值的调整应按照通过多次交换交易，分步取得股权最终形成控股合并的相关规定进行处理。

5.4.2 成本法转换为权益法

投资方因处置部分权益性投资导致对被投资单位的影响力下降，对被投资单位不再具有控制但仍然能够施加重大影响或与其他投资方一起实施共同控制的，应将长期股权投资的核算由成本法转换为权益法，并对该剩余股权视同自取得时即采用权益法核算进行调整。

具体转换时，应首先按处置投资或收回投资的比例结转应终止确认的长期股权投资成本，剩余的长期股权投资部分应按如下原则进行会计处理。

（1）将剩余长期股权投资成本与按照剩余持股比例计算的原投资时应享有被投资单位可辨认净资产公允价值的份额进行比较，若前者大于后者，则两者差额属于投资作价中体现的商誉部分，不调整长期股权投资的账面价值；若前者小于后者，按两者差额调整长期股权投资账面价值，同时调整留存收益。

（2）对于原取得投资后至转变为权益法核算之间被投资单位实现的净损益中应享有的份额，一方面，应调整长期股权投资的账面价值，另一方面，对于原取得投资时至处置投资当期期初被投资单位实现的净损益（扣除已发放及已宣告发放的现金股利及利润）中应享有的份额，调整留存收益；对于处置投资当期期初至处置投资之日，被投资单位实现的净损益中享有的份额，调整当期损益；其他原因导致被投资单位所有者权益变动中应享有的份额，在调整长期股权投资账面价值的同时，应当计入"其他综合收益"等账户。

【例5.18】 陆达公司持有H公司80%的股权，能够对H公司实施控制，取得该股权时，H公司可辨认净资产公允价值为9 000万元（假定公允价值与账面价值相同）。20×1年12月31日，陆达公司对H公司的长期股权投资的账面价值为8 000万元。20×2年1月1日，陆达公司将其持有的对H公司长期股权投资中的50%以4 600万元的价格转让给E公司；当日H公司可辨认净资产公允价值为16 000万元。陆达公司转让部分股份后，不再对H公司实施控制，但具有重大影响。

自陆达公司取得对H公司长期股权投资后至转让之前，H公司净资产增加7 000万元，其中，按购买日公允价值计算的净利润6 000万元，持有其他权益工具投资公允价值升值1 000万元。假定H公司一直未进行利润分配。陆达公司按净利润的10%提取盈余公积。

本案例中，陆达公司转让部分H公司股份后，持股比例降为40%，不再对H公司实施控制，但能够对其施加重大影响。因此，对H公司长期股权投资，应由成本法改为按照权益法核算。

陆达公司根据有关凭证，应进行如下会计处理。

20×2年1月1日，确认长期股权投资处置损益。

借：银行存款 46 000 000
　　贷：长期股权投资——H公司 40 000 000
　　　　投资收益 6 000 000

对剩余股权改按权益法核算：剩余长期股权投资的账面价值为4 000万元，与原投资时应享有被投资单位可辨认净资产公允价值份额之间的差额400（4 000－9 000×40%）万元为商誉，不调整长期股权投资成本。

陆达公司按照转让后的持股比例，计算应享有的被投资单位（H公司）自购买日至转让日之间实现的净损益2 400（6 000×40%）万元，以及其他权益变动400（1 000×40%）万元，应调整增加长期股权投资的账面价值，同时调整留存收益和其他综合收益。

借：长期股权投资——H公司（损益调整） 24 000 000
　　　　　　　　　　　　（其他综合收益） 4 000 000
　　贷：盈余公积 2 400 000
　　　　利润分配——未分配利润 21 600 000
　　　　其他综合收益 4 000 000

5.4.3　权益法转为公允价值计量

投资方因处置部分权益性投资等原因丧失了对被投资单位的共同控制或重大影响的，处置后的剩余股权应当改按《企业会计准则第22号——金融工具确认和计量》的有关规定进行会计处理，其在丧失共同控制或重大影响之日的公允价值与账面价值之间的差额计入当期损益。

出售时，确认有关股权投资的处置损益，按实际收到款项，借记"银行存款"账户；按出售部分长期股权投资的账面价值，贷记"长期股权投资"账户；按借贷方差额，借记或贷记"投资收益"账户。同时，将剩余股权投资转为相应的金融资产，按剩余股权的公允价值，借记"其他权益工具投资"等账户；按剩余长期股权投资账面价值，贷记"长期股权投资"账户；按借贷方差额，借记或贷记"投资收益"账户。原计入其他综合收益的所有者权益累计变动金额转入"投资收益"账户。

【例5.19】 陆达公司持有M公司30%的表决权股份，能够对M公司施加重大影响，对该长期股权投资采用权益法核算。20×1年8月，陆达公司将该投资中的50%出售给非关联方，取得价款1 800万元，相关股权转让手续当日完成。陆达公司持有M公司剩余15%的股权，无法再对M公司施加重大影响，决定将该投资转为以公允价值计量且其变动计入其他综合收益的金融资产。

股权出售日，剩余股权的公允价值为1 800万元，长期股权投资账面价值为3 200万元，其中，投资成本 2 600 万元，损益调整 300 万元，其他综合收益 300 万元。不考虑相关税费等其他因素影响。

陆达公司根据有关凭证，应进行如下会计处理。

① 确认长期股权投资的处置损益。

借：银行存款 18 000 000
　　贷：长期股权投资——M 公司（投资成本） 13 000 000
　　　　　　　　　　　　　　（损益调整） 1 500 000
　　　　　　　　　　　　　　（其他综合收益） 1 500 000
　　　　投资收益 2 000 000

② 由于终止采用权益法核算，将原确认的相关其他综合收益全部转入投资收益。

借：其他综合收益 3 000 000
　　贷：投资收益 3 000 000

③ 剩余股权投资转为以公允价值计量，且其变动计入其他综合收益的金融资产。

股权出售日剩余股权的公允价值为 1 800 万元，账面价值为 1 600 万元，两者差额计入当期的投资收益。

借：其他权益工具投资 18 000 000
　　贷：长期股权投资——M 公司（投资成本） 13 000 000
　　　　　　　　　　　　　　（损益调整） 1 500 000
　　　　　　　　　　　　　　（其他综合收益） 1 500 000
　　　　投资收益 2 000 000

5.4.4　成本法转为公允价值计量

投资方因处置部分权益性投资等原因丧失了对被投资单位的控制的，处置后的剩余股权不能对被投资单位实施共同控制或施加重大影响的，应当改按《企业会计准则第 22 号——金融工具确认和计量》的有关规定进行会计处理，于丧失控制权日将剩余股权按公允价值重新计量，公允价值与其账面价值之间的差额计入当期损益。

出售时，确认有关股权投资的处置损益，按实际收到款项，借记"银行存款"账户；按出售的长期股权投资账面价值，贷记"长期股权投资"账户；按借贷方差额，借记或贷记"投资收益"账户。同时，将剩余股权投资转为相应的金融资产，按剩余股权的公允价值，借记"其他权益工具投资"等账户；按剩余长期股权投资账面价值，贷记"长期股权投资"账户；按其差额，借记或贷记"投资收益"账户。

【例 5.20】陆达公司持有 N 公司 60% 的表决权股份，能够对 N 公司实施控制，对该长期股权投资采用成本法核算。20×1 年 8 月，陆达公司将该投资中的 90% 出售给非关联方，取得价款 1 800 万元，剩余 6% 的股权于丧失控制日的公允价值为 200 万元。之后，陆达公司将该投资转为以公允价值计量且其变动计入当期损益的金融资产。股权出售日，长期股权投资账面余额为 12 000 000 元。不考虑相关税费等其他因素影响。

陆达公司根据有关凭证，应进行如下会计处理。

① 确认长期股权投资的处置损益。

借：银行存款 18 000 000
　　贷：长期股权投资 10 800 000
　　　　投资收益 7 200 000

② 剩余股权投资转为以公允价值计量，且其变动计入当期损益的金融资产。

借：交易性金融资产 2 000 000
　　贷：长期股权投资 1 200 000
　　　　投资收益 800 000

5.4.5　公允价值计量转为权益法

投资方因追加投资等原因能够对被投资单位施加重大影响，或实施共同控制但不构成控制的，应当按照《企业会计准则第 22 号——金融工具确认和计量》确定的原持有的股权投资的公允价值加上新增投资成本之和，作为改按权益法核算的初始投资成本；原持有的股权投资于转换日的公允价值与账面价值之间的差额，以及原计入其他综合收益的累计公允价值变动应当转入改按权益法核算的当期损益。

在上述基础上，比较初始投资成本与获得被投资单位共同控制或重大影响时应享有被投资单位可辨认净资产公允价值的份额，若前者大于后者的，则不调整长期股权投资的账面价值；若前者小于后者的，则两者的差额应调整为长期股权投资的账面价值，并计入当期营业外收入。

【例 5.21】　20×1 年 10 月 5 日，陆达公司取得 S 公司 10% 股权，将该股权分类为以公允价值计量且其变动计入其他综合收益的金融资产，投资成本为 900 万元。

20×2 年 11 月 1 日，陆达公司又以 1 800 万元取得 S 公司 12% 的股权。当日，S 公司可辨认净资产公允价值总额为 12 000 万元。取得该部分股权后，按照 S 公司章程规定，陆达公司能够派人参与 S 公司的财务和生产经营决策，对该项股权转为采用权益法核算。

20×2 年 11 月 1 日，陆达公司对 S 公司 10% 的股权投资的公允价值为 1 300 万元，原计入其他综合收益的累计公允价值变动收益为 120 万元。

股权增持后，陆达公司持股比例增至 22%，初始投资成本为 3 100（1 300+1 800）万元，应享有 S 公司可辨认净资产公允价值份额为 2 640（12 000×22%）万元，因前者大于后者，所以不调整长期股权投资的账面价值。

陆达公司根据有关凭证，应进行如下会计处理。

借：长期股权投资——S 公司（投资成本）　　　　　　　　　　　　31 000 000
　　贷：银行存款　　　　　　　　　　　　　　　　　　　　　　　18 000 000
　　　　其他权益工具投资　　　　　　　　　　　　　　　　　　　10 200 000
　　　　投资收益　　　　　　　　　　　　　　　　　　　　　　　 2 800 000
同时，
借：其他综合收益　　　　　　　　　　　　　　　　　　　　　　　 1 200 000
　　贷：投资收益　　　　　　　　　　　　　　　　　　　　　　　　1 200 000

5.5　长期股权投资的减值与处置

5.5.1　长期股权投资的减值

当资产为企业带来的经济利益低于其账面价值时，资产不能再以原账面价值予以确认，否则无法反映资产的实际价值，导致资产和利润的虚增。因此，当资产的可收回金额低于其账面价值时，应当将资产的账面价值减记至可收回金额，同时确认资产减值损失。

长期股权投资减值遵照《企业会计准则第 8 号——资产减值》的相关规定处理。适用资产减值准则的资产还包括固定资产、无形资产、采用成本模式进行后续计量的投资性房地产等。

1．资产减值测试

企业应当在资产负债表日判断资产是否存在可能发生减值的迹象。当企业出现以下情况时，表明资产存在减值迹象。

（1）资产的市价在当期大幅度下跌，其跌幅明显高于因时间的推移或者正常使用而预计的下跌。

（2）企业经营所处的经济、技术或者法律等环境以及资产所处的市场在当期或者将在近期发生重大变化，从而对企业产生不利影响。

（3）市场利率或者其他市场投资报酬率在当期已经提高，从而影响企业计算资产预计未来现金流量现值的折现率，导致资产可收回金额大幅度降低。

（4）企业所有者权益的账面价值远高于其市值。

（5）有证据表明资产已经陈旧过时或者其实体已经损坏。

（6）资产已经或者将被闲置、终止使用或者计划提前处置。

（7）企业内部报告的证据表明资产的经济绩效已经低于或者将低于预期，如资产所创造的净现金流量或者实现的营业利润（或者亏损）远远低于（或者高于）预计金额，资产在经营或维护中所需的现金支出远高于最初的预算等。

（8）其他表明资产可能已经发生减值的迹象。

如果有确凿证据表明长期股权投资存在减值迹象的，应当进行减值测试，估计资产的可收回金额。可收回金额低于账面价值的，应当按照可收回金额低于账面价值的金额，计提减值准备，即资产出现减值迹象，是进行减值测试的前提。

2. 估计资产可收回金额的方法

资产可收回金额的估计应当根据其公允价值减去处置费用后的净额与资产预计未来现金流量的现值两者之间较高者确定。因此，要估计资产的可收回金额，通常需要同时估计以下两项金额。

（1）资产的公允价值减去处置费用后的净额。资产的公允价值减去处置费用后的净额，通常反映的是资产如果被出售或者处置时可以收回的净现金收入。企业应当以主要市场的价格计量相关资产的公允价值，并假定市场参与者在计量日出售资产的交易是在当前市场条件下的有序交易。不存在主要市场的，企业应当以最有利市场的价格计量相关资产的公允价值。处置费用包括与资产处置有关的法律费用、相关税费、搬运费以及为使资产达到可销售状态所发生的直接费用等。

（2）资产预计未来现金流量的现值。预计的资产未来现金流量应当包括：资产持续使用过程中预计产生的现金流入；为实现资产持续使用过程中产生的现金流入所必需的预计现金流出（包括为使资产达到预定可使用状态所发生的现金流出）；资产使用寿命结束时处置资产所收到或者支付的净现金流量。

3. 资产减值损失的会计处理

为核算确认的资产减值损失，企业应当设置"资产减值损失"账户，按照资产类别进行明细核算，反映各类资产在当期确认的资产减值损失金额。同时，企业应当设置"长期股权投资减值准备""固定资产减值准备""无形资产减值准备"等账户，用来核算计提的各项资产减值准备。资产减值准备账户贷方登记计算确认的资产减值的金额，借方登记处置该资产时应转出的减值准备金额，期末贷方余额反映该资产累计计提的减值准备金额。资产减值损失一经确认，在以后会计期间不得转回。

资产负债表日，如果可收回金额的计量结果表明长期股权投资的可收回金额低于其账面价值，则应当将长期股权投资的账面价值减记至可收回金额，减记的金额确认为长期股权投资减值损失，计入当期损益，同时计提长期股权投资减值准备，借记"资产减值损失"账户，贷记"长期股权投资减值准备"账户。

【例 5.22】 20×1 年 8 月 1 日，陆达公司以银行存款 2 000 万元购买 N 公司 20% 有表决权股份，能够对 N 公司生产经营决策施加重大影响，N 公司可辨认净资产的公允价值为 10 000 万元。假定陆达公司取得该项投资时，N 公司各项可辨认资产、负债的公允价值与其账面价值相同，双方未发生过内部交易。N 公司 20×1 年实现净利润 2 000 万元。20×1 年 12 月 31 日该长期股权投资的可收回金额为 1 950 万元。

陆达公司根据有关凭证，应进行如下会计处理。

① 确认应享有 N 公司 20×1 年的净损益。

借：长期股权投资——N 公司（损益调整）	400
贷：投资收益	400

② 计提的长期股权投资减值准备＝（2 000＋400）－1 950＝450（万元）

借：资产减值损失	450
贷：长期股权投资减值准备	450

5.5.2　长期股权投资的处置

企业处置长期股权投资时，应相应结转与所售股权相对应的长期股权投资的账面价值，出售所得价款与处置长期股权投资账面价值之间的差额，应确认为处置损益。

处置长期股权投资时，按实际收到的金额，借记"银行存款"等账户；按长期股权投资各明细账户的账面余额，贷记或借记"长期股权投资"账户。已对该长期股权投资计提减值准备的，还应同时结转减值准备，借记"长期股权投资减值准备"账户；按借贷方差额，贷记或借记"投资收益"账户。

采用权益法核算长期股权投资的处置，除上述规定外，因被投资单位除净损益以外其他所有者权益变动而计入所有者权益的金额，还应予以转出，借记或贷记"其他综合收益"等账户，贷记或借记"投资收益"账户。

【例5.23】　陆达公司原持有E公司90%的股权，对该项长期股权投资采用成本法核算。20×1年11月1日，陆达公司将该项长期股权投资全部出售，出售时该项长期股权投资账面借方余额为3 300 000元，已计提的长期投资减值准备为150 000元。出售股票实际取得的价款为3 270 000元。

陆达公司根据有关凭证，应进行如下会计处理。

长期股权投资的账面净值＝3 300 000－150 000＝3 150 000（元）

出售投资实际取得的收益＝3 270 000－3 150 000＝120 000（元）

借：银行存款	3 270 000
长期股权投资减值准备	150 000
贷：长期股权投资——E公司	3 300 000
投资收益	120 000

【例5.24】　陆达公司原持有F公司40%的股权，对该项长期股权投资采用权益法核算。20×1年11月30日，陆达公司出售10%的F公司股权。出售时，该项长期股权投资账面余额为借方余额39 600 000元，其中，投资成本为借方余额36 000 000元，损益调整为借方余额9 600 000元，其他综合收益为贷方余额6 000 000元。出售取得价款11 500 000元。

陆达公司根据有关凭证，应进行如下会计处理。

① 确认处置损益。

借：银行存款	11 500 000
长期股权投资——F公司（其他综合收益）（6 000 000÷40%×10%）	1 500 000
贷：长期股权投资——F公司（投资成本）	9 000 000
——F公司（损益调整）	2 400 000
投资收益	1 600 000

② 将原计入其他综合收益的部分按比例转入当期损益。

借：投资收益	1 500 000
贷：其他综合收益	1 500 000

本章小结

思考与练习

一、思考题

1. 长期股权投资包括哪些具体内容？
2. 同一控制下的企业合并形成的长期股权投资的初始成本应如何确定？
3. 非同一控制下企业合并形成的长期股权投资取得成本应如何确定？
4. 长期股权投资成本法与权益法的适用情形有哪些？
5. 成本法的核算要点包括什么？
6. 权益法的核算要点包括什么？
7. 长期股权投资减值准备如何确定？

二、业务处理题

1. 目的：练习长期股权投资成本法的会计处理。

资料：甲公司20×1年1月1日用1000万元的价格购入乙公司90%的股份，购买过程中另支付相关税费50 000元，甲、乙公司合并前后不受同一方或相同多方控制。甲公司在取得投资以后，乙公司于20×1年3月5日分派现金股利800万元，3月10日，收到该现金股利；20×1年度乙公司实现净利润1 100万元；20×2年3月20日宣告分派现金股利1 000万元，25日收到该现金股利；20×2年度实现净利润1 800万元。

要求：根据上述资料为甲公司相关业务进行会计处理。

2. 目的：练习长期股权投资权益法的会计处理。

资料：20×1年8月1日，甲上市公司（以下简称甲公司）以其库存商品对乙企业投资，投出商品的成本为360万元，公允价值和计税价格均为400万元，增值税税率为13%（不考虑其他税费）。甲公司对乙企业的投资占乙企业注册资本的20%，甲公司采用权益法核算该项长期股权投资。20×1年8月1日，乙企业所有者权益账面价值及可辨认净资产公允价值均为2 000万元。乙企业20×1年实现净利润1 200万元。20×2年乙企业发生亏损4 400万元。假定甲公司账上有对乙企业的长期应收款160万元。从目前情况看，该长期应收款没有明确的清偿计划。20×3 年乙企业实现净利润2 000万元。

要求：根据上述资料，编制甲公司对乙企业投资及确认投资收益的会计分录。

3. 目的：练习长期股权投资减值的会计处理。

资料：甲公司于20×1年9月以银行存款2 000万元取得乙公司30%的股权。乙公司20×1年实现净利润1 000万元。20×2年4月1日，乙公司宣告分派现金股利900万元。20×2年6月30日，乙公司因其他权益工具投资公允价值上升，确认其他综合收益150万元。20×2年12月31日，甲公司该长期股权投资可收回金额为1 900万元。

要求：根据上述资料完成下列会计处理。

（1）计算20×2年12月31日应确认的资产减值损失。

（2）做出20×2年12月31日甲公司长期股权投资减值业务的会计处理。

4. 目的：练习长期股权投资出售的会计处理。

资料：D 公司原持有甲企业40%的股权，20×1年9月10日，决定出售该股权的10%。出售时，D 公司对甲企业长期股权投资的投资成本为1 600万元，损益调整为借方400万元，其他综合收益为借方200万元。出售取得价款为600万元。D 公司对该项投资已经计提了200万元的减值准备。

要求：根据上述资料为 D 公司相关业务进行会计处理。

第6章 存货

本章主要阐述了存货的确认条件，存货收发计价方法和会计处理方法，以及存货期末计价的会计处理方法。通过本章的学习，读者应了解存货的概念、确认的条件；熟悉存货数量的确定方法；掌握存货取得、发出计价方法；掌握原材料按实际成本和计划成本计价收发的会计处理方法；掌握其他存货的特点及其会计处理方法；掌握存货可变现净值的确定方法和存货跌价准备的计提方法；了解存货的清查方法。

6.1 存货概述

6.1.1 存货的概念与特征

1. 存货的概念

按照《企业会计准则第1号——存货》的规定，存货是指企业在日常活动中持有以备出售的产成品或商品、处在生产过程中的在产品、在生产过程或提供劳务过程中耗用的材料和物料等，具体包括各种原材料、燃料、包装物、低值易耗品、委托加工材料、在产品、产成品和商品、委托代销商品等。

2. 存货的特征

与其他资产相比，存货具有如下特征。

（1）存货是一种具有物质实体的有形资产。存货是指各种原材料、在产品、产成品等具有物质实体的材料物资，因而有别于应收款项、投资、无形资产等没有实物形态的资产，也不同于现金、银行存款等货币资金。

（2）存货属于流动资产，具有较强的流动性。存货通常都在1年或超过1年的一个营业周期内被销售或耗用，并不断地被重置，因而属于流动资产。存货具有较强的变现能力和较大的流动性，但是因为存货要在1年或超过1年的一个营业周期内被销售或耗用，其流动性又低于货币资金、交易性金融资产、应收款项等流动资产项目。

（3）存货具有时效性和发生潜在损失的可能性。在正常的生产经营过程中，存货较容易转换为货币资金或其他资产，但存货的价值易受市场价格以及其他因素变动的影响，其能够转换的货币数额不是固定的，具有较大的不确定性。当存货长期不能销售或耗用时，就有可能变为积压物资或者需要降价销售，给企业带来损失。

（4）企业持有存货的最终目的是为了出售。企业持有的不论是可供直接出售的存货，还是需要经过进一步加工后才能出售的存货，其最终目的都是为了出售。例如，企业可直接出售的产成品、商品以及需要经过进一步加工后才能出售的原材料等。存货的这一特征，是区别于固定资产、工程物资等资产的标志。

6.1.2 存货的确认条件

存货必须在符合其定义的前提下，同时满足下列两个条件，才能予以确认。

1. 与该存货有关的经济利益很可能流入企业

对存货的确认首先是判断其是否很可能为企业带来经济利益。在实际工作中，拥有存货的所有权是判断与该存货有关的经济利益很可能流入企业的一个重要标志。因此，属于企业的存货，应以企业对存货是否具有法定所有权为依据。凡在盘存日期，法定所有权属于企业的一切物品，不论其存放地点如何，都应作为企业的存货。反之，凡法定所有权不属于企业的物品，即使尚未远离企业，也不应包括在本企业存货范围之内。可确认为本企业的存货包括：存放在本企业仓库的存货；存放在本企业门市部和陈列馆的存货；已发运但尚未办理托运手续的存货；购入后不需经过本企业仓库，直接发交货单位或加工单位的存货；委托其他单位加工或代销的存货；已购入但尚未办理入库手续的在途存货等。反之，企业已经销售的存货，因其所有权已经转移给购买方，故不管其是否已经发运，均不应包括在本企业的存货之内。受托加工材料、受托代销商品都不属于本企业的存货。

2. 该存货的成本能够可靠地计量

存货作为企业一项重要资产，其成本必须以取得的确凿证据为依据，能够可靠地计量。企业取得的存货，如果成本不能够可靠地计量，则无法入账，不能确认为存货。

6.1.3　存货的分类

存货分布于企业生产经营的各个环节，而且种类繁多、用途各异。为了加强存货的管理，提供有用的会计信息，应当对存货进行适当的分类。

1. 按经济用途分类

存货按经济用途分类，可以分为以下 3 类。

（1）销售用存货。该类别的存货是指为销售而储备的存货，如产成品、商品等。

（2）生产用存货。该类别的存货是指为生产耗用而储备的存货，如原材料、燃料、低值易耗品、委托加工材料、在产品等。

（3）其他存货。该类别的存货是指企业的杂项存货，如办公用具、家具、其他物料用品等。

2. 按经济内容分类

企业存货按经济内容不同，可以分为以下 6 类。

（1）原材料。该类别的存货是指企业在生产过程中经加工改变其形态或性质并构成产品主要实体的各种原料及主要材料、辅助材料、燃料、修理用备件（备品备件）、包装材料、外购半成品（外购件）等。为建造固定资产等各项工程而储备的各种材料，虽然同属于材料，但由于其用于建造固定资产等工程，不符合存货的定义，所以不属于企业的存货。

（2）在产品。该类别的存货是指企业正在制造尚未完工的产品，包括正在各个生产工序加工的产品和已加工完毕但尚未检验或已检验但尚未办理入库手续的产品。

（3）半成品。该类别的存货是指经过一定生产过程并已检验合格交付半成品仓库保管，但尚未制造完工成为产成品，仍需进一步加工的中间产品。不包括从一个生产车间转给另一个生产车间继续加工的自制半成品以及不能单独计算成本的自制半成品。

（4）产成品。该类别的存货是指企业完成全部生产过程并已验收入库，可以按照合同规定的条件送交订货单位，或者可以作为商品对外销售的产品。企业接受来料加工制造的代制品和为外单位加工修理的代修品，制造和修理完成验收入库后，应视同企业的产成品。

（5）商品。该类别的存货是指商品流通企业外购或委托加工完成验收入库用于销售的各种商品。

（6）周转材料。该类别的存货是指企业周转使用的材料，包括包装物和低值易耗品。包装物是指为包装本企业产品而储备的各种包装容器，如桶、箱、瓶、坛、袋等。低值易耗品是指不符合固定资产确认条件的各种劳动资料，如工具、管理用具、玻璃器皿、劳动保护用品和在经营过程中周转使用的容器等。

3. 按存放地点分类

存货按存放地点分类，可以分为以下 4 类。

（1）库存存货。该类别的存货是指存放在企业仓库的各项存货。

（2）在途存货。该类别的存货是指已经取得所有权但存货尚在运输途中，或虽然已经运抵企业但尚未验收入库的各种材料物资及商品。

（3）加工中存货。该类别的存货是指正处于本企业各生产工序加工制造过程中的在产品，以及委托外单位加工但尚未完成的材料物资。

（4）发出商品。该类别的存货是指已经发出但尚未确认销售收入以及委托其他单位代销的商品等。

6.1.4　存货在资产负债表上的列示

存货是企业的流动资产项目之一，虽然存货种类繁多，但是，在资产负债表中，存货项目是以各种存货账户的期末借方余额之和减去"存货跌价准备"账户贷方余额后的净额列示在流动资产项目中。

6.2　存货数量的确定

存货数量的确定方法有两种：实地盘存制和永续盘存制。

6.2.1　实地盘存制

实地盘存制也称定期盘存制，是指会计期末通过对全部存货进行实地盘点，以确定期末存货的结存数量，然后分别乘以各项存货的盘存单价，计算出期末存货的总金额，计入各有关存货账户，倒挤计算出本期已耗用或已销售存货的成本。

企业在实地盘存制下，每一个会计期期末，通过实地盘点确定存货数量，据以计算期末存货成本，然后计算出当期耗用或销货成本，并计入有关存货账户的贷方。这一方法称为"以存计耗"或"以存计销"，基本公式如下。

期初存货成本＋本期购货成本－期末存货成本＝本期耗用或销货成本

上述公式中，期初存货成本和本期购货成本均可以从有关存货明细账中取得。而要确定期末存货成本，则首先必须确定期末存货实际数量。

期末存货数量＝期末实地盘点数量

期末存货成本＝期末存货数量×进货单价

实地盘存制的主要优点是会计处理简便易行，但是也存在以下几方面的缺点。

（1）由于平时不对存货的发出和结存做明细记录，所以企业不能随时反映各种存货的收发动态，不利于加强对于存货的管理。

（2）存货的数量只根据实地盘存而得，盘存以外的所有物品均视为已销或已耗成本，容易掩盖存货管理中存在的自然和人为的损失，削弱了对存货的控制。

（3）只能到期末盘点时结转耗用或销货的成本，而不能随时结转成本。所以实地盘存制的实用性较差。

由于实地盘存制存在上述缺点，所以，实地盘存制一般只适用于价值较低、收入和发出频繁、自然消耗大、数量不稳定的鲜活商品等存货，对于管理上随时需要结转销售或耗用成本的存货，实地盘存制则不能适用。

6.2.2　永续盘存制

永续盘存制也称账面盘存制，是指对存货项目设置经常性的库存记录，即分别按照存货的品名规格设置存货明细账，逐日或逐笔地登记收入、发出的存货，并随时计算结存数。通过会计账簿资料，就可以完整地反映存货的收入、发出和结存情况。

永续盘存制下，在没有发生丢失和被盗的情况下，存货账户的余额应当与实际库存相符。采用永续盘存制的企业，为了核对存货账面记录，加强对存货的管理，每年至少进行一次存货的实物盘点。对于有些物品，由于价值较高，或者它们的记录内容容易发生差错，还需对它们经常进行实物盘点。

永续盘存制下的实物盘点，一般可不定期进行，但为了确保期末财务会计报告的正确性，在会计期间终了时，和采用实地盘存制方法一样，进行一次全面的实物盘点。

永续盘存制的优点主要表现在以下两方面。

（1）在存货明细账上，可随时反映出每种存货的收发情况，从而有利于存货管理。

（2）存货明细账的结存数量，可通过盘点随时与实存数量相核对，如发现特殊情况，可查明原因，并做出相应的会计处理，以保证账面有关数据的正确性。

永续盘存制的缺点是存货明细记录的工作量较大，存货品种规格多的企业更是如此。

6.3　存货的计价方法

6.3.1　存货收入的计价

1．存货的初始计量

存货应当按照成本进行初始计量。存货成本包括采购成本、加工成本和其他成本。

（1）存货的采购成本

存货的采购成本，包括购买价款、相关税费及部分附加费用。

① 购买价款是指企业购入材料或商品的发票价格，但不包括专用发票上注明的增值税税额。如存在商业折扣情况下，应将商业折扣扣除后的余款作为购买价款。

② 相关税费是指进口关税、其他税金等。进口关税是指从境外购入的存货，根据税法规定应交纳的进口税，对于进口存货的关税应计入存货成本。其他税金是指企业应计入存货成本的购买、自制或委托加工存货发生的消费税、资源税和不能抵扣的增值税进项税额及其他费用。

③ 附加费用是指可以计入存货成本但不包括在上述采购成本中的费用。具体分为两部分。

一部分是购入存货入库前发生的除购货价格外的费用，如运输费、装卸费、保险费、包装费、采购过程中发生的仓储费、运输途中的合理损耗、入库前的挑选整理费用等。

另一部分是存货入库后至发出前所发生的储存保管费用及采购过程中发生的采购人员差旅费、专设采购机构的经费、零星的市内运费等。

入库前发生的附加费用，应计入企业存货的成本。如果能够分清受益对象的，应直接计入该受益对象的采购成本；如果不能分清受益对象的，通常可以按照所购存货的采购数量或采购价格比例等方法进行分配，分别计入有关存货的成本。

对入库后发生的附加费用，不应计入企业存货的成本，应在其发生时，计入当期损益。

④ 按我国税法规定，一般纳税企业支付外购货物运费，可按 9% 的比例计算增值税进项税额，准予扣除，不列入采购货物实际成本；购入免税农产品按购进免税农产品使用的经主管税务机关批准的收购凭证上注明的金额（买价），扣除按照规定扣除率（9%）计算的进项税额，作为购进农产品的成本。

（2）存货的加工成本

存货的加工成本，包括直接人工以及按照一定方法分配的制造费用。制造费用是指企业为生产产品和提供劳务而发生的各项间接费用。对于计入加工成本中的制造费用，企业应当根据制造费用的性质，合理选择分配方法。

（3）存货的其他成本

存货的其他成本是指除采购成本、加工成本以外的，使存货达到目前场所和状态所发生的其他支出，如在生产过程中为达到下一个生产阶段所必需的费用、为特定客户设计产品所发生的设计费用等。

在确定存货成本的过程中，应当注意下列费用应当在发生时确认为当期损益，不计入存货成本。

① 非正常消耗的直接材料、直接人工及制造费用。

② 仓储费用（不包括在生产过程中为达到下一个生产阶段所必需的费用），是指企业在存货加工和销售环节发生的仓储费用。

③ 不能归属于存货达到目前场所和状态的其他支出。

2. 存货具体价值的确定

为了如实地反映企业存货价值的动态，并合理计算存货成本，企业的各种存货在取得时，应当按照实际成本入账。企业存货的实际成本，按照存货来源的不同可分为以下几类。

（1）外购存货

按外购存货实际发生的支出计价。外购存货包括买价、运输费、装卸费、保险费、包装费、仓储费等费用，还包括运输途中的合理损耗、入库前的挑选整理费用和按规定应计入成本的税金及其他费用。

对于采购过程中发生的毁损、短缺等，除合理的损耗计入采购成本外，应区别不同情况进行会计处理。

① 应从供应单位、外部运输机构等收回的赔款，冲减存货的采购成本。

② 因遭受意外灾害发生的损失和尚待查明原因的途中损耗，不得增加存货采购成本，应暂作待处理财产损溢进行核算，查明原因后再做处理。

（2）自制存货

自制存货实际成本应包括自制过程中发生的材料费、人工费、加工费等各项支出。

（3）委托加工存货

委托外单位加工的存货，以实际耗用的原材料或者半成品、加工费、运输费、装卸费等费用以及按规定应计入成本的税金作为实际成本。

（4）投资者投入的存货

投资者投入存货的成本，应当按照投资合同或协议约定的价值确定，但合同或协议约定价值不公允的除外。在投资合同或协议约定的价值不公允的情况下，应按照该存货的公允价值作为其入账价值。

（5）接受捐赠取得的存货

企业接受捐赠取得的存货，应当区别以下情况确定入账成本。

① 捐赠方提供了有关凭据（如发票、报关单、有关协议）的，按凭据上标明的金额加上应支付的相关税费作为入账成本。

② 捐赠方没有提供有关凭据的，按顺序确定入账成本：第一，同类或类似存货存在活跃市场的，按同类或类似存货的市场价格估计的金额，加上应支付的相关税费作为入账成本；第二，同类或类似存货不存在活跃市场的，按该接受捐赠存货预计未来现金流量的现值，作为入账成本。

6.3.2 存货发出的计价方法

日常工作中，企业发出的存货，可以按实际成本核算，也可以按计划成本核算。如果采用计划成本核算，会计期末应调整为实际成本。

1. 实际成本下发出存货成本的确定方法

在实际成本核算方式下，企业可以采用的发出存货计价方法包括个别计价法、先进先出法、移动加权平均法、加权平均法等4种。

（1）个别计价法

个别计价法又称个别认定法、具体辨认法、分批实际法，是指按照某批入库存货的实际单位成本作为发出存货的单位成本计算发出存货成本的一种方法。采用这一方法是假设存货的实物流转与成本流转相一致。要求企业要按品种和批次设置详细的存货记录，按照各种存货逐一辨认各批发出存货和期末存货所属的购进批别或生产批别，分别按照其购入或生产时所确定的单位成本计算各批发出存货和期末存货成本。

【例6.1】 陆达公司20×1年8月甲材料收发及结存情况如表6-1所示。

发出存货实际成本
计价方法

表6-1 甲材料收发结存表

20×1年		摘要	收入		发出数量（千克）	结存数量（千克）
月	日		数量（千克）	单价（元）		
8	1	月初结存				400
	3	购入	400	22		800
	12	发出			650	150
	15	购入	500	24		650
	20	发出			450	200
	31	本期发生额及期末余额	900		1 100	200

假设8月12日发出材料650千克，其中，350千克是月初结存，300千克是8月3日购入的存货；8月20日发出材料450千克，其中，50千克是月初结存，400千克是8月15日购入的存货。采用个别计价法计算甲材料发出金额和结存金额情况，如表6-2所示。

表6-2 甲材料明细账

存货类别：　　　　　　　　　　存货编号：　　　　　　　　　　数量单位：千克

最高存量：　　　　　　　　　　最低存量：　　　　　　　　　　金额单位：元

名称及规格：甲材料

20×1年		凭证号数	摘要	收入			发出			结存		
月	日			数量	单价	金额	数量	单价	金额	数量	单价	金额
8	1	略	月初结存							400	20	8 000
	3		购入	400	22	8 800				400 400	20 22	8 000 8 800
	12		发出				350 300	20 22	7 000 6 600	50 100	20 22	1 000 2 200
	15		购入	500	24	12 000				50 100 500	20 22 24	1 000 2 200 12 000
	20		发出				50 400	20 24	1 000 9 600	100 100	22 24	2 200 2 400
	31		本月合计	900		20 800	1 100		24 200	200		4 600

本例中的相关计算如下。

本月发出甲材料的成本＝7 000＋6 600＋1 000＋9 600＝24 200（元）

月末库存存货成本＝100×22＋100×24＝4 600（元）

个别计价法能够准确计算发出存货和期末存货的成本，符合实际情况。但必须逐一辨认各批发出存货和期末存货所属的购进批次，分别按各自购入或生产时所确定的单位成本计算各批发出存货和期末存货的成本，工作量较大，尤其是在存货收发频繁的情况下，存货发出成本分辨工作量将会非常大。这种方法适用于容易辨别、一般不能替代使用、为特定项目专门购入的存货，如珠宝、古玩、书画等。实际工作中，由于计算机信息系统在会计中的应用日益普遍，个别计价法广泛应用于发出存货计价成为可能。

（2）先进先出法

先进先出法是指以先购入的存货应先发出（销售或耗用）这一存货实物流转假设为前提，对发出存货进行计价的一种方法。这种方法下，收入存货时，企业逐笔登记收入存货的数量、单价和金额；发出存货时，企业按照先购入的存货成本在后购入的存货成本之前转出的原则，逐笔登记存货的发出成本和结存金额。

【例6.2】 接【例6.1】资料，采用先进先出法计算甲材料发出成本和期末结存成本，如表6-3所示。

表6-3 甲材料明细账

存货类别：　　　　　　　　　存货编号：　　　　　　　　　数量单位：千克

最高存量：　　　　　　　　　最低存量：　　　　　　　　　金额单位：元

名称及规格：甲材料

20×1年		凭证号数	摘要	收入			发出			结存		
月	日			数量	单价	金额	数量	单价	金额	数量	单价	金额
8	1	略	月初结存							400	20	8 000
	3		购入	400	22	8 800				400 400	20 22	8 000 8 800
	12		发出				400 250	20 22	8 000 5 500	150	22	3 300
	15		购入	500	24	12 000				150 500	22 24	3 300 12 000
	20		发出				150 300	22 24	3 300 7 200	200	24	4 800
	22		本月合计	900		20 800	1 100		24 000	200	24	4 800

本例中的相关计算如下。

本月发出原材料的成本＝8 000＋5 500＋3 300＋7 200＝24 000（元）

月末结存存货成本＝200×24＝4 800（元）

采用先进先出法可以随时结转存货的发出成本，但较烦琐。在存货收发业务频繁，且存货单位价不稳定时，其计算工作量较大。另外，在物价持续上涨时，期末存货成本接近于市价，而发出存货成本偏低，会导致高估企业当期利润和期末存货价值；反之则会低估企业当期利润和期末存货价值。

（3）移动加权平均法

移动加权平均法是指平时以每次入库的存货数量加上原有库存存货数量为权数，计算一个加权平均单位成本，并对其后发出存货进行计价的一种方法，其计算公式如下。

$$移动加权平均单位成本 = \frac{原有库存存货成本 + 本次入库存货成本}{原有库存存货数量 + 本次入库存货数量}$$

$$本次发出存货成本 = 本次发出存货数量 × 移动加权平均单位成本$$

$$= 月初存货成本 + 本月收入存货成本 - 月末结存存货成本$$

$$月末结存存货成本 = 月末结存存货的数量 × 移动加权平均单位成本$$

【例6.3】 接【例6.1】资料，采用移动加权平均法计算甲材料发出成本和期末结存成本，如表

表 6-4 甲材料明细账

存货类别：　　　　　　　　　　存货编号：　　　　　　　　数量单位：千克

最高存量：　　　　　　　　　　最低存量：　　　　　　　　金额单位：元

名称及规格：甲材料

20×1年		凭证号数	摘要	收入			发出			结存		
月	日			数量	单价	金额	数量	单价	金额	数量	单价	金额
8	1	略	月初结存							400	20	8 000
	3		购入	400	22	8 800				800	21	16 800
	12		发出				650	21	13 650	150	21	3 150
	15		购入	500	24	12 000				650	23.31	15 151.50
	20		发出				450	23.31	10 489.50	200	23.31	4 662
	22		本月合计	900		20 800	1 100		24 139.50	200	23.31	4 662

本例中的相关计算如下。

8 月 3 日购入材料后的单位成本 $= \dfrac{8\ 000 + 8\ 800}{400 + 400} = 21$（元）

8 月 3 日结存存货成本 $= 800 \times 21 = 16\ 800$（元）

8 月 12 日发出材料的成本 $= 650 \times 21 = 13\ 650$（元）

8 月 12 日结存存货成本 $= 150 \times 21 = 3\ 150$（元）

8 月 15 日购入材料后的单位成本 $= \dfrac{3\ 150 + 12\ 000}{150 + 500} = 23.31$（元）

8 月 15 日结存存货成本 $= 650 \times 23.31 = 15\ 151.50$（元）

8 月 20 日结存存货成本 $= 200 \times 23.31 = 4\ 662$（元）

8 月 20 日发出材料的成本 $= 15\ 151.50 - 4\ 662 = 10\ 489.50$（元）

月末库存材料成本 $= 200 \times 23.31 = 4\ 662$（元）

本月发出材料成本 $= 13\ 650 + 10\ 489.50 = 24\ 139.50$（元）

采用移动加权平均法能够使企业管理层及时了解存货的发出与结存成本情况，且该方法计算的加权平均单位成本比较客观。但由于每次收货后都要计算一次平均单位成本，计算工作量较大，对收发货较频繁的企业不适用。

（4）加权平均法

加权平均法也称全月一次加权平均法，是指以月初结存货数量和本月全部收入数量作为权数，计算本月存货的加权平均单位成本，以此为基础计算本月发出存货的成本和期末存货成本的一种方法。该方法的计算公式如下。

$$加权平均单位成本 = \frac{月初结存存货成本 + 本月收入存货成本}{月初结存存货数量 + 本月收入存货数量}$$

$$本月发出存货成本 = 本月发出存货数量 \times 加权平均单位成本$$

$$= 月初结存存货成本 + 本月收入存货成本 - 月末结存存货成本$$

$$月末结存存货成本 = 月末结存存货数量 \times 加权平均单位成本$$

【例6.4】接【例 6.1】资料，采用加权平均法计算甲材料发出成本和期末结存成本，如表 6-5 所示。

表 6-5 甲材料明细账

存货类别：　　　　　　　　　　存货编号：　　　　　　　　　　数量单位：千克

最高存量：　　　　　　　　　　最低存量：　　　　　　　　　　金额单位：元

名称及规格：甲材料

20×1年		凭证号数	摘要	收入			发出			结存		
月	日			数量	单价	金额	数量	单价	金额	数量	单价	金额
8	1	略	月初结存							400	20	8 000
	3		购入	400	22	8 800				800		
	12		发出				650			150		
	15		购入	500	24	12 000				650		
	20		发出				450			200		
	22		本月合计	900		20 800	1 100		24 370	200	22.15	4 430

本例中：加权平均单位成本 $=\dfrac{8\,000+20\,800}{400+900}=22.15$（元）

月末库存材料成本 $=200×22.15=4\,430$（元）

本月发出材料成本 $=8\,000+20\,800-4\,430=24\,370$（元）

采用加权平均法只在月末一次计算加权平均单位成本，简化了存货发出成本计算工作。在市场价格上涨或下跌时所计算出来的单位成本比较平均，对存货成本的分摊较为折中。但这种方法下，由于成本计算工作集中在月末进行，平时不能从账上反映发出和结存存货的单价和金额，所以不利于存货成本的日常管理与控制。

2．计划成本下发出存货成本的确定方法

存货采用实际成本进行日常核算，要求存货的收入和发出凭证、明细分类账、总分类账全部按实际成本计价。这对于存货品种、规格、数量繁多且收发频繁的企业来说，日常核算工作量很大，核算成本较高，也会影响会计信息的及时性。为了简化存货的核算，企业可以采用计划成本法对存货的收入、发出及结存进行日常核算。

计划成本法是指存货的日常收入、发出和结存均按预先制订的计划成本计价，并设置"材料成本差异"账户登记实际成本与计划成本之间的差异；月末，再通过对存货成本差异的分摊，将发出存货的计划成本和结存存货的计划成本调整为实际成本进行反映的一种核算方法。该方法的计算公式如下。

$$存货成本差异率=\frac{月初结存存货成本差异额+本月收入存货成本差异额}{月初结存存货计划成本+本月收入存货计划成本}×100\%$$

本月发出存货应分摊的成本差异＝本月发出存货的计划成本×存货成本差异率

本月发出存货的实际成本＝本月发出存货的计划成本±发出存货应分摊的成本差异

本月结存存货应分摊的成本差异＝本月结存存货的计划成本×存货成本差异率

本月结存存货的实际成本＝本月结存存货的计划成本±结存存货应分摊的成本差异

或　$\begin{aligned}&\text{月初结存存货}\\&\text{的实际成本}\end{aligned}+\begin{aligned}&\text{本月收入存货}\\&\text{的实际成本}\end{aligned}-\begin{aligned}&\text{本月发出存货的}\\&\text{实际成本}\end{aligned}$

【例 6.5】 某企业 20×1 年 8 月初结存原材料的计划成本为 50 000 元，本月收入原材料的计划成本为 100 000 元，本月发出材料的计划成本为 80 000 元，原材料成本差异的月初数为 1 000 元（超支），本月收入材料成本差异为 2 000 元（超支）。材料成本差异率及发出材料应负担的成本差异计算如下。

材料成本差异率＝（1 000+2 000）÷（50 000+100 000）×100%=2%

本月发出材料应分摊的成本差异＝80 000×2%＝1 600（元）

本月发出材料的实际成本＝80 000＋1 600＝81 600（元）

本月结存材料应分摊的成本差异＝70 000×2%＝1 400（元）

本月结存材料的实际成本＝70 000＋1 400＝71 400（元）

6.3.3 存货估价法

如果企业的存货种类繁多，按月采用上述发出存货计价方法的工作量就会非常大。为了简化存货的计价，在存货种类繁多的企业，可以采用存货估价法对月末存货的成本进行估价，待季末、半年末或年末时，再采用发出存货的计价方法，计算发出存货和结存存货的成本，并对估算的存货成本做出调整。存货估价法主要有毛利率法和零售价法两种。

1. 毛利率法

毛利率法是根据本期销售净额乘以前期实际（或本月计划）毛利率估算本期销售毛利，并计算发出存货成本的一种方法。

采用毛利率法估算存货成本的基本程序如下。

① 确定前期实际（或本期计划、本期估计）毛利率，作为估价的依据。

$$毛利率＝销售毛利÷销售净额×100\%$$

② 从本期销售净额中减除估计销售毛利，估算本期销售成本。

$$销售净额＝销售收入－销售退回与折让$$

$$估计销售毛利＝销售净额×毛利率$$

$$本期销售成本＝本期销售净额－销售毛利$$

或

$$＝本期销售净额×（1－毛利率）$$

③ 从本期可供销售商品成本总额中减除本期估计销售成本，估算期末结存存货成本。

$$期末结存存货成本＝期初存货成本＋本期购货成本－本期销售成本$$

【例 6.6】 某家用电器商场，月初结存存货成本为 640 000 元，本月购进存货成本为 4 200 000 元，本月销售收入为 4 800 000 元，销售退回与折让 20 000 元，上季度家用电器的实际毛利率为 25%。

本月销售净额＝4 800 000－20 000＝4 780 000（元）

本月销售毛利＝4 780 000×25%＝1 195 000（元）

本月销售成本＝4 780 000－1 195 000＝3 585 000（元）

或＝4 780 000×（1－25%）＝3 585 000（元）

月末结存存货成本＝640 000＋4 200 000－3 585 000＝1 255 000（元）

毛利率法提供的只是存货成本的近似值，不是对存货的准确计价。为了合理确定期末存货的实际价值，企业一般应当在每季季末，采用先进先出法、加权平均法等存货计价方法，对结存存货的成本进行一次准确计量，然后根据本季度期初结存存货的成本和本期购进存货的成本，倒减出本季度发出存货的实际成本，据以调整采用毛利率法估算的发出存货成本。毛利率法是商品批发企业普遍采用的一种存货估价方法。

2. 零售价法

零售价法是指用成本占零售价百分比来计算期末存货成本的一种方法。采用零售价法估算存货成本的基本程序如下。

① 计算本期可供销售的存货成本占零售价的比率。根据期初结存存货的成本及零售价和本期购入存货的成本及零售价计算确定。计算公式如下。

成本占零售价的比率＝（期初存货成本＋本期购入存货成本）÷（期初存货售价＋本期购入存货售价）×100%

为了便于取得本期可供销售的存货成本和售价资料，在日常核算中，企业必须同时按成本和零售价记录期初存货和本期购货。

② 计算期末存货的售价总额。计算公式如下。

期末存货售价总额＝本期可供销售存货的售价总额－本期已销存货的售价总额

③ 计算期末存货成本。计算公式如下。

期末存货成本＝期末存货售价总额×成本占零售价的比率

④ 计算本期销售成本。计算公式如下。

本期销售成本＝期初存货成本＋本期购货成本－期末存货成本

【例6.7】某零售商店，某月月初存货成本为250 000元，售价金额为350 000元；本月购货成本为1 400 000元，售价金额为1 850 000元；本月销售收入为1 780 000元。

成本占零售价的比率＝（250 000＋1 400 000）÷（350 000＋1 850 000）×100%＝75%

期末存货售价金额＝（350 000＋1 850 000）－1 780 000＝420 000（元）

期末存货成本＝420 000×75%＝315 000（元）

本期销售成本＝（250 000＋1 400 000）－315 000＝1 335 000（元）

零售价法是商品零售企业普遍采用的一种存货估价方法。在百货商店、超级市场等零售企业中，商品的品种、型号、款式繁多，采用通常的发出存货计价方法很难按月确定销售成本和结存存货成本。而零售企业必须按零售价格标明商品价值，这也为采用零售价法提供了便利。

6.4　原材料存货

6.4.1　原材料按实际成本计价

材料按实际成本计价也称实际成本法，是指材料存货的收入、发出和结存均采用实际成本进行日常核算的方法。

1.应设置的账户

为了核算和监督材料收入、发出、结存以及采购材料的实际成本，企业应设置"在途物资"和"原材料"账户。

（1）"在途物资"账户

该账户核算企业采用实际成本进行材料和商品等物资的日常核算、货款已付尚未验收入库的在途物资的采购成本。"在途物资"账户借方登记已支付或开出承兑商业汇票的材料物资的实际采购成本，贷方登记验收入库材料物资的实际成本，期末借方余额反映企业尚未验收入库材料物资的实际成本。"在途物资"账户可以按照供应单位和物资品种进行明细核算。

（2）"原材料"账户

该账户核算企业库存各种材料的实际成本，"原材料"账户借方登记外购、自制、委托加工、盘盈、接受投资等取得原材料的实际成本，贷方登记材料发出耗用、对外销售、盘亏、毁损及对外投资、捐赠原材料的实际成本，期末借方余额反映企业库存材料的实际成本。"原材料"账户可以按照材料的保管地点（仓库）、材料的类别、材料的品种和规格等进行明细分类核算。

此外，为了完整反映原材料收发及其结存的会计处理，还应设置其他资产及负债类账户。

2.原材料收入的会计处理

企业收入材料的来源不同，其会计处理方法也不尽相同。下面主要介绍外购、自制、投资者投入、接受捐赠材料等相关业务的会计处理。

（1）外购材料

企业外购原材料时，由于结算方式和采购地点的不同，会出现收料和付款时间不同步的情况，所以相应的会计处理也有所不同。

①货款已支付或开出、承兑商业汇票，同时材料已验收入库。

【例 6.8】 20×1 年 8 月 2 日，陆达公司按照购货合同向本地甲公司购入 A 材料一批，增值税专用发票上注明价款为 500 000 元，增值税税额 65 000 元，材料已验收入库，货款及增值税税额通过银行转账支票支付。

陆达公司根据有关凭证，应进行如下会计处理。

借：原材料		500 000
应交税费——应交增值税（进项税额）		65 000
贷：银行存款		565 000

② 货款已支付或开出、承兑商业汇票，材料尚未到达或尚未验收入库。

【例 6.9】 20×1 年 8 月 4 日，陆达公司按照购货合同向乙公司购入 B 材料一批，增值税专用发票上注明材料价款为 200 000 元，增值税税额 26 000 元，运费结算单据注明运费 3 000 元，按税法有关规定，运费准予扣除 9% 的增值税进项税额。陆达公司签发并承兑一张 3 个月期的商业承兑汇票支付上述全部款项。材料尚未到达企业。

陆达公司根据有关凭证，应进行如下会计处理。

准予扣除的增值税进项税额＝26 000＋（3 000×9%）＝26 270（元）

a. 购入材料。

借：在途物资	202 730
应交税费——应交增值税（进项税额）	26 270
贷：应付票据	229 000

b. 材料验收入库。

借：原材料	202 730
贷：在途物资	202 730

c. 实际支付票据款。

借：应付票据	229 000
贷：银行存款	229 000

③ 货款尚未支付或尚未开出、承兑商业汇票，材料已验收入库。其包括以下两种具体情况。

第一种情况：发票账单已收到，尚未付款，材料已验收入库。

【例 6.10】 20×1 年 8 月 6 日，陆达公司按照购货合同采用托收承付结算方式从丙公司购入 C 材料一批，增值税专用发票上注明的价款为 400 000 元，增值税税额 52 000 元，对方代垫包装费 800 元，银行转来的结算凭证已到，款项尚未支付，材料已验收入库。

陆达公司根据有关凭证，应进行如下会计处理。

a. 购入材料。

借：原材料	400 800
应交税费——应交增值税（进项税额）	52 000
贷：应付账款——丙公司	464 800

b. 实际支付货款。

借：应付账款——丙公司	452 800
贷：银行存款	452 800

【例 6.11】 20×1 年 8 月 6 日，陆达公司从乙公司赊购 B 材料一批，原材料合同价款总额为 80 000 元，增值税税额 10 400 元。根据购货合同约定，陆达公司应于 9 月 5 日之前支付货款，合同

中约定如果陆达公司能在 10 日内付款，可按合同价款（不含增值税）的 95%付款；如果超过 10 日付款，则须按交易金额全额付款。

陆达公司根据有关凭证，应进行如下会计处理。

a. 8 月 6 日，赊购 B 材料。陆达公司估计能够在 10 日内付款。

借：原材料		76 000
应交税费——应交增值税（进项税额）		10 400
贷：应付账款——乙公司		86 400

b. 支付购货款。

假定陆达公司于 8 月 15 日支付货款。

借：应付账款——乙公司		86 400
贷：银行存款		86 400

假定陆达公司于 9 月 5 日支付货款。

借：应付账款——乙公司		86 400
原材料		4 000
贷：银行存款		90 400

第二种情况：材料已到并验收入库，但相关发票账单尚未到达。这种情况，月份内可暂不进行会计处理，待有关发票账单到达后，按正常购货业务进行会计处理；对于月末尚未收到发票账单的情况，应在月末按暂估价值入账，借记"原材料"等账户，贷记"应付账款——暂估应付账款"账户，下月月初用红字做相同分录冲回上月末记录。下月收到发票账单等凭证，再按正常购货业务进行会计处理。

【例 6.12】 20×1 年 7 月 26 日，陆达公司购入 D 材料一批，按合同规定，货款共计 20 000 元，材料已验收入库，但发票账单月末尚未到达，月末按合同规定暂估材料价值入账。

陆达公司根据有关凭证，应进行如下会计处理。

a. 月末暂估入账。

借：原材料		20 000
贷：应付账款——暂估应付账款		20 000

b. 下月月初做红字会计处理予以冲回。

借：原材料		20 000
贷：应付账款——暂估应付账款		20 000

注：20 000 代表红字。

【例 6.13】 接【例 6.12】，上述购入 D 材料于 20×1 年 8 月 3 日收到发票账单，增值税专用发票上注明货款为 22 000 元，增值税税额 2 860 元，款项已通过银行转账支付。

陆达公司根据有关凭证，应进行如下会计处理。

借：原材料		22 000
应交税费——应交增值税（进项税额）		2 860
贷：银行存款		24 860

④ 货款已预付，材料尚未验收入库。

【例 6.14】 20×1 年 8 月 10 日，陆达公司与材料供应商丁公司签订 H 材料购销合同，合同约定，陆达公司需向丁公司预付材料价款的 60%，计 60 000 元，款项已通过银行支付。9 月 15 日，陆达公司收到丁公司发来的 H 材料，并验收入库，发票账单注明该批材料价款为 100 000 元，增值税税额 13 000 元，对方代垫包装费等共计 2 000 元，余款由银行存款付讫。

陆达公司根据有关凭证，应进行如下会计处理。

a. 20×1 年 8 月 10 日，预付货款。

借：预付账款——丁公司　　　　　　　　　　　　　　　　　　60 000
　　贷：银行存款　　　　　　　　　　　　　　　　　　　　　　　　　60 000

b. 20×1 年 9 月 15 日，材料验收入库，按实际结算金额。

借：原材料　　　　　　　　　　　　　　　　　　　　　　　　102 000
　　应交税费——应交增值税（进项税额）　　　　　　　　　　　13 000
　　贷：预付账款——丁公司　　　　　　　　　　　　　　　　　　　115 000

c. 补付货款。

借：预付账款——丁公司　　　　　　　　　　　　　　　　　　55 000
　　贷：银行存款　　　　　　　　　　　　　　　　　　　　　　　　55 000

（2）自制材料

企业生产产品的成本包括投入的原材料或半成品成本、直接人工和按照一定方法分配的制造费用。企业通过"生产成本——基本生产成本"账户核算其发生的料、工、费支出。

【例 6.15】 陆达公司的基本生产车间制造完成一批材料，已验收入库。经计算，该批材料的实际成本为 60 000 元。

陆达公司根据有关凭证，应进行如下会计处理。

借：原材料　　　　　　　　　　　　　　　　　　　　　　　　60 000
　　贷：生产成本——基本生产成本　　　　　　　　　　　　　　　　60 000

（3）投资者投入的材料

企业收到投资者投入的材料等存货时，应按照投资合同或协议约定的价值，借记"原材料"等账户；按增值税专用发票上注明的增值税税额，借记"应交税费——应交增值税（进项税额）"账户；按投资者在注册资本中所占的份额，贷记"实收资本"或"股本"账户；按借贷方差额，贷记"资本公积"账户。

【例 6.16】 20×1 年 8 月 20 日，陆达公司收到甲股东作为资本投入的原材料。原材料计税价格550 000 元，增值税专用发票上注明的增值税税额为 71 500 元，投资各方确认按该金额作为甲股东的投入资本，可折换陆达公司每股面值 1 元的普通股股票 500 000 股。

陆达公司根据有关凭证，应进行如下会计处理。

借：原材料　　　　　　　　　　　　　　　　　　　　　　　　550 000
　　应交税费——应交增值税（进项税额）　　　　　　　　　　　71 500
　　贷：股本——甲股东　　　　　　　　　　　　　　　　　　　　500 000
　　　　资本公积——股本溢价　　　　　　　　　　　　　　　　　121 500

（4）接受捐赠的材料

企业收到捐赠的材料存货时，按照确定的入账成本，借记"原材料""应交税费"账户；按实际支付的相关税费，贷记"银行存款"等账户；按借贷方差额，贷记"营业外收入"账户。

【例 6.17】 20×1 年 8 月 25 日，陆达公司接受捐赠的一批原材料，捐赠方提供的发票上标明的价为 350 000 元。陆达公司以银行存款支付运杂费 6 000 元。材料已验收入库。（假设不考虑增值税）

陆达公司根据有关凭证，应进行如下会计处理。

借：原材料　　　　　　　　　　　　　　　　　　　　　　　　356 000
　　贷：银行存款　　　　　　　　　　　　　　　　　　　　　　　　6 000
　　　　营业外收入——捐赠利得　　　　　　　　　　　　　　　　350 000

（5）外购材料短缺及毁损

企业购入材料验收入库时，如发现短缺及毁损，应认真查明原因，分清经济责任，区别不同情况，分别进行处理。

凡属运输途中合理损耗，如由于自然损耗等原因而发生的短缺，应相应地提高入库材料的实际单位成本，减少实收数量，不再进行其他的会计处理；凡是由于供应单位的责任而造成的短缺及毁损，在货款尚未承付的情况下，应按短缺及毁损的数量和发票单价计算拒付金额，填写拒付理由书，向银行办理拒付手续，经银行同意后可根据收料单、发票账单、拒付理由书和银行结算凭证，并按实际承付金额借记"原材料"等账户，贷记"银行存款"账户。如果上述货款已经支付，并已记入"在途物资"账户，应填制"赔偿请求单"，并查明原因。如果是供应单位的责任，则要求供应单位赔偿；这时，企业应根据收料单、发票账单、赔偿请求单等凭证，以实收材料金额借记"原材料"等账户，以有责任的供应单位应赔偿的款项，借记"应付账款"账户，以原金额贷记"在途物资"账户。如果是由于运输不慎造成的，属于运输单位的责任，则要求运输单位赔偿；这时，企业应根据收料单、发票账单、赔偿请求单等凭证，借记"原材料""其他应收款"等账户，贷记"在途物资"账户。

凡是属于购入材料在运输途中发生非常损失和尚待查明原因的途中损耗，应根据有关"毁损报告表"等凭证，借记"待处理财产损溢——待处理流动资产损溢"账户，贷记"在途物资"账户。

3．原材料发出的会计处理

原材料在领用后，根据原材料的消耗特点，按照发出原材料的用途，将其成本直接计入产品成本或当期费用，或作为有关项目支出。对于发出材料，企业应填制领、发料凭证，月末编制"发料凭证汇总表"，结转发出材料的实际成本，并根据所发出材料的用途按实际成本分别计入"生产成本""制造费用""销售费用""管理费用""其他业务成本""在建工程"等账户。

【例6.18】 陆达公司20×1年8月末，根据领料单等凭证，汇总编制"发料凭证汇总表"，如表6-6所示。

表6-6 发料凭证汇总表

20×1年8月

单位：元

用途＼类别	原料及主要材料	辅助材料	燃料	修理用备件	合计
基本生产产品领用	150 000	10 000			160 000
辅助生产车间领用	30 000	2 000			32 000
车间一般性消耗		1 000	2 000	200	3 200
行政管理部门领用				500	500
对外销售	1 000				1 000
合计	181 000	13 000	2 000	700	196 700

陆达公司根据"发料凭证汇总表"凭证，应进行如下会计处理。

借：生产成本——基本生产成本   160 000
       ——辅助生产成本   32 000
   制造费用   3 200
   管理费用   500
   其他业务成本   1 000
  贷：原材料   196 700

4．按实际成本进行核算的材料明细账设置

材料收发明细核算包括数量和价值两个方面。材料收发数量的核算，主要由材料仓库负责。对价值的核算，由财会部门和材料仓库共同负责。

企业材料明细账有两种设置方式。一种是设置两套材料明细账：仓库设立材料卡片，进行材料收发数量的核算；财会部门设立材料明细账，同时进行数量和金额的核算。另一种是实行账卡合一，把材料卡片与数量明细账合并起来，设置一套既有数量又有金额的材料明细账，把明细账内的收入和发出数量，由仓库保管员根据收发材料凭证逐笔登记，并结出结存数量。这主要是为了避免重复和简化核算工作。

主管材料的会计人员应定期到仓库进行稽核工作，包括审查收发料凭证的内容是否完整，手续是否齐备，明细账上登记的收发数量是否同收发料凭证上的数量相符，明细账结存数量的计算是否正确。经审核无误后，在收发料凭证上进行标价，并在明细账上登记月末结存金额，然后签收发料凭证，带回财会部门作为记账的依据。

材料明细账的格式如表 6-2～表 6-5 所示。

5．按实际成本进行材料核算的优缺点

按实际成本进行材料核算时，可以按照材料的品种和规格反映收入、发出和结存材料的实际成本，能在产品成本中反映出材料的实际费用，核算结果比较准确，而且总分类核算也较为简单。

但是，材料收发实际成本的计算工作和材料收发凭证的计价工作比较繁重；材料收发凭证计价和材料明细账的登记往往不及时；不能反映材料采购及自制成本节约和超支的情况。

因此，这种核算方法，一般适用于规模较小、所用材料种类较少的企业。在规模较大的企业中，对于单位价值较高、耗用量大的主要原材料，也可以采用这种方法核算。

6.4.2 原材料按计划成本计价

材料按计划成本计价也称计划成本法，是指材料存货的收入、发出和结存均采用计划成本进行日常核算，同时将实际成本与计划成本的差额另行设置有关成本差异账户反映，期末计算发出存货和结存存货应分摊的成本差异，将发出存货和结存存货由计划成本调整为实际成本的方法。

1．应设置的账户

为了核算和监督采用计划成本核算的材料的收入、发出及结存情况，企业应设置"材料采购""原材料""材料成本差异"等账户。

（1）"材料采购"账户

该账户核算企业采用计划成本进行材料日常核算而购入材料的采购成本。该账户借方登记采购材料的实际成本，贷方登记入库材料的计划成本；借方大于贷方表示超支，超支部分需从"材料采购"账户的贷方转入"材料成本差异"账户的借方；贷方大于借方表示节约，节约部分从"材料采购"账户的借方转入"材料成本差异"账户的贷方；期末借方余额反映企业在途材料的采购成本。"材料采购"账户可按材料品种和供应单位进行明细核算。

（2）"原材料"账户

该账户核算库存材料的计划成本。该账户借方登记入库材料的计划成本，贷方登记发出材料的计划成本，期末借方余额反映企业库存材料的计划成本。

（3）"材料成本差异"账户

该账户核算企业采用计划成本进行日常核算的材料计划成本与实际成本的差额。该账户借方登记购入存货实际成本大于计划成本的数额（超支差异），贷方登记购入存货实际成本小于计划成本的数额（节约差异）以及发出存货应分摊的成本差异结转数；发出存货应分摊的超支差异，用蓝字结转；发出存货应分摊的节约差异，用红字结转；期末如果为借方余额，反映企业库存存货的实际成本大于计划成本的差异；期末如果为贷方余额，则反映企业库存存货的实际成本小于计划成本的差异。该账户是存货类账户的调整账户。

入库材料的计划成本应当尽可能接近实际成本。除特殊情况外，计划成本在年度内不得随意变更。发出材料应负担的成本差异应当按期（月）分摊，不得在季末或年末一次计算。

2. 原材料收入的会计处理

（1）外购材料

按照计划成本进行外购材料的会计处理，同实际成本处理一样，也要区分不同情况进行处理。所不同的是，外购材料购入时，无论是否验收入库，按照实际成本均应先借记"材料采购"账户，然后，根据验收入库材料的计划成本，由"材料采购"账户的贷方转入"原材料"账户的借方。实际成本与计划成本的差异结转计入"材料成本差异"账户。一般情况下，平时只需要在"材料采购"账户的借方登记购入材料的实际成本，验收入库材料的计划成本和材料的成本差异的结转均在月末进行处理。下面以例题来说明外购材料的会计处理。

【例 6.19】假设陆达公司有关材料收发业务按照计划成本计价，20×1 年 8 月发生购料业务如下。（为了简化会计处理，例题将购入的 A、B、C、D 材料，均登记到一个"材料采购"和"材料成本差异"明细账中）

陆达公司根据有关凭证，应进行如下会计处理。

① 8 月 2 日，按照购货合同向本地甲公司购入 A 材料一批，增值税专用发票上注明价款为 100 000 元，增值税税额为 13 000 元，计划成本 110 000 元，支付整理挑选费 7 000 元，材料已验收入库，货款及增值税税额通过转账支票支付。

借：材料采购　　　　　　　　　　　　　　　　　　　　　　　107 000
　　应交税费——应交增值税（进项税额）　　　　　　　　　　 13 000
　　　贷：银行存款　　　　　　　　　　　　　　　　　　　　　　　 120 000

② 8 月 15 日，按照购货合同向乙公司购入 B 材料一批，增值税专用发票上注明材料价款为 200 000 元，增值税税额为 26 000 元，发生装卸费 2 000 元。该材料计划成本为 200 000 元。陆达公司以银行汇票支付上述全部款项。材料已验收入库。

借：材料采购　　　　　　　　　　　　　　　　　　　　　　　202 000
　　应交税费——应交增值税（进项税额）　　　　　　　　　　 26 000
　　　贷：其他货币资金——银行汇票　　　　　　　　　　　　　　　 228 000

③ 8 月 16 日，按照购货合同向丙公司购入 C 材料一批，材料已经运达企业并已验收入库，但发票等结算凭证尚未收到，货款尚未支付。

暂不做会计处理，待有关结算凭证到达后再做处理。

④ 8 月 20 日，按照购货合同向丙公司购入 D 材料一批，增值税专用发票上注明的价款为 400 000 元，增值税税额为 52 000 元，银行转来的结算凭证已到，款项尚未支付，另外以银行存款支付装卸费 5 000 元，材料已验收入库。该材料计划成本 410 000 元。

借：材料采购　　　　　　　　　　　　　　　　　　　　　　　405 000
　　应交税费——应交增值税（进项税额）　　　　　　　　　　 52 000
　　　贷：应付账款——丙公司　　　　　　　　　　　　　　　　　　 452 000
　　　　　银行存款　　　　　　　　　　　　　　　　　　　　　　　　 5 000

⑤ 8 月 22 日，收到 16 日已入库 C 材料的发票等结算凭证，增值税专用发票上注明的材料价款为 250 000 元，增值税税额为 32 500 元，开出一张银行承兑汇票抵付。该批原材料的计划成本为 240 000 元。

借：材料采购　　　　　　　　　　　　　　　　　　　　　　　250 000
　　应交税费——应交增值税（进项税额）　　　　　　　　　　 32 500
　　　贷：应付票据　　　　　　　　　　　　　　　　　　　　　　　 282 500

⑥ 8 月 27 日，购入一批原材料，材料已经运达企业并已验收入库，但发票等结算凭证尚未收到，货款尚未支付。30 日，该批材料的结算凭证仍未到达，企业按该批材料的计划成本 80 000 元估价入账。

27 日暂不做会计处理。

⑦ 8 月 30 日，27 日购入材料按估价入账。

借：原材料   80 000

    贷：应付账款——暂估应付账款   80 000

⑧ 8 月 30 日，陆达公司汇总本月入库材料的计划成本，并做相关会计处理。

本月入库材料的计划成本＝110 000＋200 000＋410 000＋240 000＝960 000（元）

借：原材料   960 000

    贷：材料采购   960 000

本月入库材料的实际成本＝107 000＋202 000＋405 000＋250 000＝964 000（元）

材料成本差异＝964 000－960 000＝4 000（元）（购入材料的超支差异）

借：材料成本差异   4 000

    贷：材料采购   4 000

（2）自制材料

企业通过外购以外的其他方式取得存货，不需要通过"材料采购"账户确定存货成本差异，而应直接按取得存货的计划成本，借记"原材料"等存货账户；按确定的实际成本，贷记"生产成本"等相关账户；按实际成本与计划成本之间的差额，借记或贷记"材料成本差异"账户。

企业基本生产车间或辅助生产车间自制的材料，在完工入库时，应按照入库材料的计划成本和自制材料的实际成本入账，并结转成本差异。

【例 6.20】 陆达公司基本生产车间为生产所需，自制丁材料一批，其实际成本为 4 260 元，按照材料交库单所列计划成本 4 200 元验收入库，并结转超支差异 60 元。

陆达公司根据有关凭证，应进行如下会计处理。

借：原材料   4 200

      材料成本差异   60

    贷：生产成本——基本生产成本   4 260

（3）投资者投入材料

投资人以材料对企业进行投资，企业接受投资后，应根据收料单等有关凭证，按材料的计划成本，借记有关材料账户；按专用发票上注明的增值税税额，借记"应交税费——应交增值税（进项税额）"账户；按双方协议确定的价值，贷记"实收资本"或"股本"等账户；按计划成本与投资各方确认的价值之间的差额，借记或贷记"材料成本差异"账户。

【例 6.21】 陆达公司的甲投资者以一批原材料作为投资，投入企业。增值税专用发票上注明的材料价款为 650 000 元，增值税税额为 84 500 元。投资各方确认按该发票金额作为甲投资者的投入资本，折换为陆达公司每股面值 1 元的股票 500 000 股。该批原材料的计划成本为 660 000 元。

陆达公司根据有关凭证，应进行如下会计处理。

借：原材料   660 000

      应交税费——应交增值税（进项税额）   84 500

    贷：股本——甲股东   500 000

        资本公积——股本溢价   234 500

        材料成本差异——原材料   10 000

3．原材料发出的会计处理

每月月末，企业根据领料单等编制"发料凭证汇总表"，结转发出材料的计划成本，根据所发出材料的用途，按计划成本分别计入"生产成本""制造费用""销售费用""管理费用"等账户。同时，企业应计算本月发出材料应负担的成本差异，并根据领用材料的用途，将成本差异计入相关资产的成本或者当期损益，从而将发出材料的计划成本调整为实际成本。

【例6.22】 陆达公司20×1年8月末，根据本月领料单汇总后，编制"发料凭证汇总表"，本月原材料消耗的计划成本情况如表6-7所示。

表6-7 发料凭证汇总表

20×1年8月

单位：元

用途 \ 类别	原料及主要材料	辅助材料	燃料	修理用备件	合计
基本生产车间领用	500 000				500 000
辅助生产车间领用	180 000	20 000			200 000
车间一般性消耗		16 000	2 000	2 000	20 000
行政管理部门领用		5 000		5 000	10 000
合计	680 000	41 000	2 000	7 000	730 000

假设本例中不考虑其他方式取得材料的耗用，只以外购材料耗用为例。本月初，原材料的计划成本为200 000元，成本差异为节约差异1 680元；当月入库外购材料计划成本为960 000元，成本差异为超支差异4 000元。

陆达公司根据发料有关凭证，应进行如下会计处理。

借：生产成本——基本生产成本		500 000
——辅助生产成本		200 000
制造费用		20 000
管理费用		10 000
贷：原材料		730 000

材料成本差异率＝（−1 680＋4 000）÷（200 000＋960 000）×100%＝0.2%

结转发出材料的成本差异＝730 000×0.2%＝1 460（元）

借：生产成本——基本生产成本		1 000
——辅助生产成本		400
制造费用		40
管理费用		20
贷：材料成本差异		1 460

4．按计划成本进行核算材料明细分类账的设置

企业按计划成本进行材料明细分类核算，除了库存材料外，还要进行材料采购和材料成本差异的明细核算。

（1）材料明细账

材料明细账的设置同实际成本核算一样，可设两套账，也可以账卡合一。但不同的是，因为收发都是按计划单价进行，明细账的格式只设收发数量栏而省略收发金额栏；月末为了掌握材料的占用情况，再结出全月结存金额。"材料明细账"的格式如表6-8所示。

表6-8 材料明细账

材料类别：　　　　　　　　最高储备量：　　　　　　　　最低储备量：

材料编号：　　　　　　　　单位：件/元

材料名称及规格：　　　　　　计划单价：260元/件

20×1年		摘要	收入	发出	结存		稽核
月	日				数量	金额	
8	1	期初结存			40	10 400	

20×1年		摘要	收入	发出	结存		稽核
月	日				数量	金额	
	5	购入	30		70		
	11	领用		20	50		
	19	购入	10		60		
	25	领用		15	45		
	31	本月合计	40	35	45	11 700	

（2）材料采购明细账

为了反映材料采购的付款、到货和在途材料的情况，企业还需要设置"材料采购"明细账，进行明细核算。"材料采购"明细账的格式如表6-9所示。

表6-9 材料采购明细账

明细账户：原料及主要材料　　　　　　　　　　　20×1年8月　　　　　　　　　　　单位：元

20×1年		凭证号数	发票号码	收料凭证		供应单位名称	材料名称	借方金额			贷方金额		
月	日			日期	编号			买价	采购费用	合计	计划成本	其他	合计
8	2				2	甲公司	A材料	100 000	7 000	107 000	110 000		110 000
	15				15	乙公司	B材料	200 000	2 000	202 000	200 000		200 000
	20				20	丙公司	D材料	400 000	5 000	405 000	410 000		410 000
	22				16	丙公司	C材料	250 000		250 000	240 000		240 000
本月合计								950 000	14 000	964 000	960 000		960 000
结转材料成本差异													4 000
月末在途材料													

材料采购明细账的借方记录，应根据发票账单所编制的付款凭证或转账凭证顺序逐笔登记。贷方应根据收料凭证记录，按借方记录的同批材料横线登记在同一行内。

月末将其汇总的计划成本和成本差异，转入"材料成本差异"明细账。月末余额为在途物资，逐笔抄入该明细账下月月初余额有关栏中。

（3）材料成本差异明细账

为了反映各类或各种材料的成本差异，计算差异率，据以计算发出材料的实际成本，需要设置"材料成本差异"明细账，进行明细核算。"材料成本差异"明细账的格式如表6-10所示。

表6-10 材料成本差异明细账

明细账户：原材料　　　　　　　　　　　　　　　　　　　　　　　　　　　　单位：元

20×1年		凭证号数	摘要	收入			差异分配率	发出		结存		
月	日			计划成本	借方差额	贷方差额		计划成本	成本差异	计划成本	借方差额	贷方差额
8	1		期初余额							200 000		1 680
			外购材料	960 000	4 000		0.2%	730 000	1 460			
			自制材料	略	略							
			本月合计	960 000	4 000		0.2%	730 000	1 460	430 000	860	

材料成本差异明细账中的本月收入和本月发出材料的计划成本，应根据本月收、发料凭证汇总表登记。

原材料按计划成本进行核算，月末需要根据材料成本差异率分摊差异，将发出材料的计划成本调整为实际成本。

发出材料应负担的成本差异，可按当月的成本差异率计算。如果月初结存材料的数量较大，本月耗用的材料全部或大部分是以前月份收入的材料，也可以按上月的成本差异率计算。但是计算方法一经确定，不得任意变动。

5. 计划成本法的优点

（1）可以简化存货的日常核算手续

在计划成本法下，同一种存货只有一个单位计划成本，存货明细账平时可以只登记收、发、存数量。避免了烦琐的发出存货计价，简化了存货的日常核算手续。

（2）有利于考核采购部门的工作业绩

由于各车间、部门发生的材料费用是按照材料的实际消耗量和计划单位成本计算的，然后调整所耗材料的成本差异，所以可以剔除材料单位成本变动对材料费用的影响。通过对实际与计划差异的分析，寻求实际成本脱离计划成本的原因，有利于分清各车间、部门的责任，据以考核采购部门的工作业绩。

（3）可以加速产品成本的核算工作

按计划成本进行材料核算，由于价格事先已经确定，所以各生产车间和部门耗用材料的价值随时可以计算，简化了产品成本的核算工作。

但是由于最终的产品成本还应该是实际成本，所以每月月末必须按照材料类别计算实际成本，调整发出材料的成本差异。这样，核算的准确性要差些。这种方法一般适用于材料品种和规格繁多、材料计划成本比较准确和稳定的企业。

6.5 其他存货业务

企业的存货除了原材料外，还包括其他许多种类的存货，以满足企业生产、销售的需要。本节介绍用于周转使用的存货、委托加工存货的会计处理方法。鉴于这些存货的取得处理和原材料基本相同，而它们的使用有自身的特点，因此，本节只是针对这些存货的使用特点进行讲述。

6.5.1 周转材料

周转材料是指企业在正常生产经营过程中多次使用、逐渐转移其价值但仍然保持原有形态且不能确认为固定资产的材料。周转材料主要包括包装物、低值易耗品，以及建造承包商的钢模板、木模板、脚手架等。周转材料种类繁多，分布于生产经营的各个环节，具体用途各不相同，会计处理也不尽相同。

1. 包装物

（1）包装物概述

包装物是指为包装本企业产品而储备的各种包装容器，如桶、箱、瓶、坛、袋等。

包装物按其具体用途，可分为以下 4 类。

① 生产过程中用于包装产品、作为产品组成部分的包装物。

② 随同商品出售不单独计价的包装物。

③ 随同商品出售单独计价的包装物。

④ 出租或出借给购买单位使用的包装物。

（2）应设置的账户

企业应设置"周转材料"账户，以核算包装物、低值易耗品，以及建造承包商的钢模板、木模板、脚手架等周转材料的价值。该账户下可分别设置"包装物"和"低值易耗品"明细分类账户对包装物及低值易耗品进行明细分类核算，也可以单独设置"包装物"账户和"低值易耗品"账户进行总分类核算。本节将按照"包装物"账户和"低值易耗品"账户分别设置进行核算。

"包装物"账户核算企业库存各种包装物及出租、出借包装物的成本。该账户的借方登记验收入库包装物的成本，贷方登记领用和发出包装物的成本，期末借方余额反映库存包装物的成本。以上所指的成本可以是实际成本，也可以是计划成本。

（3）包装物收入的会计处理

企业购入、自制、委托外单位加工完成验收入库的包装物的核算，与取得原材料业务的核算相同，可以比照原材料的会计处理方法进行。

（4）包装物领用的会计处理

① 生产部门领用的包装物。生产部门领用的包装物用于包装产品，构成产品实体组成部分的，其价值应直接记入"生产成本"账户；属于车间一般性物料消耗的，其价值应记入"制造费用"账户。按计划成本核算的企业，月末还应结转领用包装物应分摊的成本差异。

【例 6.23】 陆达公司对包装物采用计划成本核算，20×1 年 8 月 11 日，生产车间生产产品领用包装物一批，计划成本为 50 000 元。材料成本差异率为 1%。

陆达公司根据有关凭证，应进行如下会计处理。

借：生产成本 50 500

　　贷：包装物 50 000

　　　　材料成本差异 500

② 随同产品出售的包装物。随同产品出售的包装物计价分为两种情况。

一是随同产品出售不单独计价的包装物。企业在销售过程中领用不单独计价的包装物，应按其成本计入"销售费用"账户。

二是随同产品出售而单独计价的包装物，即出售包装物，一方面反映其销售收入，计入"其他业务收入"账户；另一方面反映其实际销售成本，计入"其他业务成本"账户。

【例 6.24】 20×1 年 8 月 14 日，陆达公司在销售产品过程中领用单独计价包装物一批，增值税专用票据上注明的价款为 8 000 元，增值税税额 1 040 元，款项已存入银行。包装物计划成本为 5 000 元，材料成本差异率为 1%。

陆达公司根据有关凭证，应进行如下会计处理。

① 出售单独计价的包装物。

借：银行存款 9 040

　　贷：其他业务收入 8 000

　　　　应交税费——应交增值税（销项税额） 1 040

② 月末结转出售包装物成本。

借：其他业务成本 5 050

　　贷：包装物 5 000

　　　　材料成本差异 50

③ 出租、出借包装物。企业可出租或出借周转使用的包装物。为督促客户按时归还包装物，出租或出借时，企业一般会按使用时间长短及包装物价值收取一定数额的押金，使用完毕如期归还时，如数退回押金。企业收取的押金通过"其他应付款"账户核算。

出租包装物取得的租金收入，计入企业的其他业务收入，与之对应的出租包装物的成本，计入其他业务成本。出借包装物的成本作为企业的销售费用处理。对于逾期未退包装物的押金，企业可予以没收。没收的押金作为其他业务收入核算。

出租、出借的包装物可长期周转使用，在其多次发出、收回周转使用过程中，其实物形态虽无大的变化，但价值却会有所损耗，故对其损耗的价值，应采用适当的方法进行摊销。摊销方法主要采用一次摊销法。

一次摊销法是指包装物在出租、出借过程中，一经领用就摊销其全部价值的方法。企业采用一次摊销法，在领用新包装物出租、出借时，可结转其全部成本，计入"其他业务成本"或"销售费用"账户。

【例 6.25】 A公司采用实际成本核算包装物成本。某月其出租50只全新铁桶给甲公司，单位成本100元，每只收取押金120元（含每只每月10元租金），将收取的出租包装物押金存入银行，租期2个月，采用一次摊销法对包装物进行摊销。

A公司根据有关凭证，应进行如下会计处理。

① 收取出租包装物押金。

借：银行存款　　　　　　　　　　　　　　　　　　　　　6 000
　　贷：其他应付款——存入保证金（甲公司）　　　　　　　　　　　6 000

② 月末摊销出租包装物的实际成本。

借：其他业务成本　　　　　　　　　　　　　　　　　　　5 000
　　贷：包装物　　　　　　　　　　　　　　　　　　　　　　　5 000

③ 2个月到期，如数收回出租的包装物，将租金及按规定应交的增值税从押金中扣除后，余额通过银行转账退还给甲公司。

借：其他应付款——存入保证金（甲公司）　　　　　　　　　6 000
　　贷：其他业务收入——包装物出租　　　　　　　　　　　　　1 000
　　　　应交税费——应交增值税（销项税额）　　　　　　　　　　130
　　　　银行存款　　　　　　　　　　　　　　　　　　　　　4 870

④ 若2个月期满，包装物未予退回，A公司没收包装物押金。

借：其他应付款——存入保证金（甲公司）　　　　　　　　　6 000
　　贷：其他业务收入——包装物出租　　　　　　　　　　　5 309.73*
　　　　应交税费——应交增值税（销项税额）　　　　　　　　　690.27

*5 309.73≈6 000÷（1+13%）

2. 低值易耗品

（1）低值易耗品概述

低值易耗品是指不符合固定资产确认条件的各种劳动资料，如工具、管理用具、玻璃器皿、劳动保护用品，以及在经营过程中周转使用的容器等。

低值易耗品在生产过程中能多次使用，其价值随着实物的磨损而逐渐转移，同固定资产有相似之处。但由于低值易耗品价值低、使用时间短、容易损坏，其价值一般采用一次摊销法核算。企业在领用低值易耗品时，将其价值全部一次计入有关的成本费用。鉴于这些特点，在实际工作中一般将其作为存货进行管理和核算。

为了核算和管理的方便，企业应将低值易耗品按一定的标准分类，分为一般工具、专用工具、替换设备、管理用具、劳动保护用品、其他等类别。

（2）应设置的账户

为了核算企业低值易耗品的成本，应设置"低值易耗品"账户。该账户借方登记企业因购入、自制、委托外单位加工完成验收入库等原因增加的低值易耗品的成本，贷方登记企业因领用、摊销等原因减少的低值易耗品的成本，期末借方余额反映在库低值易耗品的成本。

（3）低值易耗品的会计处理

【例 6.26】 陆达公司生产车间领用一般工具一批，实际成本为 8 000 元。采用一次摊销法进行核算。

陆达公司根据有关凭证，应进行如下会计处理。

借：制造费用   8 000
  贷：低值易耗品   8 000

6.5.2 委托加工物资

1. 委托加工物资概述

委托加工物资是指企业委托外单位加工的各种材料、商品等物资。企业委托外单位加工物资的成本包括：加工中实际耗用物资的成本、支付的加工费、相关税金（委托加工物资应负担的消费税）及应负担的运杂费等。

对于委托加工物资应负担的增值税和消费税，应区别不同情况处理。

（1）加工物资应负担的增值税，凡属于加工物资用于应交增值税项目并取得增值税专用发票的一般纳税人，可将这部分增值税作为进项税额，不计入委托加工物资的成本；凡属于加工物资用于非应交增值税项目或免征增值税项目的，以及未取得增值税专用发票的一般纳税人和小规模纳税人的委托加工物资，应将这部分增值税计入委托加工物资的成本。

（2）委托加工物资应负担的消费税，凡属于加工物资收回后直接用于销售的，应将受托方代收代交的消费税计入委托加工物资成本；凡属于加工物资收回后用于连续生产的，按规定准予抵扣的，按受托方代收代交的消费税计入"应交税费——应交消费税"账户的借方，待应交消费税的加工物资连续生产完工销售后，抵交其应交纳的销售环节的消费税。

2. 应设置的账户

企业应设置"委托加工物资"账户，核算委托加工物资增减变动及其结存情况。该账户的借方登记发出材料的实际成本或计划成本和材料成本差异以及支付的加工费、运杂费、税金等，贷方登记加工完成并验收入库材料的实际成本，期末借方余额反映尚在加工中的各种材料的实际成本。该账户按照委托加工单位和加工材料设置明细账户，进行明细核算。

3. 委托加工物资的会计处理

（1）委托加工物资的发出。企业拨付待加工的材料物资、委托其他单位加工存货时，按发出材料物资的实际成本，借记"委托加工物资"账户，贷记"原材料""库存商品"等账户。如果发出物资采用计划成本核算的，企业还应同时结转成本差异。

委托加工物资

（2）支付加工费和往返运杂费。企业支付的加工费和往返运杂费应计入委托加工物资成本，借记"委托加工物资"账户，贷记"银行存款"账户。

（3）支付增值税。企业支付应由受托加工方代收代交的增值税时，借记"应交税费——应交增值税（进项税额）"或"委托加工物资"账户，贷记"银行存款"账户。

（4）交纳消费税。需要交纳消费税的委托加工物资，应由受托加工方代收代交消费税，委托方企业应根据委托加工物资收回后的用途，分别按以下方法处理。

① 委托加工存货收回后直接用于销售，由受托加工方代收代交的消费税应计入委托加工存货成本，借记"委托加工物资"账户，贷记"银行存款"等账户。

② 委托加工存货收回后用于连续生产应税消费品，由受托加工方代收代交的消费税按规定准予抵扣的，借记"应交税费——应交消费税"账户，贷记"银行存款"等账户。

（5）委托加工的存货加工完成验收入库并收回剩余物资时，企业应按计算的委托加工存货实际成本和剩余物资实际成本，借记"原材料""周转材料""库存商品"等账户，贷记"委托加工物资"账户。

【例6.27】　20×1年8月15日，陆达公司按照合同委托乙公司加工一批B材料（属于应税消费品）。发出A材料的实际成本为25 000元，支付加工费11 000元。陆达公司适用的增值税税率为13%，B材料适用的消费税税率为10%。20×1年8月28日，委托加工的B材料收回后用于连续生产。

陆达公司根据有关凭证，应进行如下会计处理。

① 20×1年8月15日发出A材料。

借：委托加工物资 25 000
　　贷：原材料——A材料 25 000

② 支付加工费。

借：委托加工物资 11 000
　　贷：银行存款 11 000

③ 支付增值税和消费税。

应交增值税=11 000×13%=1 430（元）

消费税组成计税价格=（25 000+11 000）÷（1−10%）=40 000（元）

应交消费税=40 000×10%=4 000（元）

借：应交税费——应交增值税（进项税额） 1 430
　　　　　　——应交消费税 4 000
　　贷：银行存款 5 430

④ 20×1年8月28日收回加工完成的B材料。

B材料实际成本=25 000+11 000=36 000（元）

借：原材料——B材料 36 000
　　贷：委托加工物资 36 000

6.6　存货的期末计价

按照谨慎性会计信息质量的要求，资产负债表日，存货的价值应当按照成本与可变现净值孰低法进行计量。成本与可变现净值孰低法，是指当存货成本低于可变现净值时，存货按照成本计价；当存货可变现净值低于成本时，存货按照可变现净值计价，并根据可变现净值低于成本的差额，计提存货跌价准备，确认为当期损益。

6.6.1　存货可变现净值的确定

可变现净值是指在日常活动中，存货的估计售价减去至完工时估计将要发生的成本、估计的销售费用和相关税费后的金额。存货的可变现净值由存货的估计售价、至完工时估计将要发生的成本、估计的销售费用和相关税费等内容构成。

企业预计的销售存货现金流量，不完全等于存货的可变现净值。存货在销售过程中可能发生的销售费用和相关税费，以及为达到预定可销售状态还可能发生的加工成本等相关支出，构成现金流入的抵减项目。企业预计的销售存货现金流量，扣除抵减项目后，才能确定存货的可变现净值。

1．确定存货可变现净值时应考虑的因素

企业确定存货可变现净值，应当以取得的确凿证据为基础，并且考虑持有存货的目的、资产负债表日后事项的影响等因素。

（1）以确凿证据为基础计算确定存货可变现净值。确凿证据是指对确定存货的可变现净值和成本有直接影响的客观证明。存货的采购成本、加工成本和其他成本以及以其他方式取得的存货的成本，应当以取得外来原始凭证、生产成本账簿记录等作为确凿证据；产成品或商品，应当以其市场销售价格或类似产成品、商品的市场销售价格或销售方提供的有关资料等作为确凿证据。

（2）确定存货可变现净值应当考虑持有存货的目的。企业持有存货的目的不同，确定存货可变现净值的计算方法也不同。企业持有存货的目的通常可分为：为出售而持有；为在生产过程或提供劳务过程中耗用而持有；为执行销售合同或劳务合同而持有。

（3）确定存货可变现净值应当考虑资产负债表日后事项的影响。资产负债表日后事项应当能够确定资产负债表日存货的存在状况，即在确定资产负债表日存货的可变现净值时，不仅限于财务会计报告批准报出日之前发生的相关价格与成本波动，还应考虑以后期间发生的相关事项。

2．不同存货可变现净值的确定

（1）产成品、商品等直接用于出售的商品存货，应当以产品或商品的一般销售价格（即市场销售价格）确定其可变现净值。用于出售的材料等，通常以市场价格减去估计的销售费用和相关税费后的金额，确定其可变现净值。

可变现净值的确定

【例 6.28】　20×1 年 12 月 31 日，甲公司有库存商品 R1 型设备 10 台，其账面成本为 500 000 元/台。20×1 年 12 月 31 日，该设备的市场销售价格为 550 000 元/台，预计发生的相关费用为 10 000 元/台。该公司没有与购货方签订有关销售合同。

确定 R1 型设备可变现净值时应注意：由于甲公司没有就 R1 型设备签订销售合同，所以计算 R1 型设备的可变现净值应以其一般销售价格 5 400 000[（550 000−10 000）×10]元作为计量基础。

【例 6.29】　20×1 年 12 月 31 日，甲公司决定停产 R2 型设备，因此，将专门用于该设备生产的 B 材料全部出售。20×1 年 12 月 31 日，B 材料的账面成本为 3 000 000 元，市场销售价格为 2 500 000 元，预计发生的销售费用及相关税费为 10 000 元。该公司没有与购货方签订有关销售合同。

由于甲公司没有就 B 材料签订销售合同，所以计算 B 材料的可变现净值应以其市场价格减去估计的销售费用和相关税费后的金额，确定其可变现净值。B 材料可变现净值的确定如下：

B 材料的可变现净值＝2 500 000−10 000＝2 490 000（元）

（2）需要经过加工的材料存货，其价值将体现在用其所生产的产品上，因此，需要经过加工的材料存货，在正常生产经营过程中，应当以所生产的产成品的估计售价减去至完工时估计将要发生的成本、估计的销售费用和相关税费后的金额，确定其可变现净值。

用该材料生产的产成品的可变现净值高于成本的，该材料仍然应当按照成本计量；材料价格的下降导致产成品的可变现净值低于成本的，该材料应当按照可变现净值计量。

【例 6.30】　20×1 年 12 月 31 日，甲公司库存 A 材料的账面价值为 2 000 000 元，市场价格为 1 980 000 元。用该批 A 材料生产 R2 型设备 100 台。假设无其他相关费用。

由于 A 材料的市场价格下跌，导致 R2 型设备的市场价格从 30 000 元/台下降为 25 000 元/台。R2 型设备生产成本为 27 000 元/台，将 A 材料加工成 R2 型设备尚需投入 600 000 元，估计销售费用为 40 000 元。甲公司 A 材料可变现净值的计算如下。

① 计算用该原材料所生产的产成品的可变现净值。

R2 型设备的可变现净值＝R2 型设备的估计售价−估计销售费用及相关税费

＝25 000×100−40 000＝2 460 000（元）

② 将用该原材料所生产的产成品 R2 型设备的可变现净值与其成本进行比较。

R2 型设备的可变现净值 2 460 000 元小于其成本 2 700 000（27 000×100）元，即 A 材料价格的下降导致 R2 型设备的可变现净值低于其成本，因此，A 材料应当按照可变现净值计量。

③ 计算该原材料的可变现净值。

A 材料的可变现净值＝R2 型设备的估计售价−将 A 材料加工成 R2 型设备尚需投入的成本−估计销售费用及相关税费

＝25 000×100−600 000−40 000＝1 860 000（元）

A 材料的可变现净值 1 860 000 元小于其成本 2 000 000 元，因此，A 材料的期末价值应为其可变现净值，即 A 材料应按 1 860 000 元列示在 20×1 年 12 月 31 日资产负债表的存货项目中。

（3）为执行销售合同或者劳务合同而持有的存货，应当以该存货的合同价格为基础来计算其可变现净值。

① 企业与购买方签订了销售合同（或劳务合同，下同），并且销售合同订购的数量大于或等于企业持有的存货数量时，与该项销售合同直接相关的存货的可变现净值，应当以合同价格为计量基础。也就是说，如果企业就其产成品或商品签订了销售合同，则该批产成品或商品的可变现净值应当以合同价格作为计量基础；如果企业销售合同所规定的标的物尚未生产出来，但持有专门用于该标的物生产的材料，则其可变现净值也应当以合同价格作为计量基础。

【例 6.31】 20×1 年 1 月 1 日，甲公司与大成公司签订了一份不可撤销的销售合同。根据合同规定，20×1 年 3 月 1 日，甲公司应按每台 300 000 元的价格向大成公司提供 R3 型设备 10 台。20×1 年 12 月 31 日，甲公司库存 R3 型设备 10 台，每台单位成本 250 000 元。20×1 年 12 月 31 日，R3 型设备的市场销售价格为 290 000 元/台。假设不考虑销售费用和相关税费。

本例中，根据双方签订的销售合同的规定，该批 R3 型设备的销售价格已由销售合同约定，并且销售合同约定的数量等于企业持有存货的数量，因此，计算 R3 型设备的可变现净值应以销售合同约定的价格作为计量基础。该批设备的可变现净值为 3 000 000（300 000×10）元。

【例 6.32】 20×1 年 1 月 20 日，甲公司与丙公司签订了一份不可撤销的销售合同，双方约定，20×1 年 3 月 15 日，甲公司应按 200 000 元/台的价格向丙公司提供 10 台 R2 型设备。至 20×1 年 12 月 31 日，甲公司尚未生产该批 R2 型设备，但持有专门用于生产该批 10 台 R2 型设备的库存原材料——钢材，其账面价值为 900 000 元，市场销售价格总额为 700 000 元。

本例中，根据甲公司与丙公司签订的销售合同，甲公司该批 R2 型设备的销售价格已由销售合同规定，虽然甲公司还未生产，但持有专门用于生产该批 R2 型设备的库存钢材，且可生产的 R2 型设备的数量不大于销售合同订购的数量。在这种情况下，计算该批钢材的可变现净值时，应以销售合同约定的 R2 型设备的销售价格总额 2 000 000（200 000×10）元作为计量基础。

② 如果销售合同订购数量少于企业持有存货的数量，则超出销售合同存货的可变现净值应当以一般销售价格为基础计算。

【例 6.33】 接【例 6.31】资料，如果 20×1 年 12 月 31 日，甲公司 R3 型设备库存数量为 18 台，销售过程中支付相关销售费用 5 000 元/台，其他资料不变。

本例中，根据双方签订的销售合同，库存的 R3 型设备中有 10 台的销售价格已经由销售合同约定，其余 8 台没有由销售合同约定。因此，对于由销售合同约定的 10 台 R3 型设备，应当以销售合同约定的价格作为计量基础确定可变现净值；对于超出合同约定部分的 8 台 R3 型设备，应当以市场销售价格，即 290 000 元/台作为计量基础确定可变现净值。

合同约定部分 R3 型设备的可变现净值＝300 000×10－5 000×10＝2 950 000（元）
超出合同约定部分 R3 型设备的可变现净值＝290 000×8－5 000×8＝2 280 000（元）
R3 型设备的可变现净值＝2 950 000＋2 280 000＝5 230 000（元）

6.6.2　存货减值迹象的判断

（1）存货存在下列情况之一的，表明存货的可变现净值低于成本，就应该考虑计提存货跌价准备。

① 该存货的市场价格持续下跌，并且在可预见的未来无回升的希望。

② 企业使用该项原材料生产的产品的成本大于产品的销售价格。

③ 企业因产品更新换代，原有库存存货已不适应新产品的需要，而该存货的市场价格又低于其账面成本。

④ 因企业所提供的商品或劳务过时或消费者偏好改变而使市场的需求发生变化，导致存货的市场价格逐渐下跌。

⑤ 其他足以证明该项存货实质上已经发生减值的情形。

（2）存货存在下列情形之一的，表明存货的可变现净值为零。

① 已霉烂变质的存货。

② 已过期且无转让价值的存货。

③ 生产中已不再需要，并且已无使用价值和转让价值的存货。

④ 其他足以证明已无使用价值和转让价值的存货。

6.6.3　计提存货跌价准备的方法

1. 单项比较法

单项比较法是指企业在计提存货跌价准备时，对每一种存货均进行成本与可变现净值的比较，将每一种存货可变现净值低于成本的差额确认为存货跌价，计提存货跌价准备，确认存货跌价损失。这种方法能够充分反映谨慎性会计信息质量要求，企业应首选单项比较法计提存货跌价准备。

2. 分类比较法

分类比较法是指企业在计提存货跌价准备时，可以按照存货类别进行成本与可变现净值的比较，将某类存货的可变现净值低于成本的差额确认为存货跌价，计提存货跌价准备。这种方法适用于数量繁多、单价较低的存货。分类比较法的谨慎程度低于单项比较法，因为同类存货可变现净值高于成本和低于成本的差额将会相互抵销，降低存货跌价损失的数额。

3. 综合比较法

综合比较法是指企业在计提存货跌价准备时，将全部存货进行成本与可变现净值的比较，将全部存货的可变现净值低于成本的差额确认为存货跌价损失，计提存货跌价准备。这种方法的谨慎程度最差，因为各类存货可变现净值高于成本和低于成本的差额将会相互抵销，降低存货跌价损失的数额。

与在同一地区生产和销售的产品系列相关，具有相同或类似的最终目的或用途，且难以与其他项目分开计量的存货，可以合并计提存货跌价准备。

【例 6.34】甲公司 20×1 年 12 月 31 日存货的成本与可变现净值的比较如表 6-11 所示。

表 6-11　存货的成本与可变现净值的比较　　　　　　　　　　　　　单位：元

项目	成本	可变现净值	存货跌价损失		
			单项比较法	分类比较法	综合比较法
第一组					
A 商品	100 000	130 000	0	—	—
B 商品	200 000	140 000	60 000	—	—
合计	300 000	270 000	60 000	30 000	—
第二组					
C 商品	150 000	180 000	0	—	—
D 商品	50 000	40 000	10 000	—	—
合计	200 000	220 000	10 000	—	—
总计	500 000	490 000	70 000	30 000	10 000

6.6.4　存货跌价准备的会计处理

1. 应设置的账户

为了核算存货跌价损失，应设置"存货跌价准备"账户，该账户是存货类账户的备抵账户。该账户贷方登记企业在资产负债表日发生的存货跌价损失数额，借方登记存货跌价准备转销数额，期末贷方余额反映企业已经计提但尚未转销的存货跌价准备。该账户可以按照存货项目或类别进行明细核算。

2. 存货跌价准备的计提和转回的会计处理

企业应当定期对存货进行全面检查，如果由于存货毁损、全部或部分陈旧过时或销售价格低于成本等原因，使存货可变现净值低于其成本，则应按可变现净值低于成本的部分，计提存货跌价准备。

资产负债表日，企业发生存货减值计提存货跌价准备时，借记"资产减值损失"账户，贷记"存货跌价准备"账户。确定本期存货的减值金额时，应将本期存货的减值金额与"存货跌价准备"账户原有的余额进行比较，并按下列公式计算确定本期应计提或应冲减的存货跌价准备金额。

$$\begin{array}{c}某期应计提的\\存货跌价准备金额\end{array} = \begin{array}{c}当期可变现净值\\低于成本的差额\end{array} - \begin{array}{c}"存货跌价准备"\\账户原有余额\end{array}$$

根据上述公式，如果计提存货跌价准备前，"存货跌价准备"账户无余额，应按本期存货可变现净值低于成本的差额计提存货跌价准备，借记"资产减值损失"账户，贷记"存货跌价准备"账户；如果本期存货可变现净值低于成本的差额大于"存货跌价准备"账户原有贷方余额，应按两者之差补提存货跌价准备，借记"资产减值损失"账户，贷记"存货跌价准备"账户；如果本期存货可变现净值低于成本的差额与"存货跌价准备"账户原有贷方余额相等，不需要计提存货跌价准备；如果本期存货可变现净值低于成本的差额小于"存货跌价准备"账户原有贷方余额，表明以前引起存货减值的影响因素已经部分消失，存货的价值又得以部分恢复，企业应当相应地恢复存货的账面价值，即按两者之差冲减已计提的存货跌价准备，借记"存货跌价准备"账户，贷记"资产减值损失"账户；如果本期存货可变现净值高于成本，表明以前引起存货减值的影响因素已经完全消失，存货的价值全部得以恢复，企业应将存货的账面价值恢复至账面成本，即将已计提的存货跌价准备全部转回，借记"存货跌价准备"账户，贷记"资产减值损失"账户。

【例6.35】 陆达公司从20×1年度开始，对期末存货按成本与可变现净值孰低计量。20×1年至20×4年，有关A商品期末计量的资料及相应的会计处理如下。

① 20×1年12月31日，A商品的账面成本为100 000元，可变现净值为90 000元。

可变现净值低于成本的差额＝100 000－90 000＝10 000（元）

借：资产减值损失　　　　　　　　　　　　　　　　　　　　　　　　　10 000
　　贷：存货跌价准备——A商品　　　　　　　　　　　　　　　　　　　　　　10 000

② 在20×1年12月31日的资产负债表中，A商品应按可变现净值90 000元列示其价值。

③ 20×2年度，在销售转出A商品成本时，相应地结转存货跌价准备7 000元。20×2年12月31日，A商品账面成本为96 000元，可变现净值为85 000元；计提存货跌价准备之前，"存货跌价准备"账户贷方余额3 000元。

可变现净值低于成本的差额＝96 000－85 000＝11 000（元）

本年应计提存货跌价准备＝11 000－3 000＝8 000（元）

借：资产减值损失　　　　　　　　　　　　　　　　　　　　　　　　　8 000
　　贷：存货跌价准备——A商品　　　　　　　　　　　　　　　　　　　　　　8 000

本年计提存货跌价准备之后，"存货跌价准备"账户贷方余额为11 000元；在20×2年12月31日的资产负债表中，A商品应按可变现净值85 000元列示其价值。

④ 20×3年度，在销售转出A商品时，相应地结转存货跌价准备5 000元。20×3年12月31日，A商品账面成本为59 000元，可变现净值为56 000元；计提存货跌价准备之前，"存货跌价准备"账户贷方余额6 000元。

可变现净值低于成本的差额＝59 000－56 000＝3 000（元）

本年应计提存货跌价准备＝3 000－6 000＝－3 000（元）

借：存货跌价准备——A 商品 3 000
    贷：资产减值损失 3 000

本年计提存货跌价准备之后，"存货跌价准备"账户贷方余额为 3 000 元；在 20×3 年 12 月 31 日的资产负债表中，A 商品应按可变现净值 56 000 元列示其价值。

⑤ 20×4 年度，在销售转出 A 商品时，相应地结转存货跌价准备 2 000 元。20×4 年 12 月 31 日，A 商品账面成本为 80 000 元，可变现净值为 85 000 元；计提存货跌价准备之前，"存货跌价准备"账户贷方余额为 1 000 元。由于可变现净值高于账面成本，所以企业应将存货的账面价值恢复至账面成本，即将已计提的存货跌价准备全部转回。

借：存货跌价准备——A 商品 1 000
    贷：资产减值损失 1 000

在 20×4 年 12 月 31 日的资产负债表中，A 商品应按账面成本 80 000 元列示其价值。

在进行存货跌价准备的转回处理时应注意以下 3 点。

（1）企业存货的可变现净值应以资产负债表日的状况为基础确定，并且在每一个资产负债表日都应当重新确定存货的可变现净值。

（2）如果以前减记存货价值的影响因素已经消失的，减记的金额应当在原已计提的存货跌价准备金额内转回。如果本期导致存货可变现净值高于其成本的影响因素并不是以前减记该存货价值的影响因素，则不允许将该存货跌价准备转回。

（3）转回的存货跌价准备金额应当在原已计提的存货跌价准备金额内转回，即转回的金额以将存货跌价准备的余额冲减至零为限。

3. 存货跌价准备结转的会计处理

对于已经计提了跌价准备的存货，如果存货已经发出耗用或销售，则企业在结转其成本时，应同时结转已经计提的存货跌价准备。企业在结转存货跌价准备时，借记"存货跌价准备"账户，贷记"主营业务成本""生产成本"等账户。

【例 6.36】 20×1 年，甲公司库存 R5 型设备 10 台，每台成本 10 000 元，已计提存货跌价准备 12 000 元。20×2 年，该公司将库存的 10 台 R5 型设备全部出售，每台售价 13 000 元。假设不考虑预计发生的销售费用及相关税费，结转存货成本。

甲公司根据有关凭证，应进行如下会计处理。

借：主营业务成本 88 000
    存货跌价准备 12 000
    贷：库存商品——R5 型设备 100 000

在【例 6.36】中，由于甲公司将计提了存货跌价准备 12 000 元的库存商品 R5 型设备全部出售，因此，相应的存货跌价准备 12 000 元也全部结转。结转后，"存货跌价准备"账户的贷方余额为 0，"主营业务成本"账户的借方余额为 76 000（88 000－12 000）元。如果甲公司部分出售库存商品 R5 型设备，"存货跌价准备"账户的贷方余额应当按比例进行部分结转。

6.7 存货的清查

6.7.1 存货清查的概述

存货清查是指通过对存货的实地盘点，确定存货的实有数量，并与账面结存数核对，从而确定存货实存数与账面结存数是否相符的一种专门方法。

存货种类繁多、收发频繁，在日常收发过程中可能会发生计量差错、计算错误、自然损耗等情况，也可能发生损坏变质、盗窃等情况，从而造成存货的实际结存数与账面结存数不符，形成存货的盘盈或盘亏。因此，企业有必要定期或不定期地对存货进行清查，确定存货的实存数，查明账实不符的原因，分清经济责任进行处理，达到账实相符。

在清查前，企业应将全部存货收发业务登记入账，结出余额，并将账面存货数量填入存货盘点报告表。盘点时，企业应根据各类存货的不同性质，分别采用点数、过磅、丈量等方法点清实际结存数量，并填写存货盘点报告表。

为了核算和监督财产清查过程中查明的各种存货的盘盈、盘亏和毁损的价值，企业应设置"待处理财产损溢"账户，借方登记存货的盘亏、毁损金额及盘盈的转销金额，贷方登记存货的盘盈金额及盘亏的转销金额。对于企业的待处理财产损溢，应查明原因，在期末结账前处理完毕后，本账户应无余额。物资在运输途中发生的非正常短缺与损耗，也通过"待处理财产损溢"账户核算。

6.7.2　存货盘盈的会计处理

企业盘盈各种存货时，按盘盈存货的重置成本，借记"原材料""库存商品"等账户，贷记"待处理财产损溢"账户；按管理权限报经批准后，借记"待处理财产损溢"账户，贷记"管理费用"账户。

6.7.3　存货盘亏和毁损的会计处理

企业发生存货盘亏及毁损时，应按盘亏或毁损的存货的实际成本（或计划成本），借记"待处理财产损溢"账户，贷记"原材料""库存商品"等账户。在按管理权限报经批准后，根据有关凭证，企业应进行如下会计处理。

（1）对于入库的残料价值，借记"原材料"等账户，贷记"待处理财产损溢"账户。

（2）对于应由保险公司和过失人赔偿的部分，借记"其他应收款"等账户，贷记"待处理财产损溢"账户；扣除残料价值和应由保险公司和过失人赔偿后的净损失，属于自然损耗、管理不善、收发计量不准等一般经营损失的部分，借记"管理费用"账户；属于非常损失的部分，借记"营业外支出"账户。

企业发生的非正常损失的购进货物以及非正常损失的在产品、产成品所耗用的购进货物或应税劳务的进项税额不得从销项税额中抵扣。

企业存货采用计划成本核算的，还应同时结转成本差异。

本章小结

思考与练习

一、思考题

1. 什么是存货？存货的确认应具备哪些条件？
2. 什么是定期盘存制？定期盘存制下如何确定发出存货和结存存货的成本？
3. 什么是永续盘存制？永续盘存制下如何确定发出存货和结存存货的成本？

4. 存货的成本包括哪些内容？以不同方式取得的存货，其成本如何确定？

5. 存货发出的计价方法有哪几种？各有什么特点？

6. 发出存货计价方法对企业的财务状况和经营成果有什么影响？

7. 外购原材料按照实际成本和计划成本如何进行会计处理？

8. 周转材料、委托加工物资如何进行会计处理？

9. 什么是存货的可变现净值？确定可变现净值应考虑哪些因素？

10. 如何确定本期应计提的存货跌价准备金额？

二、业务处理题

1. 目的：练习存货发出的计价方法。

资料：甲公司 20×1 年 9 月 A 存货收、发、存资料如表 6-12 所示。

表 6-12　A 存货明细账

20×1年		摘要	收入			发出			结存		
月	日		数量（件）	单价（件/元）	金额（元）	数量（件）	单价（件/元）	金额（元）	数量（件）	单价（件/元）	金额（元）
9	1	期初余额							300	30	
	10	购入	700	40	28 000						
	15	发出				800					
	20	购入	500	50	25 000						
	23	发出				600					
	28	购入	300	60	18 000						
9	30	本月发生额及月末余额	1 500		71 000						

要求：分别采用先进先出法、加权平均法和移动加权平均法计算 A 存货本月发出和月末结存存货的成本。

2. 目的：练习材料存货按计划成本核算的会计处理。

资料：甲公司材料存货采用计划成本核算。增值税税率 13%，20×1 年 8 月 31 日，A 材料账面余额为 56 000 元，"材料成本差异"账户借方余额为 4 500 元。该材料单位计划成本 12 元。该公司 9 月相关业务如下。

（1）10 日，购进 1 500 千克，单位进价 10 元。

（2）15 日，车间领用 2 000 千克用于生产 A 产品。

（3）20 日，购进 2 000 千克，单位进价 13 元。

（4）28 日，车间领用 1 000 千克一般耗用。

要求：根据上述经济业务，为甲公司存货相关业务进行会计处理（假设不考虑其他费用，且购入材料货款及增值税均以银行存款支付）。

3. 目的：练习委托加工物资的会计处理。

资料：甲公司材料按照计划成本核算，20×1 年 9 月 1 日发出铁皮，委托乙公司加工成铁桶。铁皮计划成本 25 000 元，月初材料成本差异率为超支的 2%。向乙公司支付加工费 12 000 元，支付增值税税款 1 560 元。20×1 年 9 月 15 日加工完成后收回铁桶（包装物）的计划成本为 40 000 元。

要求：根据上述经济业务，为甲公司委托加工物资相关业务进行会计处理。

4. 目的：练习存货期末计价的会计处理。

资料：甲公司期末存货采用成本与可变现净值孰低法计量。20×1 年 12 月 31 日，A、B 两种存货成本分别为 200 000 元、250 000 元，可变现净值分别为 190 000 元、235 000 元。

要求：采用单项比较法计算存货跌价准备并做出相关业务的会计处理。

课堂测试 1

专业_____ 学号_____ 姓名_____

一、单项选择题

1. 企业办理日常结算和现金收付的银行存款账户是（　　）。

    A. 基本存款账户　　B. 一般存款账户　　C. 临时存款账户　　D. 专用存款账户

2. 在商品销售时，售出商品已计提的存货跌价准备应当予以转回，并相应冲减（　　）账户金额。

    A. 资产减值损失　　B. 主营业务成本　　C. 管理费用　　　　D. 营业外支出

3. 长期股权投资采用权益法核算时，初始投资成本大于应享有被投资单位可辨认资产公允价值份额之间的差额，正确的会计处理是（　　）。

    A. 计入投资收益　　　　　　　　　　　B. 冲减资本公积

    C. 计入营业外支出　　　　　　　　　　D. 不调整初始投资成本

4. 20×1年1月1日，甲公司以3 133.5万元购入乙公司当日发行的面值为3 000万元的债券，企业将该债券分类为以摊余成本计量的金融资产进行核算。该债券期限5年，票面利率为5%，实际利率为4%，每年年末付息一次，到期偿还本金。20×1年年末，甲公司持有的该债券投资的投资收益为（　　）万元。

    A. 120　　　　　　　　B. 125.34　　　　　　　C. 150　　　　　　　　D. 24.66

5. 非同一控制下企业合并形成的长期股权投资，初始投资成本小于投资时应享有被投资方可辨认净资产公允价值份额的差额，应当（　　）。

    A. 计入公允价值变动损益　　　　　　　B. 计入投资收益

    C. 计入营业外收入　　　　　　　　　　D. 计入其他综合收益

二、多项选择题

1. 其他货币资金包括（　　）。

    A. 存出投资款　　B. 外埠存款　　C. 银行本票存款　　D. 信用卡存款

2. 下列项目中，应计入工业企业存货成本的有（　　）。

    A. 进口原材料支付的关税　　　　　　　B. 生产过程中发生的制造费用

    C. 原材料入库前的挑选整理费用　　　　D. 自然灾害造成的原材料净损失

3. 下列各项中，会引起交易性金融资产账面余额发生变化的有（　　）。

    A. 收到原未计入应收项目的交易性金融资产的利息

    B. 期末交易性金融资产公允价值高于其账面余额的差额

    C. 期末交易性金融资产公允价值低于其账面余额的差额

    D. 出售交易性金融资产

4. 在同一控制下的企业合并中，合并方取得的净资产账面价值与支付的合并对价账面价值（或发行股份面值总额）的差额，可能调整（　　）。

    A. 盈余公积　　　B. 资本公积　　　C. 营业外收入　　　D. 未分配利润

5. 在非企业合并情况下，应作为长期股权投资取得时初始成本入账的有（　　）。

    A. 投资时支付的不含应收股利的价款

    B. 为取得长期股权投资而发生的评估、审计、咨询费

    C. 为发行权益性证券支付给有关证券承销机构等的手续费、佣金等与权益性证券发行直接相关的费用

    D. 投资时，支付款项中所含的已宣告而尚未领取的现金股利

三、业务处理题

1. 目的：练习存货收发计价的会计处理。

资料：某企业 20×1 年 9 月 1 日 "原材料" 账户期初借方余额为 40 000 元，"材料成本差异" 账户期初借方余额为 800 元，单位计划成本为 10 元；9 月 5 日购进商品 1 000 千克，增值税专用发票注明价款为 10 000 元，增值税税额 1 300 元，另支付运杂费 500 元，材料已入库；9 月 12 日生产产品领用该材料 500 千克，车间管理领用 100 千克，厂部领用 200 千克；9 月 20 日购进材料 5 000 千克，增值税专用发票注明价款为 48 900 元，增值税税额 6 357 元，材料已验收入库。

要求：完成该企业的下述会计处理。

（1）采用实际成本法（加权平均法）进行材料收发的会计处理。

（2）采用计划成本法进行材料收发的会计处理。

2．目的：练习以公允价值计量且其变动计入当期损益的金融资产的会计处理。

资料：20×1 年 6 月 10 日，甲公司以 4 800 000 元购入乙公司股票 600 000 股作为以公允价值计量且其变动计入当期损益的金融资产，另支付手续费 100 000 元。20×1 年 6 月 30 日，该股票价格为每股 7.5 元。20×1 年 8 月 10 日，乙公司宣告分派现金股利，每股 0.2 元。8 月 20 日，甲公司收到分派的现金股利。至 20×1 年 12 月 31 日，甲公司仍持有该金融资产，该股票价格为每股 8.5 元，20×2 年 1 月 3 日以 5 150 000 元出售该金融资产。假定甲公司每年 6 月 30 日和 12 月 31 日对外提供财务会计报告。

要求：根据上述经济业务，进行甲公司相关业务的会计处理。

3．目的：练习长期股权投资的会计处理。

资料：甲公司 20×1 年 1 月 1 日以银行存款 1 000 万元取得乙公司有表决权股份的 30%，对乙公司的财务和经营政策具有重大影响。当日，乙公司可辨认净资产账面价值总额为 3 000 万元（假定与公允价值一致）。20×1 年 5 月 24 日，乙公司宣告发放现金股利 200 万元，并于 20×1 年 5 月 26 日实际发放。20×1 年度，乙公司实现净利润 1 200 万元。20×2 年 5 月 18 日，乙公司宣告发放现金股利 300 万元，并于 20×2 年 5 月 20 日实际发放。20×2 年度，乙公司发生净亏损 600 万元。20×2 年 12 月 31 日，甲公司预计持有的乙公司长期股权投资的可收回金额为 900 万元。除上述交易或事项外，乙公司未发生导致其所有者权益发生变动的其他交易或事项。

要求：根据上述经济业务，进行甲公司长期股权投资相关业务的会计处理。

第 7 章 固定资产

本章主要阐述固定资产的取得、折旧、后续支出、处置等业务的会计处理方法。通过本章的学习，读者应理解固定资产的概念、特征和分类；掌握折旧的计提范围和折旧的计算；掌握固定资产取得、计提折旧和后续支出的会计处理；了解固定资产减值与清查业务的会计处理；掌握固定资产处置的会计处理。

7.1 固定资产概述

7.1.1 固定资产的概念与特征

固定资产是指企业为生产商品、提供劳务、出租或经营管理而持有的，使用寿命超过一个会计年度的有形资产。

作为企业的固定资产应同时具备以下几个特征。

（1）企业持有固定资产的目的是满足生产商品、提供劳务、出租或经营管理的需要，而不像商品一样为了对外出售。出租的固定资产是指企业以经营租赁方式出租的机器设备类固定资产，不包括以经营租赁方式出租的建筑物，后者属于企业的投资性房地产。这一特征是固定资产区别于商品等流动资产的重要标志。

（2）固定资产的使用寿命一般超过一个会计年度。固定资产的使用寿命是指企业使用固定资产的预计期间或者该固定资产所能生产产品或提供劳务的数量。通常情况下，固定资产的使用寿命是指使用固定资产的预计期间，如自用房屋建筑的使用寿命表现为企业预计的使用年限；对于某些机器设备或运输设备等固定资产，其使用寿命表现为以该固定资产所能生产产品或提供劳务的数量，如运输设备按其预计运输总里程估计使用寿命。这一特征表明固定资产属于非流动资产，其收益期通常超过一年，能在一年以上的时间里为企业创造经济效益。

（3）固定资产为有形资产。固定资产具有实物特征，这一特征将固定资产与无形资产区别开来。对于工业企业所持有的工具、用具、备品备件、维修设备等资产，施工企业所持有的模板、挡板、脚手架等周转材料，以及地质勘探企业所持有的管材等资产，企业应当根据实际情况，分别管理和核算。尽管该类资产具有固定资产的某些特征，如使用期限超过一年，也能够带来经济利益，但由于数量多、单价低，考虑到成本效益原则，在实务中通常确认为存货。但符合固定资产定义和确认条件的，比如企业（民用航空运输）的高价周转件等，应当确认为固定资产。

固定资产在符合定义的前提下，应同时满足以下两个条件时，才能加以确认。

（1）与该固定资产有关的经济利益很可能流入企业。

（2）该固定资产的成本能够可靠计量。

7.1.2 固定资产分类

企业的固定资产种类繁多，规格不一，而对固定资产进行科学合理的分类，是实现固定资产管理和正确组织固定资产核算的重要手段之一。企业可根据管理需要和核算要求，按不同的分类标准对固定资产进行分类。

1．按经济用途分类

按照固定资产的经济用途，可将其分为生产经营用固定资产和非生产经营用固定资产。

（1）生产经营用固定资产是指直接服务于企业生产、经营过程的各种固定资产，如生产经营用的房屋、建筑物、机器、设备、器具、工具等。

（2）非生产经营用固定资产是指不直接服务于企业生产、经营过程的各种固定资产，如职工宿舍、食堂、浴室、理发室等使用的房屋、设备和其他固定资产等。

固定资产按经济用途分类，可以借以考核和分析企业固定资产的管理和利用情况，从而促进固定资产的合理配置，充分发挥其效用。

2．按使用情况分类

按照固定资产的使用情况，可将其分为使用中固定资产、未使用固定资产和不需用固定资产。

（1）使用中固定资产是指正在使用中的生产经营用和非生产经营用固定资产，包括由于季节性经营或大修理等原因暂停使用的固定资产。企业出租（经营性租赁）给其他单位使用的固定资产和内部替换使用的固定资产也属于企业使用中的固定资产。

（2）未使用固定资产是指已完工或已购建的尚未交付使用的新增固定资产以及因进行改建、扩建等原因暂停使用的固定资产，如企业购建的尚待安装的固定资产、因经营任务变更停止使用的固定资产以及主要的备用设备等。

（3）不需用固定资产是指本企业多余不用或不再适用而准备调配处理的专用设备、模具、工具等各种固定资产。

固定资产按使用情况进行分类，有利于企业掌握固定资产的使用情况，便于企业比较分析固定资产的利用效率，挖掘固定资产的使用潜力，促进固定资产的合理使用。

3．按照所有权性质分类

按照固定资产的所有权，可将其分为自有固定资产和租入固定资产。

（1）自有固定资产是指所有权归属企业，是企业为生产经营目的通过购入或生产建造等方式取得所有权的固定资产。

（2）租入固定资产是指企业采用租赁方式租入的固定资产。此处的租赁，是指在一定期间内，出租人将资产的使用权让与承租人以获取对价的合同。根据租赁合同规定，承租企业有权获得在使用期间内使用租赁资产所产生的几乎全部经济利益，并有权在该使用期间主导该资产的使用，因此，承租企业应将其作为企业的固定资产予以确认。

7.1.3　固定资产的计价

为了反映固定资产的价值及其增减变动，企业应正确选择计价标准。固定资产的计价标准一般有以下4种。

1．原值

原值也称原始价值，是指为使固定资产达到预定可使用状态所发生的全部资源耗费的货币表现。以不同方式取得的固定资产，其原值的构成有所不同。

2．重置价值

重置价值是指在当前条件下，重新购买相同的固定资产所需的全部资源耗费的货币表现。重置价值主要用于对盘盈的固定资产或接受捐赠的固定资产的计价。

3．净值

净值也称折余价值，是指固定资产原值减去累计折旧后的余额。

4．现值

现值是指固定资产在使用期间以及处置时产生的未来现金净流量按特定折现率计算的折现值。现值主要用于固定资产公允价值的确定及对固定资产减值测试时可收回金额的确定。

7.2 固定资产的取得

7.2.1 应设置的账户

企业为核算取得固定资产的相关业务，应分别设置"固定资产""工程物资""在建工程"等账户。

1."固定资产"账户

该账户核算固定资产原值的增减变动和结存情况。该账户借方登记增加的固定资产的成本；贷方登记因出售、报废、对外投资等原因转出固定资产的成本；期末借方余额反映期末企业固定资产的账面原值。

"固定资产"账户明细账一般分为二级。

（1）固定资产二级账。固定资产二级账也称为固定资产登记簿，按照固定资产类别开设账页，账页按照使用情况和保管单位开设专栏。每月按固定资产增减的日期按时登记，反映各类、各部门固定资产原值的增减变动。月末，各类固定资产登记簿的余额之和，应与"固定资产"总账余额核对相符。

（2）固定资产明细账。固定资产明细账也称为固定资产卡片，应按照每一项独立的固定资产设置，用于登记固定资产原值、预计净残值、预计使用年限、月折旧率、开始使用时间、使用期间内的停用记录和大修理记录以及其他与该项固定资产相关的记录等，并按照固定资产的类别和使用、保管单位的顺序排列。企业新增的固定资产，都应设置新的卡片，其后该固定资产有关的变动情况如大修理、停用、在企业内改变使用单位、进行清理或售出，都应在卡片内进行登记；固定资产处置时，应将其减少的固定资产卡片抽出，另行保管。月末，各类固定资产卡片的原值合计数，应与各该类固定资产登记簿余额核对相符。

2."工程物资"账户

该账户核算企业各项工程物资实际成本的增减变动和结存情况。该账户的借方登记验收入库的工程物资的实际成本；贷方登记领用、转出的工程物资的实际成本；期末借方余额反映库存工程物资的实际成本。"工程物资"账户应按工程物资种类设置明细账。

3."在建工程"账户

该账户核算企业各项自行建造、安装或改扩建固定资产的实际建造、安装和改扩建成本。该账户的借方登记各项工程发生的实际成本，贷方登记已完工工程的实际总成本，期末借方余额反映企业尚未完工工程已发生的实际成本。"在建工程"账户应按工程项目设置明细账。

7.2.2 外购固定资产

外购固定资产的成本包括买价、进口关税和其他税费，以及为使固定资产达到预定可使用状态前所发生的可直接归属于该资产的其他支出，如场地整理费、运输费、装卸费、安装费和专业人员服务费等。企业购入的固定资产，有些不需要安装即可投入使用，有些则需要安装后才能使用，企业应根据不同的情况分别采用不同方法进行核算。

企业购入不需要安装即可直接交付使用的固定资产时，应按实际支付的买价、包装费、运输费、交纳的有关税金（不含可抵扣的增值税进项税额）等作为固定资产的入账价值，借记"固定资产"账户；按可以抵扣的增值税进项税额，借记"应交税费——应交增值税（进项税额）"账户；

按实际支付的金额，贷记"银行存款"等账户。

【例 7.1】 20×1 年 8 月 5 日，陆达公司购入不需安装的生产用设备一台，发票价格 100 000 元，增值税税额 13 000 元，另支付运输费 4 360 元，其中，可抵扣的增值税进项税额 360 元，全部税项通过银行转账支付。

陆达公司根据有关凭证，应进行如下会计处理。

借：固定资产　　　　　　　　　　　　　　　　　　　　　　　104 000
　　应交税费——应交增值税（进项税额）　　　　　　　　　　 13 360
　　贷：银行存款　　　　　　　　　　　　　　　　　　　　　　117 360

企业购入需要安装的固定资产时，应按实际支付的固定资产全部价款及该资产达到预定可使用状态前所支付的相关费用作为固定资产的入账价值。企业购入固定资产时，按实际支付的价款，分别借记"在建工程"或"工程物资""应交税费——应交增值税（进项税额）"账户，贷记"银行存款"账户；按发生的安装费用等，借记"在建工程"账户，贷记"银行存款"等账户；安装完成达到预定可使用状态时，按其发生的实际成本，借记"固定资产"账户，贷记"在建工程"账户。

【例 7.2】 20×1 年 8 月 10 日，陆达公司用银行存款购入一台需要安装的生产用设备，取得增值税专用发票上注明的设备价款为 400 000 元，增值税税额为 52 000 元，支付运输费 2 180 元，其中，可抵扣的增值税进项税额为 180 元，设备于运抵后即开始安装，并在安装过程中领用本公司原材料一批，价值 20 000 元，应支付安装工人的工资 4 000 元。20×1 年 8 月 20 日设备安装调试完毕，达到预定可使用状态。

陆达公司根据有关凭证，应进行如下会计处理。

① 20×1 年 8 月 10 日，购入设备。

增值税进项税额＝52 000＋180＝52 180（元）

设备的购买成本＝400 000＋2 000＝402 000（元）

借：在建工程　　　　　　　　　　　　　　　　　　　　　　　402 000
　　应交税费——应交增值税（进项税额）　　　　　　　　　　 52 180
　　贷：银行存款　　　　　　　　　　　　　　　　　　　　　　454 180

② 安装过程中发生各项安装费用。

借：在建工程　　　　　　　　　　　　　　　　　　　　　　　 24 000
　　贷：原材料　　　　　　　　　　　　　　　　　　　　　　　 20 000
　　　　应付职工薪酬　　　　　　　　　　　　　　　　　　　　　4 000

③ 20×1 年 8 月 20 日，设备安装完毕。

借：固定资产　　　　　　　　　　　　　　　　　　　　　　　426 000
　　贷：在建工程　　　　　　　　　　　　　　　　　　　　　　426 000

在实际工作中，企业可能以一笔款项同时购入多项没有单独标价的固定资产（以一揽子购买方式购买的固定资产）。这种情况下，企业应当按照各项固定资产的公允价值比例对总成本进行分配，分别确定各项固定资产的入账价值。如果以一揽子购买方式购入的多项资产中除固定资产之外还包括其他资产，企业也应按类似的方法予以处理。

【例 7.3】 20×1 年 8 月 20 日，陆达公司向甲公司一揽子购买 3 套不同型号且具有不同生产能力的生产设备 A、B 和 C，共计价款 460 000 元，增值税税额 59 800 元，保险费 15 000 元，装卸费 5 000 元，所有款项全部通过银行转账支付。经评估，上述 3 项资产的公允价值分别为 180 000 元、170 000 元和 150 000 元。3 套设备均不需要安装，可以直接投入使用。

陆达公司根据有关凭证，应进行如下会计处理。

① 确定 A、B 和 C 等 3 种设备的成本。

固定资产的总成本＝460 000＋15 000＋5 000＝480 000（元）

A 设备应分配的固定资产价值比例为：

180 000÷（180 000＋170 000＋150 000）×100%＝36%

B 设备应分配的固定资产价值比例为：

170 000÷（180 000＋170 000＋150 000）×100%＝34%

C 设备应分配的固定资产价值比例为：

150 000÷（180 000＋170 000＋150 000）×100%＝30%

A 设备的成本＝480 000×36%＝172 800（元）

B 设备的成本＝480 000×34%＝163 200（元）

C 设备的成本＝480 000×30%＝144 000（元）

② 购入固定资产的会计处理。

借：固定资产——A 设备　　　　　　　　　　　　　　　　　　172 800

　　　　　　——B 设备　　　　　　　　　　　　　　　　　　163 200

　　　　　　——C 设备　　　　　　　　　　　　　　　　　　144 000

　　应交税费——应交增值税（进项税额）　　　　　　　　　　　 59 800

　　贷：银行存款　　　　　　　　　　　　　　　　　　　　　　539 800

7.2.3　自行建造固定资产

企业自行建造的固定资产，应按建造该项资产达到预定可使用状态前所发生的必要支出作为入账价值，具体包括工程物资成本、人工成本、相关税费、应予以资本化的借款费用以及应分摊的间接费用等。自行建造固定资产应先通过"在建工程"账户核算建造工程所发生的各项必要支出，并在工程完工达到预定可使用状态时，将发生的全部工程成本从"在建工程"账户转入"固定资产"账户。

自行建造固定资产按其实施方式不同可分为自营建造和出包建造两种。

1．自营方式建造固定资产

企业以自营方式建造固定资产，意味着企业自行组织工程物资采购、自行组织施工人员施工。自营方式建造固定资产的成本包括直接材料、直接人工、直接机械施工费、应缴纳的相关税费和资本化的借款费用等。

购入工程物资时，企业应按实际买价、运输费、保险费等，借记"工程物资"账户；按可抵扣的增值税进项税额，借记"应交税费"账户；按实际支付或应支付的款项，贷记"银行存款""应付账款"等账户。

领用工程物资时，企业应借记"在建工程"账户，贷记"工程物资"账户。

自营工程领用本企业生产用原材料及本企业生产的半成品、库存商品时，企业应按实际成本，借记"在建工程"账户，贷记"原材料""库存商品"等账户。

自营工程应负担的职工薪酬，企业应借记"在建工程"账户，贷记"应付职工薪酬"账户。

自营工程达到预定可使用状态前应负担的借款费用，应计入工程成本，借记"在建工程"账户，贷记"应付利息"等账户。

自营工程发生的其他支出，应借记"在建工程"账户，贷记"银行存款"等账户。

自营工程完工后剩余的工程物资，如转作本企业存货，则企业应按其实际成本或计划成本结转，借记"原材料"等账户，贷记"工程物资"账户。建设期间发生的工程物资盘盈、盘亏、报废、毁损，减去保险公司、过失人赔偿部分的差额后，计入或冲减所建工程项目的成本；如果属于工程完工后发生的，计入当期损益。

自营工程完工，固定资产交付使用时，企业应按照自营工程的实际成本，借记"固定资产"账户，贷记"在建工程"账户。

所建造的固定资产已达到预定可使用状态，但尚未办理竣工决算的，应当自达到预定可使用状态之日起，根据工程预算、造价或者工程实际成本等，按估计价值转入固定资产，并按规定计提固定资产折旧，待办理了竣工决算手续后再做调整，但对于已计提的折旧，不再追溯调整。

【例7.4】 陆达公司采用自营方式建造一座厂房，有关资料如下。

① 购入建造工程用材料一批，价款 400 000 元，增值税税额 52 000 元，用银行存款支付，材料入库。假设该材料增值税税率为 13%。

② 先后领用工程材料共计 400 000 元。

③ 领用本企业生产用的原材料一批，实际成本为 30 000 元。

④ 工程建设期间发生工程人员职工薪酬 22 800 元。

⑤ 用银行存款支付自营工程应负担的其他费用 10 000 元。

⑥ 自营工程应负担的长期借款利息 6 000 元。假设利息按年支付。

⑦ 工程完工交付使用。

陆达公司根据有关凭证，应进行如下会计处理。

① 购入工程物资。

借：工程物资	400 000
应交税费——应交增值税（进项税额）	52 000
贷：银行存款	452 000

② 领用工程物资。

借：在建工程	400 000
贷：工程物资	400 000

③ 领用生产用材料。

借：在建工程	30 000
贷：原材料	30 000

④ 工程建设期间发生工程人员职工薪酬 22 800 元。

借：在建工程	22 800
贷：应付职工薪酬	22 800

⑤ 用银行存款支付自营工程应负担的其他费用 10 000 元。

借：在建工程	10 000
贷：银行存款	10 000

⑥ 自营工程应负担的长期借款利息 6 000 元。

借：在建工程	6 000
贷：应付利息	6 000

⑦ 工程完工交付使用。

工程实际成本＝400 000＋30 000＋22 800＋10 000＋6 000＝468 800（元）

借：固定资产	468 800
贷：在建工程	468 800

2．出包方式建造固定资产

在出包方式下，企业通过招标等方式将工程项目发包给建造承包商（即施工企业），由建造承包商组织工程项目施工。出包工程的成本由使该项固定资产达到预定可使用状态前所发生的必要支出构成，包括建筑工程支出、安装工程支出以及需分摊计入各固定资产价值的待摊支出。待摊支出是指在建设期间发生的，不能直接计入某项固定资产价值，而应由所建造固定资产共同负担的相关费用，包括为建造工程发生的管理费、可行性研究费、临时设施费、公证费、监理费、建设期间发生的工程物资盘亏、报废及毁损净损失以及负荷联合试车费等。

发包企业按照合同规定的结算方式和工程进度，定期与建造承包商办理工程价款结算，结算的工程价款计入在建工程成本。

为了核算出包工程预付的工程款，企业需要在"在建工程"账户下设置"预付工程款"和"工程成本"两个明细账户。企业按合同约定向建造商预付的工程款，借记"在建工程——预付工程款"账户，贷记"银行存款"等账户；按合理估计的工程进度和合同规定结算的进度款，借记"在建工程——工程成本"账户；按预付的工程进度款，贷记"在建工程——预付工程款"账户；按补付的工程进度款，贷记"银行存款"等账户。为建造固定资产发生的待摊支出，借记"在建工程"账户，贷记"银行存款""应付职工薪酬"等账户。

对于整体建设项目在进行过程中发生的待摊支出，需要将待摊支出在各单项工程之间进行分配。应按下列公式进行分摊。

待摊支出分摊率＝累计发生的待摊支出÷（建筑工程支出＋安装工程支出）×100%

某项工程应分摊的待摊支出＝（该项工程的建筑工程支出＋该项工程的安装工程支出）×待摊支出分摊率

出包工程达到预定可使用状态时，企业根据工程实际成本，借记"固定资产"账户，贷记"在建工程"账户。

【例7.5】 陆达公司20×1年4月经批准建设厂房工程，整个工程包括建造新厂房和安装生产设备等两个单项工程。20×1年5月5日，陆达公司与乙公司签订合同，将该项目出包给乙公司承建。根据双方签订的合同，建造新厂房的价款为6 000 000元，安装生产设备需支付安装费用500 000元。建造期间陆达公司发生的相关业务如下。

① 20×1年5月5日，按合同约定向乙公司预付20%厂房备料款1 200 000元。

② 20×1年10月8日，建造厂房的工程进度达到50%，与乙公司办理工程价款结算3 000 000元。陆达公司抵扣了预付备料款后，将余款通过银行转账付讫。

③ 20×1年12月8日，购入需安装的设备，取得的增值税专用发票上注明的价款为3 500 000元，增值税税额为455 000元，已通过银行转账支付。

④ 20×2年3月10日，建筑工程主体已完工，与乙公司办理工程价款结算3 000 000元，款项已通过银行转账支付。

⑤ 20×2年4月1日，将生产设备运抵现场，交乙公司安装。

⑥ 20×2年5月10日，生产设备安装到位，与乙公司办理设备安装价款结算500 000元，款项已通过银行转账支付。

⑦ 整个工程项目发生管理费、可行性研究费、监理费共计200 000元，已通过银行转账支付。

⑧ 20×2年6月1日，完成验收，各项指标达到设计要求。

假定不考虑其他相关税费，陆达公司应进行如下会计处理。

① 20×1年5月5日，预付厂房备料款。

借：在建工程——预付工程款   1 200 000
    贷：银行存款   1 200 000

② 20×1年10月8日，办理工程价款。

借：在建工程——建筑工程（厂房）   3 000 000
    贷：银行存款   1 800 000
      在建工程——预付工程款   1 200 000

③ 20×1年12月8日，购入需安装的设备。

借：工程物资——××设备   3 500 000
  应交税费——应交增值税（进项税额）   455 000
    贷：银行存款   3 955 000

④ 20×2 年 3 月 10 日，建筑工程主体已完工，与乙公司办理工程价款结算。

借：在建工程——建筑工程（厂房） 3 000 000

　　贷：银行存款 3 000 000

⑤ 20×2 年 4 月 1 日，将生产设备运抵现场，交乙公司安装。

借：在建工程——安装工程（××设备） 3 500 000

　　贷：工程物资——××设备 3 500 000

⑥ 20×2 年 5 月 10 日，生产设备安装到位，与乙公司办理设备安装价款结算。

借：在建工程——安装工程（××设备） 500 000

　　贷：银行存款 500 000

⑦ 支付整个工程项目发生的管理费、可行性研究费、监理费。

借：在建工程——待摊支出 200 000

　　贷：银行存款 200 000

⑧ 20×2 年 6 月 1 日，完成验收，结算固定资产成本。

待摊支出分摊率＝200 000÷（6 000 000＋3 500 000＋500 000）×100%＝2%

厂房应分摊的待摊支出＝6 000 000×2%＝120 000（元）

安装工程应分摊的待摊支出＝（3 500 000＋500 000）×2%＝80 000（元）

借：在建工程——建筑工程（厂房） 120 000

　　　　　　——安装工程（××设备） 80 000

　　贷：在建工程——待摊支出 200 000

厂房的成本＝6 000 000＋120 000＝6 120 000（元）

生产设备的成本＝（3 500 000＋500 000）＋80 000＝4 080 000（元）

借：固定资产——厂房 6 120 000

　　　　　　——××设备 4 080 000

　　贷：在建工程——建筑工程（厂房） 6 120 000

　　　　　　　　——安装工程（××设备） 4 080 000

7.2.4 其他方式取得的固定资产

1. 投资者投入的固定资产

企业接受固定资产投资时，在办理固定资产移交手续之后，应按投资各方签订的合同或协议约定的价值和相关税费作为固定资产的入账价值，借记"固定资产"账户，贷记"实收资本""资本公积——资本溢价"账户。

2. 接受捐赠的固定资产

如果捐赠方提供了有关凭据，则企业应按凭据上标明的金额加上应当支付的相关税费，作为入账价值。如果捐赠方没有提供有关凭据，则企业应按以下顺序确定对应固定资产的入账价值。

（1）同类或类似固定资产存在活跃市场的，按同类或类似固定资产的市场价格估计的金额，加上应当支付的相关税费，作为入账价值。

（2）同类或类似固定资产不存在活跃市场的，按接受捐赠的固定资产的预计未来现金流量现值，作为入账价值。

企业接受固定资产捐赠时，借记"固定资产"等账户，贷记"营业外收入"账户。

3. 盘盈的固定资产

如果同类或类似固定资产存在活跃市场的，则企业应按同类或类似固定资产的市场价格估计的金额，减去按该项固定资产的新旧程度估计的价值损耗后的余额，作为盘盈固定资产入账价值；如果同类或类似固定资产不存在活跃市场的，则企业应按固定资产的预计未来现金流量现值，作为盘盈固定资产入账价值。盘盈的固定资产，作为前期差错处理。

通过企业合并、非货币性资产交换、债务重组、租赁等方式取得的固定资产的成本，企业应按照相关准则的规定进行初始计量，但后续计量和披露应当执行固定资产准则的规定。

7.2.5　存在弃置费用的固定资产

企业对特殊行业的特定固定资产进行初始计量时，还应当考虑弃置费用。弃置费用通常是指根据国家法律和行政法规、国际公约等规定，企业承担的环境保护和生态恢复等义务所确定的支出，如油气资产、核电站核设施等的弃置和恢复环境义务。

弃置费用的金额与其现值差异通常较大，需要考虑货币的时间价值，因此企业应当将弃置费用的现值计入相关固定资产的成本，同时确认相应的预计负债。在固定资产的使用寿命内，按照预计负债的摊余成本和实际利率计算确定的利息费用，在发生时计入财务费用。一般工商企业的固定资产发生的报废清理费用不属于弃置费用，应当在发生时作为固定资产处置费用处理。

【例 7.6】 丙公司经国家批准于 20×1 年 1 月 1 日建造完成核电站核反应堆并交付使用，建造成本为 2 500 000 万元，预计使用寿命 40 年。该核反应堆将会对当地的生态环境产生一定的影响，根据法律规定，企业应在该项设施使用期满后将其拆除，并对造成的污染进行整治，预计发生弃置费用 250 000 万元。假定适用的折现率为 10%。

核反应堆属于特殊行业的特定固定资产，确定其成本时应考虑弃置费用。

根据上述业务，丙公司应进行如下会计处理。

① 20×1 年 1 月 1 日，确认固定资产。

弃置费用的现值＝250 000×（P/F，10%，40）[1]＝250 000×0.022 1＝5 525（万元）

固定资产的成本＝2 500 000＋5 525＝2 505 525（万元）

借：固定资产　　　　　　　　　　　　　　　　　　　　　　　　　25 055 250 000

　　贷：在建工程　　　　　　　　　　　　　　　　　　　　　　　　25 000 000 000

　　　　预计负债　　　　　　　　　　　　　　　　　　　　　　　　　　55 250 000

② 计算第 1 年应负担的利息费用＝55 250 000×10%＝5 525 000（元）

借：财务费用　　　　　　　　　　　　　　　　　　　　　　　　　　　5 525 000

　　贷：预计负债　　　　　　　　　　　　　　　　　　　　　　　　　　5 525 000

以后年度，企业应当按照实际利率法计算确认每年的财务费用和预计负债，待固定资产报废发生弃置费用支出时，借记"预计负债"账户，贷记"银行存款"等账户。

7.3　固定资产折旧

7.3.1　固定资产折旧含义

固定资产折旧是指固定资产在使用过程中，由于损耗而减少的价值。固定资产的损耗包括有形损耗和无形损耗两种，其中，有形损耗是指固定资产由于使用和自然力的影响引起的价值损失；无形损耗是指由于科技进步等引起的固定资产价值的损失。在长期使用过程中，固定资产以折旧的形式将其价值转移至相关资产的成本或期间费用，并从企业营业收入中得到补偿。

在固定资产的使用寿命内，企业应该按照确定的方法对应计折旧额进行系统分摊。应计折旧额是指应当计提折旧的固定资产的原值扣除其预计净残值后的金额。如果已经对固定资产计提了减值

---

[1]（P/F，10%，40）是折现率为 10%，折现期为 40 年的复利现值系数。该系数的计算公式为（1＋10%）$^{-40}$。

准备，还应当扣除已计提的固定资产减值准备的累计金额。

7.3.2　影响固定资产折旧的因素

影响固定资产折旧的因素主要有以下几个方面。

（1）固定资产原值，是指固定资产的成本。

（2）固定资产的使用寿命，是指企业使用固定资产的预计期间，或者该固定资产所能生产产品或提供劳务的数量。企业确定固定资产的使用寿命时，应当考虑下列因素。

① 该项资产预计生产能力或实物产量。

② 该项资产预计有形损耗和无形损耗。

③ 法律或者类似规定对资产使用的限制。

（3）预计净残值，是指假定固定资产预计使用寿命已满并处于使用寿命终了时的预期状态，企业目前从该项资产处置中获得的扣除预计处置费用后的金额。企业应当根据固定资产的性质和使用情况，合理确定固定资产的预计净残值。

（4）固定资产减值准备，是指已计提的固定资产减值准备累计金额。固定资产计提减值准备后，应当在剩余使用寿命内根据调整后的固定资产账面价值（固定资产账面余额扣除累计折旧和累计减值准备后的金额）和预计净残值重新计算确定折旧率和折旧额。

7.3.3　固定资产折旧的范围

企业应对除以下两种情况外的所有固定资产计提折旧。

（1）已提足折旧但仍继续使用的固定资产。

（2）按规定单独估价作为固定资产入账的土地。

在确定计提折旧的范围时，还应注意以下几点。

（1）固定资产应按月提取折旧，并根据用途计入相关资产的成本或费用。当月增加的固定资产，当月不计提折旧，从下月起计提折旧；当月减少的固定资产，当月仍提折旧，从下月起停止计提折旧。

（2）固定资产提足折旧后，不管能否继续使用，均不再提取折旧；提前报废的固定资产，也不再补提折旧。

（3）已达预定可使用状态但尚未办理竣工决算的固定资产，按估价暂估入账，并计提折旧；待办理了竣工决算手续后，再按照实际成本调整原来的暂估价值，但不需要调整原已计提的折旧额。

7.3.4　固定资产折旧方法

企业应当根据与固定资产有关的经济利益的预期消耗方式，合理选择折旧方法。可选用的折旧方法包括年限平均法、工作量法、双倍余额递减法和年数总和法等。固定资产折旧额既可以根据单项固定资产计算，也可以按照固定资产的类别分类计算。企业选用不同的固定资产折旧方法，将影响固定资产使用寿命期间内不同时期的折旧费用，即直接影响到企业的成本、费用，进而影响到企业的当期利润，因此，折旧的方法一经选定，不得随意调整。

1．年限平均法

年限平均法又称直线法，是指将固定资产的应计折旧额均衡地分摊到固定资产预计使用寿命内的一种方法。采用这种方法计算的每期折旧额均相等。计算公式如下。

$$年折旧率 = \frac{1 - 预计净残值率}{预计使用寿命（年）} \times 100\%$$

$$月折旧率 = 年折旧率 \div 12$$

$$月折旧额 = 固定资产原价 \times 月折旧率$$

【例 7.7】 陆达公司某项生产用固定资产原值为 20 000 元，预计可使用 5 年，预计净残值率为 4%，则该项固定资产年折旧率、月折旧率、月折旧额的计算结果如下。

年折旧率＝（1－4%）÷5×100%＝19.2%

月折旧率＝19.2%÷12＝1.6%

月折旧额＝20 000×1.6%＝320（元）

采用年限平均法计算固定资产折旧的优点是比较简便易行，缺点是各期计提的折旧额与各期固定资产实际损耗的程度不相符合。一般来说，固定资产在投入使用的前期，工作效率相对较高，所带来的经济利益相应较多，随着时间推移，其所带来的经济利益逐年递减而修理费则逐年递增。若各期固定资产负荷程度不相同，则采用这种折旧法会造成各期折旧费用负担和固定资产实际损耗程度不相符。

2．工作量法

工作量法是根据固定资产的实际工作量来计提折旧额的一种方法。这种方法假设固定资产的服务潜力随着使用程度而减弱，而不是随着时间的消逝而减弱。不同的固定资产，其工作量有不同的表现形式，可以为工作小时、完成产量、行驶里程等。计算公式如下。

$$每单位工作量折旧额＝\frac{固定资产原值×（1－净残值率）}{预计总工作量}$$

$$月折旧额＝该项固定资产当月工作量×每单位工作量折旧额$$

【例 7.8】 陆达公司新购置货运汽车一辆，原值 300 000 元，预计净残值率为 4%，预计总行驶里程为 1 000 000 公里，本月实际行驶 8 000 公里。采用工作量法计算本月折旧额如下。

$$单位工作量（里程）折旧额＝\frac{300\ 000×（1－4%）}{1\ 000\ 000}＝0.288（元/公里）$$

本月折旧额＝8 000×0.288＝2 304（元）

采用这种方法，各会计期间计提的折旧额会因固定资产实际工作量的不同而有所差异，体现了各期折旧费用负担和固定资产实际损耗程度的相关性。

3．双倍余额递减法

双倍余额递减法是指在不考虑固定资产预计净残值的情况下，根据每期期初固定资产账面净值和双倍的直线法折旧率计算固定资产折旧的一种方法。计算公式如下。

$$年折旧率＝\frac{2}{预计使用寿命（年）}×100%$$

$$月折旧率＝年折旧率÷12$$

$$月折旧额＝固定资产账面净值×月折旧率$$

由于每年年初固定资产净值没有扣除预计净残值，所以企业在应用这种方法计算折旧额时不能使固定资产的账面净值降低到其预计净残值以下。因此，采用双倍余额递减法计提固定资产折旧时，企业应在折旧年限到期前两年内，将固定资产净值扣除预计净残值后的余额平均摊销。

【例 7.9】 陆达公司购置办公设备一套，原值为 300 000 元，预计净残值为 3 000 元，预计使用 5 年，用双倍余额递减法计算折旧，每年的折旧额计算如下。

$$年折旧率＝\frac{2}{5}×100%＝40%$$

第一年应提的折旧额＝300 000×40%＝120 000（元）

第二年应提的折旧额＝（300 000－120 000）×40%＝72 000（元）

第三年应提的折旧额＝（300 000－120 000－72 000）×40%＝43 200（元）

从第四年起改用直线法计提折旧，则计算结果如下。

第四、第五年应提的折旧额＝（64 800－3 000）÷2＝30 900（元）

固定资产折旧的计算一般通过编制折旧计算表进行，上述计算如表 7-1 所示。

表 7-1　折旧计算表（双倍余额递减法）　　　　　单位：元

年份	期初账面净值	折旧率	折旧额	累计折旧额	期末账面净值
1	300 000	40%	120 000	120 000	180 000
2	180 000	40%	72 000	192 000	108 000
3	108 000	40%	43 200	235 200	64 800
4	64 800		30 900	266 100	33 900
5	33 900		30 900	297 000	3 000

4．年数总和法

年数总和法又称年限合计法，是指将固定资产的原值减去预计净残值后的余额，乘以一个逐年递减的分数计算每年的折旧额。这个分数的分子代表固定资产尚可使用的年数，分母代表使用的年数的逐年数字之和。计算公式如下。

$$年折旧率 = \frac{尚可使用年限}{预计使用年限的年数字总和} \times 100\%$$

$$月折旧率 = 年折旧率 \div 12$$

$$月折旧额 = （原价 - 预计净残值） \times 月折旧率$$

【例 7.10】 沿用【例 7.9】资料，采用年数总和法计提各年折旧额，如表 7-2 所示。

表 7-2　折旧计算表（年数总和法）　　　　　单位：元

年份	尚可使用年限	原值—预计净残值	年折旧率	年折旧额	累计折旧额
1	5	297 000	5/15	99 000	99 000
2	4	297 000	4/15	79 200	178 200
3	3	297 000	3/15	59 400	237 600
4	2	297 000	2/15	39 600	277 200
5	1	297 000	1/15	19 800	297 000

双倍余额递减法和年数总和法都属于加速折旧法。加速折旧法的特点是固定资产使用的早期多提折旧、后期少提折旧，折旧额逐年递减，从而相对加快折旧的速度。这类方法综合考虑了固定资产的有形和无形损耗，均衡了固定资产在其使用年限内的各期使用成本，符合收入和费用配比原则；固定资产在有效使用年限内前期多提折旧，后期少提折旧，有利于固定资产的成本在估计使用寿命内加快得到补偿。

7.3.5　固定资产折旧的会计处理

企业应当设置"累计折旧"账户核算固定资产折旧。该账户是"固定资产"账户的抵减账户，贷方登记各期计提的折旧额，借方登记因各种原因而减少的固定资产转销的累计折旧额，期末贷方余额反映企业提取的固定资产折旧累计数。各项固定资产计提了多少折旧已经反映在各固定资产明细账中，因此，"累计折旧"账户通常只进行总分类核算，可以不进行明细分类核算。

固定资产应当按月计提折旧，按谁受益谁承担的原则进行会计处理。

（1）企业基本生产车间所使用的固定资产，其计提的折旧应计入制造费用。

（2）管理部门所使用的固定资产，其计提的折旧应计入管理费用。

（3）销售部门所使用的固定资产，其计提的折旧应计入销售费用。

（4）自行建造固定资产过程中使用的固定资产，其计提的折旧应计入在建工程。

（5）经营租出的固定资产，其计提的折旧应计入其他业务成本。

（6）未使用的固定资产，其计提的折旧应计入管理费用。

实际工作中，各月固定资产折旧额的计算，可通过编制折旧计算表进行，在上月所提折旧的基础上，调整上月增减固定资产应计折旧额对本月的影响而确定本月应提折旧额。计算公式如下。

$$\text{本月应提折旧额} = \text{上月计提折旧额} + \text{上月增加固定资产应计折旧额} - \text{上月减少固定资产应计折旧额}$$

【例 7.11】陆达公司采用年限平均法计提固定资产折旧。20×1 年 8 月末，会计部门根据各部门编报的固定资产折旧计算表，编制固定资产折旧费用分配表，如表 7-3 所示。

表 7-3　固定资产折旧费用分配表

20×1 年 8 月

单位：元

使用部门		上月计提折旧额	上月增加固定资产应计折旧额	上月减少固定资产应计折旧额	本月应提折旧额
生产车间	生产用	8 000	3 200	2 000	9 200
	管理用	24 000	4 000		28 000
	合计	32 000	7 200	2 000	37 200
销售部门		15 000			15 000
行政管理部门		20 000	1 000	500	20 500
合计		67 000	8 200	2 500	72 700

陆达公司根据固定资产折旧费用分配表，应进行如下会计处理。

借：制造费用 　　　　　　　　　　　　　　　　37 200
　　销售费用 　　　　　　　　　　　　　　　　15 000
　　管理费用 　　　　　　　　　　　　　　　　20 500
　　贷：累计折旧 　　　　　　　　　　　　　　　　72 700

7.3.6　固定资产使用寿命、预计净残值和折旧方法的复核

在固定资产使用过程中，其所处的经济环境、技术环境以及其他环境，都有可能对固定资产使用寿命和预计净残值产生较大影响。例如，固定资产的使用强度加大或替代产品的出现，都将致使固定资产实际使用寿命缩短或预计净残值减少等。为真实反映固定资产为企业提供经济利益的期间及每期实际的资产消耗，企业至少应当于每年年度终了，对固定资产的使用寿命、预计净残值进行复核。如果有确切证据表明，固定资产使用寿命预计数与原先估计数有差异，则企业应当调整固定资产使用寿命；如果固定资产预计净残值预计数与原先估计数有差异，则企业应当调整预计净残值。

在固定资产使用过程中，其所处的经济环境、技术环境以及其他环境也可能导致与固定资产有关的经济利益的预期消耗方式发生重大改变。如果与固定资产有关的经济利益预期消耗方式发生重大改变，则企业应当改变固定资产折旧方法。

企业应当根据《企业会计准则第 4 号——固定资产》的规定，结合企业的实际情况，制定固定资产目录、分类方法、每类或每项固定资产的使用寿命、预计净残值、折旧方法等。固定资产使用寿命、预计净残值和折旧方法的改变应当作为会计估计变更，按照《企业会计准则第 28 号——会计政策、会计估计变更和差错更正》相关规定处理。

7.4　固定资产的后续支出

固定资产的后续支出是指企业为了维护或提高固定资产的使用效能、延长固定资产使用寿命，而

对资产进行维护、改建、扩建或者改良所发生的各项支出。比如，生产设备的日常维修、定期大修理，以及房屋装修等引起的支出。

固定资产的后续支出可分为资本化的后续支出和费用化的后续支出。固定资产后续支出的处理原则是：与固定资产有关的后续支出，符合固定资产确认条件的，应当计入固定资产成本；否则，应当在发生时计入当期损益。

7.4.1 资本化的后续支出

如果固定资产的后续支出使可能流入企业的经济利益超过了原先的估计，如延长了固定资产的使用寿命，或者使产品质量实质性提高，或者使产品成本实质性降低，通常应当计入固定资产成本。

固定资产发生可资本化的后续支出时，企业应将该固定资产的原值、已计提的累计折旧和减值准备转销，将固定资产的账面价值转入在建工程，并停止计提折旧。在固定资产改建、扩建等工程完工并达到预定可使用状态时，再从在建工程转为固定资产，并按重新确定的固定资产原值、使用寿命、预计净残值和折旧方法计提折旧。固定资产发生的可资本化的后续支出，通过"在建工程"账户核算。

【例7.12】 陆达公司有关固定资产的相关资料如下。

① 20×1年12月，该公司自行建成一条生产线，建造成本为1 136 000元；采用年限平均法计提折旧；预计净残值率为3%，预计使用年限为6年。

② 20×4年1月1日，由于生产的产品适销对路，现有生产线的生产能力已难以满足公司生产发展的需要，但新建生产线成本过高，周期过长，于是公司决定对现有生产线进行改扩建，以提高其生产能力。假定该生产线未发生减值。

③ 20×4年1月1日至3月31日，经过3个月的改扩建，完成了该生产线的改扩建工程，共发生支出537 800元，全部以银行存款支付。

④ 该生产线改扩建工程达到预定可使用状态后，大大提高了生产能力，预计将其使用年限延长了4年，即改扩建后，该生产线预计使用年限为10年。假定改扩建后的生产线的预计净残值为改扩建后固定资产账面价值的3%；折旧方法仍为年限平均法。

⑤ 为简化计算过程，整个过程不考虑其他相关税费。

本例中，生产线改建后生产能力将大大提高，能够为企业带来更多经济利益，改扩建的支出金额也能可靠计量，因此该后续支出符合固定资产的确认条件，应计入固定资产的成本。

陆达公司根据有关凭证，应进行如下会计处理。

① 固定资产后续支出发生前。

该生产线计提的年折旧额＝1 136 000×（1−3%）÷6≈183 653.33（元）

每月折旧额＝183 653.33÷12≈15 304.44（元）

20×2年1月1日至20×3年12月31日，每月计提固定资产折旧。

借：制造费用   15 304.44

    贷：累计折旧   15 304.44

② 20×4年1月1日，该生产线转入改扩建。

该生产线的累计折旧＝183 653.33×2＝367 306.66（元）

该生产线的账面价值＝1 136 000−367 306.66＝768 693.34（元）

借：在建工程   768 693.34

    累计折旧   367 306.66

    贷：固定资产   1 136 000

③ 20×4年1月1日至3月31日，发生固定资产后续支出。

借：在建工程 537 800

贷：银行存款 537 800

④ 20×4年3月31日，生产线改扩建工程达到预定可使用状态。

生产线的账面价值=768 693.34+537 800=1 306 493.34（元）

借：固定资产——××生产线 1 306 493.34

贷：在建工程 1 306 493.34

⑤ 20×4年3月31日，改扩建生产线转为固定资产后，按重新确定的使用寿命、预计净残值计提折旧。

折旧计提月数=9+7×12=93（月）

月折旧额=1 306 493.34×（1-3%）÷93=13 626.87（元）

20×4年4月起，每月计提折旧。

借：制造费用 13 626.87

贷：累计折旧 13 626.87

企业发生的一些固定资产后续支出可能涉及替换原固定资产的某组成部分，如果发生的后续支出符合固定资产确认条件，应将其计入固定资产成本，同时将被替换部分的账面价值扣除。这样可以避免将替换部分的成本和被替换部分的成本同时计入固定资产成本，导致固定资产成本虚高。

7.4.2　费用化的后续支出

与固定资产相关的修理费用等后续支出，不符合固定资产确认条件的，应予以费用化，在发生时计入当期损益。

一般情况下，固定资产投入使用之后，由于固定资产的磨损及各组成部分耐用程度不同，可能导致固定资产的局部损坏。为了维护固定资产的正常运转和使用，充分发挥其使用效能，企业将对固定资产进行必要的维护。固定资产的日常修理费用、大修理费用等支出只是确保固定资产的正常工作状况，一般不产生未来的经济利益。因此，通常不符合固定资产确认条件，在发生时应直接计入当期损益。企业生产部门和行政管理部门等发生的固定资产修理费用等后续支出，计入"管理费用"账户；企业专设销售机构的，其发生的与专设销售机构相关的固定资产修理费用等后续支出，计入"销售费用"账户。对于处于修理、更新改造过程而停止使用的固定资产，如果其修理、更新改造支出不满足固定资产的确认条件，在发生时也应直接计入当期损益。

【例7.13】 20×1年8月，陆达公司对行政管理部门使用的计算机、打印机等办公设备进行日常维护，用银行存款支付本月维护费用1 000元。

陆达公司根据有关凭证，应进行如下会计处理。

借：管理费用 1 000

贷：银行存款 1 000

7.5　固定资产减值与清查

7.5.1　固定资产减值

固定资产或在建工程在资产负债表日存在减值迹象时，企业应按照资产减值准则的相关规定进行减值测试。如果固定资产或在建工程的可收回金额低于账面价值的，企业应当将该资产账面价值减记至可收回金额，减记的金额确认为减值损失，计入当期损益，同时计提相应的资产减值准备。企业应设置"固定资产减值准备"账户，确认减值损失时，按应减记的金额，借记"资产减值损失"账户，贷记"固定资产减值准备"或"在建工程减值准备"账户。企业以前期间累积的资产减值准备账户的余额，在该资产处置时方能予以转出。

【例 7.14】 陆达公司 20×1 年年末发现一条生产线存在减值迹象，对其进行减值测试。经计算，该生产线的预计可收回金额为 300 000 元，该生产线账面原值 500 000 万元，已计提累计折旧100 000 万元，以前年度未对该生产线计提过减值准备。

由于该项固定资产的可收回金额已低于其账面价值，表明其已发生了减值，应计提相应的资产减值准备。

陆达公司根据有关凭证，应进行如下会计处理。

借：资产减值损失——计提的固定资产减值准备   100 000

  贷：固定资产减值准备   100 000

假设该生产线目前尚可使用年限为 5 年，预计净残值为 0，直线法计提折旧，则以后年度应按计提减值准备后的固定资产账面净值重新计算折旧。

每月应计提的折旧额＝300 000÷5÷12＝5 000（元）

借：制造费用   5 000

  贷：累计折旧   5 000

7.5.2 固定资产清查

为了保证固定资产核算的真实性，充分挖掘企业现有固定资产的潜力，企业应定期或至少每年年末对固定资产进行盘点清查。在固定资产清查中，如果发现盘盈、盘亏的固定资产，则相关会计人员应填制固定资产盘点报告表，查明原因，并写出书面报告，根据企业的管理权限报经批准后，在期末结账前处理完毕。

1. 固定资产盘亏

企业在财产清查中盘亏的固定资产，按盘亏固定资产的账面价值，借记"待处理财产损溢——待处理固定资产损溢"账户；按已计提的折旧，借记"累计折旧"账户；按已计提的减值准备，借记"固定资产减值准备"账户；按固定资产原值，贷记"固定资产"账户。按管理权限报经批准后，将待处理财产损溢转出，贷记"待处理财产损溢"账户，如果有保险赔偿或过失人赔偿，借记"其他应收款"等账户，按借贷方差额，借记"营业外支出"账户。

【例7.15】 20×1 年年末，陆达公司进行财产清查，发现短缺一台设备，原价 15 000 元，已经计提折旧 6 000 元，已提减值准备 3 000 元。经批准，该设备盘亏损失作为营业外支出处理。

陆达公司根据有关凭证，应进行如下会计处理。

① 盘亏固定资产。

借：待处理财产损溢   6 000

  累计折旧   6 000

  固定资产减值准备   3 000

  贷：固定资产   15 000

② 报经批准转销。

借：营业外支出   6 000

  贷：待处理财产损溢   6 000

2. 固定资产盘盈

企业在财产清查中盘盈的固定资产，大都是由于以前年度设备虽然交付使用，但未及时入账造成的。这些固定资产若经查明确属企业所有，则应作为前期差错处理，并按确定的固定资产价值，借记"固定资产"账户，贷记"以前年度损益调整"账户。

7.6 固定资产的处置

7.6.1 固定资产终止确认的条件

固定资产满足下列条件之一的，应当予以终止确认。

（1）该固定资产处于处置状态。固定资产处置包括固定资产的出售、转让、报废或毁损、对外投资、非货币性资产交换、债务重组等。处于处置状态的固定资产不再用于生产商品、提供劳务、出租或经营管理，因此不再符合固定资产的定义，应予终止确认。

（2）该固定资产预期通过使用或处置不能产生经济利益。固定资产的确认条件之一是"与该固定资产有关的经济利益很可能流入企业"，如果一项固定资产预期通过使用或处置不能产生经济利益，那么它就不再符合固定资产的定义和确认条件，应当终止确认。

7.6.2 固定资产处置的会计处理

企业出售、转让、报废固定资产或发生固定资产损毁，应当将处置收入扣除账面价值和相关税费后的金额计入当期损益。

企业应设置"固定资产清理"账户。该账户核算企业因出售、报废和毁损等原因转入清理的固定资产价值及其在清理过程中所发生的清理费用和清理收入等。该账户借方登记转入清理的固定资产净值和发生的清理费用及相关税费，贷方登记清理固定资产的变价收入和应由保险公司或过失人承担的损失；借贷方差额为固定资产清理净损益，结转计入"资产处置损益""营业外支出"或"营业外收入"账户。结转后"固定资产清理"账户无余额。

固定资产处置

企业在经营过程中发生出售、报废或毁损、对外投资、非货币性资产交换、债务重组等处置固定资产事宜时，相应的会计处理一般经过以下几个步骤。

（1）固定资产转入清理。固定资产转入清理时，按固定资产账面价值，借记"固定资产清理"账户；按已计提的累计折旧，借记"累计折旧"账户；按已计提的减值准备，借记"固定资产减值准备"账户；按固定资产原值，贷记"固定资产"账户。

（2）发生的清理费用。固定资产清理过程中发生的有关费用以及应支付的相关税费，借记"固定资产清理"账户，贷记"银行存款""应交税费"等账户。

（3）出售收入和残料等的处理。企业收回出售固定资产的价款、残料价值和变价收入等时，按实际收到的出售价款以及残料变价收入等，借记"银行存款""原材料"等账户，贷记"固定资产清理"账户。

企业销售自己使用过的固定资产，如果该固定资产在原来取得时，其增值税进项税额已经计入"应交税费——应交增值税（进项税额）"账户，则销售时计算确定的增值税销项税额，应贷记"应交税费——应交增值税（销项税额）"账户；如果销售增值税转型之前购入的设备，购入设备支付的增值税进项税额已经计入了设备成本，则适用增值税简易征收办法，依照 3% 征收率减按 2% 征收增值税，但只能开具增值税普通发票，纳税人也可以放弃减税，按照简易办法依照 3% 征收率缴纳增值税，并可以开具增值税专用发票。

（4）损失赔偿的处理。企业计算或收到的应由保险公司或过失人赔偿的损失，应冲减清理支出，借记"其他应收款""银行存款"等账户，贷记"固定资产清理"账户。

（5）固定资产清理完成后的净损益，属于生产经营期间处置净损失，借记"资产处置损益"账户，贷记"固定资产清理"账户；处置净收益做相反的会计处理。属于生产经营期间正常报废及自然灾害等非正常原因造成的净损失，借记"营业外支出"账户，贷记"固定资产清理"账户。如果是净收益，借记"固定资产清理"账户，贷记"营业外收入"账户。

1. 固定资产的出售

【例7.16】 陆达公司出售一台自己使用过的生产设备，原值 100 000 元，已使用 5 年，累计折旧为 50 000 元，已计提 2 000 元的减值准备。该固定资产取得时的增值税已计入"应交税费——应交增值税（进项税额）"账户，出售过程中支付清理费用 1 000 元，收到价款 40 000 元，增值税税额5 200 元。

陆达公司根据有关凭证，应进行如下会计处理。

① 将固定资产转入清理。

借：固定资产清理	48 000
累计折旧	50 000
固定资产减值准备	2 000
贷：固定资产	100 000

② 支付清理费用。

借：固定资产清理	1 000
贷：银行存款	1 000

③ 收到变价收入。

借：银行存款	45 200
贷：固定资产清理	40 000
应交税费——应交增值税（销项税额）	5 200

④ 结转清理净损益。

生产设备清理净损失=48 000+1 000−40 000=9 000（元）

借：资产处置损益	9 000
贷：固定资产清理	9 000

2. 固定资产的报废

固定资产报废虽有到期正常报废、提前报废和超龄使用后报废等 3 种情况，但对应的会计处理基本一致。

【例 7.17】 陆达公司将一台生产设备报废，该设备账面原值为 200 000 元，已计提累计折旧为198 000 元。报废过程中用银行存款支付清理费用 1 400 元，收到残料出售价款 3 000 元。不考虑相关税费。

陆达公司根据有关凭证，应进行如下会计处理。

① 固定资产转入清理。

借：固定资产清理	2 000
累计折旧	198 000
贷：固定资产	200 000

② 支付清理费用。

借：固定资产清理	1 400
贷：银行存款	1 400

③ 取得残料出售款。

借：银行存款	3 000
贷：固定资产清理	3 000

④ 结转固定资产清理净损益。

清理净损失=2 000+1 400−3 000=400（元）

借：营业外支出   400

    贷：固定资产清理   400

3. 固定资产的毁损

固定资产毁损通常是自然灾害、责任事故等非正常因素造成的。固定资产毁损的净损失是指毁损固定资产的账面价值，加上发生的清理费用，扣除残料变价收入以及保险赔款、责任人赔款后的金额。因自然灾害等非正常因素造成的毁损损失作为非正常损失，计入"营业外支出"账户。

【例 7.18】 陆达公司一座仓库因火灾被毁。仓库的原值为 300 000 元，已计提累计折旧 120 000 元。灾后发生清理费用 10 000 元；残料估值 20 000 元，验收入库作为原材料使用；收到保险公司赔款 100 000 元。陆达公司根据有关凭证，应进行如下会计处理。

① 固定资产转入清理。

借：固定资产清理   180 000

    累计折旧   120 000

      贷：固定资产   300 000

② 支付清理费用。

借：固定资产清理   10 000

      贷：银行存款   10 000

③ 残料入库。

借：原材料   20 000

      贷：固定资产清理   20 000

④ 收到保险公司赔款。

借：银行存款   100 000

      贷：固定资产清理   100 000

⑤ 结转固定资产清理净损益。

借：营业外支出   70 000

      贷：固定资产清理   70 000

7.6.3　持有待售的固定资产

企业持有的非流动资产（包括固定资产）或处置组，同时满足下列条件的，应划分到持有待售类别中。

（1）根据类似交易中出售此类资产或处置组的惯例，在当前状况下即可立即出售。

（2）出售极可能发生，即企业已经就一项出售计划做出决议且获得确定的购买承诺，预计出售将在一年内完成。有关规定要求企业相关权力机构或者监管部门批准后方可出售的，应当已经获得批准。

确定的购买承诺是指企业与其他方签订的具有法律约束力的购买协议。该协议包含交易价格、时间和足够严厉的违约惩罚等重要条款，出现重大调整或者撤销的可能性极小。

企业专为转售而取得的非流动资产或处置组，在取得日满足"预计出售将在一年内完成"的规定条件，且短期（通常为 3 个月）内很可能满足持有待售类别的其他划分条件的，企业应当在取得日将其划分为持有待售类别。

企业持有待售的固定资产在初始计量时，其账面价值高于公允价值减去出售费用后的净额的，应当将账面价值减记至公允价值减去出售费用后的净额，减记的金额确认为资产减值损失，计入当期损益，同时计提持有待售资产减值准备。

企业的固定资产在划分为持有待售类别后，其性质已经由非流动资产转化为流动资产，因此不应继续计提折旧，在后续资产负债表日，若其公允价值减去出售费用后的净额增加，则以前减记的金额也应当予以恢复，并在划分为持有待售类别后确认的资产减值损失金额内转回，转回金额计入当期损益。划分为持有待售类别前确认的资产减值损失不允许转回。

某项划分为持有待售类别的固定资产如果不再满足持有待售类别的划分条件，企业应当停止将其划归为持有待售，并按照以下两者孰低计量。

（1）划分为持有待售类别前的账面价值，即按照其假定在不划分为持有待售类别情况下本应确认的折旧、摊销或减值等进行调整后的金额。

（2）不再满足持有待售条件之日的可收回金额。

符合持有待售条件的无形资产等其他非流动资产，比照上述原则处理。企业应当在资产负债表中区别于其他资产单独列示持有待售的非流动资产。

本章小结

思考与练习

一、思考题

1. 什么是固定资产？其特征是什么？
2. 以不同方式取得的固定资产如何进行初始计量？
3. 固定资产折旧的计提范围是什么？
4. 固定资产计提折旧的方法有哪些？哪些属于加速折旧方法？
5. 固定资产后续支出的处理原则是什么？
6. 盘盈、盘亏固定资产应如何进行会计处理？
7. 简述持有待售固定资产的确认与计量原则。

二、业务处理题

1. 目的：练习自行建造固定资产的会计处理。

资料：长华公司自行建造仓库一座，厂房建设期间，领用工程物资 480 000 元；领用本公司生产用原材料一批，实际成本为 52 000 元；结算工程人员薪酬 110 260 元。当年 5 月末，工程完工交付使用。不考虑相关税费。

要求：进行自行建造仓库业务的相关会计处理。

2. 目的：练习固定资产计提折旧的方法。

资料：甲公司为一般纳税企业，适用增值税税率为 16%。20×1 年 1 月购入设备一台，价款 3 200 000 元，增值税 512 000 元，运杂费 31 000 元，立即投入安装。安装中领用工程物资 200 000 元；领用原材料的实际成本为 100 000 元。20×1 年 3 月安装完毕投入使用，该设备预计使用 5 年，预计净残值为 120 000 元。假设运杂费不考虑税费。

要求：根据上述资料，完成以下任务。

（1）计算安装完毕投入使用的固定资产成本。

（2）分别采用年限平均法、双倍余额递减法、年数总和法计算 20×1 年、20×2 年、20×3 年该项固定资产的年折旧额。

（3）进行固定资产的购入、安装、折旧等业务的会计处理。

3. 目的：练习固定资产减值的会计处理。

资料：甲公司于20×1年3月用银行存款6 000万元购入不需安装的生产用固定资产。该固定资产预计使用寿命为20年，预计净残值为0，按直线法计提折旧。20×1年12月31日，该固定资产公允价值为5 544万元，20×2年12月31日该固定资产公允价值为5 475万元，假设该公司其他固定资产无减值迹象。

要求：根据上述资料，进行固定资产减值准备的相关会计处理。

4. 目的：练习固定资产处置的会计处理。

资料：某公司提前报废一台设备。该设备原价50 000元，预计使用年限5年，已使用4年，年限平均法计提折旧，预计净残值为0，已计提减值准备2 000元。报废过程中，企业以银行存款支付清理费用5 000元，取得残料变价收入2 000元。不考虑相关税费。

要求：根据上述资料进行相关会计处理。

第8章 无形资产和其他资产

本章主要阐述了无形资产的范围、确认条件与会计处理以及其他资产的主要内容。通过本章的学习，读者应了解无形资产的概念、特征、内容、分类；掌握无形资产的确认条件和计量方法；掌握无形资产研究开发费用的资本化与费用化的会计处理；掌握无形资产的摊销、处置等的会计处理；了解其他资产的主要内容。

8.1 无形资产概述

8.1.1 无形资产的特征

无形资产是指企业拥有或者控制的没有实物形态的可辨认非货币性资产。无形资产具有以下特征。

1. 由企业拥有或控制并能为企业带来未来经济利益

预计能为企业带来经济利益是一项资产的本质特征。作为一项资产，无形资产首先要符合这一本质特征。通常情况下，企业拥有或控制的无形资产，是指企业拥有该无形资产的所有权，并且该无形资产能够为企业带来未来经济利益。但在某些特殊情况下，企业虽然没有拥有一项无形资产的所有权，但是有权获得一项无形资产产生的未来经济利益，并能约束其他方获取这些利益，则表明企业控制了该项无形资产，因此，其也作为企业的无形资产入账。例如，非专利技术，企业不享有受法律保护的所有权，但只要相关员工在签订了保密协议的情况下，能够保证该技术不外泄，该技术所带来的经济利益能够唯一流入该企业，那么就说明该企业控制了相关利益，应将其确认为无形资产。

2. 不具有实物形态

无形资产通常表现为某种权利、某项技术或是某种获取超额利润的综合能力。它们不具有实物形态，比如，商标权、专利权等。这一特征使它与同样属于非流动资产的固定资产区分开来。但是，某些无形资产的存在有时候有赖于实物载体。比如，计算机软件需要存储在磁盘中。但这并不改变无形资产本身不具有实物形态的特性。在确定一项包含无形和有形要素的资产是属于固定资产，还是属于无形资产时，需要通过判断来加以确定，通常以哪个要素更重要作为判断的依据。例如，计算机控制的机械工具没有特定的计算机软件就不能运行时，说明该软件是构成相关硬件不可缺少的组成部分，那该软件应作为固定资产处理；如果计算机软件不是相关硬件不可缺少的组成部分，则该软件应作为无形资产核算。

3. 具有可辨认性

一项资产要作为无形资产核算，必须是能够区别于其他资产可单独辨认的。资产符合以下条件之一，则认为其具有可辨认性。

（1）能够从企业中分离或者划分出来，并能够单独或者与相关合同、资产或负债一起，用于出售、转移、授予许可、租赁或者交换。

（2）源自合同性权利或其他法定权利，无论这些权利是否可以从企业或其他权利和义务中转移或者分离。如一方通过与另一方签订特许权合同而获得的特许经营权，通过法律程序申请获得的商标权、专利权等。

无形资产的可辨认性，使得商誉这一不可辨认资产被排除在外。商誉是企业合并成本大于合并取得被购买方各项可辨认资产、负债公允价值份额的差额，代表的是企业未来现金流量大于每一单项资产产生未来现金流量的合计金额，其存在无法与企业自身分离，不具有可辨认性，因此不属于无形资产准则规范的内容。

4．属于非货币性长期资产

货币性资产是指企业持有的货币资金和将以固定或可确定的金额收取的资产，比如现金、银行存款、应收账款、应收票据等。而无形资产由于没有发达的交易市场，一般不容易转化成现金，在持有过程中为企业带来未来经济利益的情况具有很大的不确定性，属于非货币性资产。同时，无形资产由于变现或耗用的时间较长，属于长期资产。

8.1.2　无形资产的确认条件

无形资产必须在符合定义的前提下，同时满足下列两个条件时，才能予以确认。

1．与该无形资产有关的经济利益很可能流入企业

作为无形资产确认的项目，必须具备其所产生的经济利益很可能流入企业这一条件。通常情况下，无形资产产生的未来经济利益可能包括在销售商品、提供劳务的收入当中，或者企业使用该项无形资产而减少或节约了成本，或者体现在获得的其他利益当中。例如，生产加工企业在生产工序中使用了某种知识产权，使其降低了未来生产成本。

会计实务中，要确定无形资产所创造的经济利益是否很可能流入企业，需要实施职业判断。在实施这种判断时，需要对无形资产在预计使用寿命内可能存在的各种经济因素做出合理估计，并且应当有确凿的证据支持。例如，企业是否有足够的人力资源、高素质的管理队伍、相关的硬件设备、相关的原材料等来配合无形资产为企业创造经济利益。同时，更为重要的是关注一些外界因素的影响，例如，是否存在与该无形资产相关的新技术、新产品冲击；与无形资产相关的技术或据其生产的产品的市场等。在实施判断时，企业的管理当局应对在无形资产的预计使用寿命内存在的各种因素做出最稳健的估计。

2．该无形资产的成本能够可靠地计量

成本能够可靠地计量是确认资产的一项基本条件。例如，企业自创商誉以及内部产生的品牌、报刊名，与企业签订服务合同，在一定期限内不能为其他企业提供服务的人才等，因其成本无法可靠地计量，因此不作为无形资产确认。

8.1.3　无形资产的内容

无形资产准则中所指的无形资产主要包括专利权、非专利技术、商标权、著作权、特许权、土地使用权等。

1．专利权

专利权是指国家专利主管机关依法授予发明创造专利申请人，对其发明创造在法定期限内所享有的专有权利，包括发明专利权、实用新型专利权和外观设计专利权。发明是指对产品、方法或其改进所提出的新的技术方案，分为产品发明（如机器、仪器、设备和用具等）和方法发明（制造方法）。目前，我国发明专利的保护期限为自申请日起 20 年。实用新型是指对产品的形状、构造或者其结合所提出的适于实用的新的技术方案。外观设计是指对产品的形状、图案、色彩或者其结合所做出的富有美感并适于工业上应用的新设计。目前，我国实用新型专利和外观设计专利的保护期限为自申请日起10年。

2．非专利技术

非专利技术也称专有技术。它是指不为外界所知、在生产经营活动中已采用了的、不享有法律保护的、可以带来经济效益的各种技术和诀窍。非专利技术一般包括工业专有技术、商业贸易专有技术、管理专有技术等。非专利技术不是专利法的保护对象，它依靠自我保密的方式来维持其独占性，具有经济性、机密性和动态性等特点。

3．商标权

商标是用来辨认特定的商品或服务的标记。商标权是指专门在某类制定的商品或产品上使用特定的名称或图案的权利。经商标局核准注册的商标为注册商标，包括商品商标、服务商标和集体商标、证明商标。注册商标受法律保护，商标注册人享有商标专用权。目前，我国商标权有效期 10 年，自核准注册之日起计算，期满前 6 个月内申请续展；在此期间内未能申请的，可再给予 6 个月的宽展期；续展可无限重复进行，每次续展期 10 年。

4．著作权

著作权又称版权，是指作者对其创作的文学、科学和艺术作品依法享有的某些特殊权利。著作权包括两方面的权利，即精神权利（人身权利）和经济权利（财产权利）。精神权利指作品的署名、发表作品、确认作者身份、保护作品的完整性、修改已发表的作品等各项权利，包括作品署名权、发表权、修改权和保护作品完整权等；经济权利指以出版、表演、广播、展览、录制唱片、摄制影片等方式使用作品以及因授权他人使用作品而获得经济利益的权利，包括发行权、表演权、广播权、展览权、复制权、改编权、摄制权、放映权、出租权、信息网络传播权、翻译权、汇编权以及应当由著作权人享有的其他权利。

作者的署名权、修改权、保护作品完整权的保护期不受限制，而发表权等权利的保护期为作者终生及其死亡后 50 年，截止于作者死亡后第 50 年的 12 月 31 日；如果是合作作品，截止于最后死亡的作者死亡后第 50 年的 12 月 31 日。法人或者其他组织的作品、著作权（署名权除外）由法人或者其他组织享有的职务作品，其发表权等权利的保护期为 50 年，截止于作品首次发表后第 50 年的 12 月 31 日。

5．特许权

特许权又称经营特许权、专营权，指企业在某一地区经营或销售某种特定商品的权利，或是一家企业接受另一家企业使用其商标、商号、技术秘密等的权利。特许权通常有两种形式，一种是由政府机构授权，准许企业使用或在一定地区享有经营某种业务的特权，如水、电、邮电通信等专营权、烟草专卖权等；另一种指企业间依照签订的合同，有限期或无限期使用另一家企业的某些权利，如连锁店、分店使用总店的名称等。

通常在特许权转让合同中规定了特许权转让的期限、转让人和受让人的权利和义务。转让人一般要向受让人提供商标、商号等使用权，传授专有技术，并负责培训营业人员，提供经营场所必需的设备和特殊原料。受让人则需要向转让人支付取得特许权的费用，开业后按营业收入的一定比例或其他计算方法支付享用特许权费用。

6．土地使用权

土地使用权指国家准许某企业在一定期间内对国有土地享有开发、利用、经营的权利。根据我国土地管理法的规定，我国土地实行公有制，任何单位和个人不得侵占、买卖或者以其他形式非法转让。企业取得土地使用权的方式通常有行政划拨取得、外购取得（如通过缴纳土地出让金取得）、投资者投入取得等几种。

需要注意的是，有些土地不是用来自用而是以赚取租金或增值为目的的。这种土地使用权按现行准则不作为无形资产，而是作为投资性房地产处理。还有些土地使用权无法与地上建筑物合理分配取得成本的，应当连同地上建筑，全部作为固定资产核算。

8.1.4　无形资产的分类

（1）按无形资产的来源分类，无形资产可分为外购的无形资产、自行研究开发的无形资产、投资者投入的无形资产、企业合并取得的无形资产以及通过非货币性资产交换、债务重组、政府补助等方式或渠道取得的无形资产等。不同的取得方式对于无形资产的初始确认时间以及初始计量金额都会产生影响。

（2）按无形资产使用寿命是否可确定，无形资产分为使用寿命有限的无形资产和使用寿命不确定的无形资产。使用寿命的有限与否将影响到无形资产的摊销问题。

8.2　无形资产的取得

8.2.1　外部获取的无形资产

无形资产通常是按实际成本计量，即以取得无形资产并使之达到预定用途而发生的全部支出作为无形资产的成本。无形资产达到预定用途就应该予以确认，不论该无形资产是否真正投入使用。对于不同来源取得的无形资产，其初始成本构成也不尽相同。

1. 应设置的账户

为了核算无形资产的取得、摊销、处置等业务，企业应该设置"无形资产"账户。该账户用于核算企业持有的无形资产，包括专利权、非专利技术、商标权、著作权、土地使用权等。"无形资产"账户属于资产类账户，借方登记取得的无形资产的成本，贷方登记转销的无形资产账面价值，期末借方余额反映企业持有未转销的无形资产的账面价值。该账户可以按照无形资产的项目进行明细核算。

采用成本模式计量的已出租的土地使用权和持有并准备增值后转让的土地使用权，在"投资性房地产"账户核算。如果采用分期付款方式取得的无形资产，购买无形资产的价款超过正常信用条件延期支付的，还应设置"长期应付款"和"未确认融资费用"账户。

2. 外部获取无形资产的会计处理

（1）外购的无形资产

外购无形资产的成本包括购买价款、相关税费以及直接归属于使该项资产达到预定用途所发生的其他支出。直接归属于使该项资产达到预定用途所发生的其他支出，包括使无形资产达到预定用途所发生的专业服务费用、测试无形资产是否能够正常发挥作用的费用等。下列各项支出不包括在无形资产的初始成本中。

① 引入新产品进行宣传发生的广告费用、管理费用及其他间接费用。

② 无形资产已经达到预定用途以后发生的费用。例如，在形成预定经济规模之前发生的初始运作损失。在无形资产达到预定用途之前发生的其他经营活动的支出，如果该经营活动并非是为使无形资产达到预定用途所必不可少的，则有关经营活动的损益应于发生时计入当期损益，而不构成无形资产的成本。

外购无形资产按其取得成本进行初始计量，如果购入的无形资产超过正常信用条件延期支付价款，实质上具有融资性质的，则无形资产的成本为购买价款的现值，现值与应付价款之间的差额作为未确认融资费用。

【例8.1】 20×1年8月6日，陆达公司以3 000 000元的价格从甲公司购入一项新产品的专利权，为使无形资产达到预定用途所发生的专业服务费用80 000元，测试费用50 000元，为推广该产品发生的广告宣传费用70 000元。不考虑相关税费。

陆达公司根据有关凭证，应进行如下会计处理。

专利权的初始入账价值＝3 000 000+80 000+50 000＝3 130 000（元）

借：无形资产——专利权　　　　　　　　　　　　　　　　　　　　　　3 130 000
　　销售费用　　　　　　　　　　　　　　　　　　　　　　　　　　　　　70 000
　　贷：银行存款　　　　　　　　　　　　　　　　　　　　　　　　　3 200 000

购入无形资产超过正常信用条件延期支付价款，实质上具有融资性质的，应按所购无形资产购买价款的现值，借记"无形资产"账户；按实际应支付的款项，贷记"长期应付款"账户；按借贷方差额，借记"未确认融资费用"账户。未确认融资费用在付款期间内按照实际利率法分期摊销，确认为利息费用。

【例 8.2】 20×1 年 8 月 31 日，陆达公司从乙公司购买一项商标权，经与乙公司协商采用分期付款方式支付款项。合同规定，该项商标权总计 3 000 000 元，每年年末付款 1 000 000 元，分 3 年付清。假设银行同期贷款利率为 10%，不考虑其他相关税费。有关计算如下。

无形资产现值＝1 000 000×（1＋10%）$^{-1}$＋1 000 000×（1＋10%）$^{-2}$＋1 000 000×（1＋10%）$^{-3}$＝1 000 000×2.486 9＝2 486 900（元）

未确认融资费用＝3 000 000－2 486 900＝513 100（元）

第一年应确认的融资费用＝2 486 900×10%＝248 690（元）

第二年应确认的融资费用＝[2 486 900－（1 000 000－248 690）]×10%＝173 559（元）

第三年应确认的融资费用＝513 100－248 690－173 559＝90 851（元）

陆达公司根据有关凭证，应进行如下会计处理。

① 取得商标权。

借：无形资产——商标权 2 486 900
　　未确认融资费用 513 100
　　贷：长期应付款 3 000 000

② 第一年年末付款。

借：长期应付款 1 000 000
　　贷：银行存款 1 000 000
借：财务费用 248 690
　　贷：未确认融资费用 248 690

③ 第二年年末付款。

借：长期应付款 1 000 000
　　贷：银行存款 1 000 000
借：财务费用 173 559
　　贷：未确认融资费用 173 559

④ 第三年年末付款。

借：长期应付款 1 000 000
　　贷：银行存款 1 000 000
借：财务费用 90 851
　　贷：未确认融资费用 90 851

（2）投资者投入的无形资产

投资者投入的无形资产的成本，应当按照投资合同或协议约定的价值确定。在投资合同或协议约定价值不公允的情况下，企业应按无形资产的公允价值作为无形资产的初始成本。

投资者投入的无形资产，应当按照投资合同或协议约定的价值或者公允价值，借记"无形资产"账户；按投资者投资在注册资本或股本中所占份额，贷记"实收资本"或"股本"账户；按借贷方的差额，贷记"资本公积——资本溢价（或股本溢价）"账户。

【例 8.3】 20×1 年 8 月，丙公司以一项商标权向陆达公司投资，该商标权的双方协议价格为 3 000 000 元，陆达公司另以银行存款支付相关税费 10 000 元，投资后丙公司取得陆达公司的股本份额为 1 000 000 元。假设该商标权协议价格与公允价值一致。

陆达公司根据有关凭证，应进行如下会计处理。

商标权的取得成本＝3 000 000＋10 000＝3 010 000（元）

借：无形资产——商标权 3 010 000
  贷：股本——丙公司 1 000 000
    资本公积——股本溢价 2 000 000
    银行存款 10 000

（3）其他方式取得的无形资产

企业还可以通过非货币性资产交换、债务重组、政府补助、企业合并等多种方式取得无形资产，其成本的确定参照相关会计准则进行会计处理。

（4）土地使用权的处理

企业取得的土地使用权通常应当按照取得时所支付的价款及相关税费确认为无形资产。土地使用权用于自行开发建造厂房等地上建筑物时，土地使用权的账面价值不与地上建筑物合并计算其成本，而仍作为无形资产进行核算，土地使用权与地上建筑物分别进行摊销和提取折旧，但下列情况除外。

① 房地产开发企业取得的土地使用权用于建造对外出售的房屋建筑物，相关的土地使用权应当计入所建造的房屋建筑物成本。

② 企业外购的房屋建筑物，实际支付的价款中包括土地以及建筑物的价值，则应当对支付的价款按照合理的方法（例如，公允价值比例）在土地和地上建筑物之间进行分配；如果确实无法在地上建筑物与土地使用权之间进行合理分配，则应当全部作为固定资产核算。另外，企业改变土地使用权的用途，将其用于出租或增值目的时，应将其转为投资性房地产。

【例 8.4】 20×1 年 10 月 1 日，陆达公司购入一块土地的使用权，以银行存款转账支付 8 000 万元，并在该土地上自行建造厂房。建造过程中发生材料支出 12 000 万元，工资费用 8 000 万元，其他相关费用 1 000 万元。该工程已完工并达到预定可使用状态。假定土地使用权的使用年限为 50 年，该厂房的使用年限为 25 年，两者都没有净残值，直线法按年进行摊销和折旧，不考虑其他相关税费。

陆达公司根据有关凭证，应进行如下会计处理。

① 支付购买价款。

借：无形资产——土地使用权 80 000 000
  贷：银行存款 80 000 000

② 自行建造厂房。

借：在建工程 210 000 000
  贷：工程物资 120 000 000
    应付职工薪酬 80 000 000
    银行存款 10 000 000

③ 厂房完工达到预定可使用状态。

借：固定资产 210 000 000
  贷：在建工程 210 000 000

④ 每年分期摊销土地使用权和计提厂房折旧。

借：管理费用 1 600 000
  贷：累计摊销 1 600 000
借：制造费用 8 400 000
  贷：累计折旧 8 400 000

8.2.2　内部研究开发的无形资产

企业内部研究与开发无形资产过程中所发生的研究与开发费用，在遵循无形资产确认与初始计量的一般要求的基础上，还需要满足其他特定的条件，才能够确认为一项无形资产。

1. 研究阶段和开发阶段的划分

为评价内部产生的无形资产是否满足确认标准，企业应当将资产的形成过程分为研究阶段与开发阶段两部分。

（1）研究阶段

研究是指为获取新的技术和知识等进行的有计划的调查。研究活动的例子包括：意在获取知识而进行的活动；研究成果或其他知识的应用研究、评价和最终选择；材料、设备、产品、工序、系统或服务替代品的研究；以及新的或经改进的材料、设备、产品、工序、系统或服务的可能替代品的配制、设计、评价和最终选择。

研究阶段的特点在于计划性和探索性。

（2）开发阶段

开发是指在进行商业性生产或使用前，将研究成果或其他知识应用于某项计划或设计，以生产出新的或具有实质性改进的材料、装置、产品等。开发活动的例子包括：生产前或使用前的原型和模型的设计、建造和测试；含新技术的工具、夹具、模具和冲模的设计；不具有商业性生产经济规模的试生产设施的设计、建造和运营；新的或改造的材料、设备、产品、工序、系统或服务所选定的替代品的设计、建造和测试等。

开发阶段的特点在于针对性和成果性。

2. 研究与开发支出的计量原则

（1）研究阶段支出

从研究活动的特点看，研究是否能在未来形成成果，即通过开发后是否会形成无形资产具有很大的不确定性，企业也无法证明其能够带来未来的经济利益。因此，对于企业内部研究开发项目研究阶段的有关支出，应当在发生时全部费用化，计入当期损益。

（2）开发阶段支出

开发阶段建立在研究阶段的基础上，相对于研究阶段来说，进入开发阶段的研发项目形成最终成果的可能性较大，在很大程度上具备了形成一项新产品或新技术的基本条件。在此基础上，如果企业能够证明开发支出符合无形资产的定义及相关确认条件，则研发项目所发生的开发支出可以资本化，确认为无形资产。

在开发阶段，判断可以将有关支出资本化，确认为无形资产，必须同时满足下列条件。

① 完成该无形资产以使其能够使用或出售在技术上具有可行性。

② 具有完成该无形资产并使用或出售的意图。

③ 无形资产产生经济利益的方式，包括能够证明运用该无形资产生产的产品存在市场或无形资产自身存在市场；无形资产将在内部使用的，应当证明其有用性。

④ 有足够的技术、财务资源和其他资源支持，以完成该无形资产的开发，并有能力使用或出售该无形资产。

⑤ 归属于该无形资产开发阶段的支出能够可靠计量。

需要注意的是，无法区分研究阶段和开发阶段的支出，应当在发生时全部费用化，不确认为无形资产。

（3）内部研发无形资产的成本构成

内部研发活动形成的无形资产成本，由可归属于该资产的创造、生产并使该资产能够以管理层预定的方式运作的所有必要支出组成。可直接归属成本包括：开发该无形资产时耗费的材料、劳务成本、注册费、在开发该无形资产过程中使用的其他专利权和特许权的摊销，资本化的利息支出，以及为使该无形资产达到预定用途前所发生的其他费用。在开发无形资产过程中发生的除上述可直接归属于无形资产开发活动的其他销售费用和管理费用等间接费用、无形资产达到预定用途前发生的可辨认的无效和初始运作损失、为运行该无形资产发生的培训支出等不构成无形资产的开发成本。

内部开发无形资产的成本仅包括在满足资本化条件的时点至无形资产达到预定用途前发生的支出总和，对于同一项无形资产在开发过程中达到资本化条件之前已经费用化计入损益的支出不再进行调整。

在实务工作中，具体划分研究阶段与开发阶段，以及是否符合资本化的条件，应当根据企业的实际情况以及相关信息予以判断。

3. 内部研究开发无形资产的会计处理

（1）应设置的账户

企业应设置"研发支出"账户，用于核算自行研究开发无形资产发生的各项支出。该账户属于成本类账户，按照研究开发项目，分别设置"费用化支出"与"资本化支出"两个明细账户进行核算；借方登记企业自行开发无形资产发生的研究与开发支出，贷方登记期末结转的费用化金额以及达到预定用途的无形资产成本，期末余额在借方，反映企业正在进行中的研究开发项目中满足资本化条件的支出。

（2）会计处理

对于企业自行开发无形资产发生的研发支出，未满足资本化条件的，借记"研发支出——费用化支出"账户；满足资本化条件的，借记"研发支出——资本化支出"账户，贷记"原材料""银行存款""应付职工薪酬"等账户。研究开发项目达到预定用途形成无形资产的，应按"研发支出——资本化支出"账户的余额，借记"无形资产"账户，贷记"研发支出——资本化支出"账户。期末，企业应将"研发支出"归集的费用化支出金额转入"管理费用"账户。

【例 8.5】 20×1 年 8 月 1 日，陆达公司开始研制一项新技术。该公司董事会认为，研发该项目具有可靠的技术和财务等资源支持，研发成功将降低公司产品的生产成本。20×1 年 12 月 31 日，该技术研发成功，并申请了专利。在研究开发过程中发生材料费 2 000 000 元、职工薪酬 1 700 000 元，以及用银行存款支付的其他费用 300 000 元，总计 4 000 000 元，其中，符合资本化条件的支出为 2 800 000 元。

陆达公司根据有关凭证，应进行如下会计处理。

① 相关研发支出发生时。

借：研发支出——费用化支出		1 200 000
——资本化支出		2 800 000
贷：原材料		2 000 000
应付职工薪酬		1 700 000
银行存款		300 000

② 新技术研发成功。

借：无形资产——专利权		2 800 000
管理费用		1 200 000
贷：研发支出——资本化支出		2 800 000
——费用化支出		1 200 000

注：费用化支出于支出发生当期转入管理费用。

8.3 无形资产的摊销

8.3.1 无形资产后续计量原则

无形资产在使用过程中，对于其账面价值的调整主要体现在两方面：一方面，无形资产的价值逐渐转移到其他资产当中，称为摊销；另一方面，由于新技术的不断出现等各种原因，无形资产的价值会发生减损，称为减值。

无形资产初始确认和计量后，在其后使用该项无形资产期间应以成本减去累计摊销额和累计减值损失后的余额计量。确定无形资产在使用过程中的累计摊销额，前提是估计无形资产的使用寿命，而使用寿命有限的无形资产才需要在估计使用寿命内采用系统合理的方法进行摊销，对于使用寿命不确定的无形资产则不需要摊销。

1. 无形资产使用寿命的确定

使用寿命有限的无形资产，应当估计该无形资产使用寿命的年限或者是构成使用寿命的产量等类似计量单位数量。

无形资产的使用寿命包括法定寿命和经济寿命两个方面。有些无形资产的使用寿命受法律、规章或合同的限制，称为法定寿命，如前面述及的有关无形资产的法定保护期限。经济寿命是指无形资产可以为企业带来经济利益的年限。由于受技术进步、市场竞争等因素的影响，无形资产的经济寿命往往短于法定寿命，所以在估计无形资产的使用寿命时，应当综合考虑各方面相关因素的影响，合理确定无形资产的使用寿命。

合同或者其他法定文件明确规定了无形资产受益期限的，应该将其确认为无形资产的使用寿命即摊销期限。如果期满后企业续约不需要付出重大成本，则续约期能够包括在使用寿命的估计中。如果续约需要付出较大的成本，那么应该视为企业获得了一项新的无形资产。

合同或其他法定文件没有明确规定受益期限的无形资产，企业应当综合各方面情况，如聘请相关专家进行论证，或与同行业的情况进行比较，以及根据企业的历史经验等进行判断，来确定无形资产为企业带来未来经济利益的期限。如果经过这些努力确实无法合理确定无形资产为企业带来经济利益的期限，再将其作为使用寿命不确定的无形资产。例如，企业通过公开拍卖取得一项出租车运营许可，按照所在地规定，以现有出租车运营许可为限，不再授予新的运营许可，而且在旧的出租车报废以后，其运营许可可用于新的出租车。企业估计在有限的未来，将持续经营出租车行业。对于该运营许可，其为企业带来未来经济利益的期限从目前情况看无法可靠估计，应视为使用寿命不确定的无形资产。

估计无形资产使用寿命应考虑以下因素。

（1）该资产通常的产品寿命周期，以及可获得的类似资产使用寿命的信息。

（2）技术、工艺等方面的现实情况及对未来发展的估计。

（3）该资产在该行业运用的稳定性和生产的产品或服务的市场需求情况。

（4）现在或潜在的竞争者预期采取的行动。

（5）为维持该资产产生未来经济利益的能力所需要的维护支出，以及企业预计支付有关支出的能力。

（6）对该资产的控制期限，以及对该资产使用的法律或类似限制。

（7）与企业持有的其他资产使用寿命的关联性等。

2. 无形资产使用寿命的复核

企业至少应当于每年年度终了，对无形资产的使用寿命进行复核。如果有证据表明无形资产的使用寿命不同于以前的估计，则对于使用寿命有限的无形资产，企业应改变其摊销年限，并按照会计估计变更进行处理。会计处理应遵循《企业会计准则第 28 号——会计政策、会计估计变更和差错更正》的相关规定。例如，合同的续约或无形资产应用条件的改善，延长了无形资产的使用寿命，就需要进行会计估计变更处理。

对于使用寿命不确定的无形资产，如果有证据表明其使用寿命是有限的，则视为会计估计变更，遵循《企业会计准则第 28 号——会计政策、会计估计变更和差错更正》的相关规定，并按照无形资产准则中关于使用寿命有限的无形资产的处理原则进行处理。

8.3.2　使用寿命有限的无形资产

1. 摊销期和摊销方法

使用寿命有限的无形资产，应在其预计的使用寿命内采用系统合理的方法对应摊销金额进行摊销。应摊销金额为无形资产的成本扣除残值后的金额。

无形资产的残值一般认为为零，但以下两种情况例外。

（1）有第三方承诺在无形资产使用寿命结束时购买该无形资产。

（2）可以根据活跃市场得到预计残值信息，并且该市场在无形资产使用寿命结束时很可能存在。

残值确定以后，在持有无形资产的期间至少应于每年年末进行复核，预计其残值与原估计金额不同的，应按照会计估计变更原则进行处理。如果无形资产的残值重新估计以后高于其账面价值，则相应无形资产不再摊销，直至残值降至低于账面价值时再恢复摊销。

无形资产的摊销期自其达到预定用途开始至终止确认时止，当月增加的无形资产，当月开始摊销，当月减少的无形资产，当月不再摊销。

无形资产的摊销方法包括直线法、生产总量法等。企业选择无形资产摊销方法时，应根据与该项无形资产有关的经济利益的预期消耗方式做出决定，并一致地运用于不同会计期间，不得随意变更。例如，受技术陈旧因素影响较大的专利权和专有技术等无形资产，可采用类似固定资产加速折旧的方法进行摊销；有特定产量限制的特许经营权或专利权，可采用产量法进行摊销。无法可靠确定预期消耗方式的，应当采用直线法摊销。

企业至少应当于每年年度终了，对使用寿命有限的无形资产的摊销方法进行复核。无形资产的摊销方法与以前估计不同的，应当改变摊销方法。

无形资产的摊销一般应计入当期损益，但如果某项无形资产是专门用于生产某种产品的，其所包含的经济利益是通过转入所生产的产品中体现的，则该无形资产的摊销费用应构成产品成本的一部分。

持有待售的无形资产不进行摊销，按照账面价值与公允价值减去处置费用后的净额孰低进行计量。

2．无形资产摊销的会计处理

企业应设置"累计摊销"账户。"累计摊销"账户核算企业对使用寿命有限的无形资产计提的累计摊销。该账户属于"无形资产"的备抵账户，贷方登记按月计提无形资产摊销额，借方登记处置无形资产时转销的累计摊销额，期末贷方余额反映企业无形资产累计摊销额。该账户可以按无形资产项目进行明细核算。

企业按月计提无形资产摊销额时，借记"管理费用""其他业务成本"等账户，贷记"累计摊销"账户。同时，无形资产的摊销一般应计入当期损益，但如果某项无形资产是专门用于生产某种产品的，其所包含的经济利益是通过转入到所生产的产品中体现的，无形资产的摊销费用应构成产品成本的一部分。

【例 8.6】 20×1 年 8 月 10 日，陆达公司从甲公司购得一项商标权，支付价款 2 400 000 元，该商标权的使用寿命为 10 年；另从乙公司购入一项非专利技术，支付价款 4 500 000 元，估计使用寿命为 15 年，该技术专门用于产品生产。款项均已通过银行存款支付，假定两项无形资产都不考虑残值的因素，以直线法摊销。

陆达公司根据有关凭证，应进行如下会计处理。

① 20×1 年 8 月 10 日，取得商标权、非专利技术。

借：无形资产——商标权　　　　　　　　　　　　　　　　　　　　　2 400 000
　　　　　　　——非专利技术　　　　　　　　　　　　　　　　　　4 500 000
　　贷：银行存款　　　　　　　　　　　　　　　　　　　　　　　　　　6 900 000

② 按月摊销。

商标权月摊销额＝2 400 000÷10÷12＝20 000（元）

非专利技术月摊销额＝4 500 000÷15÷12＝25 000（元）

借：管理费用——商标权　　　　　　　　　　　　　　　　　　　　　　20 000
　　制造费用——非专利技术　　　　　　　　　　　　　　　　　　　　　25 000
　　贷：累计摊销　　　　　　　　　　　　　　　　　　　　　　　　　　　45 000

8.3.3 使用寿命不确定的无形资产

如果无法合理估计某项无形资产的使用寿命，则该无形资产应作为使用寿命不确定的无形资产进行核算。对于使用寿命不确定的无形资产，在持有期间内不需要摊销，如果期末重新复核后仍为不确定的，则应当在每个会计期间进行减值测试，其减值测试的方法遵循《企业会计准则第 8 号——资产减值》的相关规定。

另外，对于尚未达到可使用状态的无形资产，由于其价值通常具有较大的不确定性，所以也应当每年进行减值测试。

8.4 无形资产使用权的转让

企业将其拥有的无形资产使用权让渡给他人，并收取转让费的行为，属于企业的日常经营活动，在满足收入的确认条件时，应确认相关的收入并结转成本。

转让无形资产使用权时，取得的转让费收入，借记"银行存款"等账户，贷记"其他业务收入"等账户；摊销该无形资产的成本并发生与转让有关的各种费用支出时，借记"其他业务成本"账户，贷记"累计摊销"账户。

【例 8.7】 20×1 年 1 月 12 日，陆达公司将一项专利技术使用权转让给甲企业使用，该专利技术账面余额为 300 000 元，摊销期限为 10 年，合同规定陆达公司按照甲企业使用该专利技术使用权取得销售额的 2%收取租金。假定甲企业自使用专利技术使用权后当年销售额为 2 000 000 元，假设增值税税率 6%，按年摊销。

陆达公司根据有关凭证，应进行如下会计处理。

无形资产的年摊销额＝300 000÷10＝30 000（元）

无形资产的租金收入＝2 000 000×2%＝40 000（元）

借：银行存款 42 400
  贷：其他业务收入 40 000
    应交税费——应交增值税（销项税额） 2 400
借：其他业务成本 30 000
  贷：累计摊销 30 000

8.5 无形资产的减值和处置

8.5.1 无形资产的减值

无形资产在资产负债表日存在减值迹象时，应按照《企业会计准则第 8 号——资产减值》的相关规定进行减值测试，如果其可收回金额低于账面价值，则应当将其账面金额减记至可收回金额，减记的金额确认为资产减值损失，计入当期损益，同时确认无形资产减值准备。确认无形资产减值时，按应减记的金额，借记"资产减值损失"账户，贷记"无形资产减值准备"账户。

8.5.2 无形资产的处置

无形资产的处置主要是指无形资产出售、对外捐赠，或者无法为企业带来未来经济利益时，终止确认并转销。

1. 无形资产的出售

企业出售无形资产时，应将所取得的价款与该无形资产账面价值的差额作为资产处置利得或损失，计入当期损益。

出售无形资产时，企业应按实际收到的金额，借记"银行存款"等账户；按已摊销的累计摊销额，借记"累计摊销"账户，原已计提减值准备的，借记"无形资产减值准备"账户；按应支付的相关税费，贷记"应交税费"等账户；按该无形资产账面余额，贷记"无形资产"账户；按借贷方差额，贷记或借记"资产处置损益"账户。

【例8.8】 20×1年9月2日，陆达公司将其拥有的一项商标权出售，出售价款为3 000 000元，增值税税额 180 000 元，款项已收到。该商标权的账面余额为 8 000 000 元，累计已摊销金额为3 500 000元，已计提的减值准备为1 000 000元。

陆达公司根据有关凭证，应进行如下会计处理。

出售净收益＝3 180 000－（8 000 000－3 500 000－1 000 000）－180 000＝－500 000（元）

借：银行存款	3 180 000
累计摊销	3 500 000
无形资产减值准备	1 000 000
资产处置损益	500 000
贷：无形资产——商标权	8 000 000
应交税费——应交增值税（销项税额）	180 000

2．无形资产的报废

无形资产已被其他新技术所替代，不能为企业带来经济利益或者无形资产不再受到法律保护，且不能给企业带来经济利益时，应将其进行报废处理。

报废无形资产时，企业应按已摊销的累计摊销额，借记"累计摊销"账户，原已计提减值准备的，借记"无形资产减值准备"账户；按该无形资产的账面余额，贷记"无形资产"账户；按借贷方差额，借记"营业外支出"账户。

【例8.9】 20×1年12月2日，陆达公司拥有的某项非专利技术，经市场调查，用其生产产品已经没有市场，决定将其核销。核销时，其账面余额为3 000 000元，已计提累计摊销1 000 000元，减值准备1 500 000元，不考虑其他相关因素。

陆达公司根据有关凭证，应进行如下会计处理。

借：累计摊销	1 000 000
无形资产减值准备	1 500 000
营业外支出	500 000
贷：无形资产——非专利技术	3 000 000

8.6 其他资产

8.6.1 长期待摊费用

1．长期待摊费用的内容

长期待摊费用是指企业已经支出，但应由本期和以后各期负担的，分摊期限在一年以上（不含一年）的各种费用，如以经营租赁方式租入的固定资产发生的改良支出等。

长期待摊费用应该单独核算，在费用项目的受益期限内分期平均摊销，若不能使以后的会计期间受益，应当将尚未摊销的该项目的摊余价值全部转入当期损益。能增加租入固定资产的效用或延长其使用寿命的改装、翻修、改建等改良支出，应在租赁期限与预计可使用年限两者孰短的期限内平均摊销。

2．长期待摊费用的会计处理

为了核算长期待摊费用，企业应设置"长期待摊费用"账户进行核算。该账户属于资产类账户，借方登记实际发生的各类长期待摊费用，贷方登记长期待摊费用的摊销数，期末借方余额反映企业尚未摊销完毕的长期待摊费用。

企业对于发生的长期待摊支出，应借记"长期待摊费用"账户，贷记"银行存款"等有关账户；分期摊销时，借记"管理费用"等有关账户，贷记"长期待摊费用"账户。

8.6.2 其他长期资产

其他长期资产是指具有特定用途，不参加正常生产经营过程的，除流动资产、长期股权投资、固定资产、无形资产和长期待摊费用以外的资产。一般包括：由于特殊原因经国家批准储备的特定用途的，未经批准，不得挪作他用的特准储备物资；人民法院对被执行人在银行的存款或企业的物资实施强制执行的银行冻结存款和冻结物资以及涉及诉讼中的财产等。

本章小结

思考与练习

一、思考题

1. 什么是无形资产？无形资产有哪些基本特征？
2. 无形资产通常包括哪些项目？确认无形资产的条件有哪些？
3. 不同方式取得的无形资产的初始成本如何确定？
4. 如何划分研究支出和开发支出？二者在会计确认和计量上有什么不同？
5. 估计无形资产使用寿命应考虑的主要因素有哪些？
6. 无形资产的摊销方法有哪些？如何进行相关会计处理？
7. 无形资产的转让和报废应如何进行会计处理？
8. 其他资产主要包括哪些？

二、业务处理题

1. 目的：练习无形资产的初始计量。

资料：甲公司为一项新产品专利技术进行研究开发活动。20×1年，甲公司发生业务如下。

（1）20×1年1月，甲公司为获取知识而进行的活动发生差旅费15万元，以银行存款支付。

（2）20×1年5月，甲公司在开发过程中发生材料费40万元、研发人员薪酬10万元，以及其他费用30万元，合计80万元，其中，符合资本化条件的支出为50万元。

（3）20×1年6月末，该专利技术已经达到预定用途。

要求：根据以上经济业务，进行相关会计处理。

2. 目的：练习无形资产综合业务处理。

资料：20×1年乙公司无形资产发生以下业务。

（1）接受A公司投资的某项专利权，双方作价120 000元作为投入资本。

（2）经研究决定，上述专利权的摊销期限为8年，从使用月份开始按月摊销。

（3）假设乙公司将取得的上项专利权使用6个月后转让给其他单位，转让价款115 000元，增值税税率为6%。款项已通过银行转账收到。

要求：编制取得、摊销、处置专利权的会计分录。

课堂测试2

专业＿＿＿＿＿＿＿＿　学号＿＿＿＿＿＿＿＿　姓名＿＿＿＿＿＿＿＿

一、单项选择题

1. 企业应对以下（　　）固定资产计提折旧。

    A. 当月增加的固定资产　　　　　　B. 已提足折旧仍继续使用的固定资产

    C. 单独计价入账的土地　　　　　　D. 当月减少的固定资产

2. 甲公司 20×1 年 3 月初固定资产原值 10 500 000 元，若 3 月增加固定资产的入账价值为 750 000 元，减少固定资产的原值为 150 000 元，则 3 月该公司应计提折旧的固定资产原值为（　　）元。

    A. 11 100 000　　　B. 11 250 000　　　C. 10 500 000　　　D. 10 350 000

3. 在计算固定资产折旧时先不考虑其残值的折旧方法是（　　）。

    A. 年限平均法　　B. 工作量法　　C. 双倍余额递减法　　D. 年数总和法

4. 以下各项，不能确认为企业无形资产的是（　　）。

    A. 特许经营权　　　　　　　　　　B. 电力专营权

    C. 企业合并形成的商誉　　　　　　D. 文学作品改编权

5. 企业进行研究开发无形资产过程中发生的各项支出，应借记的账户是（　　）。

    A. 管理费用　　B. 无形资产　　C. 研发支出　　D. 销售费用

二、多项选择题

1. 下列各项中，会引起固定资产账面价值发生变化的有（　　）。

    A. 计提固定资产减值准备　　　　　B. 计提固定资产折旧

    C. 固定资产改扩建　　　　　　　　D. 固定资产日常修理

2. 计提固定资产折旧应借记的会计账户有（　　）。

    A. 制造费用　　　B. 销售费用　　C. 管理费用　　D. 其他业务成本

3. 影响固定资产折旧额的因素包括固定资产的（　　）。

    A. 账面原值　　　B. 使用寿命　　C. 预计净残值　　D. 减值准备

4. 确定固定资产使用寿命时，应当考虑（　　）因素。

    A. 该项资产预计生产能力或实物产量

    B. 该项资产预计有形损耗

    C. 该项资产预计无形损耗

    D. 法律或者类似规定对该项资产使用的限制

5. 关于无形资产处置，下列说法中正确的有（　　）。

    A. 出售无形资产，应当将取得的价款与该无形资产账面原值的差额计入当期损益

    B. 出售无形资产，应当将取得的价款与该无形资产账面净值的差额计入当期损益

    C. 无形资产预期不能为企业带来经济利益的，应将该无形资产的账面价值予以转销

    D. 无形资产预期不能为企业带来经济利益的，也应按原预定方法和使用寿命摊销

三、业务处理题

1. 目的：练习固定资产业务的会计处理。

资料：某公司有关业务资料如下。

（1）20×1年12月，该公司自行建成了一条生产线，建造成本为 6 200 000 元。该生产线采用年限平均法计提折旧，预计净残值 200 000 元，预计使用年限为 5 年。

（2）20×3 年 12 月 31 日，公司决定对现有生产线进行改扩建，以提高其生产能力。同日将该生

产线的账面价值转入在建工程。

（3）20×4 年 1 月 1 日至 3 月 31 日，经过 3 个月的改扩建，该公司完成了对这条生产线的改扩建工程，共发生支出 620 000 元，全部以银行存款支付。该生产线改扩建工程达到预定可使用状态后，大大提高了生产能力，预计使用年限延长了 1 年，改扩建后的生产线的预计净残值为 220 000 元，折旧方法仍不变。

（4）20×5 年 12 月 31 日，公司在进行检查时发现该设备有可能发生减值，现时的销售净价为 2 380 000 元，未来持续使用以及使用寿命结束时的处置中形成的现金流量现值为 2 000 000 元。计提固定资产减值准备后，固定资产折旧方法、预计使用年限和预计净残值均不改变。

（5）20×6 年 3 月 6 日，公司由于生产结构的调整，将生产线对外出售，出售价款 2 000 000 元存入银行。用银行存款支付清理费用 50 000 元。假设公司按年度计提固定资产折旧。

要求：对以上经济业务进行相关的会计处理。

2. 目的：练习无形资产业务的会计处理。

资料：A 股份有限公司 20×1 年至 20×3 年无形资产业务有关的资料如下。

（1）20×2 年 1 月 1 日，以银行存款 300 万元购入一项无形资产（不考虑相关税费）。该无形资产的预计使用年限为 10 年。

（2）20×2 年 12 月 31 日，预计该无形资产的可收回金额为 243 万元。该无形资产发生减值后，原预计使用年限不变。

（3）20×3 年 12 月 31 日，预计该无形资产的可收回金额为 129.8 万元。调整该无形资产减值准备后，原预计使用年限不变。

（4）20×4 年 4 月 1 日，将该无形资产对外出售，取得价款 130 万元并收存银行（不考虑相关税费）。

要求：进行该无形资产的取得、摊销、计提减值准备以及出售的会计处理。

第 9 章　流动负债

本章阐述了流动负债各具体项目的确认、计量和会计处理。通过本章的学习，读者应了解负债的分类；掌握流动负债的内容；掌握应付账款、应付票据、预收账款、应付职工薪酬、应交税费、短期借款的会计处理方法；了解其他流动负债的内容及会计处理方法。

9.1　负债的分类

负债是企业重要的资金来源，是指企业过去的交易或者事项形成的，预期会导致经济利益流出企业的现时义务。按照不同的标准，负债可进行如下分类。

1．按流动性划分

（1）流动负债

流动负债主要是指偿还期限在一年以内的债务，主要包括短期借款、应付账款、应付票据、预收账款、应交税费、应付职工薪酬、应付股利、应付利息、其他应付款等。

（2）非流动负债

流动负债以外的负债为非流动负债，主要包括长期借款、应付债券、长期应付款等。

2．按金融性划分

（1）金融负债

金融负债是指企业符合下列条件之一的负债。

① 向其他方交付现金或其他金融资产的合同义务。例如，企业的应付账款、应付票据和应付债券等。

② 在潜在不利条件下，与其他方交换金融资产或金融负债的合同义务。例如，企业签出的看涨期权或看跌期权等。

③ 将来须用或可用企业自身权益工具进行结算的非衍生工具合同，且企业根据该合同将交付可变数量的自身权益工具。

④ 将来须用或可用企业自身权益工具进行结算的衍生工具合同，但以固定数量的自身权益工具交换固定金额的现金或其他金融资产的衍生工具合同除外。

（2）非金融负债

金融负债以外的负债统称为非金融负债，如应交税费、其他应付款、预收账款等。

9.2　短期借款

短期借款是指企业向银行或其他金融机构等借入的期限在 1 年以下（含 1 年）的各种款项。为了反映短期借款的借入和偿还情况，企业应设置"短期借款"账户进行核算。该账户贷方登记取得的短期借款本金数，借方登记归还的短期借款本金数，期末贷方余额反映企业尚未偿还的短期借款本金数。该账户可按借款种类、贷款人和币种进行明细核算。每个资产负债表日，企业应计算确定短期借款的应计利息，计入当期损益。

　　企业的短期借款利息一般采用月末预提、按季支付的方式进行核算。企业借入各种短期借款，借记"银行存款"账户，贷记"短期借款"账户；月末，按照计算确定的短期借款利息费用，借记"财务费用"账户，贷记"应付利息"账户；实际支付利息时，借记"应付利息""财务费用"账户，贷记"银行存款"账户；短期借款到期偿还本金时，借记"短期借款"账户，贷记"银行存款"账户。

　　【例 9.1】　20×1 年 7 月 1 日，陆达公司向银行借入 4 个月期限，年利率为 6% 的借款 500 000 元用于生产经营。根据与银行签署的借款协议，该项借款的本金到期后一次归还，利息按月预提，每季度末支付。

　　陆达公司根据有关凭证，应进行如下会计处理。

　　① 20×1 年 7 月 1 日，借入款项。

借：银行存款		500 000
贷：短期借款		500 000

　　② 20×1 年 7 月末，计提利息。

借：财务费用		2 500
贷：应付利息		2 500

　　③ 20×1 年 8 月末，同上

　　④ 20×1 年 9 月末，支付本季度利息。

借：应付利息		5 000
财务费用		2 500
贷：银行存款		7 500

　　⑤ 20×1 年 10 月末，计提利息。

借：财务费用		2 500
贷：应付利息		2 500

　　⑥ 20×1 年 11 月 1 日，偿还本金及 10 月利息。

借：应付利息		2 500
短期借款		500 000
贷：银行存款		502 500

9.3　应付及预收款项

9.3.1　应付票据

1. 应付票据概述

　　应付票据是由出票人出票，付款人在指定日期无条件支付确定的金额给收款人或者持票人的票据。应付票据核算的内容仅限于应付的商业汇票，包括银行承兑汇票和商业承兑汇票。按照应付票据在出票期间是否要附带利息，分为带息的应付票据和不带息的应付票据。

2. 应付票据的会计处理

　　为了反映企业购买材料、商品和接受劳务等而开出承兑商业汇票的发生、偿付情况，企业应设置"应付票据"账户。该账户贷方登记开出的商业汇票面值和应计利息，借方登记支付的票据款项，期末贷方余额反映企业尚未到期的应付票据本息。

　　企业应当设置"应付票据备查簿"，详细登记每一商业汇票的种类、号数和出票日期、到期日、票面余额、交易合同号和收款人姓名或单位名称以及付款日期和金额等资料。应付票据到期结清时，应当在备查簿内逐笔注销。

（1）企业开出并承兑汇票

企业开出并承兑商业汇票或以商业汇票抵付货款时，借记"原材料""在途物资""库存商品""应交税费——应交增值税（进项税额）"等账户，贷记"应付票据"账户。对于银行承兑汇票，承兑银行一般按出票金额的万分之五计收银行承兑汇票手续费，企业应将该手续费记入"财务费用"账户。

【例9.2】 20×1年8月15日，陆达公司从甲公司购入材料一批，收到的增值税专用发票上注明价款200 000元，增值税税额26 000元。材料已经验收入库，陆达公司开出2个月期的不带息商业承兑汇票。

陆达公司根据有关凭证，应进行如下会计处理。

借：原材料   200 000
　　应交税费——应交增值税（进项税额）   26 000
　　　贷：应付票据   226 000

（2）出票期间

由于我国商业汇票应付票据期限较短，对于带息商业汇票，在期末，通常对尚未支付的应付票据计提利息，计入当期财务费用，借记"财务费用"，贷记"应付票据"账户。票据到期支付票款时，尚未计提的利息部分直接计入当期财务费用。出票期间也可以不计提利息，而在票据到期时一次支付利息。如果企业开出的是不带息的商业汇票，出票期间不做会计处理。

（3）票据到期

应付票据到期，如果企业账户有足额款项，在收到银行支付到期票据的付款通知时，按照应付票据的账面余额，借记"应付票据"账户，按照未计提而应支付的利息借记"财务费用"账户，贷记"银行存款"账户。

应付票据到期，如果企业无力支付票款，分以下两种情况处理。

①对于商业承兑汇票，企业应在票据到期时，将"应付票据"的账面余额转入"应付账款"账户，待与债权人协商后再行处理。如果重新签发新的票据以清偿原应付票据的，再从"应付账款"账户转回"应付票据"账户。

② 对于银行承兑汇票，承兑银行除凭票向持票人无条件付款外，对出票人尚未支付的汇票金额转作逾期贷款处理。企业在接到银行转来的"××号汇票无款支付转入逾期贷款户"等有关凭证时，借记"应付票据"账户，贷记"短期借款"账户。对计收的利息，按短期借款利息的处理办法处理。

【例9.3】 接【例9.2】，20×1年10月15日，票据到期，陆达公司通知其开户银行以银行存款支付票款。

陆达公司根据有关凭证，应进行如下会计处理。

借：应付票据   226 000
　　　贷：银行存款   226 000

【例9.4】 接【例9.2】，20×1年10月15日，票据到期，陆达公司账户余额不足，无力付款，并承诺2个月后付款。

陆达公司根据有关凭证，应进行如下会计处理。

借：应付票据   226 000
　　　贷：应付账款——甲公司   226 000

【例9.5】 20×1年8月10日，陆达公司从甲公司购入一批材料，增值税专用发票上注明价款150 000元，增值税税额19 500元。材料已经验收入库，陆达公司向甲公司开出2个月期的不带息银行承兑汇票。20×1年10月10日，票据到期，陆达公司账户余额不足，无力付款，承兑银行代为支付。

陆达公司根据有关凭证，应进行如下会计处理。

① 20×1年8月10日，购买材料，开出银行承兑汇票。

借：原材料 150 000

应交税费——应交增值税（进项税额） 19 500

贷：应付票据 169 500

② 20×1年10月10日，票据到期，陆达公司无力付款，其开户行代为支付。

借：应付票据 169 500

贷：短期借款 169 500

9.3.2 应付账款

1. 应付账款概述

应付账款是企业在生产经营过程中因购买货物或接受劳务等形成的向销售方交付现金或其他金融资产的合同义务，是买卖双方在购销活动中由于取得物资与支付货款在时间上不一致而产生的负债。

应付账款入账时间的确定，一般应以与所购买物资所有权相关的主要风险和报酬已经转移或者劳务已经接受为标志。但在实务工作中，一般区别下列情况进行处理。

（1）物资和发票账单同时到达。应付账款一般待物资验收入库后，才按发票账单登记入账。这主要是为了确认所购入物资是否在质量、数量和品种上都与合同上的条件相符，以免先入账而在验收入库时发现购入物资错、漏、破损等问题再调账。

（2）物资和发票账单不同时到达。由于应付账款需根据发票账单登记入账，有时货物已到，发票账单要间隔较长时间才能到达，这笔负债已经成立，应作为一项负债反映。在实际工作中，为在资产负债表上客观反映企业所拥有的资产和承担的债务，采用在月份终了将所购物资和应付债务估计入账，待下月初再用红字予以冲回的办法。

2. 应付账款的会计处理

为了核算应付账款的发生、偿还、转销等情况，企业应设置"应付账款"账户。该账户贷方登记企业购买材料、商品和接受劳务等而发生的应付账款；借方登记偿还的应付账款，或开出商业汇票抵付应付账款的款项，或已冲销的无法支付的应付账款；期末余额一般在贷方，反映企业尚未支付的应付账款余额。该账户一般按照对方单位（或个人）进行明细核算。

应付账款期限较短，延期付款的利息实际已经包含在业务发生时的应付金额之内，不再单独计算，即业务发生时的应付金额即为未来应付的金额。依据重要性原则，应付账款的入账价值直接按业务发生时的应付金额确定。

（1）物资和发票账单同时到达

企业购入物资，或接受供应单位提供劳务等业务，发票账单已到，货款尚未支付，企业应根据发票账单等有关凭证，借记"原材料""生产成本""管理费用"等账户，按可抵扣的增值税税额，借记"应交税费——应交增值税（进项税额）"账户，按应付的价款，贷记"应付账款"等账户。企业偿还应付账款或开出商业汇票抵付应付账款时，借记"应付账款"账户，贷记"银行存款""应付票据"等账户。

【例9.6】 20×1年8月10日，陆达公司从甲公司购入材料一批，收到的增值税专用发票上注明价款100 000元，增值税税额13 000元。材料已经验收入库，货款尚未支付。该公司以实际成本法进行材料的日常核算。

陆达公司根据有关凭证，应进行如下会计处理。

借：原材料 100 000

应交税费——应交增值税（进项税额） 13 000

贷：应付账款——甲公司 113 000

10 月 10 日，陆达公司以一张银行承兑汇票抵偿该笔应付账款。

借：应付账款——甲公司   113 000

 贷：应付票据   113 000

【例 9.7】 20×1 年 8 月 25 日，根据自来水公司通知，陆达公司 20×1 年 8 月应支付水费 87 200 元，其中，生产车间水费 56 000 元，企业行政管理部门水费 24 000 元，可抵扣增值税进项税额 7 200 元，款项尚未支付。

陆达公司根据有关凭证，应进行如下会计处理。

借：制造费用   56 000

  管理费用   24 000

  应交税费——应交增值税（进项税额） 7 200

 贷：应付账款——××自来水公司   87 200

9 月 2 日，陆达公司以银行存款偿还应付账款时。

借：应付账款——××自来水公司   87 200

 贷：银行存款   87 200

（2）物资和发票账单未同时到达

在发票账单已到，物资未到的情况下，企业应按发票账单等有关凭证，借记"在途物资""应交税费——应交增值税（进项税额）"等账户，贷记"应付账款"等账户。

在物资已到，发票账单未到的情况下，平时暂不做会计处理，待发票结算单据到达时再予以入账。如果月末结算单据仍未到达，企业应按照所购物资和应付债务估计入账，借记"原材料"账户，贷记"应付账款"账户，待下月初再用红字做相同的分录予以冲回。因尚未取得发票，所以在估计入账金额的时候，不考虑增值税的因素。

会计处理例题参见本书第 6 章 6.4 节相关内容。

（3）转销应付账款

应付账款一般应在较短期限内支付，但有时应付账款也会由于债权单位撤销或其他原因而无法支付。企业对于确实无法支付的应付账款，按其账面余额，借记"应付账款"账户，贷记"营业外收入"账户。

9.3.3 预收款项

1．预收账款概述

预收账款是买卖双方协议商定，在销售商品或提供劳务前，由购货方预先支付一部分货款给供应方而发生的一项负债。预收账款具有定金的性质，企业在收到款项后，应在合同规定的期限内给购货单位交付货物或提供劳务，否则，必须如数退还预收的款项。预收账款是以交付合同约定的商品或劳务来偿还，会导致企业未来的经济利益流出，因此，企业应将预收账款作为负债处理。

2．预收账款的会计处理

预收账款在企业收到购货方交来的预付款项时予以确认，按实际收到的金额入账。

为了核算企业的预收账款的取得和偿付情况，在预收账款业务较多的企业，一般应设置"预收账款"账户。贷方登记预收的款项以及购货单位补付的款项；借方登记销售收入实现时与对方单位结算的款项和退回多收的余额；期末贷方余额反映企业向购货单位预收尚未向购货方发货的款项；期末如为借方余额，则反映企业应向购货单位补收的款项。该账户按购货单位设置明细账进行明细核算。

如果企业的预收账款业务不多，也可以不设"预收账款"账户，而是将预收的款项直接计入"应收账款"账户的贷方。

（1）预收货款

企业向客户预收销售商品款项的，应当首先将该款项确认为负债，待履行了相关履约义务时再转为收入。企业向购货单位预收款项时，借记"银行存款"等账户，贷记"预收账款"账户。

（2）企业履约义务完成时确认收入

企业履行了相关履约义务时确认收入，或者当企业预收款项无须退回，且客户可能会放弃其全部或部分合同权利时，企业预期将有权获得与客户所放弃的合同权利相关的金额的，应当按照客户行使合同权利的模式按比例将上述金额确认为收入。按实现的收入和应交的增值税销项税额，借记"预收账款"账户，按实现的营业收入，贷记"主营业务收入"等账户，按增值税专用发票上注明的增值税税额，贷记"应交税费——应交增值税（销项税额）"等账户。

（3）补收或退回多收的款项

企业收到购货单位补付的款项，借记"银行存款"账户，贷记"预收账款"账户；向购货单位退回其多付的款项时，做相反的会计分录。

【例9.8】 20×1年8月10日，陆达公司收到甲公司的一张订单，合同商品价款200 000元，增值税税率为13%，按合同约定预收定金60 000元存入银行；20×1年9月28日，陆达公司按订单要求如数发出商品，20×1年10月5日，收到甲公司补付的款项166 000元。

陆达公司根据有关凭证，应进行如下会计处理。

① 20×1年8月10日，预收甲公司货款。

借：银行存款　　　　　　　　　　　　　　　　　　　　　　60 000

　　贷：预收账款——甲公司　　　　　　　　　　　　　　　　　　60 000

② 20×1年9月28日，履约发出商品并确认收入。

借：预收账款——甲公司　　　　　　　　　　　　　　　　　226 000

　　贷：主营业务收入　　　　　　　　　　　　　　　　　　　　200 000

　　　　应交税费——应交增值税（销项税额）　　　　　　　　　　26 000

③ 20×1年10月5日，收到甲公司补付货款。

借：银行存款　　　　　　　　　　　　　　　　　　　　　166 000

　　贷：预收账款——甲公司　　　　　　　　　　　　　　　　　166 000

9.4 应付职工薪酬

9.4.1 职工薪酬的定义及内容

1．职工的范围

职工，是指与企业订立劳动合同的所有人员，含全职、兼职和临时职工，也包括虽未与企业订立劳动合同但由企业正式任命的人员。具体而言，至少应当包括以下几类。

（1）与企业订立劳动合同的所有人员，含全职、兼职和临时职工，即与企业订立了固定期限、无固定期限或者以完成一定工作作为期限的劳动合同的所有人员。

（2）未与企业订立劳动合同但由企业正式任命的人员，如董事会成员、监事会成员等。企业按照有关规定设立董事、监事，或者董事会、监事会的，对其支付的津贴、补贴等报酬从性质上属于职工薪酬。

（3）在企业的计划和控制下，虽未与企业订立劳动合同或未由其正式任命，但向企业所提供服务与职工所提供服务类似的人员，以及通过企业与劳务中介公司签订用工合同而向企业提供服务的人员，都属于职工的范畴。

2．职工薪酬的内容

职工薪酬，是指企业为获得职工提供的服务或解除劳动关系而给予的各种形式的报酬或补偿。企业提供给职工配偶、子女、受赡养人、已故员工遗属及其他受益人等的福利，也属于职工薪酬。

职工薪酬主要包括短期薪酬、离职后福利、辞退福利和其他长期职工福利。

（1）短期薪酬

短期薪酬是指企业预期在职工提供相关服务的年度报告期间结束后 12 个月内将全部薪酬予以支付的职工薪酬，因解除与职工的劳动关系给予的补偿除外。因解除与职工的劳动关系给予的补偿属于辞退福利的范畴。

短期薪酬主要包括以下几类。

① 职工工资、奖金、津贴和补贴，是指企业按照构成工资总额的计时工资、计件工资、支付给职工的超额劳动报酬等的劳动报酬，为了补偿职工特殊或额外的劳动消耗和因其他特殊原因支付给职工的津贴，以及为了保证职工工资水平不受物价影响支付给职工的物价补贴等。企业按照短期奖金计划向职工发放的奖金属于短期薪酬，按照长期奖金计划向职工发放的奖金属于其他长期职工福利。

② 职工福利费，是指企业向职工提供的生活困难补助、丧葬补助费、抚恤费、职工异地安家费、防暑降温费等职工福利支出。

③ 医疗保险费、工伤保险费和生育保险费等社会保险费，是指企业按照国家规定的基准和比例计算，向社会保险经办机构缴存的医疗保险费、工伤保险费和生育保险费等。

④ 住房公积金，是指企业按照国家规定的基准和比例计算，向住房公积金管理机构缴存的住房公积金。

⑤ 工会经费和职工教育经费，是指企业为了改善职工文化生活、为职工学习先进技术和提高文化水平和业务素质，用于开展工会活动和职工教育及职业技能培训等的相关支出。

⑥ 短期带薪缺勤，是指职工虽然缺勤但企业仍向其支付报酬的安排，包括年休假、病假、婚假、产假、丧假、探亲假等。长期带薪缺勤属于其他长期职工福利。

⑦ 短期利润分享计划，是指因职工提供服务而与职工达成的基于利润或其他经营成果提供薪酬的协议。长期利润分享计划属于其他长期职工福利。

⑧ 其他短期薪酬，是指除上述薪酬以外的其他为获得职工提供的服务而给予的短期薪酬。

（2）离职后福利

离职后福利是指企业为获得职工提供的服务而在职工退休或与企业解除劳动关系后，提供的各种形式的报酬和福利，属于短期薪酬和辞退福利的除外。

离职后福利计划是指企业与职工就离职后福利达成的协议，或者企业为向职工提供离职后福利制定的规章或办法等。离职后福利计划按照企业承担的风险和义务情况，可以分为设定提存计划和设定受益计划。其中，设定提存计划是指企业向独立的基金缴存固定费用后，不再承担进一步支付义务的离职后福利计划；设定受益计划是指除设定提存计划以外的离职后福利计划。

（3）辞退福利

辞退福利是指企业在职工劳动合同到期之前解除与职工的劳动关系，或者为鼓励职工自愿接受裁减而给予职工的补偿。

辞退福利主要包括以下几类。

① 在职工劳动合同尚未到期前，不论职工本人是否愿意，企业决定解除与职工的劳动关系而给予的补偿。

② 在职工劳动合同尚未到期前，为鼓励职工自愿接受裁减而给予的补偿，职工有权利选择继续在职或接受补偿离职。

辞退福利通常采取解除劳动关系时一次性支付补偿的方式，也采取在职工不再为企业带来经济利益后，将职工工资支付到辞退后未来某一期间的方式。

（4）其他长期职工福利

其他长期职工福利是指除短期薪酬、离职后福利、辞退福利之外所有的职工薪酬，包括长期带薪缺勤、长期残疾福利、长期利润分享计划等。

9.4.2 应设置的账户

为了核算应付职工薪酬的提取、结算、使用等情况，企业应当设置"应付职工薪酬"账户。该账户贷方登记已分配计入有关成本费用项目的职工薪酬的数额；借方登记本月实际支付的各种应付职工薪酬，包括扣还的款项等；期末贷方余额反映企业应付未付的职工薪酬。

"应付职工薪酬"账户应当按照"工资""职工福利""社会保险费""住房公积金""工会经费""职工教育经费""累积带薪缺勤""利润分享计划""非货币性福利""设定受益计划""设定提存计划""辞退福利"等项目设置明细账户，进行明细核算。

9.4.3 短期薪酬的会计处理

1. 货币性短期薪酬

职工的工资、奖金、津贴和补贴，大部分的职工福利费，医疗保险费、工伤保险费和生育保险费等社会保险费，住房公积金、工会经费和职工教育经费一般属于货币性短期薪酬。

（1）企业应当根据职工提供服务的情况和工资标准计算应计入职工薪酬的工资总额，按照受益对象计入当期损益或相关资产成本，借记"生产成本""制造费用""管理费用"等账户，贷记"应付职工薪酬"账户；实际发放时，借记"应付职工薪酬"账户，贷记"银行存款"等账户。

（2）企业发生的职工福利费，应当在实际发生时，根据实际发生额计入当期损益或相关资产成本。

（3）企业为职工缴纳的医疗保险费、工伤保险费、生育保险费等社会保险费和住房公积金，以及按规定提取的工会经费和职工教育经费，应当在职工为其提供服务的会计期间，根据规定的计提基础和计提比例计算确定相应的职工薪酬金额，并确认相关负债，按照受益对象计入当期损益或相关资产成本。其中：①医疗保险费、工伤保险费、生育保险费和住房公积金，应当按照国务院、所在地政府或企业年金计划规定的标准，计量应付职工薪酬义务和应相应计入成本费用的金额。②工会经费和职工教育经费，应当分别按照职工工资总额一定比例的计提标准，计量应付职工薪酬义务金额和应相应计入成本费用的薪酬金额。

【例9.9】20×1年1月31日，陆达公司结算当月应发工资1 560万元，其中，生产部门生产工人工资1 000万元，生产部门管理人员工资200万元，总部管理人员工资360万元。

根据当地相关部门规定，陆达公司应当按照职工工资总额的10%和8%计提并缴存医疗保险费和住房公积金。陆达公司分别按照职工工资总额的2%和1.5%计提工会经费和职工教育经费。假定不考虑所得税影响。

根据上述资料，陆达公司计算20×1年1月的职工薪酬如下：

应计入生产成本的职工薪酬金额＝1 000＋1 000×（10%＋8%＋2%＋1.5%）＝1 215（万元）

应计入制造费用的职工薪酬金额＝200＋200×（10%＋8%＋2%＋1.5%）＝243（万元）

应计入管理费用的职工薪酬金额＝360＋360×（10%＋8%＋2%＋1.5%）＝437.40（万元）

陆达公司根据有关凭证，应进行如下会计处理。

借：生产成本 12 150 000
  制造费用 2 430 000
  管理费用 4 374 000
  贷：应付职工薪酬——工资 15 600 000
    ——社会保险费 1 560 000
    ——住房公积金 1 248 000
    ——工会经费 312 000
    ——职工教育经费 234 000

企业按照应从应付职工薪酬中扣还的各种款项（代垫的各项费用、个人所得税等），借记"应付职工薪酬——工资"账户，贷记"银行存款""其他应付款""应交税费——应交个人所得税"等账户。

【例 9.10】接【例 9.9】，20×1 年 2 月 8 日，陆达公司将代扣款项扣除后，用银行存款发放上月工资。假设陆达公司分别按照应发工资总额的 2%和 8%计算代扣代缴的应由职工个人负担的医疗保险费和住房公积金，代扣代缴个人所得税 900 000 元。

陆达公司根据有关凭证，应进行如下会计处理。

借：应付职工薪酬——工资	15 600 000
贷：其他应付款——社会保险费	312 000
——住房公积金	1 248 000
应交税费——应交个人所得税	900 000
银行存款	13 140 000

【例 9.11】接【例 9.9】【例 9.10】，20×1 年 2 月 10 日，陆达公司交纳上月社会保险费 1 872 000 元，其中企业负担 1 560 000 元，个人负担 312 000 元；交纳住房公积金 2 496 000 元，其中，企业负担 1 248 000 元，个人负担 1 248 000 元；交纳个人所得税 900 000 元。

陆达公司根据有关凭证，应进行如下会计处理。

① 交纳社会保险费。

借：应付职工薪酬——社会保险费	1 560 000
其他应付款——社会保险费	312 000
贷：银行存款	1 872 000

② 交纳住房公积金。

借：应付职工薪酬——住房公积金	1 248 000
其他应付款——住房公积金	1 248 000
贷：银行存款	2 496 000

③ 交纳个人所得税。

借：应交税费——应交个人所得税	900 000
贷：银行存款	900 000

【例 9.12】20×1 年 1 月 28 日，陆达公司用现金向困难职工发放福利费 5 000 元，其中，生产工人 4 000 元，行政管理人员 1 000 元。

陆达公司根据有关凭证，应进行如下会计处理。

① 支付福利费。

借：应付职工薪酬——职工福利	5 000
贷：库存现金	5 000

② 月末分配福利费用。

借：生产成本	4 000
管理费用	1 000
贷：应付职工薪酬——职工福利	5 000

2. 非货币性福利

企业向职工提供非货币性福利的，应当按照公允价值计量。公允价值不能可靠取得的，可以采用成本计量。

（1）企业以自产的产品作为非货币性福利提供给职工的，应当按照该产品的公允价值和相关税费确定职工薪酬金额，并计入当期损益或相关资产成本。相关收入的确认、销售成本的结转以及相关税费的处理，与企业正常商品销售的会计处理相同。

【例 9.13】甲公司为一家手机生产企业，共有职工 200 名，20×1 年 1 月，公司以其生产的每台成本为 2 000 元的手机作为福利发放给公司每名职工。该型号手机的售价为每台 3 000 元，适用增值税税率为 13%。假定公司职工中 160 名为直接参加生产的人员，40 名为总部管理人员。

应计入生产成本的职工薪酬金额＝3 000×160×（1＋13%）＝542 400（元）

应计入管理费用的职工薪酬金额＝3 000×40×（1＋13%）＝135 600（元）

① 甲公司计提工资时，应进行如下会计处理。

借：生产成本	542 400
管理费用	135 600
贷：应付职工薪酬——非货币性福利	678 000

② 甲公司实际发放手机时，应进行如下会计处理。

借：应付职工薪酬——非货币性福利	678 000
贷：主营业务收入	600 000
应交税费——应交增值税（销项税额）	78 000
借：主营业务成本	400 000
贷：库存商品	400 000

（2）企业以外购的商品作为非货币性福利提供给职工的，应当按照该商品的公允价值和相关税费确定职工薪酬的金额，并计入当期损益或相关资产成本，同时确认应付职工薪酬。借记"生产成本""制造费用""管理费用"等账户，贷记"应付职工薪酬——非货币性福利"账户。

【例9.14】20×1 年 2 月，陆达公司以银行存款购买 10 台笔记本电脑发放给企业高层行政管理人员，该型号笔记本电脑每台不含税售价为 10 000 元，取得增值税普通发票，增值税税率为 13%。

陆达公司根据有关凭证，应进行如下会计处理。

① 决定发放笔记本电脑时。

借：管理费用	113 000
贷：应付职工薪酬——非货币性福利	113 000

② 购买笔记本电脑时。

借：应付职工薪酬——非货币性福利	113 000
贷：银行存款	113 000

（3）企业以自有的房屋等资产提供给职工无偿使用的，应当根据受益对象，将房屋等资产每期的成本（或公允价值）计入当期损益或相关资产成本，并确认应付职工薪酬。企业应按照住房等每期计提的折旧额，借记"应付职工薪酬——非货币性福利"账户，贷记"累计折旧"等账户。

租赁住房等资产提供给职工无偿使用的，应当根据受益对象，将每期应付的租金计入相关的当期损益，并确认应付职工薪酬。企业应按照支付的租金，借记"应付职工薪酬——非货币性福利"账户，贷记"银行存款"等账户。

【例 9.15】陆达公司目前为总部各部门经理级别以上的职工提供汽车免费使用，同时为副总裁以上高级管理人员每人租赁一套住房。该公司总部共有部门经理以上职工 20 名，每人提供一辆桑塔纳汽车免费使用，假定每辆桑塔纳汽车每月计提折旧 2 000 元；该公司共有副总裁以上高级管理人员 5 名，公司为其每人租赁一套月租金为 6 000 元的公寓。

陆达公司根据有关凭证，应进行如下会计处理。

① 为部门经理级别以上的职工提供汽车免费使用。

借：管理费用	40 000
贷：应付职工薪酬——非货币性福利	40 000

计提折旧时。

借：应付职工薪酬——非货币性福利	40 000
贷：累计折旧	40 000

② 为副总裁以上高级管理人员租赁住房。

借：管理费用 30 000

 贷：应付职工薪酬——非货币性福利 30 000

支付租金时，

借：应付职工薪酬——非货币性福利 30 000

 贷：银行存款 30 000

3. 短期带薪缺勤

带薪缺勤应当根据其性质及其职工享有的权利，分为累积带薪缺勤和非累积带薪缺勤两类。企业应当对累积带薪缺勤和非累积带薪缺勤分别进行会计处理。

（1）累积带薪缺勤

累积带薪缺勤，是指带薪权利可以结转下期的带薪缺勤，本期尚未用完的带薪缺勤权利可以在未来期间使用。企业应当在职工提供了服务从而增加了其未来享有的带薪缺勤权利时，确认与累积带薪缺勤相关的职工薪酬，并以累积未行使权利而增加的预期支付金额计量。

在职工离开企业时，对于未行使的有些累积带薪缺勤权利，职工有权获得现金支付。如果职工在离开企业时能够获得现金支付的，企业应当确认企业必须支付的、职工全部累积未使用权利的金额。如果职工在离开企业时不能获得现金支付，则企业应当根据资产负债表日因累积未使用权利而导致的预期支付的追加金额，作为累积带薪缺勤费用进行预计。

【例 9.16】 陆达公司共有 1 000 名职工，从 20×1 年 1 月 1 日起，该公司实行累积带薪缺勤制度。该制度规定，每个职工每年可享受 5 个工作日带薪休假，未使用的休假只能向后结转一个日历年度，超过 1 年未使用的权利作废；职工休假时，首先使用当年可享受的权利，不足部分再从上年结转的带薪年休假中扣除；职工离开公司时，对未使用的累积带薪年休假无权获得现金支付。

20×1 年 12 月 31 日，每个职工当年平均未使用带薪休假为 2 天。陆达公司预计 20×2 年有 950 名职工将享受不超过 5 天的带薪年休假，剩余 50 名职工每人将平均享受 6 天半年休假，假定这 50 名职工全部为总部管理人员，该公司平均每名职工每个工作日工资为 500 元。

根据上述资料，陆达公司职工 20×1 年已休带薪年休假的，由于在休假期间照发工资，因此相应的薪酬已经计入公司每月确认的薪酬金额中。与此同时，公司还需要预计职工 20×1 年享有但尚未使用的、预期将在下一年度使用的累积带薪缺勤，并计入当期损益或者相关资产成本。陆达公司在 20×1 年 12 月 31 日预计由于职工累积未使用的带薪年休假权利而导致预期将支付的工资负债即为 75（50×1.5）天的年休假工资金额 37 500（75×500）元。

陆达公司根据有关凭证，应进行如下会计处理。

借：管理费用 37 500

 贷：应付职工薪酬——累积带薪缺勤 37 500

（2）非累积带薪缺勤

非累积带薪缺勤，是指带薪权利不能结转下期的带薪缺勤，本期尚未用完的带薪缺勤权利将予以取消，并且职工离开企业时也无权获得现金支付。我国企业职工休婚假、产假、丧假、探亲假、病假期间的工资通常属于非累积带薪缺勤。由于职工提供服务本身不能增加其能够享受的福利金额，所以企业在职工未缺勤时不应当计提相关费用和负债。为此，企业应当在职工实际发生缺勤的会计期间确认与非累积带薪缺勤相关的职工薪酬。企业确认职工享有的与非累积带薪缺勤权利相关的薪酬，视同职工出勤确认的当期损益或相关资产成本。通常情况下，与非累积带薪缺勤相关的职工薪酬已经包括在企业每期向职工发放的工资等薪酬中，因此，不必额外做会计处理。

4. 短期利润分享计划

企业制订有短期利润分享计划的，如当职工完成规定业绩指标，或者在企业工作了特定期限后，能够享有按照企业净利润的一定比例计算的薪酬，企业应当进行有关会计处理。

短期利润分享计划同时满足下列条件的，企业应当确认相关的应付职工薪酬，并计入当期损益或相关资产成本。

（1）企业因过去事项导致现在具有支付职工薪酬的法定义务或推定义务。

（2）因利润分享计划所产生的应付职工薪酬义务能够可靠估计。

企业根据经营业绩或职工贡献等情况提取的奖金，属于奖金计划，应当比照短期利润分享计划进行处理。

【例9.17】陆达公司于20×1年年初制订和实施了一项短期利润分享计划，以对公司管理层进行激励。该计划规定，公司全年的税前利润指标为1 000万元，如果当年实现的税前利润超过1 000万元，公司管理层将可以分享超过部分的10%作为额外报酬。假定至20×1年12月31日，陆达公司全年实现税前利润1 500万元。假定不考虑离职等其他因素。

陆达公司应确认的利润分享金额计算如下。

（1 500－1 000）×10%＝50（万元）

陆达公司根据有关凭证，应进行如下会计处理。

借：管理费用 500 000
　　贷：应付职工薪酬——利润分享计划 500 000

9.4.4　其他职工薪酬的会计处理

1．离职后福利

离职后福利，是指企业为获得职工提供的服务而在职工退休或与企业解除劳动关系后，提供的各种形式的报酬和福利，属于短期薪酬和辞退福利的除外。离职后福利包括退休福利（如养老金和一次性的退休支付）及其他离职后福利（如离职后人寿保险和离职后医疗保障）。

职工正常退休时获得的养老金等离职后福利，是职工与企业签订的劳动合同到期或者职工达到了国家规定的退休年龄时，获得的离职后生活补偿金额。企业给予补偿的事项是职工在职时提供的服务而不是退休本身，因此，企业应当在职工提供服务的会计期间对离职后福利进行确认和计量。

离职后福利计划，是指企业与职工就离职后福利达成的协议，或者企业为向职工提供离职后福利制定的规章或办法等。

企业应当按照企业承担的风险和义务情况，将离职后福利计划分类为设定提存计划和设定受益计划两种类型。

（1）设定提存计划

设定提存计划，是指企业向单独主体（如基金等）缴存固定费用后，不再承担进一步支付义务的离职后福利计划。对于设定提存计划，企业应当根据在资产负债表日为换取职工在会计期间提供的服务而应向单独主体缴存的提存金，确认为职工薪酬负债，并计入当期损益或相关资产成本。

【例9.18】接【例9.9】，陆达公司根据当地相关部门规定，按照职工工资总额1 560万元的12%计提基本养老保险费，缴存当地社会保险经办机构。20×1年1月，陆达公司缴存的基本养老保险费应计入生产成本的金额为120万元（1 000万元×12%），应计入制造费用的金额为24万元（200万元×12%），应计入管理费用的金额为43.2万元（360万元×12%）。

陆达公司根据有关凭证，应进行如下会计处理。

借：生产成本 1 200 000
　　制造费用 240 000
　　管理费用 432 000
　　贷：应付职工薪酬——设定提存计划 1 872 000

（2）设定受益计划

设定受益计划，是指除设定提存计划以外的离职后福利计划。

　　设定提存计划和设定受益计划的区分，取决于离职后福利计划的主要条款和条件所包含的经济实质。在设定提存计划下，企业的义务以企业应向独立主体缴存的提存金金额为限，职工未来所能取得的离职后福利金额取决于向独立主体支付的提存金金额，以及提存金所产生的投资回报，从而精算风险和投资风险实质上要由职工来承担。在设定受益计划下，企业的义务是为现在及以前的职工提供约定的福利，并且精算风险和投资风险实质上由企业来承担。

　　当企业负有下列义务时，该计划就是一项设定受益计划：

　　（1）计划福利公式不仅与提存金金额相关，且要求企业在资产不足以满足该公式的福利时提供进一步的提存金；

　　（2）通过计划间接地或直接地对提存金的特定回报做出担保。

　　设定受益计划可能是不注入资金的，或者可能全部或部分地由企业（有时由其职工）向独立于报告主体的企业或基金，以缴纳提存金形式注入资金，并由其向职工支付福利。到期时已注资福利的支付不仅取决于基金的财务状况和投资业绩，而且取决于企业补偿基金资产不足的意愿和能力。企业实质上承担着与计划相关的精算风险和投资风险。因此，设定受益计划所确认的费用并不一定是本期应付的提存金金额。

2．辞退福利

　　辞退福利包括两方面的内容：

　　（1）在职工劳动合同到期之前，无论职工本人是否愿意，企业决定解除与职工劳动关系而给予的补偿；

　　（2）在职工劳动合同到期之前，为鼓励职工自愿接受裁减而给予职工的补偿。

　　由于导致义务产生的事项是终止雇佣而不是为获得职工的服务，企业应当将辞退福利作为单独一类职工薪酬进行会计处理。

　　企业向职工提供辞退福利的，应当确认辞退福利产生的职工薪酬负债。对于所有辞退福利，均应当于辞退计划满足负债确认条件的当期一次计入费用，借记"管理费用"账户，贷记"应付职工薪酬——辞退福利"账户。

3．其他长期职工福利

　　其他长期职工福利，是指除短期薪酬、离职后福利和辞退福利以外的其他所有职工福利。其他长期职工福利包括长期带薪缺勤、其他长期服务福利、长期残疾福利、长期利润分享计划和长期奖金计划等。

　　企业向职工提供的其他长期职工福利，符合设定提存计划条件的，应当按照设定提存计划的有关规定进行会计处理。企业向职工提供的其他长期职工福利，符合设定受益计划条件的，企业应当按照设定受益计划的有关规定，确认和计量其他长期职工福利净负债或净资产。

9.5　应交税费

9.5.1　应交税费的内容

　　企业在一定时期内取得的营业收入和实现的利润或发生特定经营行为，要按照规定向国家交纳各种税费，这些税费应按照权责发生制的原则确认，在尚未交纳之前，形成企业的一项负债。企业按照税法规定应交纳的各种税费包括增值税、消费税、所得税、城市维护建设税、房产税、土地使用税、车船使用税、教育费附加、资源税、土地增值税等。

　　为了总括地反映和监督企业应交税费的计算和交纳情况，企业应设置"应交税费"账户。该账户贷方登记应交纳的各种税费；借方登记已交纳的各种税费；期末如为贷方余额，则反映尚未交纳的税费，如为借方余额，则反映多交或尚未抵扣的税费。该账户应按具体税费项目设置明细账户进行明细核算。

9.5.2　应交增值税

1．增值税的基本内容

增值税是以商品（含应税劳务、应税行为）在流转过程中实现的增值额作为计税依据而征收的一种流转税。我国增值税相关法规规定，在我国境内销售货物、提供加工修理或修配劳务、销售服务、转让无形资产和不动产以及进口货物的企业单位和个人为增值税的纳税人。

按照纳税人的经营规模及会计核算的健全程度，增值税纳税人分为一般纳税人和小规模纳税人。由于这两种纳税人在增值税专用发票的领用、增值税税额的抵扣以及会计处理方面都存在差别，所以以下分别予以论述。

2．一般纳税人增值税的计算

增值税理论上是以增值额为计税依据征收的一种税，但实务操作中，并不直接以增值额作为计税依据，而是采用购进扣税法，即企业应纳增值税是以货物销售时，从对方收取的增值税即销项税减去购进货物时向对方支付的增值税即进项税而得出的。而这种计税方式主要是在对于一般纳税人增值税税额的计算上体现的。因此，一般纳税人增值税税额的计算公式如下。

$$应纳税额＝销项税额－进项税额$$
$$＝销售额（不含增值税）\times 税率－进项税额$$

一般纳税人增值税税率包括 13%、9%、6% 和零税率。销售或者进口货物，加工、修理修配劳务，有形动产租赁服务等适用 13% 的税率；不动产租赁服务，销售不动产，建筑服务，运输服务，转让土地使用权，销售饲料、化肥、农药、农机等，销售农产品等，销售水、气、居民用煤岩炭制品等，销售图书、报纸等，邮政服务等适用 9% 的税率；金融服务，现代服务，生活服务，销售无形资产等适用 6% 的税率。出口货物和跨境销售国务院规定范围的服务、无形资产的适用零税率。

3．应设置的账户

为了核算企业应交增值税的发生、抵扣、交纳、退税及转出等情况，增值税一般纳税人应当在"应交税费"账户下设置"应交增值税""未交增值税""增值税留抵税额""预交增值税""待抵扣进项税额""待认证进项税额""待转销项税额"等二级明细账户。

（1）"应交增值税"明细账户。该账户借方发生额反映企业购进货物、固定资产、无形资产以及接受应税劳务支付的进项税额，实际已交纳的增值税税额和月终转出的当月应交未交的增值税税额；贷方发生额反映企业销售货物、转让无形资产和不动产、提供应税劳务收取的销项税额，出口企业收到的出口退税以及进项税额转出数和转出多交的增值税税额；期末贷方余额反映企业尚未交纳的增值税税额，借方余额反映企业尚未抵扣的或多交的增值税税额。

在"应交税费——应交增值税"二级明细账户下，应按照应交增值税的构成内容设置专栏，进行明细核算。

① "进项税额"，记录一般纳税人购入货物、固定资产、不动产、无形资产、接受应税劳务而支付或负担的，准予从当期销项税额中抵扣的增值税税额；如果发生购货退回或折让，则应以红字记录，以示冲销进项税额。

② "已交税金"，记录一般纳税人当月已交纳的应增值税税额，收到退回的多交增值税时，应以红字记录。

③ "减免税款"，记录一般纳税人按现行增值税制度规定准予减免的增值税税额。

④ "销项税额抵减"，记录一般纳税人按照增值税制度规定因扣减销售额而减少的销项税额。

⑤ "出口抵减内销产品应纳税额"，记录实行"免、抵、退"办法的一般纳税人按规定计算的出口货物的进项税额抵减内销产品的应纳税额。

⑥ "转出未交增值税"，记录一般纳税人月终时将当月发生的应交未交增值税税额转出额。

⑦ "销项税额"，记录一般纳税人销售货物、固定资产、无形资产、不动产、提供应税劳务应收取的增值税税额；如果发生销货退回或销售折让，应以红字记录，以示冲减销项税额。

⑧ "出口退税"，记录一般纳税人向海关报关出口手续后，向税务机关申报办理出口退税而确认的应予退回的税款及应免税款。

⑨ "进项税额转出"，记录一般纳税人购进货物、固定资产、不动产、无形资产、接受应税劳务等发生非正常损失以及其他原因而不应从销项税额中抵扣、按规定转出的进项税额。

⑩ "转出多交增值税"，记录一般纳税人月终时转出当月多交税额的转出额。

其中，①至⑥为借方专栏，⑦至⑩为贷方专栏。

（2）"未交增值税"明细账户。该账户核算一般纳税人月末终了时从"应交增值税"或"预交增值税"明细账户转入当月应交未交、多交或预交的增值税税额，以及当月交纳以前期间未交的增值税税额。

（3）"预交增值税"明细账户。该账户核算一般纳税人转让不动产、提供不动产经营租赁服务、提供建筑服务、采用预收款方式销售自行开发的房地产项目等，以及其他按现行增值税制度规定应预缴的增值税税额。

（4）"待认证进项税额"明细账户。该账户核算一般纳税人由于未经税务机关认证而不得从当期销项税额中抵扣的进项税额，包括已取得增值税扣税凭证、按照现行增值税制度规定准予从销项税额中抵扣，但尚未经税务机关认证的进项税额；已申请稽核但尚未取得稽核相符结果的海关缴款书进项税额。

（5）"待转销项税额"明细账户。该账户核算一般纳税人销售货物、固定资产、无形资产、不动产，提供应税劳务已确认相关收入（或利得）但尚未发生增值税纳税义务而需于以后期间确认为销项税额的增值税税额。

4．一般纳税人增值税的会计处理

（1）一般购销业务

增值税一般纳税企业发生应税行为适用一般计税方法计税。在购进阶段，会计处理实行价税分离，属于价款的部分计入购买商品的成本，属于增值税额的部分按规定计入进项税额。在销售阶段，销售价格中不再含有增值税，如果定价时含税，应还原为不含税价格作为销售收入，向购买方收取的增值税税额作为销项税额单独核算。

一般纳税人购进货物、加工修理修配劳务、服务、无形资产或不动产，按应计入相关成本费用或资产的金额，借记"在途物资"或"原材料""库存商品""生产成本""无形资产""固定资产""管理费用"等账户；按当月已认证的可抵扣增值税税额，借记"应交税费——应交增值税（进项税额）"账户，按应付或实际支付的金额，贷记"应付账款""应付票据""银行存款"等账户。

【例 9.19】 20×1 年 3 月 10 日，陆达公司购入原材料一批，增值税专用发票上注明原材料价款 500 000 元，增值税税额 65 000 元。货款已经支付，材料已到达并验收入库。当日，陆达公司按照销售合同销售产品，不含税收入为 1 000 000 元，货款尚未收到。该产品适用增值税税率为 13%。

陆达公司根据有关凭证，应进行如下会计处理。

① 购入材料验收入库。

借：原材料		500 000
应交税费——应交增值税（进项税额）		65 000
贷：银行存款		565 000

② 销售商品但未收款。

借：应收账款 1 130 000

　　贷：主营业务收入 1 000 000

　　　　应交税费——应交增值税（销项税额） 130 000

（2）进项税额转出及进项税额不予抵扣的情况

企业购进的货物发生非正常损失，以及将购进货物改变用途（如用于集体福利或个人消费等），导致原已计入进项税额但按现行增值税制度规定不得从销项税额中抵扣的，应当将进项税额转出，借记"待处理财产损溢""应付职工薪酬"等账户，贷记"应交税费——应交增值税（进项税额转出）"账户；属于转作待处理财产损失的进项税额，应与遭受非正常损失的购进货物、在产品或库存商品的成本一并处理。

【例 9.20】 20×1 年 3 月 20 日，陆达公司因管理不善，致使原购入的价值 200 000 元的材料毁损。该材料的增值税进项税额为 26 000 元。经上级批准转入管理费用。陆达公司对原材料采用实际成本进行核算。

陆达公司根据有关凭证，应进行如下会计处理。

① 20×1 年 3 月 20 日，确认原材料毁损金额。

借：待处理财产损溢——待处理流动资产损溢 226 000

　　贷：原材料 200 000

　　　　应交税费——应交增值税（进项税额转出） 26 000

② 经批准转入管理费用。

借：管理费用 226 000

　　贷：待处理财产损溢——待处理流动资产损溢 226 000

【例 9.21】 陆达公司 20×1 年 2 月购入一批材料，增值税专用发票上注明的价款为 1 200 000 元，增值税税额为 156 000 元，材料已经验收入库，货款已经支付，陆达公司对原材料采用实际成本进行核算。20×1 年 5 月，陆达公司将该批材料全部用于发放职工福利。

陆达公司根据有关凭证，应进行如下会计处理。

① 20×1 年 2 月，材料入库时。

借：原材料 1 200 000

　　应交税费——应交增值税（进项税额） 156 000

　　贷：银行存款 1 356 000

② 20×1 年 5 月，确定将原材料用于发放职工福利。

借：应付职工薪酬 1 356 000

　　贷：应交税费——应交增值税（进项税额转出） 156 000

　　　　原材料 1 200 000

一般纳税人购进货物或服务等，用于免征增值税项目、集体福利或个人消费的，其进项税额不得从销项税额中抵扣，增值税专用发票上注明的增值税税额，直接计入购入货物及接受服务的成本中，不通过"应交税费——应交增值税（进项税额）"账户核算。

（3）视同销售业务

按照增值税相关法规的规定，企业将自产、委托加工或购买的货物分配给股东或投资者，将自产、委托加工的货物用于集体福利或个人消费等行为，视同销售货物，需计算交纳增值税。对于税法上某些视同销售行为的，如以自产产品对外投资，从会计角度看属于非货币性资产交换，其会计核算遵照非货币性资产交换准则进行处理。

视同销售行为发生时，企业应当借记"在建工程""销售费用""长期股权投资""营业外支出"等账户，贷记"应交税费——应交增值税（销项税额）""库存商品"等账户。

（4）转出多交增值税和未交增值税

月份终了，企业应将当月发生的应交未交增值税税额，借记"应交税费——应交增值税（转出未交增值税）"账户，贷记"应交税费——未交增值税"账户；或将当月多交的增值税税额，借记"应交税费——未交增值税"账户，贷记"应交税费——应交增值税（转出多交增值税）"账户。

（5）交纳增值税

企业按规定期限申报交纳本期的增值税，通过"应交税费——应交增值税（已交税金）"账户核算。在收到银行退回的税收缴款书后，借记"应交税费——应交增值税（已交税金）"账户，贷记"银行存款"账户。企业当月交纳以前各期未交的增值税，通过"应交税费——未交增值税"账户核算，借记"应交税费——未交增值税"账户，贷记"银行存款"账户。

对于转让不动产、提供不动产经营租赁服务、提供建筑服务、采用预收款方式销售自行开发的房地产项目等企业，按现行增值税制度规定预缴增值税的，应在预缴增值税时，借记"应交税费——预交增值税"账户，贷记"银行存款"账户；月末，将"预交增值税"明细账户余额转入"未交增值税"明细账户，借记"应交税费——未交增值税"账户，贷记"应交税费——预交增值税"账户。

【例9.22】 20×1年4月2日，陆达公司申报交纳本月增值税，共计264 000元，以银行存款支付。

陆达公司根据有关凭证，应进行如下会计处理。

借：应交税费——应交增值税（已交税金）　　　　　　　　　　　　　264 000
　　贷：银行存款　　　　　　　　　　　　　　　　　　　　　　　　　264 000

【例9.23】 20×1年4月5日，陆达公司以银行存款交纳上月应交未交的增值税，共计300 000元。

陆达公司根据有关凭证，应进行如下会计处理。

借：应交税费——未交增值税　　　　　　　　　　　　　　　　　　　300 000
　　贷：银行存款　　　　　　　　　　　　　　　　　　　　　　　　　300 000

5．小规模纳税人增值税的会计处理

（1）小规模纳税人增值税的计算

小规模纳税人销售货物或提供应税劳务应交纳的增值税，按销售额和规定的征收率乘积的简易办法计算，不实行税款抵扣制度。同时，销售货物或提供应税劳务也不得自行开具增值税专用发票。因此，小规模纳税人应纳税额的计算公式如下。

$$应纳税额＝销售额（不含增值税）×征收率$$
$$销售额（不含增值税）＝含税销售额÷（1＋征收率）$$

小规模纳税人适用3%的征收率。

（2）应设置的账户

小规模纳税人的核算比较简单，只需在"应交税费"账户下设置"应交增值税"明细账户，不需要在"应交增值税"明细账户中设置专栏。

"应交税费——应交增值税"账户，贷方登记应交纳的增值税；借方登记已交纳的增值税；期末贷方余额为尚未交纳的增值税，借方余额为多交纳的增值税。

（3）小规模纳税人增值税的会计处理

小规模纳税人购进货物和接受应税劳务时支付的增值税，直接计入有关货物和劳务的成本，借记"原材料""在途物资"等账户，贷记"银行存款"等账户。

小规模纳税人销售货物或提供应税劳务时，由于只能开具普通发票，所以销售额通常为价税合计款，因此，应先将销售额还原为不含税的销售价格，再计算应交增值税的金额，并按价税合计款金额，借记"银行存款""应收账款"等账户；按不含税销售额，贷记"主营业务收入"等账户；按计算的增值税税额，贷记"应交税费——应交增值税"账户。上交增值税时，借记"应交税费——应交增值税"，贷记"银行存款"等账户。

【例 9.24】 甲公司为小规模纳税人，20×1 年 5 月购入原材料取得的增值税专用发票上注明价款 60 000 元，支付的增值税税额为 9 600 元，以商业承兑汇票支付购料款，材料已验收入库。假设该公司以实际成本核算原材料。另外，该公司本月销售一批产品，开具普通发票，含税价款为 206 000 元，货款尚未收到。月末，企业以银行存款交纳本月增值税。

甲公司根据有关凭证，应进行如下会计处理。

① 购进材料。

借：原材料　　　　　　　　　　　　　　　　　　　　　　　69 600
　　贷：应付票据　　　　　　　　　　　　　　　　　　　　　　69 600

② 销售货物。

不含税价格＝206 000÷（1＋3%）＝200 000（元）

应交增值税＝200 000×3%＝6 000（元）

借：应收账款　　　　　　　　　　　　　　　　　　　　　　206 000
　　贷：主营业务收入　　　　　　　　　　　　　　　　　　　　200 000
　　　　应交税费——应交增值税　　　　　　　　　　　　　　　6 000

③ 交纳本月应纳增值税 6 000 元。

借：应交税费——应交增值税　　　　　　　　　　　　　　　　6 000
　　贷：银行存款　　　　　　　　　　　　　　　　　　　　　　6 000

9.5.3　应交消费税

1．消费税的内容及计算

消费税是对我国境内从事生产、委托加工和进口特定消费品（如烟、酒、化妆品等）的单位和个人，就其销售额或销售数量，在特定环节征收的一种税。

消费税实行从价定率、从量定额和从价从量复合计税 3 种方式计算应纳税额。

对于化妆品、小汽车等消费品实行从价定率计算方法：

$$应纳消费税税额＝应税消费品的销售额×比例税率$$

对于啤酒、成品油等消费品实行从量定额计算方法：

$$应纳消费税税额＝应税消费品的销售数量×定额税率$$

对于卷烟、白酒等消费品实行从价从量复合计算方法：

$$应纳消费税税额＝应税销售数量×定额税率＋应税销售额×比例税率$$

2．应设置的账户

为了核算企业应交消费税的发生和交纳的情况，企业应在"应交税费"账户下设置"应交消费税"明细账户。该账户的贷方登记应交纳的消费税；借方登记企业实际交纳的消费税和待抵扣的消费税；期末贷方余额反映尚未交纳的消费税；期末借方余额反映多交或待抵扣的消费税。

3．应交消费税的会计处理

（1）销售应税消费品

企业销售产品按规定计算出应交纳的消费税，借记"税金及附加"账户，贷记"应交税费——应交消费税"账户；按期交纳消费税时，借记"应交税费——应交消费税"账户，贷记"银行存款"等账户。

【例 9.25】 甲公司为一般纳税人，20×1 年 4 月销售小汽车 20 辆，每辆不含税售价 150 000 元，增值税税率为 13%，货款尚未收到，小汽车每辆成本 90 000 元。适用的消费税税率为 5%。

甲公司应交消费税＝150 000×20×5%＝150 000（元）

甲公司根据有关凭证，应进行如下会计处理。

① 确认销售收入。

借：应收账款 3 390 000

　　贷：主营业务收入 3 000 000

　　　　应交税费——应交增值税（销项税额） 390 000

② 确认应交消费税。

借：税金及附加 150 000

　　贷：应交税费——应交消费税 150 000

③ 结转销售成本。

借：主营业务成本 1 800 000

　　贷：库存商品 1 800 000

④ 交纳消费税。

借：应交税费——应交消费税 150 000

　　贷：银行存款 150 000

（2）委托加工应税消费品

对于委托加工应征消费税的消费品，应区别以下两种情况进行会计处理：①加工的应税消费品收回后直接用于销售；②加工的应税消费品收回后用于连续生产应税消费品。其会计处理参见本书第 6 章 6.5 节相关内容。

（3）进口应税消费品

企业进口应税消费品，在进口环节应交纳的消费税，计入该项物资的成本，借记"原材料""固定资产"等账户，贷记"银行存款"等账户。

免征消费税的出口应税消费品分别按不同情况进行会计处理。

属于生产企业直接出口应税消费品或通过外贸企业出口应税消费品，按规定直接予以免税的，可以不计算应交消费税。

属于委托外贸企业代理出口应税消费品的生产企业，应在计算消费税时，按应交消费税金额，借记"应收账款"账户，贷记"应交税费——应交消费税"账户；交纳时，借记"应交税费——应交消费税"账户，贷记"银行存款"账户；应税消费品出口收到外贸企业退回的税金时，借记"银行存款"账户，贷记"应收账款"账户；发生退关、退货而补交已退的消费税，做相反的会计分录。

9.5.4　其他应交税费

1．城市维护建设税

城市维护建设税（简称城建税）是对从事工商经营，交纳增值税、消费税的单位和个人征收的一种附加税。城建税实行地区差别比例税率，以企业增值税、消费税实际交纳税额作为计税依据计算应纳税额。

企业应设置"应交税费——应交城市维护建设税"账户对城建税的发生和交纳情况进行核算。企业按规定计提应交的城市维护建设税，借记"税金及附加"账户，贷记"应交税费——应交城市维护建设税"账户；交纳时，借记"应交税费——应交城市维护建设税"账户，贷记"银行存款"账户。

2．教育费附加

教育费附加是以单位和个人交纳的增值税、消费税税额为计税依据征收的一种附加费。企业应设置"应交税费——应交教育费附加"账户对其进行核算，其计算方式和会计处理同城建税。

3．房产税、土地使用税、车船税

房产税是国家对在城市、县城、建制镇和工矿区征收的由产权所有人交纳的一种税，依据房产原值一次性减除 10%～30%后的余额计算交纳。土地使用税是国家为了合理利用城镇土地，调节土地级差收入，提高土地使用效率，加强土地管理而开征的一种税，以纳税人实际占用的土地面积为计税依据。车船税是按照适用税额计算，由拥有并使用车船的单位和个人交纳的一种税。

企业应在"应交税费"账户下设置相应的明细账户进行核算。企业计提应交纳的各种税金，借记"税金及附加"等账户，贷记"应交税费——应交房产税""应交税费——应交土地使用税""应交税费——应交车船税"账户；交纳时，借记"应交税费——应交房产税""应交税费——应交土地使用税""应交税费——应交车船税"账户，贷记"银行存款"账户。

4．个人所得税

个人所得税是以个人（自然人）取得的各项应税所得为征税对象征收的一种税。我国的个人所得税实行源泉扣缴和纳税人自行申报两种征税方式。对于工资薪金、劳务报酬等各项所得，一般由支付单位代扣代缴个人所得税。

企业应设置"应交税费——应交个人所得税"账户，对其代扣代缴的个人所得税的情况进行核算。计提代扣代缴的职工个人所得税，借记"应付职工薪酬"账户，贷记"应交税费——应交个人所得税"账户；交纳时，借记"应交税费——应交个人所得税"账户，贷记"银行存款"等账户。个人所得税会计处理参见本章9.4节相关内容。

5．企业所得税

企业的生产、经营所得和其他所得，依照有关所得税暂行条例及其细则的规定需要交纳所得税的，应在"应交税费"账户下设置"应交所得税"明细账户核算；当期应计入损益的所得税，作为一项费用，在净收益前扣除。企业按照一定方法计算，计入损益的所得税，借记"所得税费用"等账户，贷记"应交税费——应交所得税"账户。企业所得税的会计处理参见本书第12章12.4节相关内容。

9.6　其他流动负债

9.6.1　交易性金融负债

1．交易性金融负债的内容

满足以下条件之一的金融负债，应作为交易性金融负债核算。

（1）承担该金融负债的目的，主要是为了近期内回购或赎回。通常情况下，这是企业交易性金融负债的主要组成部分。比如，企业发行的1年以内到期的短期债券。

（2）属于进行集中管理的可辨认金融工具组合的一部分，且有客观证据表明企业近期采用短期获利方式对该组合进行管理。在这种情况下，即使组合中有某个组成项目持有的期限稍长也不受影响。

（3）属于衍生工具。但是，被指定为有效套期工具的衍生工具、属于财务担保合同的衍生工具、与在活跃市场中没有报价且其公允价值不能可靠计量的权益工具投资挂钩并须通过交付该权益工具结算的衍生工具除外。

2．应设置的账户

为了核算企业承担的交易性金融负债的持有、赎回等情况，企业应设置"交易性金融负债"账户，并按照交易性金融负债类别，分别通过"本金""公允价值变动"等明细账户进行明细核算。该账户贷方登记交易性金融负债的本金和持有期间交易性金融负债公允价值上升的金额，借方登记处置交易性金融负债时的账面金额和持有期间交易性金融负债公允价值下降的金额，期末贷方余额反映企业承担的交易性金融负债的公允价值。指定为以公允价值计量且其变动计入当期损益的金融负债也通过该账户核算。

3．交易性金融负债的会计处理

（1）承担交易性金融负债的会计处理

企业承担交易性金融负债时，应按实际收到的金额，借记"银行存款"等账户；按发生的交易费用，借记"投资收益"账户；按交易性金融负债的公允价值，贷记"交易性金融负债——本金"账户。

（2）期末公允价值变动的会计处理

资产负债表日，交易性金融负债的公允价值高于其账面余额的差额，借记"公允价值变动损益"账户，贷记"交易性金融负债——公允价值变动"账户；公允价值低于其账面余额的差额，做相反的会计分录。

（3）出售交易性金融负债的会计处理

企业出售交易性金融负债时，应按其账面余额，借记"交易性金融负债——本金"账户，贷记或借记"交易性金融负债——公允价值变动"账户；按实际支付的金额，贷记"银行存款"等账户；按借贷方差额，贷记或借记"投资收益"账户。同时，将已确认的公允价值变动损益转出，借记或贷记"公允价值变动损益"账户，贷记或借记"投资收益"账户。

9.6.2 应付利息

应付利息是指企业按照合同约定应支付的利息，包括短期借款应支付的利息，分期付息到期还本的长期借款、应付债券等应支付的利息。

企业应当设置"应付利息"账户，该账户贷方登记应付未付的利息，借方登记已经支付的利息，期末贷方余额反映企业按照合同约定应支付但尚未支付的利息。该账户按照债权人设置明细账户进行明细核算。

企业采用合同约定的名义利率计算确定利息费用时，应按合同约定的名义利率计算确定的应付利息的金额，借记"在建工程""制造费用""财务费用""研发支出"等账户，贷记"应付利息"账户。

采用实际利率计算确定利息费用时，应按摊余成本和实际利率计算确定的利息费用，借记"在建工程""制造费用""财务费用""研发支出"等账户；按合同约定的名义利率计算确定的应付利息的金额，贷记"应付利息"账户；按借贷方差额，借记或贷记"长期借款——利息调整"等账户。

实际支付利息时，借记"应付利息"账户，贷记"银行存款"等账户。

9.6.3 应付股利

应付股利是指企业根据股东大会或类似机构审议批准的利润分配方案，确定分配给投资者的现金股利或利润。为了核算企业确定或宣告支付但尚未实际支付的现金股利或利润，企业应设置"应付股利"账户对其进行核算。该账户贷方登记应支付的现金股利或利润，借方登记实际支付的现金股利或利润，期末贷方余额反映企业应付未付的现金股利或利润。该账户应按照投资者设置明细账户进行明细核算。

应付股利的会计处理参见本书第12章12.5节相关内容。

9.6.4 其他应付款

其他应付款是指企业除应付票据、应付账款、预收账款、应付职工薪酬、应交税费、应付利息、应付股利等经营活动以外的其他各项应付、暂收的款项，主要包括应付租入低值易耗品和包装物等周转材料的租金（含预付的租金）、存入保证金（如收取的包装物押金）等。

为了核算其他应付款的增减变动及其结存情况，企业应设置"其他应付款"账户。该账户属于负债类账户，贷方登记发生的各种应付、暂收款项，借方登记偿还或转销的各种应付、暂收款项，期末贷方余额反映企业尚未支付的其他应付款项。该账户按照其他应付款的项目和对方单位（或个人）设置明细账户进行明细核算。

企业发生其他各种应付、暂收款项时，借记"银行存款""管理费用"等账户，贷记"其他应付款"账户；支付或退回其他各种应付、暂收款项时，借记"其他应付款"账户，贷记"银行存款"等账户。

本章小结

思考与练习

一、思考题

1. 什么是负债？负债如何进行分类？
2. 流动负债包括哪些内容？
3. 如何进行短期借款利息的核算？
4. 应付账款与应付票据有何异同？
5. 职工薪酬的内容有哪些？
6. 短期薪酬包括哪些内容？应如何进行核算？
7. 如何进行增值税的核算？
8. 如何进行消费税的核算？
9. 其他应付款核算的主要业务有哪些？

二、业务处理题

1. 目的：练习短期借款的会计处理。

资料：甲公司于20×1年4月1日向银行借入一笔生产经营用短期借款，共计120 000元，期限为6个月，年利率为8%。根据与银行签署的借款协议，该项借款的本金到期后一次归还，利息分月预提，每季度末支付。

要求：根据上述经济业务进行相关会计处理。

2. 目的：练习应付账款的会计处理。

资料：甲公司为增值税一般纳税人，20×1年5月8日公司购入一批材料，价款50 000元，增值税税额6 500元，材料已验收入库，按实际成本计价。款项于6月20日以银行存款支付。

要求：根据上述经济业务进行相关会计处理。

3. 目的：练习增值税的会计处理。

资料：甲公司为增值税一般纳税人，适用的增值税税率为13%，材料采用实际成本进行日常核算。该公司20×1年4月30日已认证的增值税进项税额为50 000元。4月还发生其他涉及增值税的经济业务如下。

（1）销售原材料一批，增值税专用发票上注明价款为150 000元，增值税税额为19 500元，公司已收到169 500元的商业汇票。

（2）销售产品一批，销售价格为200 000元（不含增值税税额），实际成本为160 000元，提货单和增值税专用发票已交购货方，货款尚未收到。该销售符合收入确认条件。

（3）集体福利领用原材料一批，该批原材料实际成本为 300 000 元，应由该批原材料负担的增值税税额为 39 000 元。

（4）因意外火灾毁损原材料一批，该批原材料的实际成本为 100 000 元，增值税税额为 13 000 元。

（5）计算并用银行存款交纳本月增值税。

要求：根据上述业务，编制相关会计分录（"应交税费"账户要求写出明细账户及专栏名称）。

第 10 章　非流动负债

本章阐述了非流动负债各具体项目会计处理方法。通过本章的学习，读者应掌握长期借款、应付债券的会计处理方法；熟悉预计负债的内容和会计处理方法；了解长期应付款和借款费用的内容和会计处理方法。

10.1　长期借款

10.1.1　长期借款的内容

长期借款是指企业向银行或其他金融机构借入的期限在一年以上（不含一年）的各种借款。长期借款包括从银行取得的贷款，或者向财务公司等金融企业借入的款项。

10.1.2　应设置的账户

为了核算企业长期借款的借入、归还等情况，企业应设置"长期借款"账户对其进行核算。该账户贷方登记长期借款本息的增加额，借方登记本息的减少额，期末贷方余额表示企业尚未偿还的长期借款的本息数。

该账户可根据具体情况分别设置"本金""利息调整""应计利息"等明细账户进行明细核算，其中，"本金"明细账户核算长期借款合同约定的本金数，"利息调整"明细账户核算因实际利率与合同利率不同而产生的利息调整额，"应计利息"明细账户核算到期一次还本付息的借款各期计提的应付未付利息。该账户可按照贷款单位和贷款种类设置明细账。

10.1.3　长期借款的会计处理

1. 借入长期借款的会计处理

企业借入的各种长期借款，应按实际收到的金额，借记"银行存款"账户；按借款合同约定的本金数，贷记"长期借款——本金"账户；按借贷方的差额，借记"长期借款——利息调整"账户。例如，企业采用补偿性余额方式借款时，实际收到的款项会小于借款合同约定的本金数，由此产生的差额计入利息调整。

2. 资产负债表日计息的会计处理

对于长期借款利息费用的计提，企业应当在资产负债表日按照实际利率法计算确定。如果实际利率与合同利率差异较小，也可以采用合同利率计算确定利息费用。

在资产负债表日，企业应按长期借款的摊余成本和实际利率计算确定的长期借款的利息费用，借记"在建工程""制造费用""财务费用""研发支出"等账户；按合同利率计算确定的应付未付利息，贷记"应付利息"或"长期借款——应计利息"账户；按借贷方的差额，贷记"长期借款——利息调整"账户。长期借款计算确定的利息费用，应当按以下原则计入有关成本、费用。

（1）属于筹建期间的，计入管理费用。

（2）属于生产经营期间的，计入财务费用。

（3）用于购建固定资产、无形资产等用途的，在该资产尚未达到预定可使用状态前所发生的应当资本化的利息支出，计入"在建工程""研发支出"或"制造费用"；在该资产达到预定可使用状态后发生的利息支出，以及按规定不予资本化的利息支出，计入财务费用。

3．归还长期借款的会计处理

企业归还长期借款的本金时，应按归还的本金数，借记"长期借款——本金"账户，贷记"银行存款"账户；对于已经计提的利息费用，借记"应付利息"或"长期借款——应计利息"账户，贷记"银行存款"账户；对于未计提的利息部分，借记"在建工程""制造费用""财务费用""研发支出"等账户，贷记"银行存款"账户。

【例 10.1】 20×1 年 1 月 1 日，陆达公司从银行借入期限为 2 年、年利率为 12%的借款 1 000 000 元用于厂房建设，款项于每年 1 月 1 日支付利息，到期还本，所借款项已存入银行。该工程于 20×1 年 1 月 1 日开工建设，于 20×2 年 7 月 1 日完工，达到预定可使用状态。

陆达公司根据有关凭证，应进行如下会计处理。

① 20×1 年 1 月 1 日，取得借款。

借：银行存款   1 000 000

    贷：长期借款——本金   1 000 000

② 20×1 年 12 月 31 日，计提利息。

借：在建工程   120 000

    贷：应付利息   120 000

③ 20×2 年 1 月 1 日，支付利息。

借：应付利息   120 000

    贷：银行存款   120 000

④ 20×2 年 12 月 31 日，计提利息。

借：在建工程   60 000

    财务费用   60 000

    贷：应付利息   120 000

⑤ 20×3 年 1 月 1 日，借款到期，还本付息。

借：长期借款——本金   1 000 000

    应付利息   120 000

    贷：银行存款   1 120 000

10.2 应付债券

10.2.1 应付债券的内容

1．债券的概念

债券是政府、金融机构、企业等直接向社会借债筹措资金时，向债权人发行，并且承诺按规定利率支付利息并按约定条件偿还本金的债权债务凭证。企业发行的一年以上期限的债券（包括归类为金融负债的优先股、永续债等）构成了企业的长期负债。

企业应当设置"企业债券备查簿"，详细登记每一企业债券的票面金额、债券票面利率、还本付息期限与方式、发行总额、发行日期和编号、委托代销单位、转换股份等资料。企业债券到期清算时，应当在备查簿内逐笔注销。

2．债券的分类

债券可以按照不同的标准进行分类。

（1）按照债券发行主体不同，可分为政府债券、金融债券和公司债券。

（2）按照债券是否记名，可分为记名债券和无记名债券。

（3）按照债券能否转换为公司股票，可分为可转换公司债券和不可转换公司债券。

（4）按照债券是否上市流通，可分为上市债券和非上市债券。

（5）按照债券发行的保证条件不同，可分为抵押债券、担保债券和信用债券。

（6）按照债券支付利息的形式不同，可分为固定利息债券、浮动利息债券和贴息债券。

（7）按照债券付息方式不同，可分为分次付息到期还本债券和到期一次还本付息债券。

（8）按照债券偿还期限的长短，可分为长期债券和短期债券。

3．公司债券的发行价格

公司债券的发行方式有 3 种，即面值发行、溢价发行和折价发行。影响债券发行价格的主要有以下 4 个因素。

（1）债券面值。债券面值是影响债券发行价格的基本因素，面值越大，发行价格就越高；反之，则发行价格越低。不过，债券的发行价格不一定等于其面值，因为发行价格还受许多其他因素的影响，而面值是发行公司到期归还投资者本金的数额。

（2）票面利率。票面利率是发行债券时在票面上标明的利率，其是发行公司按期支付给投资者的利息与债券面值的比率。票面利率的高低直接影响发行人的筹资成本和投资者的投资收益，一般是发行人根据债券本身的情况和对市场条件进行分析决定的。一般来说，债券利率越高，发行价格就越高；反之，则发行价格越低。

（3）市场利率。市场利率是确定债券发行价格的决定因素。一般是市场利率的变动引起债券价格的变动，通常情况下，市场利率与债券的发行价格呈反向变动。市场利率上升，债券价格则下降；市场利率下降，债券价格则上升。

（4）债券期限。一般情况下，债的期限越长，投资者的投资风险就越大，债券的发行价格与面值的差距越大；债券的期限越短，投资者的投资风险就越小，债券的发行价格与面值的差距小。所以，债券随着距到期日的时间越近，债券的发行价格越接近票面值。

假设其他条件不变，债券的票面利率高于同期市场利率时，可按超过债券票面价值的价格发行，称为溢价发行；如果债券的票面利率低于同期市场利率，可按低于债券面值的价格发行，称为折价发行；如果债券的票面利率与同期市场利率相同，可按票面价格发行，称为面值发行。

溢价是企业以后各期多付利息而事先得到的补偿。折价是企业以后各期少付利息而预先给投资者的补偿。因此，溢价或折价是发行债券的公司在债券存续期间内对利息费用的一种调整。理论上，债券发行价格满足以下公式。

$$债券发行价格＝债券面值的现值＋各期应付利息的现值$$

$$＝\sum_{t=1}^{n}[各期现金流量×（1＋实际利率）^{-t}]$$

或 $$＝\sum（各期现金流量×现值系数）$$

【例 10.2】 20×1 年 1 月 1 日，陆达公司经批准发行面值 100 元的 5 年期公司债券 100 000 份，票面年利率为 8%，每年年末付息，到期还本。

当市场年利率分别为 10%、8%、6% 时，每份债券的发行价格的计算如下。

① 当市场年利率为 10% 时。

发行价格＝100×0.620 9＋8×3.790 8＝92.42（元）

② 当市场年利率为 8% 时。

发行价格＝100×0.680 6＋8×3.992 7＝100（元）

③ 当市场年利率为 6% 时。

发行价格＝100×0.747 3＋8×4.212 4＝108.43（元）

10.2.2　应设置的账户

为了核算企业债券的发行、计息、摊销和偿还情况，企业应设置"应付债券"等账户进行核算。

"应付债券"账户核算企业为筹集长期资金而发行债券的本金和利息（到期一次还本付息方式）。该账户贷方登记发行企业债券的面值、发行时产生的溢价、应计利息和折价摊销额，借方登记企业债券的偿还、发行时产生的折价和持有期间的溢价摊销额，期末贷方余额反映企业尚未偿还的债券的摊余成本和应计利息。应付债券可按"面值""利息调整""应计利息"等明细账户进行明细核算。

需要说明的是，如果债券到期一次还本付息，则利息计提和偿还通过"应付债券——应计利息"账户核算；如果债券分期付息，则应付未付的利息属于流动负债，其计提和偿还应通过"应付利息"账户核算。

10.2.3 应付债券的会计处理

1. 发行债券

无论是按面值发行，还是溢价发行或折价发行，均按债券面值计入"应付债券"账户的"面值"明细账户，而实际收到的款项与面值的差额，计入"利息调整"明细账户。

企业发行债券时，按实际收到的款项，借记"银行存款"账户；按债券票面价值，贷记"应付债券——面值"账户；按实际收到的款项与票面价值之间的差额，贷记或借记"应付债券——利息调整"账户。

【例10.3】 20×1年1月1日，陆达公司经批准按面值发行10 000 000元的分期付息、一次还本的公司债券，期限5年，每年1月1日支付上一年利息，票面利率为年利率8%，该债券所筹集的资金用于固定资产的构建。

陆达公司根据有关凭证，应进行如下会计处理。

借：银行存款   10 000 000

    贷：应付债券——面值   10 000 000

【例10.4】 20×1年1月1日，陆达公司经批准发行面值为10 000 000元的分期付息、一次还本的公司债券，期限5年，每年1月1日支付上一年利息，票面利率为年利率8%，发行价格为10 843 000元，该债券所筹集的资金用于企业生产经营。

陆达公司根据有关凭证，应进行如下会计处理。

借：银行存款   10 843 000

    贷：应付债券——面值   10 000 000

            ——利息调整   843 000

【例10.5】 20×1年1月1日，陆达公司经批准发行面值为10 000 000元的分期付息、一次还本的公司债券，期限5年，每年1月1日支付上一年利息，票面利率为年利率8%，发行价格为9 242 000元，该债券所筹集的资金用于企业生产经营。

陆达公司根据有关凭证，应进行如下会计处理。

借：银行存款   9 242 000

    应付债券——利息调整   758 000

    贷：应付债券——面值   10 000 000

债券发行过程中发生的债券承销费、印刷费、律师费、发行手续费及其他直接费用等发行费用，应区别以下两种情况进行处理。

（1）如果发行费用大于发行期间冻结资金所产生的利息收入，按发行费用减去发行期间冻结资金所产生的利息收入后的差额，根据发行债券所筹集资金的用途分别进行会计处理：企业发行债券筹集资金专项用于购建固定资产的，且发行费用金额较大的，在所购建的固定资产达到预定可使用状态前，将该金额计入所购建的固定资产成本；属于其他情况的，计入当期财务费用。

（2）如果发行费用小于发行期间冻结资金所产生的利息收入，按发行期间冻结资金所产生的利息收入减去发行费用后的差额，视同发行债券的溢价收入，在债券存续期间于计提利息时摊销。

2. 债券利息费用及利息调整摊销

企业债券发行之后，应付债券利息费用的确定与利息调整摊销应采用实际利率法。实际利率法是指按照应付债券的实际利率计算其摊余成本及各期利息费用的方法。实际利率是指将应付债券在债券存续期间的未来现金流量折现为该债券当前账面价值所使用的利率。实际利率具体计算方法与以摊余成本计量的金融资产实际利率的计算方法相同。这里不再赘述。

对于分期付息、一次还本的债券，资产负债表日，企业应按照应付债券的账面价值和实际利率计算确定的债券利息费用，借记"在建工程""制造费用""财务费用""研发支出"等账户；按债券面值和票面利率计算确定的应付未付利息，贷记"应付利息"账户；按其借贷差额，借记或贷记"应付债券——利息调整"账户。

对于一次还本付息的债券，资产负债表日，企业应按照应付债券的账面价值和实际利率计算确定的债券利息费用，借记"在建工程""制造费用""财务费用""研发支出"等账户；按债券面值和票面利率计算确定的应付未付利息，贷记"应付债券——应计利息"账户；按其借贷差额，借记或贷记"应付债券——利息调整"账户。

需要注意的是，在对应付债券进行核算时，如果实际利率与票面利率差异较小的，也可以采用票面利率计算确定利息费用。

【例 10.6】 接【例 10.3】，陆达公司每年年末计提债券利息，转年 1 月 1 日支付利息，债券所筹集的资金用于固定资产的购建。债券发行时市场利率为 8%。

陆达公司根据有关凭证，应进行如下会计处理。

① 20×1 年 12 月 31 日，计提该债券的利息。

借：在建工程　　　　　　　　　　　　　　　　　　　　　　　800 000
　　贷：应付利息　　　　　　　　　　　　　　　　　　　　　　　800 000

② 20×2 年、20×3 年、20×4 年、20×5 年每年年末的会计处理与第①步相同。

③ 20×2 年 1 月 1 日，支付利息。

借：应付利息　　　　　　　　　　　　　　　　　　　　　　　800 000
　　贷：银行存款　　　　　　　　　　　　　　　　　　　　　　　800 000

④ 20×3 年、20×4 年、20×5 年、20×6 年每年年初支付利息的会计处理与第③步相同。

【例 10.7】 接【例 10.4】，陆达公司每年年末计提债券利息，下一年 1 月 1 日支付利息，债券所筹集的资金用于企业生产经营。发行时市场利率为 6%。

利息费用及摊销见利息费用与利息调整摊销计算表，如表 10-1 所示。

表 10-1　利息费用与利息调整摊销计算表

（实际利率法）　　　　　　　　　　　　　　　　　　　　　　　单位：元

日期	应付利息（1） =面值×8%	利息费用（2） =（5）×6%	利息调整（3） =（1）－（2）	利息调整余额（4） =（4）－（3）	账面价值（5） =（5）－（3）
20×1.01.01				843 000	10 843 000
20×1.12.31	800 000	650 580	149 420	693 580	10 693 580
20×2.12.31	800 000	641 615	158 385	535 195	10 535 195
20×3.12.31	800 000	632 112	167 888	367 307	10 367 307
20×4.12.31	800 000	622 038	177 962	189 345	10 189 345
20×5.12.31	800 000	610 655*	189 345*	0	10 000 000
合计	4 000 000	3 157 000	843 000	—	—

*含尾数调整。

根据表 10-1 的计算结果，陆达公司应进行如下会计处理。

① 20×1 年 12 月 31 日，计提该债券的利息。

借：财务费用　　　　　　　　　　　　　　　　　　　　　　650 580

　　应付债券——利息调整　　　　　　　　　　　　　　　149 420

　　　贷：应付利息　　　　　　　　　　　　　　　　　　　　　　800 000

② 20×2年1月1日，支付利息。

借：应付利息　　　　　　　　　　　　　　　　　　　　　　800 000

　　　贷：银行存款　　　　　　　　　　　　　　　　　　　　　　800 000

20×3年、20×4年、20×5年、20×6年每年年初支付利息时，同此会计处理，以下略。

③ 20×2年12月31日，计提该债券的利息。

借：财务费用　　　　　　　　　　　　　　　　　　　　　　641 615

　　应付债券——利息调整　　　　　　　　　　　　　　　158 385

　　　贷：应付利息　　　　　　　　　　　　　　　　　　　　　　800 000

④ 20×3年12月31日，计提该债券的利息。

借：财务费用　　　　　　　　　　　　　　　　　　　　　　632 112

　　应付债券——利息调整　　　　　　　　　　　　　　　167 888

　　　贷：应付利息　　　　　　　　　　　　　　　　　　　　　　800 000

⑤ 20×4年12月31日，计提该债券的利息。

借：财务费用　　　　　　　　　　　　　　　　　　　　　　622 038

　　应付债券——利息调整　　　　　　　　　　　　　　　177 962

　　　贷：应付利息　　　　　　　　　　　　　　　　　　　　　　800 000

⑥ 20×5年12月31日，计提该债券的利息。

借：财务费用　　　　　　　　　　　　　　　　　　　　　　610 655

　　应付债券——利息调整　　　　　　　　　　　　　　　189 345

　　　贷：应付利息　　　　　　　　　　　　　　　　　　　　　　800 000

【例10.8】接【例10.5】，陆达公司每年年末计提债券利息，下一年1月1日支付利息，债券所筹集的资金用于企业生产经营。发行时市场利率为10%。

利息费用及摊销见利息费用与利息调整摊销计算表，如表10-2所示。

表10-2　利息费用与利息调整摊销计算表

（实际利率法）

单位：元

日期	应付利息（1） ＝面值×8%	利息费用（2） ＝（5）×10%	利息调整（3） ＝（2）－（1）	利息调整余额（4） ＝（4）－（3）	账面价值（5） ＝（5）＋（3）
20×1.01.01				758 000	9 242 000
20×1.12.31	800 000	924 200	124 200	633 800	9 366 200
20×2.12.31	800 000	936 620	136 620	497 180	9 502 820
20×3.12.31	800 000	950 282	150 282	346 898	9 653 102
20×4.12.31	800 000	965 310	165 310	181 588	9 818 412
20×5.12.31	800 000	981 588*	181 588*	0	10 000 000
合计	4 000 000	4 758 000	758 000	—	—

*含尾数调整。

根据表10-2的计算结果，陆达公司应进行如下会计处理。

① 20×1年12月31日，计提该债券的利息。

借：财务费用　　　　　　　　　　　　　　　　　　　　　　924 200

　　　贷：应付利息　　　　　　　　　　　　　　　　　　　　　　800 000

　　　　应付债券——利息调整　　　　　　　　　　　　　　　124 200

② 20×2 年 1 月 1 日，支付利息。

借：应付利息　　　　　　　　　　　　　　　　　　　　　　　　　　800 000

　　贷：银行存款　　　　　　　　　　　　　　　　　　　　　　　　　　　800 000

20×3 年、20×4 年、20×5 年、20×6 年每年年初支付利息时，同此会计处理，以下略。

③ 20×2 年 12 月 31 日，计提该债券的利息。

借：财务费用　　　　　　　　　　　　　　　　　　　　　　　　　　936 620

　　贷：应付利息　　　　　　　　　　　　　　　　　　　　　　　　　　　800 000

　　　　应付债券——利息调整　　　　　　　　　　　　　　　　　　　　　136 620

④ 20×3 年 12 月 31 日，计提该债券的利息。

借：财务费用　　　　　　　　　　　　　　　　　　　　　　　　　　950 282

　　贷：应付利息　　　　　　　　　　　　　　　　　　　　　　　　　　　800 000

　　　　应付债券——利息调整　　　　　　　　　　　　　　　　　　　　　150 282

⑤ 20×4 年 12 月 31 日，计提该债券的利息。

借：财务费用　　　　　　　　　　　　　　　　　　　　　　　　　　965 310

　　贷：应付利息　　　　　　　　　　　　　　　　　　　　　　　　　　　800 000

　　　　应付债券——利息调整　　　　　　　　　　　　　　　　　　　　　165 310

⑥ 20×5 年 12 月 31 日，计提该债券的利息。

借：财务费用　　　　　　　　　　　　　　　　　　　　　　　　　　981 588

　　贷：应付利息　　　　　　　　　　　　　　　　　　　　　　　　　　　800 000

　　　　应付债券——利息调整　　　　　　　　　　　　　　　　　　　　　181 588

如果企业发行的债券为到期一次还本付息的债券，在进行会计处理时应将"应付利息"账户改为"应付债券——应计利息"账户进行核算。

3. 债券偿还的会计处理

债券到期时，对于一次还本付息的债券，企业应于债券到期支付债券本息时，借记"应付债券——面值"和"应付债券——应计利息"账户，贷记"银行存款"账户。

对于一次还本、分期付息的债券，在每期支付利息时，借记"应付利息"账户，贷记"银行存款"账户；债券到期偿还本金并支付最后一期利息时，借记"应付债券——面值""在建工程""制造费用""财务费用""研发支出"等账户，贷记"银行存款"账户。同时，存在利息调整余额的，借记或贷记"应付债券——利息调整"账户。

【例 10.9】 20×6 年 1 月 1 日，【例 10.3】至【例 10.8】中陆达公司发行的 5 年期债券到期，以银行存款偿还债券本金。

陆达公司根据有关凭证，应进行如下会计处理。

借：应付债券——面值　　　　　　　　　　　　　　　　　　　　　10 000 000

　　贷：银行存款　　　　　　　　　　　　　　　　　　　　　　　　　10 000 000

债券到期，无论当初是溢价发行还是折价发行，溢、折价的金额均已在债券存续期间内逐期摊销完毕，到期偿还本金时的会计处理是一样的。

10.3　预计负债

10.3.1　或有事项

1. 或有事项的概念及特征

或有事项是指过去的交易或者事项形成的，其结果须由某些未来事项的发生或不发生才能决定的不确定事项，如未决诉讼或未决仲裁、债务担保、产品质量保证（含产品安全保证）、亏损合同、承诺等。

或有事项具有以下特征。

（1）或有事项是由过去的交易或者事项形成的。虽然或有事项是一种不确定事项，但其现存状况是过去交易或事项引起的客观存在。例如，未决诉讼虽然是正在进行中的诉讼，但该诉讼是企业因过去的经济行为导致起诉其他单位或被其他单位起诉，是现存的一种状况，而不是未来将要发生的事项。因此，未决诉讼属于或有事项。再比如未来可能发生的自然灾害，由于它与过去的某一交易或事项没有关系，因此不属于或有事项准则所规范的或有事项。

（2）或有事项的结果具有不确定性。这里的不确定性是指结果发生与否的不确定性，发生的具体时间或金额的不确定性。例如，企业由于合同纠纷而受到起诉，案件正在审理中，是否会败诉具有不确定性。再比如，某企业因生产排污治理不力并对周围环境造成污染而被起诉，如无特殊情况，该企业很可能败诉。但是，在诉讼阶段，该企业因败诉将支出多少金额，或者何时将发生这些支出，可能是难以确定的，也就是说，虽然败诉结果确定，但是金额和时间不确定，该事项也属于或有事项。

（3）或有事项的结果须由未来事项决定。或有事项的结果只能由未来不确定事项的发生或不发生决定。或有事项对企业会产生有利影响还是不利影响，或已知是有利影响或不利影响但影响多大，在或有事项发生时是难以确定的，只能由未来不确定事项的发生或不发生才能证实。例如，企业为其他单位提供债务担保，该担保事项最终是否会要求企业履行偿还债务的连带责任，一般只能看被担保方的未来经营情况和偿债能力。如果被担保方经营情况和财务状况良好且有较好的信用，那么企业将不需要履行连带责任。只有在被担保方到期无力还款时，企业（担保方）才承担偿还债务的连带责任。

会计处理过程中存在的不确定性并不都形成或有事项。例如，折旧的提取虽然涉及对固定资产净残值和使用寿命的估计，具有一定的不确定性，但固定资产原值是确定的，其价值最终会转移到成本或费用中也是确定的，因此固定资产计提折旧不属于或有事项。

2. 或有资产和或有负债

或有事项可能会导致未来有经济利益流入企业，也可能导致未来经济利益流出企业，因此，或有事项会导致或有资产和或有负债的产生。

（1）或有资产

或有资产是指过去的交易或者事项形成的潜在资产，其存在须通过未来不确定事项的发生或不发生予以证实。

或有资产作为一种潜在资产，其结果具有较大的不确定性，只有随着经济情况的变化，通过某些未来不确定事项的发生或不发生才能证实其是否会形成企业真正的资产。例如，甲企业向法院起诉乙企业侵犯了其专利权，法院尚未对该案进行公开审理。对于甲企业而言，将来可能胜诉而获得的赔偿属于一项或有资产，但是否会转化为真正的资产需由法院最终判决结果确定。因此或有资产本身不确认为资产。

（2）或有负债

或有负债是指过去的交易或者事项形成的潜在义务，其存在须通过未来不确定事项的发生或不发生予以证实；或过去的交易或者事项形成的现时义务，履行该义务不是很可能导致经济利益流出企业或该义务的金额不能可靠地计量。

或有负债涉及两类业务：一类是潜在义务；另一类是现时义务。潜在义务是指结果取决于不确定未来事项的可能义务。现时义务是指企业在现行条件下已承担的义务，该现时义务的履行不是很可能导致经济利益流出企业，或者该现时义务不能可靠地计量。

或有资产和或有负债不符合资产或负债的定义和确认条件，企业不应确认或有资产和或有负债，而应当进行相应的披露。但是，随着时间推移和事态的进展，或有负债对应的潜在义务可能转化为现时义务，原本不是很可能导致经济利益流出的现时义务也可能被证实将很可能导致企业流出经济利益，并且现时义务的金额也能够可靠地计量。在这种情况下，或有负债就转化为企业的预计负债，应当予以确认。或有资产也是一样，其对应的潜在资产最终是否能够流入企业会逐渐变得明确，如果某一时点企业基本确定能够收到这项潜在资产并且其金额能够可靠计量，则应当将其确认为企业的资产。

10.3.2　预计负债的确认

与或有事项有关的义务应当在同时符合以下三个条件时确认为预计负债，作为预计负债进行确认和计量。

1. 该义务是企业承担的现时义务

与或有事项相关的义务是在企业当前条件下已承担的义务，企业没有其他现实的选择，只能履行该现时义务，其中，义务包括法定义务和推定义务。

法定义务是指因合同、法规或其他司法解释等产生的义务，通常是企业在经济管理和经济协调中，依照经济法律、法规的规定必须履行的责任。例如，企业与其他企业签订购货合同产生的义务，就属于法定义务。

推定义务是指因企业的特定行为而产生的义务。企业的特定行为，泛指企业以往的习惯做法、已公开的承诺或已公开宣布的经营政策。由于以往的习惯做法，或通过这些承诺或公开的声明，企业向外界表明了它将承担特定的责任，从而使受影响的各方形成了其将履行那些责任的合理预期。例如，甲公司为树立良好的形象，自行向社会公告，宣称将对生产经营可能产生的环境污染进行治理，而此项污染并未在相关法律中规定。甲公司为此承担的义务就属于推定义务。

2. 履行该义务很可能导致经济利益流出企业

这里的可能性是指经济利益流出企业的可能性超过50%但小于或等于95%。

履行或有事项相关义务导致经济利益流出企业的可能性，通常应当结合下列情况加以判断，如表10-3所示。

表 10-3　经济利益流出企业的可能性对应概率区间表

结果的可能性	对应的概率区间
基本确定	大于95%但小于100%
很可能	大于50%但小于或等于95%
可能	大于5%但小于或等于50%
极小可能	大于0但小于或等于5%

企业因或有事项承担了现时义务，并不说明该现时义务很可能导致经济利益流出企业。例如，20×1年5月1日，甲企业与乙企业签订协议，承诺为乙企业的两年期银行借款提供全额担保。对于甲企业而言，由于担保事项而承担了一项现时义务，但这项义务的履行是否很可能导致经济利益流出企业，取决于乙企业的经营情况和财务状况等因素。假定 20×1 年年末，乙企业的财务状况恶化，且没有迹象表明可能发生好转。此种情况出现，表明乙企业很可能违约，从而甲企业履行承担的现时义务将很可能导致经济利益流出企业。

3. 该义务的金额能够可靠地计量

由于或有事项具有不确定性，所以或有事项产生的现时义务的金额也具有不确定性，需要估计。这里所说的能够可靠地计量，是指与或有事项相关的现时义务的金额能够合理地估计即可。例如，甲企业（被告）涉及一桩诉讼案，根据以往的审判案例推断，甲企业很可能要败诉，相关的赔偿金额也可以估算出一个范围。这种情况下，可以认为甲企业因未决诉讼承担的现时义务的金额能够可靠地估计。

10.3.3　预计负债的计量

1. 预计负债的初始计量

预计负债应当按照履行相关现时义务所需支出的最佳估计数进行初始计量。最佳估计数的确定应当分别以下两种情况处理。

（1）所需支出存在一个连续范围（或区间），且该范围内各种结果发生的可能性相同，则最佳估计数应当按照该范围内的中间值，即上下限金额的平均数确定。例如，甲公司由于与乙公司的合同纠纷而被提起诉讼，目前法院尚未判决，但根据目前的调查结果，如无特殊情况，甲公司很可能败诉，并由此承担罚款和诉讼费等金额估计在 80 万~100 万元。该例中，最佳估计数确定为（80＋100）÷2＝90（万元），甲公司因此应该在资产负债表中确认一项金额为 90 万元的预计负债。

（2）所需支出不存在一个连续范围，或者虽然存在一个连续范围但该范围内各种结果发生的可能性不相同。在这种情况下，最佳估计数按照如下方法确定。

① 或有事项涉及单个项目的，按照最可能发生金额确定。"涉及单个项目"指或有事项涉及的项目只有一个，如一项未决诉讼、一项未决仲裁或一项债务担保等。例如，甲公司涉及一起诉讼，根据类似案件的经验以及公司所聘律师的意见判断，该公司在该起诉讼中胜诉的可能性有 20%，败诉的可能性有 80%，如果败诉，公司则将要赔偿 50 万元。在这种情况下，该公司应确认的负债金额（最佳估计数）应为最可能发生金额 50 万元。

② 或有事项涉及多个项目的，按照各种可能结果及相关概率计算确定。"涉及多个项目"指或有事项涉及的项目不止一个，如在产品质量保证中，提出产品保修要求的可能有许多客户，相应地，企业对这些客户负有保修义务。例如，某公司本年销售甲产品 5 000 万元，根据产品质量保证条款的规定，产品售出一年内，如发生正常质量问题，企业将负责免费修理。根据公司以往经验，如果出现小的质量问题，则发生的修理费为销售额的 2%；出现较大的质量问题，则发生的修理费为销售额的 5%。据预测，本年度售出的产品有 85%不会发生质量问题，有 10%将发生较小的质量问题，有 5%将发生较大的质量问题。据此，本年度末该公司应确认的负债金额（最佳估计数）为：（5 000×2%）×10%＋（5 000×5%）×5%＝22.5（万元）。

同时，当企业清偿预计负债所需支出全部或部分预期由第三方补偿的，补偿金额只有在基本确定（可能性大于 95%）能够收到时才能作为资产单独确认，而且确认的补偿金额不应当超过预计负债的账面价值。预期可获得补偿的情况通常有：发生交通事故等情况时，可以从保险公司获得合理的补偿；在某些索赔诉讼中，企业可以通过反诉的方式对索赔人或第三方另行提出赔偿要求；在债务担保业务中，企业履行担保义务的同时，通常可以向被担保企业提出额外追偿要求。比如，甲企业因或有事项确认了一项负债 100 万元，同时，因该或有事项，甲企业还可以从乙企业获得 60 万元的赔偿，且这项金额基本确定能收到。在这种情况下，甲企业应分别确认一项负债 100 万元和一项资产 60 万元，而不能只确认一项金额为 40 万元的负债。如果甲企业可以获得的补偿金额超过 100 万元，也最多只能确认 100 万元资产，即所确认的补偿不能超过所确认的负债的账面价值 100 万元。

另外，企业在确定最佳估计数时，还应当综合考虑与或有事项有关的风险、货币时间价值以及未来事项导致的未来成本的降低等因素。

2. 预计负债的后续计量

企业应当在资产负债表日对预计负债的账面价值进行复核。有确凿证据表明该账面价值不能真实反映当前最佳估计数的，应当按照当前最佳估计数对该账面价值进行调整。例如，某化工企业对环境造成了污染，按照当时的法律规定，只需要对污染进行清理。随着国家对环境保护越来越重视，按照现在的法律规定，该企业不但需要对污染进行清理，还很可能要对居民进行赔偿。这种法律要求的变化，会对企业预计负债的计量产生影响。企业应当在资产负债表日对为此确认的预计负债金额进行复核，如有确凿证据表明预计负债金额不再能反映真实情况时，需要按照当前情况下企业清理和赔偿支出的最佳估计数对预计负债的账面价值进行相应的调整。

10.3.4 预计负债的会计处理

1. 应设置的账户

为了核算因或有事项而确认的各项预计负债的具体情况，企业应设置"预计负债"账户。该账户借方反映实际清偿或冲销的预计负债，贷方反映确认的预计负债金额，期末贷方余额反映企业已预计尚未清偿的债务金额。企业应在"预计负债"账户下按具体事项设置"产品质量保证""未决诉讼""债务担保""重组义务"等明细账户，进行明细核算。

2．预计负债的会计处理

（1）确认预计负债

企业由对外提供担保、未决诉讼或未决仲裁、重组义务产生的预计负债，应按确定的金额，借记"营业外支出"账户，贷记"预计负债——债务担保"等账户。

企业由产品质量保证而产生的预计负债，应按确定的金额，借记"销售费用"账户，贷记"预计负债——产品质量保证"账户。

（2）清偿或冲减预计负债

企业实际清偿预计负债时，借记"预计负债"账户，贷记"银行存款"等账户。

（3）预计负债账面调整的会计处理

企业根据确凿证据需要对已确认的预计负债进行调整的，调整增加的预计负债，借记"营业外支出""销售费用""固定资产""油气资产"等账户，贷记"预计负债"；调整减少的预计负债，做相反的会计分录。

属于会计差错的，应当根据会计政策、会计估计变更和会计差错更正准则进行处理。

【例 10.10】 20×1 年 11 月，陆达公司由于合同违约被起诉，截至 20×1 年 12 月 31 日，法院尚未对该诉讼进行判决。根据以往经验，陆达公司很有可能败诉，并由此承担一笔赔偿金，具体金额有 80% 的概率为 300 000 元，有 20% 的概率为 200 000 元，同时承担诉讼费 10 000 元。

陆达公司 20×1 年 12 月 31 日，应进行如下会计处理。

借：管理费用——诉讼费   10 000

     营业外支出——罚款支出   300 000

        贷：预计负债——未决诉讼   310 000

【例 10.11】 陆达公司 20×1 年销售甲产品 50 000 000 元，根据产品质量保证条款的规定，产品售出一年内，如发生正常质量问题，企业将负责免费修理。根据公司以往经验，如果出现小的质量问题，则发生的修理费为销售额的 2%；如果出现较大的质量问题，则发生的修理费为销售额的 5%。据预测，本年度售出的产品中有 85% 不会发生质量问题，有 10% 将发生较小的质量问题，有 5% 将发生较大的质量问题。

根据或有事项准则，陆达公司 20×1 年度末应确认的预计负债（最佳估计数）为：

（50 000 000×2%）×10%＋（50 000 000×5%）×5%＝225 000（元）。

陆达公司 20×1 年 12 月 31 日，应进行如下会计处理。

借：销售费用   225 000

        贷：预计负债——产品质量保证   225 000

10.4 长期应付款

10.4.1 长期应付款概述

1．长期应付款的内容

长期应付款是指企业除长期借款和应付债券以外的其他各种长期应付款项，包括应付租入固定资产的租赁款、以分期付款方式购入固定资产和无形资产发生的应付款项等。

2．应设置的账户

为了核算企业各种长期应付款，应设置"长期应付款"和"未确认融资费用"账户。

（1）"长期应付款"账户用于核算企业除长期借款和企业债券以外的其他各种长期应付款项，包括以分期付款方式购入固定资产和无形资产等发生的应付款项、应付租赁固定资产的租赁费等。该账户属于负债类账户，贷方登记租赁期开始日尚未支付的租赁付款额的现值和分期付款购买资产时应付的金额，借方登记各期实际支付的款项，期末贷方余额反映企业尚未支付的款项。该账户可以按照长期应付款的种类和债权人进行明细核算。

（2）"未确认融资费用"账户用于核算企业应当分期计入利息费用的未确认融资费用。该账户属于负债类账户，是"长期应付款"账户的抵减调整账户，借方登记长期应付款与购买款现值的差额，贷方登记采用实际利率法计算确定的各期的利息费用，期末借方余额反映企业未确认融资费用的摊余价值。该账户可以按照未确认融资费用项目进行明细核算。

10.4.2　长期应付款的会计处理

1．应付固定资产租赁款

通过租赁方式从出租方取得在一定期间内控制固定资产使用权利是企业取得固定资产的重要途径。除短期租赁和低价值资产租赁外，在租赁期开始日，承租企业应当确认相应的租赁使用权资产和租赁负债。

在租赁期开始日，企业应当按租赁负债的初始计量金额、租赁期开始日或之前支付的租赁付款额、初始直接费用等作为租入固定资产的入账价值；按租赁期开始日尚未支付的租赁付款额的现值计入长期应付款。租赁付款额，是指承租人向出租人支付的与在租赁期内使用租赁资产的权利相关的款项，包括固定付款额、可变付款额、购买选择权的行权价格、行使终止租赁选择权需支付的款项以及根据承租人提供的担保余值预计应支付的款项等。

2．具有融资性质的延期付款购买资产

企业购入有关资产超过正常信用条件延期支付价款，实质上具有融资性质的，所购资产的成本应当以延期支付购买价款和现值为基础确定，实际支付的价款与购买价款现值之间的差额，应在信用期间内采用实际利率法进行摊销，计入相关资产成本或当期损益。

企业发生此类业务时，应按购买价款的现值，借记"固定资产""在建工程""无形资产""研发支出"等账户；按应支付的金额，贷记"长期应付款"账户；按借贷方差额，借记"未确认融资费用"账户。按期支付价款时，借记"长期应付款"账户，贷记"银行存款"账户。同时，企业应当采用实际利率法计算确定当期的利息费用，借记"财务费用""在建工程""研发支出"账户，贷记"未确认融资费用"账户。

10.5　借款费用

10.5.1　借款费用的内容

企业经营资金及扩大生产所需资金，有多种筹资渠道，而通过向银行借款是企业筹集资金的主要方式之一。那么，在借入款项的同时，不可忽视的是相应的借款费用的发生。特别是非流动负债，由于借款的金额比较大，相应的借款费用金额也随之比较大，如何对借款费用进行核算就显得尤为重要。因此，《企业会计准则第17号——借款费用》单独规定了借款费用的核算问题，其指出，借款费用是企业因借款而发生的利息及其他相关成本。借款费用包括借款利息、折价或者溢价的摊销、辅助费用以及因外币借款而发生的汇兑差额等。

（1）借款利息指因借款而发生的利息，包括企业向银行或者其他金融机构等借入资金发生的利息、发行公司债券发生的利息，以及其他带息债务所承担的利息等。

（2）因借款而发生的折价或者溢价的摊销主要是指发行债券等所发生的折价或者溢价在借款期内的资产负债表日对于利息费用的调整额。

（3）因借款而发生的辅助费用指企业在借款过程中发生的诸如手续费、佣金等费用。

（4）因外币借款而发生的汇兑差额指由于汇率变动而对外币借款本金及其利息的记账本位币金额产生的影响金额。

10.5.2　借款费用的确认

1．借款费用确认的基本原则

企业发生的借款费用，可直接归属于符合资本化条件的资产的购建或者生产的，应当予以资本化，计入相关资产成本；其他借款费用，应当在发生时根据其发生额确认为费用，计入当期损益。

符合资本化条件的资产，是指需要经过相当长时间的购建或者生产活动才能达到预定可使用或者可销售状态的固定资产、投资性房地产和存货等资产。其中，"相当长时间"，是指为资产的购建或者生产所必需的时间，通常为 1 年以上（含 1 年）。符合借款费用资本化条件的存货，主要包括企业（房地产开发）开发的用于对外出售的房地产开发产品、企业制造的用于对外出售的大型机械设备等。这类存货通常需要经过相当长时间的建造或者生产过程，才能达到预定可销售状态。

借款费用的确认主要解决的是将每期发生的借款费用资本化，计入相关资产的成本；还是将有关借款费用费用化，计入当期损益的问题。

2．借款费用资本化期间的确定

借款费用资本化期间是指从借款费用开始资本化时点到停止资本化时点的期间，但不包括借款费用暂停资本化的期间。

（1）借款费用开始资本化的时点

借款费用开始资本化同时满足下列条件的，才能开始资本化。

① 资产支出已经发生。资产支出包括为购建或者生产符合资本化条件的资产而以支付现金、转移非现金资产和承担带息债务形式发生的支出。

② 借款费用已经发生。这是指企业已经发生了因购建或者生产符合资本化条件的资产而专门借入款项的借款费用或者所占用的一般借款的借款费用。

③ 为使资产达到预定可使用或者可销售状态所必要的购建或者生产活动已经开始。这是指符合资本化条件的资产的实体建造或者生产工作已经开始，如主体设备的安装、厂房的实际开工建造等。它不包括仅仅持有资产但没有发生为改变资产形态而进行的实质上的建造或者生产活动。

（2）借款费用暂停资本化的时点

符合资本化条件的资产在购建或者生产过程中发生非正常中断且中断时间连续超过 3 个月的，应当暂停借款费用的资本化。

非正常中断，通常是由于企业管理决策上的原因或者其他不可预见的原因等所导致的中断。例如，企业因与施工方发生了质量纠纷，或者工程、生产用料没有及时供应，或者资金周转发生了困难，或者施工、生产发生了安全事故，或者发生了与资产购建、生产有关的劳动纠纷等，导致资产购建或者生产活动发生中断，属于非正常中断。因购建或者生产符合资本化条件的资产达到预定可使用或者可销售状态所必要的程序，或者事先可预见的不可抗力因素导致的中断属于正常中断。比如，某些工程建造到一定阶段必须暂停下来进行质量或者安全检查，检查通过后才可继续下一阶段的建造工作。这类中断是在施工前可以预见的，而且是工程建造必须经过的程序，属于正常中断。又如，某些地区的工程在建造过程中，由于可预见的不可抗力因素（如雨季或冰冻季节等原因）导致施工出现停顿，也属于正常中断。正常中断的，相关借款费用仍可资本化。

（3）借款费用停止资本化的时点

购建或者生产符合资本化条件的资产达到预定可使用或者可销售状态时，借款费用应当停止资本化。

如果所购建或者生产的符合资本化条件的资产的各部分分别建造并分别完工，则企业应当区别情况界定借款费用停止资本化的时点：①所购建或者生产的符合资本化条件的资产的各部分分别完工，且每部分在其他部分继续建造或者生产过程中可供使用或者可对外销售，且为使该部分资产达到预定可使用或可销售状态所必要的购建或者生产活动实质上已经完成的，应当停止与该部分资产相关的借款费用的资本化；②如果企业购建或者生产的资产的各部分分别完工，但必须等到整体完工后才可使用或者对外销售的，应当在该资产整体完工时停止借款费用的资本化。

10.5.3 借款费用的计量

按照借款费用准则，借款包括专门借款和一般借款。

专门借款是指为购建或者生产符合资本化条件的资产而专门借入的款项。专门借款通常应当有明确的用途，即为购建或者生产某项符合资本化条件的资产而专门借入的，并通常应当具有标明该用途的借款合同，其款项的使用受银行的相关合同限制。

一般借款是指除专门借款之外的借款，相对于专门借款而言，一般借款在借入时，其用途通常没有特指用于符合资本化条件的资产的购建或者生产。

借款费用资本化金额的确定方法，不同种类的借款不尽相同。

1. 借款利息资本化的金额

借款利息是指按照实际利率法计算的各期实际利息，既包括按照合同利率计算的应付利息，也包括因实际利率与合同利率不同而产生的折、溢价的摊销额。

（1）专门借款利息资本化金额

借款费用资本化

为购建或者生产符合资本化条件的资产而借入专门借款的，应当以专门借款当期实际发生的利息费用，减去将尚未动用的借款资金存入银行取得的利息收入或进行暂时性投资取得的投资收益后的金额，确定专门借款应予资本化的利息金额。

【例 10.12】20×1 年 1 月 1 日，陆达公司正式动工兴建一幢厂房，工期预计为 1 年零 6 个月，工程采用出包方式，分别于 20×1 年 1 月 1 日、20×1 年 7 月 1 日和 20×2 年 1 月 1 日支付工程进度款，其中，20×1 年 1 月 1 日，支付工程款 1 500 万元；20×1 年 7 月 1 日，支付工程款 2 500 万元；20×2 年 1 月 1 日，支付工程款 1 500 万元。

陆达公司为建造厂房进行了以下两笔专门借款。

① 20×1 年 1 月 1 日专门借款 2 000 万元，借款期限为 3 年，年利率为 6%。

② 20×1 年 7 月 1 日专门借款 4 000 万元，借款期限为 5 年，年利率为 7%。假设名义利率与实际利率均相同，借款利息按年支付。

闲置借款资金均用于固定收益债券短期投资，该短期投资月收益率为 0.5%。

厂房于 20×2 年 6 月 30 日完工，达到预定可使用状态。

根据以上资料，陆达公司确定借款费用资本化期间为 20×1 年 1 月 1 日至 20×2 年 6 月 30 日，应进行相关计算如下。

① 计算在资本化期间内专门借款实际发生的利息金额。

20×1 年专门借款发生的利息金额＝2 000×6%＋4 000×7%×6÷12＝260（万元）

20×2 年 1 月 1 日～6 月 30 日专门借款发生的利息金额＝2 000×6%×6÷12＋4 000×7%×6÷12＝200（万元）

② 计算在资本化期间内利用闲置的专门借款资金进行短期投资的收益。

20×1 年短期投资收益＝500×0.5%×6＋2 000×0.5%×6＝75（万元）

20×2 年 1 月 1 日～6 月 30 日短期投资收益＝500×0.5%×6＝15（万元）

③ 确定各年资本化金额，具体如下。

公司 20×1 年的利息资本化金额＝260－75＝185（万元）

公司 20×2 年的利息资本化金额＝200－15＝185（万元）

陆达公司根据有关凭证，应进行如下会计处理。

① 20×1 年 12 月 31 日，确认专门借款利息资本化金额。

借：在建工程   1 850 000

  应收利息（或银行存款）   750 000

  贷：应付利息   2 600 000

② 20×2 年 6 月 30 日，确认专门借款利息资本化金额。

借：在建工程   1 850 000

  应收利息（或银行存款）   150 000

  贷：应付利息   2 000 000

（2）一般借款利息资本化金额

为购建或者生产符合资本化条件的资产而占用了一般借款的，企业应当根据累计资产支出超过专门借款部分的资产支出加权平均数乘以所占用一般借款的资本化率，计算确定一般借款应予资本化的利息金额。资本化率应当根据一般借款加权平均利率计算确定。

【例10.13】 沿用【例10.12】资料，假定陆达公司建造厂房没有使用专门借款，占用的都是一般借款。具体如下。

① 向 A 银行长期贷款 2 000 万元，期限为 20×1 年 1 月 1 日至 20×4 年 1 月 1 日，年利率为 6%，按年支付利息。

② 发行公司债券 1 亿元，于 20×1 年 1 月 1 日发行，期限为 5 年，年利率为 8%，按年支付利息。

假定这两笔一般借款除了用于厂房建设外，没有用于其他符合资本化条件的资产的购建或者生产活动。

假定全年按 360 天计算，其他资料沿用上例。

根据以上资料，陆达公司需做的相关计算如下。

20×1 年累计资产支出加权平均数＝1 500×360÷360＋2 500×180÷360＝2 750（万元）

20×2 年累计资产支出加权平均数＝（4 000＋1 500）×180÷360＝2 750（万元）

一般借款资本化率（年）＝（2 000×6%＋10 000×8%）÷（2 000＋10 000）×100%＝7.67%

20×1 年为建造办公楼的利息资本化金额＝2 750×7.67%＝210.93（万元）

20×1 年实际发生的一般借款利息费用＝2 000×6%＋10 000×8%＝920（万元）

20×2 年为建造办公楼的利息资本化金额＝2 750×7.67%＝210.93（万元）

20×2 年 1 月 1 日～6 月 30 日实际发生的一般借款利息费用＝2 000×6%×180÷360＋10 000×8%×180÷360＝460（万元）

陆达公司根据上述计算结果，应进行如下会计处理。

① 20×1 年 12 月 31 日，确认一般借款利息资本化金额。

借：在建工程   2 109 300

  财务费用   7 090 700

  贷：应付利息   9 200 000

② 20×2 年 6 月 30 日，确认一般借款利息资本化金额。

借：在建工程   2 109 300

  财务费用   2 490 700

  贷：应付利息   4 600 000

需要注意的是，每一会计期间的利息资本化金额，不应当超过当期相关借款实际发生的利息金额。

2．借款辅助费用资本化的金额

对于企业发生的专门借款辅助费用，在所购建或者生产的符合资本化条件的资产达到预定可使用或者可销售状态之前发生的，应当在发生时根据其发生额予以资本化；在所购建或者生产的符合资本化条件的资产达到预定可使用或者可销售状态之后所发生的，应当在发生时根据其发生额确认为费用，计入当期损益。

一般借款发生的辅助费用，也应当按照上述原则进行处理。

3．外币专门借款汇兑差额资本化的金额

外币专门借款本金及其利息的汇兑差额，在资本化期间内，应当予以资本化，计入符合资本化条件的资产的成本。

除外币专门借款之外的其他外币借款本金及其利息所产生的汇兑差额应当作为财务费用，计入当期损益。

本章小结

思考与练习

一、思考题

1．如何进行长期借款的核算？

2．影响债券发行价格的因素有哪些？

3．应付债券溢、折价的产生原因及性质是什么？会计上如何核算？

4．什么是或有事项？或有事项有哪些特征？

5．什么是预计负债？预计负债应如何进行计量？

6．什么是借款费用？借款费用确认的基本原则是什么？

二、业务处理题

1．目的：练习长期借款的会计处理。

资料：甲公司20×1年9月1日从银行借入资金1 000 000元，用于购置大型设备。借款期限为2年，年利率为10%（假定实际利率与合同利率一致），到期一次还本付息。款项已存入银行。

20×1年9月1日，甲公司收到购入的设备经过4个月的安装调试，于20×1年12月31日投入使用。

20×3年9月1日，甲公司以银行存款归还借款本息1 200 000元。

要求：根据上述业务，完成以下各题。

（1）编制取得借款的会计分录。

（2）计算借款费用资本化的金额。

（3）编制20×2年年末应计借款利息的会计分录。

（4）编制归还借款本息时的会计分录。

2．目的：练习应付债券的会计处理。

资料：甲公司于20×1年1月1日发行5年期、一次还本、分期付息的公司债券用于工程建设，工程建设期6年，每年12月31日支付利息。该公司债券票面利率为5%，面值总额为30 000 000元，发行价格总额为31 337 700元。假定该公司每年年末采用实际利率法摊销债券溢折价，实际利率为4%。

要求：为上述债券业务做出相关会计处理。

第11章 所有者权益

本章阐述了所有者权益各具体项目的内容、确认、计量和会计处理等。通过本章的学习，读者应了解企业组织形式与所有者权益构成的关系；掌握所有者权益的具体内容及相关规定；掌握实收资本、资本公积和留存收益的会计处理方法；了解其他权益工具、其他综合收益的会计处理方法。

11.1 所有者权益概述

11.1.1 所有者权益的概念及特征

所有者权益是指企业所有者对企业净资产的要求权。净资产在数量上等于资产减去负债后的余额，是企业资产中扣除债权人权益后应由所有者享有的剩余权益。有限责任公司或者股份有限公司的所有者权益又称为股东权益。

所有者权益具有如下特征。

（1）所有者权益是一种剩余权益。它是企业所有者对企业净资产的要求权。

（2）所有者权益是一种来自于投资行为的权利。

（3）所有者权益一般没有约定的偿付期。它是企业可以长期使用的资金。

（4）投资者可参与企业税后利润分配。

（5）所有者权益计量的间接性。所有者权益是资产扣除负债后由所有者享有的剩余权益。

11.1.2 所有者权益与负债的比较

负债又称为债权人权益，与所有者权益一起共同构成了企业的权益，构成了对企业全部资产的要求权。但是，两种权益又存在本质区别，主要体现在以下五个方面。

（1）性质不同。负债是对债权人负担的经济责任，企业与债权人之间的关系是债权债务关系；而所有者权益则是所有者对剩余资产的要求权，企业与投资者之间的关系是产权归属关系。

（2）权利不同。债权人只有获取企业用以清偿债务的要求权，无权参与企业经营决策和利润分配；所有者则有可以参与企业的经营决策和利润分配的权利。另外，投资者还享有股利分配权和剩余财产分配权。

（3）偿还期限不同。负债通常都有约定的偿还日期；所有者权益在企业的存续期内一般不存在抽回问题，即不存在约定的偿还日期，是企业可以长期使用的资金，只有在企业破产清算时才予以偿还。

（4）风险不同。债权人获取的利息是预先按照确定利率计算的确定数额，企业不论盈利与否都应按期偿付本金和利息，对债权人来讲风险较小；所有者获得收益的多少和企业的盈利水平与经营政策直接相关，对所有者来讲风险较大。

（5）计量不同。负债是在其发生时按照规定的方法单独计量；所有者权益是资产扣除负债后由所有者享有的剩余权益，不需要单独的计量。

11.1.3 企业组织形式与所有者权益的内容

所有者权益的具体内容取决于企业组织形式，不同形式的企业，资产和负债的核算基本相同，但是所有者权益的核算区别较大。因此，这里有必要先区分一下企业组织形式。

1．企业组织形式

现代企业的主要组织形式有3种：独资企业、合伙企业以及公司制企业。

（1）独资企业

独资企业指个人独资企业，是由单个自然人出资者设立的企业。在独资企业中，所有者权益属于业主一人所独有。独资企业不具有法人资格，出资者对企业债务承担无限清偿责任。所有者权益只有业主资本。

（2）合伙企业

合伙企业是由两人或两人以上订立合伙协议，共同出资经营、共负盈亏的企业。合伙企业的合伙人对企业所欠债务承担无限连带责任，一旦发生债务，债权人可以向任何一个合伙人请求清偿全部债务。所有者权益包括业主资本和留存收益。

（3）公司制企业

公司制企业是指依据一定的法律程序申请登记设立，并以营利为目的，自主经营，自负盈亏，具有法人资格的经济组织。

我国公司法规定的公司形式有有限责任公司和股份有限公司两种。有限责任公司对公司的资本不分为等额股份，不对外公开募集股份，不能发行股票。有限责任公司的股东以其出资比例享受公司权力，承担公司义务。有限责任公司股份的转让有严格的限制，如需转让，应在其他股东过半数同意的条件下方可进行。

股份有限公司是指全部资本由等额股份构成并通过发行股票筹集资本、股东以其认购的股份为限对公司承担责任，公司是以其全部财产对公司债务承担责任的企业法人。股份有限公司设立有两种方式，即发起式和募集式。发起式设立的特点是公司的股份全部由发起人认购，不向发起人之外的任何人募集股份；募集式设立的特点是公司股份除发起人认购外，还可以采用向其他法人或自然人发行股票的方式进行募集。公司设立方式不同，筹集资本的风险也不同。发起式设立公司，其所需资本由发起人一次认足，一般不会发生设立公司失败的情况，因此，其筹资风险小。社会募集股份，其筹资对象广泛，在资本市场不景气或股票的发行价格不恰当的情况下，有发行失败（即股票未被全部认购）的可能，因此，其筹资风险大。按照有关规定，发行失败损失由发起人负担，包括承担筹建费用、公司筹建过程中的债务和对认股人已缴纳的股款支付银行同期存款利息等责任。

2．所有者权益的内容

企业组织形式不同，所有者权益的构成也不相同，本书只涉及公司制企业。

根据公司法和《企业会计准则》的有关规定，公司制企业所有者权益包括投入资本、其他综合收益和留存收益3部分。

投入资本是指投资者向企业直接投入资本形成的价值，包括实收资本、资本公积和其他权益工具。

其他综合收益是指在企业经营活动中形成的未计入当期损益但归所有者所共有的利得或损失。

留存收益是指归所有者所共有的、由利润转化而形成的所有者权益，是企业从历年实现的利润中提取或留存于企业的内部积累。

11.2　实收资本

11.2.1　投入资本概述

按照我国有关法律规定，投资者设立企业首先必须投入资本。投入资本是指投资者向企业直接投入资本形成的价值，包括实收资本（或股本）、资本公积和其他权益工具。实收资本是指企业设立时向工商行政管理部门登记注册的资本总额。在不同类型的企业中，实收资本的表现形式有所不同。在有限责任公司，实收资本表现为所有者在注册资本范围内的实际出资额；在股份有限公司，实收资本表现为发行股票的面值，也称为股本。

企业对资本的筹集，应该按照法律、法规、合同和章程的规定进行。一次筹集的，实收资本应等于注册资本；分期筹集的，在所有者最后一次投入资本以后，实收资本应等于注册资本。注册资本是企业的法定资本。

所有者向企业投入的资本，在一般情况下无须偿还，可以长期周转使用。投资者的出资比例或股东的股份比例，是确定所有者在企业所有者权益中所占的份额和参与企业财务经营决策的基础，也是企业进行利润分配或股利分配的依据，同时还是企业清算时确定所有者对净资产要求权的依据。

11.2.2　实收资本投入的会计处理

1. 应设置的账户

为了反映和监督投资者投入资本的增减变动情况，企业应当设置"实收资本"账户，核算企业接受投资者投入的实收资本。实收资本账户属于所有者权益类账户，贷方反映企业实际收到投资者投入的资本，借方反映企业按法定程序减资时所减少的注册资本数额，期末贷方余额反映企业期末实收资本实有数额。该账户应按投资人设置明细账户，进行明细分类核算。

股份有限公司是将企业的全部资本划分为等额股份，通过发行股票的方式来筹集资本。股东以其所认购股份对公司承担有限责任。股票的面值与股份总数的乘积为股本，股本应等于企业的注册资本，股本是很重要的指标。在会计处理上，股份有限公司应设置"股本"账户。

"股本"账户核算股东投入股份有限公司的股本，企业应将核定的股本总额、股份总数、每股面值在股本账户中做备查记录。为提供企业股份的构成情况，企业可在"股本"账户下按股东单位或姓名设置明细账。企业的股本应在核定的股本总额范围内，发行股票取得。但值得注意的是，企业发行股票取得的收入与股本总额往往不一致，公司发行股票取得的收入大于股本总额的，称为溢价发行；小于股本总额的，称为折价发行；等于股本总额的，称为面值发行。我国不允许企业折价发行股票。在采用溢价发行股票的情况下，企业应将相当于股票面值的部分记入"股本"账户，其余部分在扣除发行手续费、佣金等发行费用后记入"资本公积——股本溢价"账户。

2. 实收资本（或股本）投入的会计处理

投资人可以用货币投资，也可以用现金以外的其他有形资产投资，符合国家规定比例的，还可以用无形资产投资。企业收到投资时，如果收到投资人投入的现金，应在实际收到或者存入企业开户银行时，按实际收到的金额，借记"银行存款"账户；如果收到投资人以实物资产投资的，应在办理实物产权转移手续时，借记"原材料""固定资产"等有关的有形资产账户；如果收到投资人以无形资产投资的，应按照合同、协议或公司章程规定移交有关凭证时，借记"无形资产"账户，按投入资本在注册资本或股本中所占份额，贷记"实收资本（或股本）"账户，按其差额，贷记"资本公积——资本溢价"或"资本公积——股本溢价"账户。

有限责任公司初次组建时，每个投资者按照合同、协议或公司章程投入企业的资本，应全部记入"实收资本"账户，注册资本为在公司登记机关登记的全体股东认缴的出资额。在企业增资时，如有新投资者加入，新加入的投资者投入的出资额大于其按约定比例计算的其在注册资本中所占的份额部分，不记入"实收资本"账户，而作为资本公积，记入"资本公积"账户。

【例11.1】甲有限责任公司由A、B、C三位股东各投资2 000 000元人民币建立，即该公司设立时实收资本总额为6 000 000元。经过5年的经营，该公司所有者权益总额为7 800 000元，每位股东享有的权益为2 600 000元，这时D投资者希望加入该公司，并表示愿出资2 700 000元，享有与A、B、C三位股东同等的权利，三位股东表示同意。D投资者投资后，该公司的注册资本为

8 000 000 元，A、B、C、D 股东各占 25%的股份。接受 D 股东投资后，甲公司所有者权益总额为 10 500 000 元（其中实收资本 8 000 000 元，资本公积 700 000 元，留存收益 1 800 000 元）。

甲公司根据有关凭证，应进行如下会计处理。

① 甲公司初始设立。

借：银行存款 6 000 000
　　贷：实收资本——A 股东 2 000 000
　　　　　　　　——B 股东 2 000 000
　　　　　　　　——C 股东 2 000 000

② D 投资者投资。

借：银行存款 2 700 000
　　贷：实收资本——D 股东 2 000 000
　　　　资本公积——资本溢价 700 000

【例 11.2】 乙公司收到 F 股东投入的原材料一批，作为注册资本出资，不含增值税的评估价值为 500 000 元，增值税税额为 65 000 元。

乙公司根据有关凭证，应进行如下会计处理。

借：原材料 500 000
　　应交税费——应交增值税（进项税额） 65 000
　　贷：实收资本——F 股东 565 000

【例 11.3】 陆达公司是由 A、B、C、D 四个发起人共同发起、依法设立的股份有限公司，核定的股本总额为 4 000 万元，划分为 4 000 万股，每股面值为 1 元。公司章程中规定的各发起人的出资比例和出资方式：A 占 50%股份，全部以厂房出资，折合股份 2 000 万股，厂房账面原价 2 400 万元，经评估确认的价值为 2 500 万元；上述财产已依法转入陆达公司；B 占 20%股份，C、D 各占 15%股份，B 股东以某专有技术出资，协议价为 900 万元，C、D 股东以货币资金出资，有关出资已全部到位，存入银行。

陆达公司根据有关凭证，应进行如下会计处理。

借：固定资产——厂房 25 000 000
　　无形资产——专有技术 9 000 000
　　银行存款 12 000 000
　　贷：股本——A 股东 20 000 000
　　　　股本——B 股东 8 000 000
　　　　股本——C 股东 6 000 000
　　　　股本——D 股东 6 000 000
　　　　资本公积——股本溢价 6 000 000

【例 11.4】 陆达公司委托长江证券公司代理发行普通股股票 10 000 000 股，每股面值为 1 元，按每股价格 2 元溢价发行，长江证券公司按照发行收入的 1%收取手续费，从溢价收入中扣除。发行股票期间资金冻结产生利息收入 6 000 元。

陆达公司根据有关凭证，应进行如下会计处理。

公司实收价款＝2×10 000 000－（20 000 000×1%－6 000）＝19 806 000（元）

股本溢价＝19 806 000－10 000 000＝9 806 000（元）

借：银行存款 19 806 000
　　贷：股本 10 000 000
　　　　资本公积——股本溢价 9 806 000

11.2.3　实收资本变动的会计处理

依据《中华人民共和国公司登记管理条例》规定，公司增、减注册资本的，应向公司原登记机关申请变更登记。公司增加注册资本的，应当自变更协议或决定做出之日起 30 日内申请变更登记。公司减少注册资本的，应当自公告之日起 45 日后申请变更登记，并应当提交公司在报纸上登载减少注册资本公告的有关证明和公司债务清偿或者债务担保情况的说明。

1. 实收资本增加的会计处理

（1）企业增加资本的一般途径

① 将资本公积转为实收资本或者股本。当企业将资本公积转为实收资本或者股本手续完成时，会计处理上应借记"资本公积——资本溢价"或"资本公积——股本溢价"账户，贷记"实收资本"（或"股本"）账户。

【例 11.5】接【例 11.3】陆达公司将股本溢价形成的资本公积 400 000 元转增股本。按照 A、B、C、D 四位投资者的投资比例进行转增。陆达公司按法定程序办理完增资手续。

陆达公司根据有关凭证，应进行如下会计处理。

```
借：资本公积——股本溢价                            400 000
    贷：股本——A 股东                              200 000
          ——B 股东                                80 000
          ——C 股东                                60 000
          ——D 股东                                60 000
```

② 将盈余公积转为实收资本。会计处理上应借记"盈余公积"账户，贷记"实收资本"（或"股本"）账户。这里要注意的是，资本公积和盈余公积均属所有者权益，转为实收资本或者股本时，股份有限公司或有限责任公司应按原投资者所持股份同比例增加各股东的股权。

【例 11.6】接【例 11.3】，陆达公司经股东大会决议，决定将法定盈余公积 600 000 元按照 A、B、C、D 四位投资者的投资比例转增资本，按规定增资程序获得批准后，陆达公司进行会计处理。

陆达公司根据有关凭证，应进行如下会计处理。

```
借：盈余公积——法定盈余公积                        600 000
    贷：股本——A 股东                              300 000
          ——B 股东                               120 000
          ——C 股东                                90 000
          ——D 股东                                90 000
```

③ 所有者（包括原企业所有者和新投资者）投入。企业接受投资者投入的资本，借记"银行存款""固定资产""无形资产""长期股权投资"等账户，贷记"实收资本"（或"股本"）等账户。

（2）企业增加资本的其他途径

① 股份有限公司发放股票股利

股份有限公司采用发放股票股利实现增资的，在发放股票股利时，按照股东原来持有的股数分配，如股东所持股份按比例分配的股利不足一股时，应采用恰当的方法处理。例如，股东会决议按股票面额的 10%发放股票股利时（假定新股发行价格及面额与原股相同），对于所持股票不足 10 股的股东，将会发生不能领取一股的情况。在这种情况下，有两种方法可供选择，一是将不足一股的股票股利改为现金股利，用现金支付；二是由股东相互转让，凑为整股。股东大会批准的利润分配方案中分配的股票股利，应在办理增资手续后，借记"利润分配"账户，贷记"股本"账户。

② 可转换公司债券持有人行使转换权利

可转换公司债券持有人行使转换权利，将其持有的债券转换为股票，按可转换公司债券的余额，借记"应付债券——可转换公司债券（面值、利息调整）"账户；按其权益成分的金额，借记"其他权益工具"账户；按股票面值和转换的股数计算的股票面值总额，贷记"股本"账户；按其差额，贷记"资本公积——股本溢价"账户。

③ 企业将重组债务转为资本

企业将重组债务转为资本的，应按重组债务的账面余额，借记"应付账款"等账户；按债权人因放弃债权而享有本企业股份的面值总额，贷记"实收资本"（或"股本"）账户；按股份的公允价值总额与相应的实收资本或股本之间的差额，贷记或借记"资本公积——资本溢价"（或"资本公积——股本溢价"）账户；按其差额，贷记"营业外收入"账户。

④ 以权益结算的股份支付的行权

以权益结算的股份支付换取职工或其他方提供服务的，应在行权日，按根据实际行权情况确定的金额，借记"资本公积——其他资本公积"账户；按应计入实收资本或股本的金额，贷记"实收资本"（或"股本"）账户。

2．实收资本减少的会计处理

企业的实收资本不能随意减少，股东在企业存续期内不能抽回投资。资本减少应符合下列条件。

（1）企业减资应事先通知所有债权人，债权人无异议的方允许减资。

（2）经股东会决议同意，并经有关部门批准。

企业实收资本减少的原因有两种，一是资本过剩；二是企业发生重大亏损而需要减少实收资本。企业因资本过剩而减资，一般要发还股款。有限责任公司和一般企业发还投资的会计处理比较简单，按法定程序报经批准减少注册资本的，借记"实收资本"账户，贷记"库存现金""银行存款"等账户。

股份有限公司由于采用的是发行股票的方式筹集股本，发还股款时，则要回购发行的股票，形成库存股。发行股票的价格与股票面值可能不同，回购股票的价格也可能与发行股票的价格不同，会计处理较为复杂。

对于企业收购的尚未转让或注销的本公司股份，应设置"库存股"账户进行核算。该账户借方登记收购本公司股份实际支付的金额，贷方登记转让、注销等原因减少的库存股的账面金额，期末借方余额反映企业持有本公司股份的金额。"库存股"账户是"股本"的抵减调整账户。

股份有限公司因减少注册资本而回购本公司股份的，应按实际支付的金额，借记"库存股"账户，贷记"银行存款"等账户。注销库存股时，应按股票面值和注销股数计算的股票面值总额，借记"股本"账户；按注销库存股的账面余额，贷记"库存股"账户；按其差额，冲减股票发行时原计入资本公积的溢价部分，借记"资本公积——股本溢价"账户。回购价格超过上述冲减"股本"及"资本公积——股本溢价"账户的部分，应依次借记"盈余公积""利润分配——未分配利润"等账户；如回购价格低于回购股份所对应的股本，所注销库存股的账面余额与所冲减股本的差额作为增加股本溢价处理，按回购股份所对应的股本面值，借记"股本"账户，按注销库存股的账面余额，贷记"库存股"账户，按其差额，贷记"资本公积——股本溢价"账户。

【例11.7】截至20×1年12月31日，陆达公司共发行股票50 000 000股，股票面值为1元，资本公积（股本溢价）8 000 000元，盈余公积10 000 000元。经股东大会批准，陆达公司以现金回购本公司股票5 000 000股并注销。

陆达公司根据有关凭证，应进行如下会计处理。

① 假定陆达公司按照每股4元回购股票，不考虑其他因素。

库存股的成本＝5 000 000×4＝20 000 000（元）

借：库存股		20 000 000
贷：银行存款		20 000 000
借：股本		5 000 000
资本公积——股本溢价		8 000 000

| | 盈余公积 | | 7 000 000 |
| | 　　贷：库存股 | | 20 000 000 |

② 假定陆达公司以每股 0.9 元回购股票，不考虑其他因素。

库存股的成本＝5 000 000×0.9＝4 500 000（元）

	借：库存股	4 500 000
	贷：银行存款	4 500 000
	借：股本	5 000 000
	贷：库存股	4 500 000
	资本公积——股本溢价	500 000

在资产负债表中，"库存股"项目按照库存股账面价值排列在"资本公积"项目之后列示。

11.3　其他权益工具

11.3.1　金融负债和权益工具的定义

1. 金融负债

金融负债是指符合下列条件之一的企业负债。

（1）向其他方交付现金或其他金融资产的合同义务，例如银行借款、应付债券。

（2）在潜在不利条件下，与其他方交换金融资产或金融负债的合同义务。例如，公司发行以自身普通股为标的的看涨期权，且期权将以现金净额结算。

（3）将来须用或可用企业自身权益工具进行结算的非衍生工具合同，企业根据该合同将交付可变数量的自身权益工具。例如，公司发行以自身普通股为标的的看涨期权，未来将以普通股净额结算。

（4）将来须用或可用企业自身权益工具进行结算的衍生工具合同，但以固定数量的自身权益工具交换固定金额的现金或其他金融资产的衍生工具合同除外。

2. 权益工具

权益工具是指能证明拥有某个企业在扣除所有负债后的资产中剩余权益的合同。同时满足下列条件的，发行方应当将发行的金融工具分类为权益工具。

（1）该金融工具不包括交付现金或其他金融资产给其他方，或在潜在不利条件下与其他方交换金融资产或金融负债的合同义务，如发行股票。

（2）将来须用或可用企业自身权益工具结算该金融工具的，如该金融工具为非衍生工具，则不包括交付可变数量的自身权益工具进行结算的合同义务；如为衍生工具，则企业只能通过以固定数量的自身权益工具交换固定金额的现金或其他金融资产结算该金融工具，如认购权证。

11.3.2　金融负债和权益工具区分的基本原则

1. 是否存在无条件地避免交付现金或其他金融资产的合同义务

（1）如果企业不能无条件地避免以交付现金或其他金融资产来履行一项合同义务，则该合同义务符合金融负债的定义。实务中，常见的该类合同义务情形包括以下两类。

① 不能无条件地避免的赎回，即金融工具发行方不能无条件地避免赎回此金融工具。

如果一项合同使发行方承担了以现金或其他金融资产回购自身权益工具的义务，即使发行方的回购义务取决于合同对手方是否行使回售权，发行方应当在初始确认时将该义务确认为一项金融负债，其金额等于回购所需支付金额的现值。比如远期回购价格的现值、期权行权价格的现值或其他回售金额的现值。如果发行方最终无须以现金或其他金融资产回购自身权益工具，则企业应当在合同对手方回售权到期时，将该项金融负债按照账面价值重分类为权益工具。

② 强制付息，即金融工具发行方被要求强制支付利息。

（2）如果企业能够无条件地避免交付现金或其他金融资产，如能够根据相应的议事机制自主决定是否支付股息（即无支付股息的义务），同时所发行的金融工具没有到期日且持有方没有回售权或虽有固定期限但发行方有权无限期递延（即无支付本金的义务），则此类交付现金或其他金融资产的结算条款不构成金融负债。如果发放股利由发行方根据相应的议事机制自主决定，则股利是累积股利还是非累积股利本身均不会影响该金融工具被分类为权益工具。

实务中，优先股等金融工具发行时，还可能会附有与普通股股利支付相联结的合同条款。这类工具常见的联结条款包括"股利制动机制""股利推动机制"等。"股利制动机制"的合同条款要求企业如果不宣派或支付优先股等金融工具的股利，则其也不能宣派或支付普通股股利。"股利推动机制"的合同条款要求企业如果宣派或支付普通股股利，则其也需宣派或支付优先股等金融工具的股利。如果优先股等金融工具所联结的是诸如普通股的股利，发行方根据相应的议事机制能够自主决定普通股股利的支付，则"股利制动机制"及"股利推动机制"本身均不会导致相关金融工具被分类为一项金融负债。

2．是否通过交付固定数量的自身权益工具结算

如果一项金融工具须用或可用企业自身权益工具进行结算，则企业需要考虑用于结算该工具的自身权益工具，是作为现金或其他金融资产的替代品，还是为了使该工具持有方享有在发行方扣除所有负债后的资产中的剩余权益。如果是前者，则该工具是发行方的金融负债；如果是后者，则该工具是发行方的权益工具。因此，对于以企业自身权益工具结算的金融工具，其分类需要考虑所交付的自身权益工具的数量是可变的还是固定的。

对于将来须用或可用企业自身权益工具结算的金融工具的分类，应当区分是衍生工具还是非衍生工具。

（1）基于自身权益工具的非衍生工具。对于非衍生工具，如果发行方未来有义务交付可变数量的自身权益工具进行结算，则该非衍生工具是金融负债；否则，该非衍生工具是权益工具。即如果发行方将交付的企业自身权益工具数量是变化的，则无论该合同义务的金额是固定的，还是完全或部分地基于除企业自身权益工具的市场价格以外变量的变动而变化，该合同都应当分类为金融负债。

（2）基于自身权益工具的衍生工具。对于衍生工具，如果发行方只能通过以固定数量的自身权益工具，交换固定金额的现金或其他金融资产进行结算（即"固定换固定"），则该衍生工具是权益工具；如果发行方以固定数量的自身权益工具，交换可变金额现金或其他金融资产，或以可变数量的自身权益工具交换固定金额现金或其他金融资产，或以可变数量的自身权益工具交换可变金额现金或其他金融资产，则该衍生工具应当确认为衍生金融负债或衍生金融资产。因此，除非满足"固定换固定"条件，否则将来须用或可用企业自身权益工具结算的衍生工具，应分类为衍生金融负债或衍生金融资产。

11.3.3 复合金融工具

企业发行的某些非衍生金融工具（如可转换公司债券等）既含有负债成分，又含有权益成分。对此，企业应当在初始确认时将负债和权益成分进行分拆，分别进行处理。

在进行分拆时，应当先确定负债成分的公允价值并以此作为其初始确认金额，再按照该金融工具整体的发行价格扣除负债成分初始确认金额后的金额确定权益成分的初始确认金额。

发行该非衍生金融工具发生的交易费用，应当在负债成分和权益成分之间按照各自的相对公允价值进行分摊。

企业（发行方）对可转换工具进行会计处理时，还应注意以下方面。

（1）在可转换工具到期转换时，应终止确认其负债部分并将其确认为权益。原来的权益部分仍旧保留为权益（它可能从权益的一个项目结转至另一个项目）。可转换工具到期转换时不产生损失或收益。

（2）企业在到期日前赎回或因回购而终止一项仍旧具有转换权的可转换工具时，应在交易日，将赎回或回购所支付的价款以及发生的交易费用，分配至该工具的权益部分和债务部分。分配价款和交易费用的方法应与该工具发行时采用的分配方法一致。价款分配后，所产生的利得或损失应分别根据权益部分和债务部分所适用的会计原则进行处理，分配至权益部分的款项计入权益，与债务部分相关的利得或损失计入损益。

（3）企业可能修订可转换工具的条款以促使持有方提前转换，例如，提供更有利的转换比率，或在特定日期前转换则支付额外的补偿。在条款修订日，持有方根据修订后的条款进行转换所能获得的补偿的公允价值，与根据原有条款进行转换所能获得的补偿的公允价值之差，应在利润表中确认为一项损失。

（4）企业发行认股权和债权分离交易的可转换公司债券。所发行的认股权符合权益工具定义及其确认与计量规定的，应当确认为一项权益工具（其他权益工具），并以发行价格减去不附认股权且其他条件相同的公司债券公允价值后的净额进行计量。如果认股权持有人到期没有行权的，应当在到期时将原计入其他权益工具的部分转入资本公积（股本溢价）。

11.3.4　其他权益工具的确认与计量及会计处理

企业发行的除普通股（作为实收资本或股本）以外，按照金融负债和权益工具的区分原则，分类为权益工具的其他权益工具，按照以下原则进行会计处理。

1. 其他权益工具会计处理的基本原则

企业发行的金融工具应当按照金融工具准则进行初始确认和计量；其后，在每个资产负债表日，计提利息或分派股利，按照相关具体企业会计准则进行处理。企业应当以所发行金融工具的分类为基础，确定该工具利息支出或股利分配等的会计处理。对于归类为权益工具的金融工具，无论其名称中是否包含"债"，其利息支出或股利分配都应当作为发行企业的利润分配，其回购、注销等作为权益的变动处理；对于归类为金融负债的金融工具，无论其名称中是否包含"股"，其利息支出或股利分配原则上按照借款费用进行处理，其回购或赎回产生的利得或损失等计入当期损益。

企业（发行方）发行金融工具，其发生的手续费、佣金等交易费用，如分类为债务工具且以摊余成本计量的，应当计入所发行工具的初始计量金额；如分类为权益工具的，应当从权益（其他权益工具）中扣除。

2. 应设置账户

金融工具发行方应当设置下列会计账户，对发行的金融工具进行会计核算。

（1）"应付债券"账户

发行方对于归类为金融负债的金融工具在"应付债券"账户核算。"应付债券"账户应当按照发行的金融工具种类进行明细核算，并在各类工具中按"面值""利息调整""应付利息"设置明细账户，进行明细核算。会计处理参见本书第 10 章 10.2 节相关内容。

（2）"交易性金融负债"账户

发行的且嵌入了非紧密相关的衍生金融资产或衍生金融负债的金融工具，如果发行方选择将其整体指定为以公允价值计量且其变动计入当期损益，那么该金融工具归入该账户。会计处理参见本书第 9 章 9.6 节相关内容。

（3）"衍生工具"账户

对于需要拆分且形成衍生金融负债或衍生金融资产的，企业应将拆分的衍生金融负债或衍生金融资产按照其公允价值在"衍生工具"账户核算。对于发行的且嵌入了非紧密相关的衍生金融资产或衍生金融负债的金融工具，如果发行方选择将其整体指定为以公允价值计量且其变动计入当期损益的，则应将发行的金融工具的整体在以公允价值计量且其变动计入当期损益的金融负债等账户中核算。

（4）"其他权益工具"账户

在所有者权益类账户中设置"其他权益工具"账户，核算企业发行的除普通股以外的归类为权益工具的各种金融工具。"其他权益工具"账户应按发行金融工具的种类等进行明细核算。

3. 主要会计处理

（1）发行方的会计处理

① 发行方发行的金融工具归类为债务工具并以摊余成本计量的，应按实际收到的金额，借记"银行存款"等账户；按债务工具的面值，贷记"应付债券——优先股、永续债（面值）"等账户；按借贷方差额，贷记或借记"应付债券——优先股、永续债（利息调整）"等账户。

在该工具存续期间，企业相关计提利息并对账面的利息调整等的会计处理，应按照金融工具确认和计量准则中有关金融负债按摊余成本后续计量的规定进行。

② 发行方发行的金融工具归类为权益工具的，应按实际收到的金额，借记"银行存款"等账户，贷记"其他权益工具——优先股、永续债"等账户。

分类为权益工具的金融工具，在存续期间分派的股利（含分类为权益工具的工具所产生的利息，下同），作为利润分配处理。发行方应根据经批准的股利分配方案，按应分配给金融工具持有者的股利金额，借记"利润分配——应付优先股股利、应付永续债利息"等账户，贷记"应付股利——优先股股利、永续债利息"等账户。

③ 发行方发行的金融工具为复合金融工具的，应按实际收到的金额，借记"银行存款"等账户，按金融工具的面值，贷记"应付债券——优先股、永续债（面值）"等账户；按负债成分的公允价值与金融工具面值之间的差额，借记或贷记"应付债券——优先股、永续债（利息调整）"等账户；按实际收到的金额扣除负债成分的公允价值后的金额，贷记"其他权益工具——优先股、永续债"等账户。

发行复合金融工具发生的交易费用，应当在负债成分和权益成分之间按照各自占总发行价款的比例进行分摊。与多项交易相关的共同交易费用，应当在合理的基础上，采用与其他类似交易一致的方法，在各项交易之间进行分摊。

④ 发行的金融工具本身是衍生金融负债或衍生金融资产或者内嵌了衍生金融负债或衍生金融资产的，发行方应按照金融工具确认和计量准则中有关衍生工具的规定进行处理。

⑤ 由于发行的金融工具原合同条款约定的条件或事项随着时间的推移或经济环境的改变而发生改变，导致原归类为权益工具的金融工具重分类为金融负债的，发行方应当于重分类日，按该工具的账面价值，借记"其他权益工具——优先股、永续债"等账户；按该工具的面值，贷记"应付债券——优先股、永续债（面值）"等账户；按该工具的公允价值与面值之间的差额，借记或贷记"应付债券——优先股、永续债（利息调整）"等账户；按该工具的公允价值与账面价值的差额，贷记或借记"资本公积——资本溢价（或股本溢价）"账户，如资本公积不够冲减的，依次冲减盈余公积和未分配利润。发行方应以重分类日计算的实际利率作为应付债券后续计量利息调整等的基础。

因发行的金融工具原合同条款约定的条件或事项随着时间的推移或经济环境的改变而发生改变，导致原归类为金融负债的金融工具重分类为权益工具的，发行方应于重分类日，按金融负债的面值，借记"应付债券——优先股、永续债（面值）"等账户；按利息调整余额，借记或贷记"应付债券——优先股、永续债（利息调整）"等账户；按金融负债的账面价值，贷记"其他权益工具——优先股、永续债"等账户。

⑥ 发行方按合同条款约定赎回所发行的除普通股以外的分类为权益工具的金融工具时，应按赎回价格，借记"库存股——其他权益工具"账户，贷记"银行存款"等账户。发行方注销所购回的金

融工具时，应按该工具对应的其他权益工具的账面价值，借记"其他权益工具"账户；按该工具的赎回价格，贷记"库存股——其他权益工具"账户；按借贷方差额，借记或贷记"资本公积——资本溢价（或股本溢价）"账户，如资本公积不够冲减的，依次冲减盈余公积和未分配利润。

发行方按合同条款约定赎回所发行的分类为金融负债的金融工具，应按该工具赎回日的账面价值，借记"应付债券"等账户；按赎回价格，贷记"银行存款"等账户，并按借贷方差额，借记或贷记"财务费用"账户。

⑦ 发行方按合同条款约定将发行的除普通股以外的金融工具转换为普通股时，应按该工具对应的金融负债或其他权益工具的账面价值，借记"应付债券""其他权益工具"等账户；按普通股的面值，贷记"实收资本（或股本）"账户；按借贷方差额，贷记"资本公积——资本溢价（或股本溢价）"账户（如转股时金融工具的账面价值不足转换为 1 股普通股而以现金或其他金融资产支付的，还需按支付的现金或其他金融资产的金额，贷记"银行存款"等账户）。

（2）投资方的会计处理

金融工具投资方（持有人）考虑持有的金融工具或其组成部分是权益工具还是债务工具投资时，应当遵循金融工具确认和计量准则的相关要求，通常应当与发行方对金融工具的权益或负债属性的分类保持一致。例如，对于发行方归类为权益工具的非衍生金融工具，投资方通常应当将其归类为权益工具投资。

如果投资方因持有发行方发行的金融工具而对发行方拥有控制、共同控制或重大影响的，按照《企业会计准则第 2 号——长期股权投资》和《企业会计准则第 20 号——企业合并》进行确认和计量；投资方需编制合并财务报表的，按照《企业会计准则第 33 号——合并财务报表》的规定编制合并财务报表。

11.4 资本公积

11.4.1 资本公积的内容

资本公积是指所有者投入的未确认为实收资本（或股本）的其他资本，包括资本溢价（或股本溢价）和其他资本公积。

资本溢价（或股本溢价）是企业收到投资者投入资产的公允价值超出其在企业注册资本（或股本）中所享有份额的差额。形成资本溢价（或股本溢价）的原因有溢价发行股票、投资者超额投入资本等。

其他资本公积是指资本溢价（或股本溢价）项目以外所形成的资本公积。

根据我国《公司法》等法律的规定，资本公积的用途主要是用来转增资本（或股本）。但对于其他资本公积项目，在相关资产处置之前，不能用于转增资本或股本。

11.4.2 资本公积的会计处理

为了核算资本公积的增减变动情况，企业应设置"资本公积"账户。该账户属于所有者权益类账户，贷方登记资本公积因资本溢价或其他原因增加的金额，借方登记资本公积因转增资本等原因减少的金额，期末贷方余额反映企业实有的资本公积。该账户应按资本公积形成的类别设置明细账户，进行明细核算。资本公积一般按照"资本溢价（或股本溢价）""其他资本公积"等设置明细账户。

1. 资本溢价（或股本溢价）

（1）资本溢价

资本溢价是指企业收到投资者投入资产的公允价值超出其在企业注册资本（或股本）中所享有份

额的差额。

在有限责任公司初创时，投资者按照其在企业注册资本中所占的份额出资。所交纳的出资额应全部作为实收资本，记入"实收资本"账户。一般不会出现资本溢价。

在企业创立之后，经营一段时间后如果有新的投资者加入，其出资额往往会大于其所在企业注册资本中所占的份额。主要原因如下。①在企业正常经营过程中投入的资金虽然与企业创立时投入的资金在数量上一致，但其获利能力却不一致。企业创立时，要经过筹建、试生产经营、为产品寻找市场、开辟市场等过程，从投入资金到取得投资回报，中间需要许多时间，并且这种投资具有风险性，在这个过程中资本利润率很低。而企业进行正常生产经营后，在正常情况下，资本利润率要高于企业初创阶段。而这高于初创阶段的资本利润率是初创时必要的垫支资本带来的，企业创办者为此付出了代价。因此，相同数量的投资，由于出资时间不同，其对企业的影响程度不同，由此而带给投资者的权利也不同，往往早期出资带给投资者的权利要大于后期出资带给投资者的权利。所以，新加入的投资者要付出大于原有投资者的出资额，才能取得与投资者相同的投资比例。②原股东的出资额与其实际占有的资本不同。企业经营过程中会形成部分资本公积和留存收益，这两部分虽然没有转入资本，但是应该归原股东所有。新加入的投资者如与原投资者共享这部分资本公积和留存收益，也应付出大于原有投资者的出资额，才能取得与原有投资者相同的投资比例。投资者投入的资本中，按其投资比例计算的出资额部分，应记入"实收资本"账户，大于部分应记入"资本公积——资本溢价"账户。

（2）股本溢价

股份有限公司是以发行股票的方式筹集股本的，股票是企业签发的证明股东按其所持股份享有权利和承担义务的书面证明。由于股东按其所持企业股份享有权利和承担义务，为了反映和便于计算各股东所持股份占企业全部股本的比例，企业的股本总额应按股票的面值与股份总数的乘积计算。

在采用与股票面值相同的价格发行股票的情况下，企业发行股票取得的收入，应全部记入"股本"账户；在采用溢价发行股票的情况下，企业发行股票取得的收入，相当于股票面值的部分记入"股本"账户，超出股票面值的溢价收入应记入"资本公积——股本溢价"账户。委托证券商代理发行股票而支付的手续费、佣金等，应从溢价发行收入中扣除，企业应按扣除手续费、佣金后的数额记入"资本公积——股本溢价"账户。

资本公积中的资本溢价（或股本溢价）的主要用途是转增资本。

资本溢价（或股本溢价）会计处理参见本书第11章11.2节相关内容。

2．其他资本公积

其他资本公积是指除资本溢价（或股本溢价）项目以外所形成的资本公积，主要由以下交易或事项引起。

（1）以权益结算的股份支付

以权益结算的股份支付换取职工或其他方提供服务的，应按照确定的金额，借记"管理费用"等账户，贷记"资本公积——其他资本公积"账户。在行权日，应按实际行权的权益工具数量计算确定的金额，借记"资本公积——其他资本公积"账户；按计入实收资本或股本的金额，贷记"实收资本"或"股本"账户，并将其差额记入"资本公积——资本溢价"或"资本公积——股本溢价"账户。

（2）采用权益法核算的长期股权投资

长期股权投资采用权益法核算的，被投资单位除净损益、其他综合收益和利润分配以外的所有者权益的其他变动，投资企业按持股比例计算应享有的份额，应当增加或减少长期股权投资的账面价值，同时增加或减少资本公积（其他资本公积）。即借记或贷记"长期股权投资——其他权益变动"账户，贷记或借记"资本公积——其他资本公积"账户。当投资企业处置采用权益法核算的长期股权投资时，应当将原计入资本公积（其他资本公积）的相关金额转入投资收益（除不能转入损益的项目外）。

11.5 其他综合收益

11.5.1 其他综合收益的定义和内容

其他综合收益是指在企业经营活动中形成的未计入当期损益但归所有者所共有的利得或损失。其他综合收益一般是由特定资产的计价变动而形成的，且不计入当期损益；当处置特定资产时，与其相关的其他综合收益也应一并处置，计入当期损益。其他综合收益不得用于转增资本（或股本）。其他综合收益主要包括以下内容。

1. 以公允价值计量且其变动计入其他综合收益的金融资产的公允价值变动

以公允价值计量且其变动计入其他综合收益的金融资产的公允价值与其账面价值变动的差额，应确认为其他综合收益；处置该类金融资产时，应核销与该类金融资产相关的其他综合收益，计入当期损益。

2. 金融资产重分类涉及的其他综合收益

企业对金融资产重分类，应当自重分类日采用未来适用法进行相关会计处理。重分类日是指导致企业对金融资产进行重分类的业务模式发生变更后的首个报告期间的第一天。对于金融资产重分类涉及的其他综合收益，也应进行确认或处置。

3. 权益法下享有的被投资单位所有者权益其他变动份额

长期股权投资在采用权益法核算时，被投资单位发生的除净利润以外的所有者权益其他变动，投资企业按照持股比例计算应享有的份额，确认为其他综合收益；处置该项长期股权投资时，应转销与该长期股权投资相关的其他综合收益，计入当期损益。

4. 自用房地产或存货转换为投资性房地产转换日公允价值与账面价值的差额

企业将自用房地产或存货转换为采用公允价值模式计量的投资性房地产时，转换日公允价值与账面价值差额，应确认为其他综合收益（或损失）；处置该项投资性房地产时，应转销与该投资性房地产相关的其他综合收益，计入当期损益。

此外还有现金流量套期工具产生的利得或损失中属于有效套期的部分以及外币财务报表折算差额。

11.5.2 其他综合收益的会计处理

1. 以公允价值计量且其变动计入其他综合收益的金融资产的公允价值变动

资产负债表日，以公允价值计量且其变动计入其他综合收益的金融资产应当以公允价值计量，因公允价值变动形成的利得或损失，应作为所有者权益变动，计入其他综合收益。该金融资产的公允价值高于其账面价值的差额，借记"其他权益工具投资——公允价值变动"或"其他债权投资——公允价值变动"账户，贷记"其他综合收益"账户。若公允价值低于其账面余额，则按差额做相反的会计处理。

以公允价值计量且其变动计入其他综合收益的金融资产的会计处理参见本书第 4 章 4.3 节相关内容。

2. 金融资产重分类涉及的其他综合收益

具体分为以下几种情况。

（1）以摊余成本计量的金融资产重分类为以公允价值计量且其变动计入其他综合收益的金融资产。应当按照该金融资产在重分类日的公允价值进行计量，原账面价值与公允价值之间的差额应确认为其他综合收益；处置该项金融资产时，应转销与该金融资产相关的其他综合收益，计入当期损益。

（2）以公允价值计量且其变动计入其他综合收益的金融资产重分类为以摊余成本计量的金融资产，应当将之前计入其他综合收益的累计利得或损失转出，调整该金融资产在重分类日的公允价值，并以调整后的金额作为新的账面价值，即视同该金融资产一直以摊余成本计量。

（3）以公允价值计量且其变动计入其他综合收益的金融资产重分类为以公允价值计量且其变动计入当期损益的金融资产时，应当继续以公允价值计量该金融资产。同时，企业应当将之前计入其他综合收益的累计利得或损失从其他综合收益转入当期损益。

（4）以公允价值计量且其变动计入当期损益的金融资产重分类为以公允价值计量且其变动计入其他综合收益的金融资产。该类金融资产应当继续以公允价值计量。

对于属于债务工具的金融资产，企业应当根据该金融资产在重分类日的公允价值确定其实际利率，并将重分类日视为初始确认日。

【例 11.8】 陆达公司于 20×3 年 1 月 1 日起决定将其持有的作为其他债权投资的乙公司债券重分类为以摊余成本计量的金融资产（债权投资）。（说明：该债券于 20×1 年 1 月 1 日发行，当日以银行存款 821 927 元购入，面值 800 000 元，票面利率 5%，5 年期的到期一次付息债券，实际利率为 4%）20×3 年 1 月 1 日，该债券的账面价值为 885 000 元，其中，债券面值 800 000 元，利息调整借差为 8 996 元，应计利息为 80 000 元，公允价值变动为贷方 3 996 元，累计计提的金融资产减值准备为 15 000 元。

陆达公司根据有关凭证，应进行如下会计处理。

① 结转摊余成本。

借：债权投资——成本   800 000
      ——利息调整   8 996
      ——应计利息   80 000
  贷：其他债权投资——成本   800 000
      ——利息调整   8 996
      ——应计利息   80 000

② 结转公允价值变动。

借：其他债权投资——公允价值变动   3 996
  贷：债权投资减值准备   3 996
借：信用减值损失   3 996
  贷：其他综合收益——金融资产减值准备   3 996

③ 结转金融资产减值准备。

借：其他综合收益——金融资产减值准备   15 000
  贷：债权投资减值准备   15 000

重分类后，该债权投资的账面价值为 870 000（870 000＝800 000＋8 996＋80 000－3 996－15 000）元，即视同该债权投资一直采用摊余成本计量。

3．采用权益法的长期股权投资

采用权益法核算的长期股权投资，按照被投资单位实现其他综合收益以及持股比例计算应享有或分担的金额，调整长期股权投资的账面价值，同时增加或减少其他综合收益，其会计处理：借记（或贷记）"长期股权投资——其他综合收益"账户，贷记（或借记）"其他综合收益"，待该项股权投资处置时，将原计入其他综合收益的金额转入当期损益。

长期股权投资权益法的会计处理参见本书第 5 章 5.3 节相关内容。

4．企业将作为存货或自用房地产转换为采用公允价值模式计量的投资性房地产

企业将作为存货的房地产转换为采用公允价值模式计量的投资性房地产时，应当按该项房地产在转换日的公允价值，借记"投资性房地产——成本"账户，原已计提跌价准备的，借记"存货跌价准备"账户，按其账面余额，贷记"开发产品"等账户；同时，转换日的公允价值小于账面价值的，按其差额，借记"公允价值变动损益"账户，转换日的公允价值大于账面价值的，按其差额，贷记"其他综合收益"账户。

企业将自用的建筑物等转换为采用公允价值模式计量的投资性房地产时，应当按该项房地产在转换日的公允价值，借记"投资性房地产——成本"账户，原已计提减值准备的，借记"固定资产减值准备"账户，按已计提的累计折旧等，借记"累计折旧"等账户，按其账面余额，贷记"固定资产"等账户；同时，转换日的公允价值小于账面价值的，按其差额，借记"公允价值变动损益"账户，转换日的公允价值大于账面价值的，按其差额，贷记"其他综合收益"账户。待处置该项投资性房地产时，因转换计入其他综合收益的部分应转入当期损益。

5．现金流量套期工具产生的利得或损失中属于有效套期的部分

现金流量套期工具利得或损失中属于有效套期的部分，直接确认为其他综合收益，该有效套期部分的金额，按下列两项的绝对额中较低者确定。

① 套期工具自套期开始的累计利得或损失。

② 被套期项目自套期开始的预计未来现金现值的累计变动额。

6．外币财务报表折算差额

按照外币折算的要求，企业在处置境外经营的当期，将已列入合并财务报表所有者权益的外币报表折算差额中与该境外经营相关部分，自其他综合收益项目转入处置当期损益。如果是部分处置境外经营，应当按处置的比例计算处置部分的外币报表折算差额，转入处置当期损益。

11.6 留存收益

11.6.1 留存收益内容

留存收益是指归所有者所共有的、由利润转化而形成的所有者权益，是企业从历年实现的利润中提取或留存于企业的内部积累。留存收益属于所有者权益，但与投入资本不同的是，投入资本是由所有者投入公司的，它构成了公司股东权益的基本部分，而留存收益是由公司经营所得的盈利累积而形成的。

留存收益由盈余公积和未分配利润组成。

盈余公积是指企业按照规定从净利润中提取的各种积累资金。公司制企业的盈余公积分为法定盈余公积和任意盈余公积两部分。

1．盈余公积的形成

（1）法定盈余公积

公司制企业的法定盈余公积金是指按照《公司法》的规定，根据企业净利润和法定比例 10%计算提取的盈余公积。非公司制企业也要计提法定盈余公积。在计算提取法定盈余公积金的基数时，不应包括企业年初未分配利润。公司计提的法定盈余公积金数额达到公司注册资本的 50%时，可以不再提取。

（2）任意盈余公积

公司从税后利润中提取法定盈余公积后，经股东会或者股东大会决议，还可以从企业净利润中提取任意盈余公积。非公司制企业经类似权力机构批准，也可提取任意盈余公积。

2. 盈余公积的用途

企业提取盈余公积主要可以用于以下几个方面。

（1）弥补亏损。企业发生亏损时应由企业自行弥补。弥补亏损的渠道主要有三个，一是用以后年度税前利润弥补，按照现行制度规定，企业发生亏损时，可以用以后五年内实现的税前利润弥补，即税前利润弥补亏损的期间为五年。二是用以后年度税后利润弥补。企业发生的亏损经过五年时间未弥补足额的，尚未弥补的亏损应用所得税后的利润弥补。三是以盈余公积弥补亏损。企业以提取的盈余公积弥补亏损时，应当由公司董事会提议，并经股东大会批准。

（2）转增资本。企业将盈余公积转增资本时，必须经股东大会决议批准。在实际将盈余公积转增资本时，要按股东原有持股比例结转。转增后留存盈余公积不得少于转增前注册资本的25%。企业提取的盈余公积，无论是用于弥补亏损，还是用于转增资本，只不过是在企业所有者权益内部做结构上的调整，比如企业以盈余公积弥补亏损时，实际是减少盈余公积留存的数额，以此抵补未弥补亏损的数额，并不引起企业所有者权益总额的变动；企业以盈余公积转增资本时，也只是减少盈余公积结存的数额，但同时增加企业实收资本或股本的数额，也并不引起所有者权益总额的变动。

（3）扩大企业生产经营。盈余公积的用途，并不是指其实际占用形态，提取盈余公积也并不是单独将这部分资金从企业资金周转过程中抽出。企业盈余公积的结存数，实际只表现为企业所有者权益的组成部分，表明企业生产经营资金的一个来源而已。其形成的资金可能表现为一定的货币资金，也可能表现为一定的实物资产，如存货和固定资产等，随同企业的其他来源所形成的资金进行循环周转，用于企业的生产经营。

3. 未分配利润

未分配利润是企业留待以后年度进行分配的结存利润，也是企业所有者权益的组成部分。相对于所有者权益的其他部分来讲，企业对于未分配利润的使用分配有较大的自主权。从数量上来讲，未分配利润是期初未分配利润，加上本期实现的净利润，减去提取的各种盈余公积和分出利润后的余额。

在会计处理上，未分配利润是通过"利润分配"账户进行核算的，"利润分配"账户应当分别设置"提取法定盈余公积""提取任意盈余公积""应付现金股利或利润""转作股本的股利""盈余公积补亏"和"未分配利润"等明细账户进行明细核算。

11.6.2　盈余公积的会计处理

为了反映企业各项盈余公积的提取和使用情况，企业应设置"盈余公积"账户。该账户贷方登记从税后利润中提取的各项盈余公积，借方登记盈余公积的使用，期末贷方余额反映提取尚未使用的盈余公积余额。该账户可以按照盈余公积的种类设置明细账，进行明细核算。公司制企业一般应设置"法定盈余公积"和"任意盈余公积"两个明细账户。

1. 盈余公积形成的会计处理

企业按规定提取的盈余公积，借记"利润分配——提取法定盈余公积""利润分配——提取任意盈余公积"账户，贷记"盈余公积——法定盈余公积""盈余公积——任意盈余公积"账户。

【例11.9】陆达公司20×1年净利润为17 500 000元，以前年度未发生亏损，按10%提取法定盈余公积，按5%提取任意盈余公积。

陆达公司根据有关的凭证，应进行如下会计处理。

借：利润分配——提取法定盈余公积　　　　　　　　　　　　　　　1 750 000
　　　　　　——提取任意盈余公积　　　　　　　　　　　　　　　　875 000
　　贷：盈余公积——法定盈余公积　　　　　　　　　　　　　　　　1 750 000
　　　　　　　　——任意盈余公积　　　　　　　　　　　　　　　　　875 000

2. 盈余公积使用的会计处理

企业经股东大会或类似机构决议，用盈余公积转增资本时，应借记"盈余公积"账户，贷记"实收资本"或"股本"账户。

企业经股东大会或类似机构决议，将盈余公积用于弥补亏损时，应当借记"盈余公积"账户，贷记"利润分配——盈余公积补亏"账户。

【例 11.10】 甲公司发生经营亏损 20 000 元，经股东大会决议，用法定盈余公积弥补。

甲公司根据有关凭证，应进行如下会计处理。

借：盈余公积——法定盈余公积　　　　　　　　　　　　　　　　　20 000
　　贷：利润分配——盈余公积补亏　　　　　　　　　　　　　　　　　20 000

企业在用盈余公积弥补亏损后，如果仍有结余，经股东大会或类似机构决议，用于发放现金股利或利润时，应当借记"盈余公积"账户，贷记"应付股利"账户。

11.6.3　未分配利润的会计处理

为了反映企业的利润分配和未分配利润的情况，企业应设置"利润分配"账户进行核算。"利润分配"账户应当分别设置"提取法定盈余公积""提取任意盈余公积""应付现金股利或利润""转作股本的股利""盈余公积补亏"和"未分配利润"等明细账户进行明细核算。未分配利润数额反映在"利润分配——未分配利润"明细账户。

1. 利润分配的会计处理

经股东大会或类似机构决议，企业分配给股东或投资者的现金股利或利润时，应借记"利润分配——应付现金股利或利润"账户，贷记"应付股利"账户。经股东大会或类似机构决议，向股东分配股票股利时，企业应在办理增资手续后，借记"利润分配——转作股本的股利"账户，贷记"股本"账户。

会计期末，企业应将"本年利润"账户余额转入"利润分配——未分配利润"账户。同时，将"利润分配"账户所属的其他明细账户的余额，转入"未分配利润"明细账户。结转后，"本年利润"账户、"利润分配"账户的其他明细账户均无余额。"利润分配——未分配利润"明细账户的贷方余额，就是未分配利润的金额；如出现借方余额，则表示未弥补亏损的金额。

【例 11.11】 陆达公司 20×1 年年初未分配利润 3 000 000 元，20×1 年实现净利润 17 500 000 元，以前年度未发生亏损，按净利润 10% 提取法定盈余公积金，按 5% 提取任意盈余公积金。同时，经股东大会决议，将向投资者分配现金股利 800 000 元。

陆达公司根据有关凭证，应进行如下会计处理。

① 计提盈余公积

借：利润分配——提取法定盈余公积　　　　　　　　　　　　　　　1 750 000
　　　　　　——提取任意盈余公积　　　　　　　　　　　　　　　　875 000
　　贷：盈余公积——法定盈余公积　　　　　　　　　　　　　　　　1 750 000
　　　　　　　　——任意盈余公积　　　　　　　　　　　　　　　　　875 000

② 分配现金股利

借：利润分配——应付现金股利　　　　　　　　　　　　　　　　　800 000
　　贷：应付股利　　　　　　　　　　　　　　　　　　　　　　　　800 000

③ 结转利润分配

借：利润分配——未分配利润   3 425 000

   贷：利润分配——提取法定盈余公积   1 750 000

      利润分配——提取任意盈余公积   875 000

      利润分配——应付现金股利   800 000

年末未分配利润＝3 000 000＋17 500 000－3 425 000＝17 075 000（元）

2．利润补亏的会计处理

企业在生产经营过程中既有可能发生盈利，也有可能出现亏损。企业在当年发生亏损的情况下，与实现利润的情况相同，应当将本年发生的净亏损从"本年利润"账户转入"利润分配——未分配利润"账户借方，借记"利润分配——未分配利润"账户，贷记"本年利润"账户。结转后的"利润分配"账户的借方余额，即为未弥补亏损的数额。

企业发生的亏损可以以亏损发生以后 5 年内实现的税前利润弥补，超过 5 年只能以税后利润弥补。无论是以税前利润还是以税后利润弥补亏损，企业都应将该年实现的利润从"本年利润"账户转入"利润分配——未分配利润"账户的贷方，其贷方发生额与"利润分配——未分配利润"的借方余额自然抵补，不需要进行专门的会计处理。需要注意的是，以税前利润和税后利润补亏，在计算缴纳所得税时的处理是不同的。在以税前利润弥补亏损的情况下，其弥补的数额可以抵减当期企业应纳税所得额，而以税后利润弥补的数额，则不能作为纳税所得扣除处理。

本章小结

思考与练习

一、思考题

1. 什么是所有者权益？它包括哪些具体内容？所有者权益与负债有什么区别？

2. 实收资本增加和减少的途径和原因是什么？如何进行会计处理？

3. 其他权益工具包括哪些内容？其他权益工具会计处理的基本原则是什么？

4. 资本公积包括哪些内容？如何进行会计处理？

5. 什么是其他综合收益？其他综合收益包括哪些内容？如何进行会计处理？

6. 什么是留存收益？留存收益有哪些具体内容？

7. 什么是盈余公积？我国关于盈余公积的提取和使用有什么规定？

8. 盈余公积和未分配利润如何进行会计处理？

二、业务处理题

1. 目的：练习股票发行的会计处理。

资料：某公司委托某证券公司代理发行普通股 5 000 000 股，每股面值 1 元，发行价格为每股 1.5 元。企业与证券公司约定，按发行收入的 2%收取佣金，从发行收入中扣除。假定收到的股款已存入银行。

要求：根据上述经济业务进行相关会计处理。

2. 目的：练习利润结转的会计处理。

资料：甲公司 20×1 年年初未分配利润 300 000 元，任意盈余公积 200 000 元，20×1 年实现净利润为 1 800 000 元，公司董事会决定按 10%提取法定盈余公积，25%提取任意盈余公积，分派现金股利 500 000 元。

甲公司现有股东情况如下：A 公司占 25%，B 公司占 30%，C 公司占 10%，D 公司占 5%，其他占 30%。20×2 年 5 月，经公司股东大会决议，以任意盈余公积 500 000 元转增资本，并已办妥转增手续。

20×2 年度甲公司亏损 350 000 元。

要求：根据上述资料，完成以下会计处理。

（1）20×1 年有关利润分配的会计处理。

（2）甲公司盈余公积转增资本的会计处理。

（3）20×2 年年末结转亏损的会计处理，计算未分配利润的年末金额。

注意：盈余公积和利润分配的核算写明明细账户。

3. 目的：练习投资者投入的会计处理。

资料：甲公司有关投入资本业务如下。

（1）收到 A 投资者投入货币资金 500 000 元，款项收到并存入银行。

（2）收到 B 投资者投入原材料，双方确认原材料价款 100 000 元，增值税进项税额 13 000 元。

（3）收到 C 投资者投入专利权一项，双方确认价值 50 000 元。

（4）收到 D 投资者投入不需安装新设备一台，双方确认价值 40 000 元。

（5）甲企业改为甲股份有限公司，发行普通股股票：以每股 4 元（面值 1 元）的价格发行 300 000 股；优先股：以每股 3 元（面值 1 元）的价格发行 100 000 股，款项收到并存入银行。

要求：根据上述经济业务为甲公司（甲股份有限公司）进行相关会计处理。

4. 目的：练习利润分配的会计处理。

资料：甲公司年初未分配利润为 0，本年实现净利润 1 500 000 元，本年提取法定盈余公积 150 000 元，宣告发放现金股利 560 000 元。假定不考虑其他因素。

要求：根据上述经济业务为甲公司进行相关会计处理。

第12章 收入、费用和利润

本章主要阐述了收入、费用、利润总额形成和利润分配的会计处理方法。通过本章的学习，读者应理解收入的定义，熟悉收入的分类，掌握收入的确认条件与计量方法，掌握收入的会计处理方法；理解费用的定义，熟悉费用的分类、确认原则和方法，掌握费用的会计处理方法；掌握利润总额的构成以及会计处理方法；熟悉所得税费用的确认方法；掌握净利润及利润分配的会计处理方法。

12.1 收入

12.1.1 收入的定义

按照新修订的《企业会计准则第14号——收入》，收入是指企业在日常活动中形成的、会导致所有者权益增加的、与所有者投入资本无关的经济利益的总流入。

收入有广义和狭义之分，广义的收入也称为收益。

广义的收入指会计期间内经济利益的总流入，其表现形式为资产增加或负债减少引起的所有者权益增加，但不包括与所有者出资等有关的资产增加或负债减少。

我国企业会计准则第14号将收入定义为狭义的收入，是指日常活动中形成的经济利益总流入。日常活动是指企业为完成其经营目标所从事的经常性活动以及与之相关的其他活动。制造业企业销售商品、咨询公司提供咨询服务、软件开发公司为客户开发软件、安装公司提供安装服务、建筑企业提供建造服务等取得的收入，均属于企业日常活动产生的狭义的收入，也称为营业收入。企业按照确认收入的方式应当反映其向客户转让商品或提供服务的模式，收入的金额应当反映企业因转让这些商品或服务而预期有权收取的对价金额。

广义的收入除了包括上述狭义的收入外，还包括企业在整个经营活动中取得的经济利益总流入，具体包括营业收入、公允价值变动收益、投资收益、资产处置收益和营业外收入等，例如，企业对外出租资产收取的租金收入、进行债权投资收取的利息收入、进行股权投资取得的现金股利、保险合同取得的保费收入以及企业处置固定资产和无形资产等的处置收入等。

12.1.2 收入的分类

按照企业经营业务的主次，营业收入可分为主营业务收入和其他业务收入。主营业务收入是指企业为完成其经营目标所从事的经常性活动而取得的收入。不同行业主营业务收入所包括的内容各不相同，主营业务收入一般占企业营业收入的比重较大。其他业务收入也称副营业务收入，是指企业除主营业务以外的从事其他经营活动取得的收入。其他业务收入一般占企业营业收入的比重较小。

按照收入的内容，收入包括销售商品收入、提供咨询服务收入、开发软件收入、安装服务收入、建造服务收入等日常经营业务取得的收入。

12.1.3 收入的确认与计量步骤

根据《企业会计准则第14号——收入》确认与计量要求，收入的确认和计量大致分为五步：第一步，识别与客户签订的合同；第二步，识别合同中的各项履约义务；第三步，确定交易价格；第四步，将交易价格分摊至合同中的履约义务；第五步，履行履约义务时（或履约过程中）确认收入。其中，第一步、第二步和第五步主要与收入的确认有关，第三步和第四步主要与收入的计量有关，如图 12-1 所示。

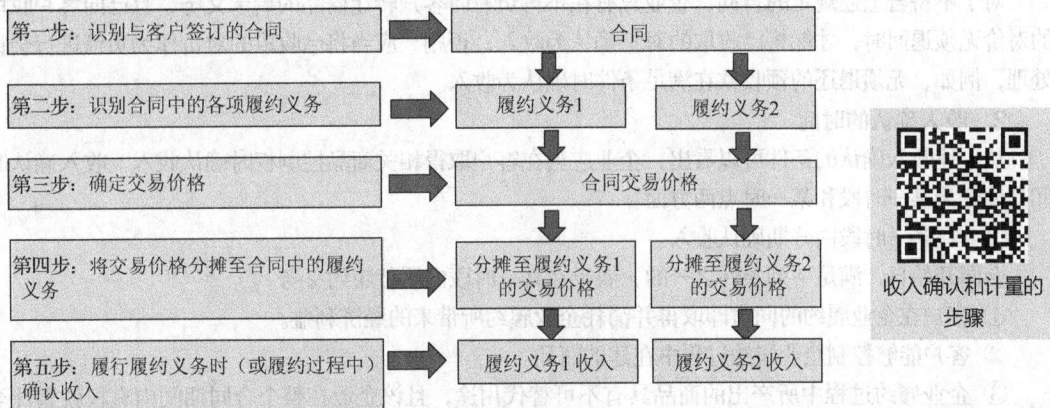

图 12-1 收入确认与计量的"五步法"

第一步：识别与客户签订的合同。合同是指双方或多方之间订立的、有法律约束力的权利义务的协议。新修订的《企业会计准则第 14 号——收入》的要求适用于与客户议定的并符合特定标准的每一项合同，包括合同合并（将多份合同合并，将其作为一份合同进行会计处理）和合同变更（范围或价格或两者同时变更）。

第二步：识别合同中的各项履约义务。合同包括向客户转让商品或服务的承诺，如果这些商品或服务可明确区分，则对应的承诺即为履约义务并且应当分别进行会计处理。如果客户能够从某项商品或服务本身、或从该商品或服务与其他易于获得资源一起使用中受益，且企业向客户转让该商品或服务的承诺与合同中其他承诺可单独区分，则该商品或服务可明确区分。

第三步：确定交易价格。交易价格是企业因向客户转让商品或服务而预期有权收取的对价金额。交易价格可以是固定的客户对价金额，但有时也可能包含可变对价或非现金对价。交易价格还应当就货币的时间价值影响（若合同中存在重大融资成分）及任何应付客户对价做出调整。如果对价是可变的，则企业应估计其因转让商品或服务而有权收取的对价金额。但包含可变对价的交易价格，应当不超过在相关不确定性消除时累计已确认收入极可能不会发生重大转回的金额。

第四步：将交易价格分摊至合同中的履约义务。企业通常按照各单项履约义务所承诺商品的单独售价的相对比例，将交易价格分摊至各单项履约义务。如果单独售价无法直接观察，企业应对其做出估计。有时，交易价格包含仅与合同中一项或多项履约义务相关的折扣或可变对价金额。有关要求对企业何时应将折扣或可变对价分摊至合同中一项或多项（而非全部）履约义务做出了规定。

第五步：履行履约义务时（或履约过程中）确认收入。企业应在其通过向客户转让商品或服务履行履约义务时（或履约过程中），即当客户取得对商品或服务的控制权时，确认收入。

12.1.4 收入的确认条件与确认时间

1. 收入的确认条件

根据《企业会计准则第 14 号——收入》的规定以及收入确认与计量的五个步骤，企业应当在履行了合同的履约义务时确认收入，即当企业与客户之间的合同同时满足下列条件时，企业应当在客户取得相关商品控制权时确认收入。

① 合同各方已批准该合同并承诺将履行各自义务。

② 该合同明确了合同各方与所转让商品相关的权利和义务。

③ 该合同有明确的与所转让商品相关的支付条款。

④ 该合同具有商业实质，即履行该合同将改变企业未来现金流量的风险、时间分布或金额。

⑤ 企业因向客户转让商品而有权取得的对价很可能收回。

对于不符合上述规定的合同，企业只有在不再负有向客户转让商品的剩余义务，且已向客户收取的对价无须退回时，才能将已收取的对价确认为收入；否则，应当将已收取的对价作为负债进行会计处理，例如，无须退还的预收款在满足条件时确认为收入。

2．收入确认的时间

从上述收入确认的条件可以看出，企业应当在客户取得相关商品控制权时确认收入。收入确认时间具体分为某一时段和某一时点两方面。

（1）在某一时段内分期确认收入。

合同开始日，满足下列条件之一的，属于在某一时段内履行履约义务。

① 客户在企业履约的同时即取得并消耗企业履约所带来的经济利益。

② 客户能够控制企业履约过程中在建的商品。

③ 企业履约过程中所产出的商品具有不可替代用途，且该企业在整个合同期间内有权就累计至今已完成的履约部分收取款项。

具有不可替代用途是指因合同限制或实际可行性限制，企业不能轻易地将商品用于其他用途。有权就累计至今已完成的履约部分收取款项是指在由于客户或其他方原因终止合同的情况下，企业有权就累计至今已完成的履约部分收取能够补偿其已发生成本和合理利润的款项，并且该权利具有法律约束力。例如，企业与客户签订一项为期一年的劳务合同，该劳务仅为该客户提供，具有不可替代性；合同规定客户每个季度按照劳务完成程度付款，客户对劳务的质量具有控制的权利。根据上述条件，该劳务合同属于在某一时段内履行履约义务，企业应当在该时段内按照履约进度确认收入。

（2）在某一时点确认收入。

对于在某一时点履行的履约义务，企业应当在客户取得相关商品控制权时确认收入。在判断客户是否已取得商品控制权时，企业应当考虑下列迹象。

① 企业就该商品享有现时收款权利，即客户就该商品负有现时付款义务。

② 企业已将该商品的法定所有权转移给客户，即客户已拥有该商品的法定所有权。

③ 企业已将该商品实物转移给客户，即客户已实物占有该商品。

④ 企业已将该商品的所有权上的主要风险和报酬转移给客户，即客户已取得该商品的所有权上的主要风险和报酬。

⑤ 客户已接受该商品。

⑥ 其他表明客户已取得商品控制权的迹象。

在上述迹象判断中，"企业已将该商品实物转移给客户""客户已接受该商品"需要根据具体情况确定。如果企业的销售政策能够证明企业在业务发生时履行承诺的履约义务，就可以视为客户已接受该商品，否则应在客户签收商品时才能确认履行了承诺的履约义务。例如，企业销售的商品，必须经过安装才可以将该商品交付给客户时，则应在商品安装完成且客户签收商品时确认收入。

12.1.5 收入的计量

企业应当按照分摊至各单项履约义务的交易价格计量收入。交易价格是指企业向客户转让商品而预期有权收取的对价金额。企业代第三方收取的款项以及企业预期将退还给客户的款项，应当作为负债进行会计处理，不计入交易价格。企业在确定交易价格时，应当假定将按照现有合同的约定向客户转让商品，且该合同不会被取消、续约或变更。

合同标价并不一定代表交易价格，企业应当根据合同条款，并结合其以往的习惯做法确定交易价格。在确定交易价格时，企业应当考虑可变对价、合同中存在重大融资成分、非现金对价、应付客户对价等因素的影响。

（1）可变对价。企业与客户的合同中约定的对价金额可能会因折扣、价格折让、返利、退款、奖励积分、激励措施、业绩奖金、索赔等因素而变化。此外，根据一项或多项或有事项的发生而收取不同对价金额的合同，也属于可变对价的情形。合同中存在可变对价的，企业应当按照期望值或最可能发生金额确定可变对价的最佳估计数。每一个资产负债表日，企业都应当重新估计应计入交易价格的可变对价金额。可变对价金额发生变动的，对于已履行的履约义务，后续变动额应当调整变动当期的收入，并将其分摊至与之相关的一项或多项履约义务，或者分摊至构成单项履约义务的一系列可明确区分商品中的一项或者多项商品。

例如，企业 8 月 30 日赊销商品，不含增值税的价款为 100 万元，赊销期 60 天，现金折扣条件为 2/20，1/40，n/60。赊销当天，企业已履行承诺的履约义务。该企业根据经验判断，客户很可能在 20 天内付款，则该项业务的交易价格为 98 万元，确认收入 98 万元。9 月 30 日，该客户尚未付款，预计客户将于合同签订后 40 天内付款，则企业将该项业务的交易价格调整为 99 万元，企业当期调增收入 1 万元。如果该企业根据经验判断，客户很可能不会提前付款，则该项业务的交易价格为 100 万元，确认收入 100 万元。9 月 18 日，该客户支付货款，取得现金折扣 2 万元，则企业将该项业务的交易价格调整为 98 万元，企业当期调减收入 2 万元。

（2）合同中存在重大融资成分。企业与客户签订的合同中存在重大融资成分的，企业应当按照假定客户在取得商品控制权时即以现金支付的应付金额确定交易价格。对于该交易价格与合同对价之间的差额，应当在合同期间内采用实际利率法摊销。例如，企业销售商品时和客户签订的是分期收款的销售合同，总价款（不含增值税）600 万元，收款期是 6 年，每年年末按照合同总价款平均等额收款。该商品现销价格 540 万元。该合同存在重大融资成分，其交易价格应按照现销价格 540 万元确认。但是合同开始日，企业预计客户取得商品控制权与客户支付价款间隔不超过一年的，可以不考虑合同中存在的巨大融资成分。

（3）非现金对价。非现金对价包括实物资产、无形资产、股权、客户提供的广告服务等。客户支付非现金对价的，通常情况下，企业应当按照非现金对价在合同开始日的公允价值确定交易价格。非现金对价公允价值不能合理估计的，企业应当参照其承诺向客户转让商品的单独售价间接确定交易价格。

非现金对价的公允价值可能会因对价的形式而发生变动（例如，企业有权向客户收取的对价是股票，股票本身的价格会发生变动），也可能会因为其形式以外的原因而发生变动。合同开始日后，非现金对价的公允价值因对价形式以外的原因而发生变动的，应当作为可变对价，按照与计入交易价格的可变对价金额的限制条件相关的规定进行处理；合同开始日后，非现金对价的公允价值因对价形式而发生变动的，该变动金额不应计入交易价格。

（4）应付客户对价。企业存在应付客户对价的，应当将该应付对价冲减交易价格，但应付客户对价是为了向客户取得其他可明确区分商品的除外。在将应付客户对价冲减交易价格处理时，企业应当在确认相关收入与支付（或承诺支付）客户对价二者孰晚的时点冲减当期收入。例如，某商场规定，客户在本商场购买商品总价在 1 000 元以上，可以参与抽奖，获取金额不等的现金奖券。客户在 30 天之内在本商场购买任何商品，该现金奖券可以抵扣商品价款。假设某客户该年 3 月 20 日购买商品总价 1 200 元，抽取现金奖券 50 元；4 月 10 日，该客户在该商场购买商品总价 500，使用现金奖券抵扣 50 元，实际付款 450 元。则该商场 3 月确认的商品交易价格是 1 200 元，确认收入 1 200 元。4 月确认收入 500 元，由于客户使用现金奖券抵扣 50 元，则冲减收入 50 元。

如果企业应付客户对价是为了向客户取得其他可明确区分商品的，则应当采用与企业其他采购相一致的方式确认所购买的商品。企业应付客户对价超过向客户取得可明确区分商品公允价值的，超过金额应当冲减交易价格。向客户取得的可明确区分商品公允价值不能合理估计的，企业应当将应付客户对价全额冲减交易价格。例如，某家电商场采用以旧换新方式销售电压力锅，售价 1 500 元，承诺回收旧的电压力锅每个对价 100 元。如果回收旧商品的公允价值为 100 元，则企业销售新商品的交易价格为 1 500 元，回收旧商品的对价 100 元就是旧商品的采购价格；如果回收旧商品的公允价值为 60 元，则应付客户对价超过其公允价值的 40 元应冲减销售价格，企业销售电压力锅的交易价格为 1 460 元，回收旧商品的对价 60 元就是旧商品的采购价格。

（5）收入计量中其他情况

① 当合同中包含两项或多项履约义务时，为了使企业分摊至每一单项履约义务的交易价格能够反映其因向客户转让已承诺的相关商品（或提供已承诺的相关服务）而预期有权收取的对价金额，企业应当在合同开始日，按照各单项履约义务所承诺商品的单独售价的相对比例，将交易价格分摊至各单项履约义务。

单独售价，是指企业向客户单独销售商品的价格。单独售价无法直接观察的，企业应当综合考虑其能够合理取得的全部相关信息，采用市场调整法、成本加成法、余值法等方法合理估计单独售价。市场调整法，是指企业根据某商品或类似商品的市场售价，考虑本企业的成本和毛利等进行适当调整后，确定其单独售价的方法。成本加成法，是指企业根据某商品的预计成本加上其合理毛利后的价格，确定其单独售价的方法。余值法，是指企业根据合同交易价格减去合同中其他商品可观察的单独售价后的余值，确定某商品单独售价的方法。企业应当最大限度地采用可观察的数值，并对类似的情况采用一致的估计方法。

企业在商品近期售价波动幅度巨大，或者因未定价且未曾单独销售而使售价无法可靠确定时，可采用余值法估计其单独售价。

② 企业应当根据其在向客户转让商品前是否拥有对该商品的控制权，来判断自身在交易中的身份是主要责任人还是代理人。企业在向客户转让商品前能够控制该商品的，该企业为主要责任人，应当按照已收或应收对价总额确认收入；否则，该企业为代理人，应当按照预期有权收取的佣金或手续费的金额确认收入，该金额应当按照已收或应收对价总额扣除应支付给其他相关方的价款后的净额，或者按照既定的佣金金额或比例等确定。

③ 企业向客户预收销售商品款项的，应当首先将该款项确认为负债，待履行了相关履约义务时再转为收入。当企业预收款项无须退回，且客户可能会放弃其全部或部分合同权利时，企业预期将有权获得与客户所放弃的合同权利相关的金额的，应当按照客户行使合同权利的模式按比例将上述金额确认为收入；否则，企业只有在客户要求其履行剩余履约义务的可能性极低时，才能将上述负债的相关余额转为收入。

12.1.6　销售商品收入的会计处理

1. 应设置的账户

企业为了核算销售商品收入，应设置"主营业务收入""主营业务成本""税金及附加"等账户。

（1）"主营业务收入"账户。该账户核算企业在销售商品、提供劳务及让渡资产使用权等日常活动中所产生的收入。贷方登记企业销售商品（包括产成品、自制半成品等）或让渡资产使用权所实现的收入，借方登记发生的销售退回、销售折让和转入"本年利润"账户的收入，期末结转后该账户无余额。"主营业务收入"账户应按主营业务的种类设置明细账，进行明细分类核算。

（2）"主营业务成本"账户。该账户核算企业在销售商品、提供劳务及让渡资产使用权等日常活动中所产生的与已确认的主营业务收入相配比的实际成本。借方登记结转已售商品、提供的各种劳务等的实际成本，贷方登记当月发生销售退回等的商品成本（未直接从本月销售成本中扣减的销售退回的成本）和期末转入"本年利润"账户的当期销售产品成本，期末结转后，该账户无余额。该账户应按照主营业务的种类设置明细账，进行明细分类核算。

（3）"税金及附加"账户。该账户的会计处理参见本书第 12 章 12.3 节相关内容。

2. 销售商品收入的会计处理

企业经确认符合收入确认条件的本期实现的销售商品收入，按已收或应收的合同或协议价款和增值税税额，借记"银行存款""应收账款""应收票据"等账户；按确认的收入金额，贷记"主营业务收入"账户；按专用发票上注明的增值税税额，贷记"应交税费——应交增值税（销项税额）"账户。

企业向购货单位预收款项时，首先将该款项确认为负债，借记"银行存款"等账户，贷记"预收账款"账户。企业履行了相关履约义务时，按实现的收入和应交的增值税销项税额，借记"预收账款"账户；按实现的营业收入，贷记"主营业务收入"等账户；按增值税专用发票上注明的增值税税额，贷记"应交税费——应交增值税（销项税额）"账户。企业收到购货单位补付的款项，借记"银行存款"账户，贷记"预收账款"账户，而向购货单位退回其多付的款项时，做相反的会计处理。当企业预收款项无须退回，且客户可能会放弃其全部或部分合同权利时，企业预期将有权获得与客户所放弃的合同权利相关的金额的，应当按照客户行使合同权利的模式按比例将上述金额确认为收入。

对于企业已经销售的商品，如果商品的品种、质量等不符合合同规定但是客户仍可继续使用，企业可以给予客户在商品价格上一定的减让，即销售折让。对于销售折让，企业应分不同情况进行处理。已确认收入的售出商品发生销售折让的，通常应当在发生时冲减当期销售商品收入；已确认收入的销售折让属于资产负债表日后事项的，应当按照有关资产负债表日后事项的相关规定进行处理。

3. 销售退回的会计处理

销售退回是指企业售出的商品由于质量、品种不符合要求等原因而发生的退货。对于销售退回，企业应依照以下规定分不同情况进行相应会计处理。

（1）对于未确认收入的售出商品发生销售退回的，企业应按已计入"发出商品"账户的商品成本金额，借记"库存商品"账户，贷记"发出商品"账户。

（2）对于已确认收入的售出商品发生退回的，企业一般应在发生时冲减当期销售商品收入，同时冲减当期销售商品成本。如该项销售退回已发生现金折扣的，则会计处理应包括调整相关财务费用的金额；如该项销售退回允许扣减增值税税额的，则会计处理应包括调整"应交税费——应交增值税（销项税额）"账户的相应金额。

（3）已确认收入的售出商品发生的销售退回属于资产负债表日后事项的，应当按照有关资产负债表日后事项的相关规定进行会计处理。

企业不论采用现销还是赊销方式销售商品，均应结转已销商品（扣除销售退回）的成本，在资产负债表日，按已销商品的账面价值结转销售成本，借记"主营业务成本"账户，贷记"库存商品"账户。

陆达公司 20×1 年 12 月发生以下销售业务。

【例 12.1】 20×1 年 12 月 3 日，陆达公司以商业汇票结算方式向乙公司销售 A 商品 800 件，按照销售合同确定的交易价格为 500 000 元，增值税税率为 13%。商品发出后，陆达公司收到一张承兑期限 2 个月的银行承兑汇票。该批商品的生产成本为 350 000 元。

陆达公司根据有关凭证，应进行如下会计处理。

借：应收票据　　　　　　　　　　　　　　　　　　　　　565 000
　　贷：主营业务收入　　　　　　　　　　　　　　　　　　500 000
　　　　应交税费——应交增值税（销项税额）　　　　　　　　65 000

【例 12.2】 20×1 年 12 月 7 日，陆达公司按照销售合同规定以托收承付结算方式向丙公司销售 B 商品 200 件，价款 100 000 元，增值税税率为 13%，并用银行存款代垫运杂费 500 元。陆达公司在办妥托收手续后得知，丙公司发生财务困难，近期无法支付货款。考虑到与丙公司的长期业务往来关系，陆达公司仍将商品发运给丙公司并开具发票账单。由于与该项交易相关的经济利益不一定能够流入企业，所以陆达公司不确认收入，但要结转库存商品成本，并结转应交增值税。该批商品的生产成本为 60 000 元。

陆达公司根据有关凭证，应进行如下会计处理。

① 20×1 年 12 月 7 日，发出 B 商品。

借：发出商品 60 000
　　贷：库存商品 60 000
借：应收账款——丙公司 13 500
　　贷：应交税费——应交增值税（销项税额） 13 000
　　　　银行存款 500

② 20×1 年 12 月 20 日，收到购货方的货款，陆达公司确认销售收入。

借：银行存款 113 500
　　贷：主营业务收入 100 000
　　　　应收账款——丙公司 13 500

③ 20×1 年 12 月 30 日，结转销售成本。

借：主营业务成本 60 000
　　贷：发出商品 60 000

【例 12.3】 20×1 年 12 月 9 日，陆达公司收到甲公司的订单，订购 A 商品 96 件，共计 60 000 元，增值税税率为 13%。甲公司已预付货款 12 000 元。按照合同规定，陆达公司应将商品发出的履约义务完成后再确认为收入。12 月 12 日，陆达公司向甲公司发货。12 月 15 日，收到应收款的余额。该批商品的生产成本为 42 000 元。

陆达公司根据有关凭证，应进行如下会计处理。

① 20×1 年 12 月 9 日，收到预收货款。

借：银行存款 12 000
　　贷：预收账款——甲公司 12 000

② 20×1 年 12 月 12 日，发出 A 商品，确认销售收入。

借：预收账款——甲公司 67 800
　　贷：主营业务收入 60 000
　　　　应交税费——应交增值税（销项税额） 7 800

③ 20×1 年 12 月 15 日，收到甲公司补交货款。

借：银行存款 55 800
　　贷：预收账款——甲公司 55 800

【例 12.4】 20×1 年 12 月 10 日，陆达公司采用赊销方式向丁公司销售 A、B 商品各一批，销售合同中约定总价款为 360 000 元，增值税税率为 13%。而 A、B 商品单项销售价款分别为 240 000 元和 160 000 元，陆达公司在向丁公司转让商品前能够对 A、B 商品实施控制；A 商品的生产成本为 168 000 元，B 商品的生产成本为 112 000 元。

陆达公司根据有关凭证，应进行如下会计处理。

① 销售商品时，按销售价款分摊合同折扣、确认销售收入。

借：应收账款——丁公司 406 800
　　贷：主营业务收入——A 商品 216 000
　　　　　　　　　　　——B 商品 144 000
　　　　应交税费——应交增值税（销项税额） 406 800

② 收到丁公司支付的货款。

借：银行存款 406 800
　　贷：应收账款——丁公司 406 800

【例 12.5】 20×1 年 12 月 12 日，陆达公司向甲公司销售 B 商品 500 件，不含税销售价格

250 000 元，增值税税率为 13%。按照合同规定，产品赊销期 90 天，现金折扣条件为"2/30，1/60，n/90"，陆达公司在赊销当日已经履行承诺的履约义务。根据以往的销售经验判断，甲公司很可能在 60 天内付款。B 商品的销售成本 150 000 元。

陆达公司根据有关凭证，应进行如下会计处理。

交易价格 = 250 000 × （1 - 1%）= 247 500（元）

增值税销项税额 = 250 000 × 13% = 32 500（元）

① 确认销售收入。

借：应收账款——甲公司		280 000
贷：主营业务收入		247 500
应交税费——应交增值税（销项税额）		32 500

② 假设甲公司在 60 天内付款。

借：银行存款		280 000
贷：应收账款——甲公司		280 000

③ 假设甲公司 60 天内未付款，陆达公司应将甲公司未得到的现金折扣确认为销售收入。

借：应收账款——甲公司		2 500
贷：主营业务收入		2 500

60 天后付款时。

借：银行存款		282 500
贷：应收账款——甲公司		282 500

④ 假设甲公司提前在 30 天内付款，陆达公司应将多支付的现金折扣冲减销售收入。

借：银行存款		277 500
主营业务收入		2 500
贷：应收账款——甲公司		280 000

【例 12.6】　20×1 年 12 月 15 日，陆达公司向乙公司销售 A 商品 800 件，按照销售合同确定的交易价格为 500 000 元，增值税税率为 13%。该批商品的生产成本为 350 000 元，货款尚未收到。乙公司收到货物后，经验收发现商品有质量问题，经双方协商，同意给乙公司折让总价款的 10%。

陆达公司根据有关凭证，应进行如下会计处理。

① 确认销售收入。

借：应收账款——乙公司		565 000
贷：主营业务收入		500 000
应交税费——应交增值税（销项税额）		65 000

② 发生销售折让。

借：主营业务收入		50 000
应交税费——应交增值税（销项税额）		6 500
贷：应收账款——乙公司		56 500

【例 12.7】　20×1 年 12 月 22 日，陆达公司收到甲公司 B 商品退货，B 商品交易价格 10 000 元，增值税税额 1 300 元，生产成本 6 000 元，陆达公司上月已确认收入并收讫货款。陆达公司在收到退回商品时，冲减退回当月的销售收入。

陆达公司根据有关凭证，应进行如下会计处理。

借：主营业务收入		10 000
应交税费——应交增值税（销项税额）		1 300
贷：银行存款		11 300

【例 12.8】　20×1 年 12 月 30 日，陆达公司结转本月的销售成本。

陆达公司根据有关凭证，应进行如下会计处理。

已销售A商品生产成本＝350 000＋42 000＋168 000＋350 000＝910 000（元）

已销售B商品生产成本＝112 000＋150 000－6 000＝256 000（元）

（注：上述数据见本书第12章【例12.1】、【例12.3】、【例12.4】、【例12.5】、【例12.6】、【例12.7】的相关资料）

借：主营业务成本	1 166 000
贷：库存商品——A商品	910 000
——B商品	256 000

4．分期收款销售商品的会计处理

分期收款销售是商品已经交付，货款分期收回的一种销售方式。对分期收款销售商品的核算，应根据销售商品的价款延期收取是否具有融资性质，分别进行不同的会计处理。

（1）不具有融资性质的分期收款销售商品

对于不具有融资性质的分期收款销售商品，企业应按合同约定的收款日期分期确认收入。企业在发出商品时，不确认收入，已发出商品仍属企业的存货，企业根据发出商品的实际成本，借记"发出商品"账户，贷记"库存商品"账户。在合同约定的收款日，按规定收取货款金额时确认收入，借记"应收账款""银行存款"等账户，贷记"主营业务收入""应交税费——应交增值税（销项税额）"等账户；同时按本期收款比例结转销售成本，借记"主营业务成本"账户，贷记"发出商品"账户。

【例12.9】 20×1年12月1日，甲公司销售给乙公司大型设备一套，价款400 000元，增值税税额为52 000元。该设备成本为320 000元。根据购销合同约定，甲公司将在2年内分4次等额收款。

甲公司根据有关凭证，应进行如下会计处理。

① 甲公司发出设备。

借：发出商品	320 000
贷：库存商品	320 000

② 每次在合同约定的收款日期确认销售收入。

借：应收账款（或银行存款）	113 000
贷：主营业务收入	100 000
应交税费——应交增值税（销项税额）	13 000

③ 每次结转销售成本。

借：主营业务成本	80 000
贷：发出商品	80 000

（2）具有融资性质的分期收款销售商品

企业分期收款销售商品，如果延期（通常为超过3年）收取的货款具有融资性质，其实质是企业向购货方提供信贷时，企业应当按照假定客户在取得商品控制权时即以现金支付的应付金额确定交易价格。在确定交易价格时，企业应当考虑可变对价、合同中存在的重大融资部分、非现金对价、应付客户对价等因素的影响。

这时，交易价格与合同对价之间的差额，应当在合同期间内采用实际利率法进行摊销，并作为财务费用的抵减处理。实际利率是指具有类似信用等级的企业发行类似工具的现时利率，或者将应收的合同价款折现为商品现销价格时的折现率等。

企业应当按照应收的合同对价，借记"长期应收款"账户；按应收的交易价格确定收入金额，贷记"主营业务收入"等账户；按交易价格与合同对价之间的差额，贷记"未实现融资收益"账户。在合同期间内，分期按照应收款项的摊余成本和实际利率计算确定的金额，借记"未实现融资收益"账户，贷记"财务费用"账户。

【例12.10】 20×1年1月1日，A公司采用分期收款方式向B公司销售一套大型设备。该设备的成本为 600 万元。合同约定设备销售价格为 800 万元，分 4 次于每年 12 月 31 日等额收取；增值税税额 104 万元于 A 公司开出增值税专用发票时一次全额支付。

假定 A 公司按照应收合同款的现值作为交易价格，以具有类似信用等级的企业发行类似工具的实际利率 7%作为折现率。

查年金现值系数表可知，4 期、7%的年金现值系数为 3.387 2。

每期应收合同价款＝8 000 000÷4＝2 000 000（元）

应收合同价款的现值＝2 000 000×3.387 2＝6 774 400（元）

未实现融资收益＝8 000 000－6 774 400＝1 225 600（元）

A 公司采用实际利率法编制的未实现融资收益分配表如表 12-1 所示。

表 12-1　未实现融资收益分配表

（实际利率法）

单位：元

日期	收现金额	财务费用	已收本金	未收本金
（1）	（2）	（3）＝期初（5）×7%	（4）＝（2）－（3）	（5）＝期初（5）－（4）
20×1.01.01				6 774 400
20×1.12.31	2 000 000	474 208	1 525 792	5 248 608
20×2.12.31	2 000 000	367 403	1 632 597	3 616 011
20×3.12.31	2 000 000	253 121	1 746 879	1 869 132
20×4.12.31	2 000 000	130 868*	1 869 132	0
合计	8 000 000	1 225 600	6 774 400	

*含尾数调整。

A 公司根据有关凭证，应进行如下会计处理。

① 20×1 年 1 月 1 日，确认销售收入。

借：银行存款	1 040 000
长期应收款——B 公司	8 000 000
贷：主营业务收入	6 774 400
应交税费——应交增值税（销项税额）	1 040 000
未实现融资收益	1 225 600

② 结转销售成本。

借：主营业务成本	6 000 000
贷：库存商品	6 000 000

③ 20×1 年 12 月 31 日，收取第一笔分期应收款并分配未实现融资收益。

借：银行存款	2 000 000
贷：长期应收款——B 公司	2 000 000
借：未实现融资收益	474 208
贷：财务费用	474 208

④ 20×2 年 12 月 31 日，收取第二笔分期应收款并分配未实现融资收益。

借：银行存款	2 000 000
贷：长期应收款——B 公司	2 000 000
借：未实现融资收益	367 403
贷：财务费用	367 403

以后年度会计处理略。

5．代销商品的会计处理

代销商品是指委托方（销售方）将商品交给受托方（代销方），由受托方代销商品的销售方式。根据企业在向客户转让商品前是否拥有对该商品的控制权，委托销售可分为视同买断和收取手续费两种销售方式。

（1）视同买断方式

视同买断方式是指由委托方和受托方签订合同或协议，委托方按合同或协议价收取受托方所代销商品的货款，实际售价由受托方自定，实际售价与合同或协议价之间的差额归受托方所有的销售方式。

如果委托方和受托方之间的协议明确标明，受托方在取得代销商品后，无论是否能够卖出、是否获利，均与委托方无关，那么，委托方和受托方之间的代销商品交易，和企业直接销售商品没有实质区别。在符合销售商品收入确认条件时，委托方应确认相关销售商品收入。

如果委托方和受托方之间的协议明确标明，将来受托方没有将商品售出时可以将商品退回给委托方，或受托方因代销商品出现亏损时可以要求委托方补偿，那么，委托方在交付商品时不确认收入，受托方也不作为购进商品处理。受托方将商品销售后，应按实际售价确认销售收入，并向委托方开具代销清单。委托方收到代销清单时，应当按照已收或应收对价总额确认本企业销售收入。

【例12.11】20×1年12月11日，陆达公司与甲公司签订合同，委托甲公司代销A商品200件，单位成本800元，单价1 000元；合同规定甲公司无法售出的A商品可以退还回来。20×1年12月25日，甲公司将商品全部售出，收取销售价款260 000元，增值税税额33 800元；20×1年12月30日，陆达公司收到甲公司交来的代销清单，并给甲公司开出增值税专用发票，货款尚未收到。20×2年1月3日，陆达公司收到甲公司支付的代销商品全部价款。

陆达公司（委托方）根据有关凭证，应进行如下会计处理。

① 20×1年12月11日，发出代销商品，按商品成本登记。

借：委托代销商品　　　　　　　　　　　　　　　　　　　　　　　160 000
　　贷：库存商品　　　　　　　　　　　　　　　　　　　　　　　　　160 000

② 20×1年12月30日，收到代销清单并开具增值税专用发票，确认销售收入。

销售收入=1 000×200=200 000（元）

增值税销项税额=200 000×13%=26 000（元）

全部价款=200 000+26 000=226 000（元）

借：应收账款——甲公司　　　　　　　　　　　　　　　　　　　　226 000
　　贷：主营业务收入　　　　　　　　　　　　　　　　　　　　　　　200 000
　　　　应交税费——应交增值税（销项税额）　　　　　　　　　　　　　26 000

③ 结转代销商品销售成本。

借：主营业务成本　　　　　　　　　　　　　　　　　　　　　　　160 000
　　贷：委托代销商品　　　　　　　　　　　　　　　　　　　　　　　160 000

④ 20×2年1月3日，收到代销商品全部价款。

借：银行存款　　　　　　　　　　　　　　　　　　　　　　　　　226 000
　　贷：应收账款——甲公司　　　　　　　　　　　　　　　　　　　　226 000

甲公司（受托方）根据有关凭证，应进行如下会计处理。

① 收到受托代销商品。

借：受托代销商品　　　　　　　　　　　　　　　　　　　　　　　200 000
　　贷：受托代销商品款　　　　　　　　　　　　　　　　　　　　　　200 000

② 销售代销商品，确认销售收入。

借：银行存款　　　　　　　　　　　　　　　　　　　　　　　　　293 800
　　贷：主营业务收入　　　　　　　　　　　　　　　　　　　　　　　260 000
　　　　应交税费——应交增值税（销项税额）　　　　　　　　　　　　　33 800

③ 结转代销商品销售成本。

借：主营业务成本   200 000

 贷：受托代销商品   200 000

④ 交付代销清单，收到委托方开出的增值税专用发票。

借：受托代销商品款   200 000

  应交税费——应交增值税（进项税额）   26 000

 贷：应付账款——陆达公司   226 000

⑤ 按协议将货款汇给陆达公司。

借：应付账款——陆达公司   226 000

 贷：银行存款   226 000

（2）收取手续费方式

收取手续费方式是指委托方与受托方签订代销合同或协议，委托方根据代销商品的金额或数量向受托方支付代销手续费的销售方式。在这种代销方式下，委托方在发出商品时不确认销售商品收入，而应在受托方向委托方开具代销清单时确认销售商品收入，委托方将支付的手续费确认为销售费用。受托方按照委托方规定的商品售价销售商品后，按代销合同或协议约定的方法计算应收取的手续费，将其确认为收入。

【例 12.12】 20×1 年 12 月 10 日，陆达公司委托 B 公司销售 A 商品 200 件，商品已发出，成本为 800 元/件。根据合同约定，B 公司按 1 000 元/件对外销售，陆达公司按售价的 10%向 B 公司支付手续费。12 月 20 日，陆达公司收到 B 公司的代销清单及收取手续费发票，并开具增值税专用发票。B 公司已销售 100 件，货款尚未收到。12 月 30 日，陆达公司收到 B 公司扣除手续的代销价款，存入银行。

陆达公司（委托方）根据有关凭证，应进行如下会计处理。

① 20×1 年 12 月 10 日，将商品交付 B 公司。

借：委托代销商品   160 000

 贷：库存商品   160 000

② 20×1 年 12 月 20 日，收到 B 公司的代销清单，确认销售收入。

销售收入＝1 000×100＝100 000（元）

增值税销项税额＝100 000×13%＝13 000（元）

借：应收账款——B 公司   113 000

 贷：主营业务收入   100 000

   应交税费——应交增值税（销项税额）   13 000

③ 确认代销手续费及增值税进项税额。

代销手续费＝100 000×10%＝10 000（元）

增值税进项税额＝10 000×6%＝600（元）

借：销售费用   10 000

  应交税费——应交增值税（进项税额）   600

 贷：应收账款——B 公司   10 600

④ 20×1 年 12 月 30 日，收到代销商品价款。

借：银行存款   102 400

 贷：应收账款——B 公司   102 400

⑤ 结转代销商品销售成本。

借：主营业务成本   80 000

  贷：委托代销商品   80 000

B 公司（受托方）根据有关凭证，应进行如下会计处理。

① 收到受托代销商品。

借：受托代销商品   200 000

  贷：受托代销商品款   200 000

② 出售受托代销商品。

借：银行存款   113 000

  贷：应付账款——陆达公司   100 000

   应交税费——应交增值税（销项税额）   13 000

③ 交付代销清单及收取手续费发票，收到陆达公司开具的增值税专用发票。

借：应交税费——应交增值税（进项税额）   13 000

  贷：应付账款——陆达公司   13 000

④ 冲销受托代销商品和受托代销商品款。

借：受托代销商品款   100 000

  贷：受托代销商品   100 000

⑤ 结清代销商品款并确认手续费收入及增值税销项税额。

借：应付账款——陆达公司   113 000

  贷：银行存款   102 400

   主营业务收入   10 000

   应交税费——应交增值税（销项税额）   600

6. 其他情况下销售的会计处理

（1）商品销售后经济利益不能流入企业

如果售出商品不符合收入确认条件，则不应确认收入，而应将已发出的商品成本转为发出商品，借记"发出商品"账户，贷记"库存商品"账户；如果企业已经开具增值税专用发票，则纳税义务已经发生，应确认应交增值税，借记"应收账款"账户，贷记"应交税费——应交增值税（销项税额）"账户，待已销商品退回后，开具红字增值税专用发票，冲减应交增值税，退回商品和相关的增值税应做相反的会计处理。期末，"发出商品"账户的余额，应列入资产负债表的"存货"项目中。

【例 12.13】 20×1 年 12 月 20 日，陆达公司向乙企业销售 A 商品一批，商品的生产成本为 210 000 元，销售货款为 300 000 元，增值税税额 39 000 元。根据合同规定，乙企业对商品验收无误后再付款，陆达公司于乙企业付款时开具增值税专用发票。乙企业收到商品验收时发现商品存在质量问题，要求退货，陆达公司同意退货。

陆达公司在发出商品时，尚未满足收入确认的条件，不能确认销售收入。待乙企业付款、陆达公司开具发票账单后，再据以确认销售收入。

陆达公司根据有关凭证，应进行如下会计处理。

① 发出商品。

借：发出商品   210 000

  贷：库存商品   210 000

② 发生退货。

借：库存商品   210 000

  贷：发出商品   210 000

（2）附有退货条件的商品销售

企业的销售商品合同中如果附有退货条件，则企业应当在客户取得相关商品控制权时，按照因向客户转让商品而预期有权收取的对价金额确认收入并结转其销售成本；将可能退货的已销商品，确认为发出商品，借记"发出商品"账户，贷记"库存商品"账户；如果企业已经收取可能退货商品的价款，应确认为预收款项，借记"银行存款"账户，贷记"预收账款"账户；如果企业已经开具增值税专用发票，则应确认应交增值税，借记"银行存款"等账户，贷记"应交税费——应交增值税（销项税额）"账户；企业如果无法合理确定退货的可能性，则应全部确认为发出商品，于退货期满时确认销售收入。

【例 12.14】 20×1 年 12 月 30 日，陆达公司销售 B 商品 200 件，价款为 200 000 元，增值税税额为 26 000 元，总成本为 160 000 元，规定 15 天内可以无条件退货，已开具增值税专用发票。陆达公司根据以往经验，销售该商品预期可收取的对价为销售价格的 90%，即估计退货率为 10%。20×2 年 1 月 14 日，购货方退回 B 商品 10 件，其余商品未退货，陆达公司开出红字增值税专用发票，退回价款 10 000 元，增值税税额 1 300 元。

陆达公司根据有关凭证，应进行如下会计处理。

① 20×1 年 12 月 30 日，估计退货部分不符合收入确认条件，不应确认销售收入。

销售收入＝200 000×90%＝180 000（元）

预收款项＝200 000×10%＝20 000（元）

借：银行存款　　　　　　　　　　　　　　　　　　　226 000
　　贷：主营业务收入　　　　　　　　　　　　　　　　180 000
　　　　预收账款　　　　　　　　　　　　　　　　　　20 000
　　　　应交税费——应交增值税（销项税额）　　　　　26 000

销售成本＝160 000×90%＝144 000（元）

发出商品＝160 000×10%＝16 000（元）

借：主营业务成本　　　　　　　　　　　　　　　　　144 000
　　发出商品　　　　　　　　　　　　　　　　　　　16 000
　　贷：库存商品　　　　　　　　　　　　　　　　　160 000

② 20×2 年 1 月 14 日，支付退货款 11 300 元，未退货部分确认销售收入。

销售收入＝20 000－10 000＝10 000（元）

借：预收账款　　　　　　　　　　　　　　　　　　　20 000
　　应交税费——应交增值税（销项税额）　　　　　　1 300
　　贷：主营业务收入　　　　　　　　　　　　　　　10 000
　　　　银行存款　　　　　　　　　　　　　　　　　11 300

转回库存商品成本＝800×10＝8 000（元）

销售成本＝16 000－8 000＝8 000（元）

借：主营业务成本　　　　　　　　　　　　　　　　　8 000
　　库存商品　　　　　　　　　　　　　　　　　　　8 000
　　贷：发出商品　　　　　　　　　　　　　　　　　16 000

（3）需要安装和检验的商品销售

企业销售的商品如果需要另行安装、调试，且安装、调试的结果经购货单位检验合格后购货合同才能生效，则企业在商品安装、调试工作完成以前大多不应确认收入。收取的价款应确认为预收账款，在安装、调试完成后，再确认营业收入。如果商品的安装程序比较简单或检验是交货必须进行的程序，则企业在满足收入确认的其他条件情况下，可以在发出商品时确认收入。

（4）以旧换新的商品销售

企业在销售商品的同时收购旧商品，则收购的旧商品确认为存货，收购旧商品支付的价款，不得冲减收入，应该计入存货成本。按照增值税暂行条例规定，收购旧商品不得确认增值税进项税额。企业销售新商品并收购旧商品时，应根据新商品的价款扣除旧商品收购价款后的净额，借记"银行存款"等账户；根据收购旧商品的收购价款，借记"原材料"等账户；根据新商品的销售价款和增值税销项税额，贷记"主营业务收入""应交税费——应交增值税（销项税额）"账户。

【例12.15】20×1年12月18日，陆达公司销售D商品60件，价款为36 000元，增值税税额为4 680元，总成本为21 600元；陆达公司已经开具增值税专用发票，并收取全部价款。陆达公司在销售D商品的同时，收购旧商品30件，共支付价款1 200元。抵扣D商品的销售价款，实际收到价款39 480元。收购的旧商品作为原材料验收入库。

陆达公司根据有关凭证，应进行如下会计处理。

借：银行存款　　　　　　　　　　　　　　　　　　　　　　　　39 480
　　原材料　　　　　　　　　　　　　　　　　　　　　　　　　 1 200
　　　贷：主营业务收入　　　　　　　　　　　　　　　　　　　　　36 000
　　　　　应交税费——应交增值税（销项税额）　　　　　　　　　　4 680
借：主营业务成本　　　　　　　　　　　　　　　　　　　　　　21 600
　　　贷：库存商品　　　　　　　　　　　　　　　　　　　　　　21 600

（5）附有售后回购条件的商品销售

售后回购是指企业销售商品的同时承诺或有权选择日后再将该商品（包括相同或几乎相同的商品，或以该商品作为组成部分的商品）购回的销售方式。

对于售后回购交易，企业应当区分不同情况分别进行会计处理。企业因存在与客户的远期安排而负有回购义务或企业享有回购权利的，表明客户在销售时点并未取得相关商品控制权，企业应当作为租赁交易或融资交易进行相应的会计处理。①回购价格低于原售价的，应当视为租赁交易，按照《企业会计准则第21号——租赁》的相关规定进行会计处理；②回购价格高于原售价的，应当视为融资交易，即质押贷款，在收到客户款项时确认金融负债，并将该款项和回购价格的差额在回购期间内确认为利息费用等。

企业附有售后回购条件的商品销售，如果属于融资交易，收取的价款应确认为负债。根据收取的价款，借记"银行存款"账户，贷记"其他应付款""应交税费——应交增值税（销项税额）"账户；同时，结转发出商品的成本，借记"发出商品"账户，贷记"库存商品"账户。企业回购商品价格高于原售价的差额，应当在回购期内分期平均确认为利息支出，借记"财务费用"账户，贷记"其他应付款"账户。企业回购商品时，应根据回购商品不含增值税的价款，借记"其他应付款"账户；根据支付的增值税税额，借记"应交税费——应交增值税（进项税额）"账户；根据支付的全部价款贷记"银行存款"账户。同时，根据收回的商品成本，借记"库存商品"账户，贷记"发出商品"账户。

12.1.7 提供劳务收入的会计处理

提供劳务收入是指企业通过提供劳务作业而取得的收入，如提供旅游服务、运输服务、饮食服务、广告策划与制作、管理咨询、培训业务、建筑安装、软件开发等取得的收入。

企业取得的劳务收入，满足条件的可以按照某一时段履行履约义务，否则按照某一时点履行履约义务确认收入。

对于在某一时段内履行的履约义务，企业应当在该时段时间内按照履约进度确认收入。企业应当根据相关劳务的性质，决定是采用产出法还是投入法来确定恰当的履约进度。其中，产出法是根据已转移给客户的商品对于客户的价值确定履约进度；投入法是根据企业为履行履约义务的投入确定履约进度。

用产出法或投入法确定履约进度时，可以具体采用完工百分比法进行确定。完工百分比法是指按照提供劳务交易的完工进度确认收入和费用的方法。企业应当在资产负债表日按照提供劳务收入总额乘以完工进度扣除以前会计期间累计已确认提供劳务收入后的金额，确认当期提供劳务收入；同时，按照提供劳务估计总成本乘以完工进度扣除以前会计期间累计已确认劳务成本后的金额，结转当期劳务成本。用公式表示如下。

本期确认的收入＝劳务总收入×本期末止劳务的完工进度－以前期间已确认的收入

本期确认的费用＝劳务总成本×本期末止劳务的完工进度－以前期间已确认的费用

劳务的完工进度应根据所提供劳务的特点，分别按照对已完成工作的测量、已提供劳务占提供劳务总量的比例和已经发生的成本占估计总成本的百分比方法进行确定。

在采用完工百分比法确认提供劳务收入的情况下，企业应按计算确定的提供劳务收入金额，借记"应收账款""银行存款"等账户，贷记"主营业务收入"账户。结转提供劳务成本时，借记"主营业务成本"账户，贷记"劳务成本"账户。

【例 12.16】　甲公司于 20×1 年 11 月与丁公司签订一项设备安装合同，安装期为 3 个月，合同总价款为 500 000 元，年末已经预收工程款 300 000 元，实际发生安装费用 250 000 元，预计还会发生 150 000 元。甲公司接受的设备安装是设备投入使用不可替代的部分，且该公司在整个合同期间内有权就累计至今已完成的履约部分收取款项。

甲公司根据有关凭证，应进行如下会计处理。

截至本年年末劳务的完工程度＝250 000÷（250 000＋150 000）＝62.5%

20×1 年年末应确认的收入＝500 000×62.5%－0＝312 500（元）

20×1 年年末应确认的费用＝（250 000＋150 000）×62.5%－0＝250 000（元）

① 公司实际发生的劳务成本。

借：劳务成本　　　　　　　　　　　　　　　　　　　　　　　　　250 000

　　贷：银行存款（或其他相关账户）　　　　　　　　　　　　　　　　250 000

② 预收工程款。

借：银行存款　　　　　　　　　　　　　　　　　　　　　　　　　300 000

　　贷：预收账款——丁公司　　　　　　　　　　　　　　　　　　　　300 000

③ 20×1 年年末确认劳务收入并结转劳务成本。

借：预收账款——丁公司　　　　　　　　　　　　　　　　　　　　312 500

　　贷：主营业务收入　　　　　　　　　　　　　　　　　　　　　　　312 500

借：主营业务成本　　　　　　　　　　　　　　　　　　　　　　　250 000

　　贷：劳务成本　　　　　　　　　　　　　　　　　　　　　　　　　250 000

当履约进度不能合理确定时，企业应正确预计已经发生的劳务成本能够得到补偿的程度，在资产负债表日，根据已经收回或预计将要收回的款项对已经发生劳务成本的补偿程度，分别进行会计处理。

（1）已经发生的劳务成本预计全部能够得到补偿的，应按已收或预计能够收回的金额确认提供劳务收入，并结转已经发生的劳务成本。

（2）已经发生的劳务成本预计部分能够得到补偿的，应按能够得到补偿的劳务成本金额确认提供劳务收入，并结转已经发生的劳务成本。

（3）已经发生的劳务成本预计全部不能得到补偿的，应将已经发生的劳务成本计入当期损益，不确认提供劳务收入。

【例 12.17】　20×1 年 12 月 1 日，乙公司与丙公司签订一项劳务合同，不含增值税的总收入为 300 000 元，适用的增值税税率为 6%，完工日为 20×2 年 2 月 28 日，合同签订日预收 30%的保证金，其余劳务款于完成日收取。乙公司预计该项劳务的总成本为 150 000 元。20×1 年 12 月 1 日，乙公司收取保证金 95 400 元；20×1 年 12 月，乙公司实际发生劳务成本 100 000 元（假定全部为职工薪酬）。20×1 年 12 月 31 日，乙公司获悉丙公司发生严重财务困难，无法支付其余款项。

乙公司根据有关凭证，应进行如下会计处理。

① 20×1 年 12 月 1 日，收取保证金。

借：银行存款　　　　　　　　　　　　　　　　　　　　　　　　　95 400

　　贷：预收账款——丙公司　　　　　　　　　　　　　　　　　　　　95 400

② 发生劳务成本。

借：劳务成本（或生产成本） 100 000

  贷：应付职工薪酬 100 000

③ 20×1 年 12 月 31 日，按照能够收到的全部价款确认劳务收入。

借：预收账款——丙公司 95 400

  贷：主营业务收入 90 000

   应交税费——应交增值税（销项税额） 5 400

④ 结转发生的全部劳务成本 100 000 元。

借：主营业务成本 100 000

  贷：劳务成本（或生产成本） 100 000

12.1.8　其他业务收支的会计处理

其他业务是指企业在生产经营过程中发生的除主营业务以外的其他非主营业务，主要包括出租固定资产、出租无形资产、出租包装物和商品、销售材料等。

为了核算企业其他业务收入和支出的发生情况，应设置"其他业务收入"和"其他业务成本"账户。"其他业务收入"账户用于核算企业除了主营业务之外的其他业务获得的收入，如销售材料收入、出租固定资产和无形资产的租金收入等。该账户贷方登记企业从事其他业务实现的收入，借方登记期末转入"本年利润"账户的其他业务收入，结转后该账户无余额。该账户可按收入种类设置明细账，进行明细核算。"其他业务成本"账户用于核算与其他业务收入相关的支出，如销售材料的成本、出租固定资产的折旧额、出租无形资产的摊销额、出租包装物的成本或摊销额等。该账户的借方登记企业发生的其他业务成本，贷方登记期末转入"本年利润"账户的其他业务成本，结转后该账户无余额。

【例 12.18】20×1 年 12 月 20 日，陆达公司销售材料一批，价款 2 000 元，增值税税额为 260 元，款项收到，存入银行。该材料实际成本为 1 800 元。

陆达公司根据有关凭证，应进行如下会计处理。

借：银行存款 2 260

  贷：其他业务收入 2 000

   应交税费——应交增值税（销项税额） 260

借：其他业务成本 1 800

  贷：原材料 1 800

12.2　费用

12.2.1　费用的定义

费用有狭义和广义之分。

广义的费用是指会计期间内经济利益的总流出，其表现形式为资产的减少或负债的增加而引起的所有者权益减少，但不包括与所有者权益有关的资产减少或负债增加。

狭义的费用是指企业在日常活动中发生的、会导致所有者权益减少的、与向所有者分配利润无关的经济利益的总流出。狭义的费用是为了取得狭义的收入而发生的耗费。

在理解费用时，要注意正确区分其与成本、支出等概念的异同点。

成本是指企业为生产商品、提供劳务而发生的各种耗费。它是按一定的产品或劳务对象所归集的耗费，是对象化了的耗费。企业在一定期间发生的生产费用按照成本计算对象进行归集、分配计入各成本计算对象，转化为产品成本。费用与一定的会计期间相联系；成本与一定种类和数量的产品或某种劳务相联系，而不论发生在哪一时期。

支出是指企业的资源因耗用或偿付等原因而发生的减少，包括偿债性支出、成本性支出、费用性支出和权益性支出。偿债性支出是指用资产偿付各项债务的支出，引起资产和负债的同时减少，如用银行存款偿还所欠供应商货款等。成本性支出是指某项资产的减少导致其他资产增加的支出，资产总额保持不变，如用银行存款购入原材料等。费用性支出是指某项资产的减少导致费用增加的支出，使资产和利润同时减少，如用银行存款支付广告费等。权益性支出是指某项资产的减少导致除利润以外其他所有者权益项目减少的支出，如用银行存款分配现金股利等。

支出还可以按照其性质分为收益性支出与资本性支出。收益性支出是指该项支出的发生，是为了取得本期收益，即仅仅与本期收益的取得有关，必须反映于本期的损益之中。资本性支出是指该项支出的发生，不是仅仅为了本期收益，而是与本期和以后几期的收益有关系，因此，应当在以后逐步分配计入各期的费用。

12.2.2　费用的分类

广义的费用可分为狭义的费用、各种损失和支出。

狭义的费用也称为营业费用，包括营业成本、税金及附加、期间费用。

营业成本是指企业经营业务所发生的实际成本，包括生产成本、劳务成本、销售成本。营业成本与营业收入存在配比关系，依据营业收入的主次可分为主营业务成本和其他业务成本。主营业务成本是指企业销售商品、提供劳务等日常活动中所产生的实际成本；其他业务成本是指企业从事主营业务以外的其他经营活动，为取得其他业务收入而发生的各项业务成本。

税金及附加是指企业在营业收入环节交纳的消费税、城市维护建设税、教育费附加等。

期间费用是指企业本期发生的、不能直接或间接归于某种产品成本的、直接计入损益的各项费用，包括销售费用、管理费用和财务费用。期间费用的发生虽然与企业的经营有关，但与具体的产品品种和劳务项目没有直接关系，不能对象化为成本，而应在发生的当期直接从营业收入中扣除。

损失和支出是指企业日常经营活动中及以外发生的经济利益流出，包括公允价值变动损失、投资损失、资产减值损失、信用减值损失、资产处置损失、营业外支出和所得税费用。

12.2.3　费用的确认与计量

费用的实质是资产的耗费，但并非所有的资产的耗费都是费用。既然发生费用的目的是获取营业收入，那么费用的确认就应当与营业收入相关联。同时，费用还与会计期间相关联。因此，费用确认必须坚持三个原则，即划分收益性支出和资本性支出的原则、配比原则、权责发生制原则。费用确认有三种方法：一是按因果关系确认费用，如主营业务成本与主营业务收入；二是系统合理地分摊费用，如每个会计期间计提固定资产折旧费；三是费用发生时立即确认，如购买办公用品、报销差旅费等。

12.2.4　应设置的账户

除了上述主营业务成本、税金及附加账户外，还有生产成本、制造费用、管理费用、销售费用、财务费用、其他业务成本等账户。本节主要涉及管理费用、销售费用、财务费用等 3 个期间费用账户的核算，其他成本费用账户见其他章节或相关课程。

12.2.5　期间费用的会计处理

1．销售费用

销售费用是指企业在销售商品和材料、提供劳务过程中所发生的各项费用，包括企业在销售商品过程中发生的包装费、运输费、装卸费、保险费、广告费、展览费、商品维修费、预计产品质量保证损失，以及为销售本企业商品而专设的销售机构（含销售网点、售后服务网点等）的职工薪酬、业务费、折旧费、固定资产修理费等费用。

为了核算企业销售费用的发生情况，应设置"销售费用"账户，该账户借方登记企业发生的各项销售费用，贷方登记企业期末转入"本年利润"账户的销售费用，期末结转后该账户无余额。该账户应按费用项目设置明细账，进行明细核算。

【例12.19】 20×1年12月10日，陆达公司以银行存款支付电视广告费200 000元。

陆达公司根据有关凭证，应进行如下会计处理。

借：销售费用　　　　　　　　　　　　　　　　　　　　　　　　　　　　200 000
　　贷：银行存款　　　　　　　　　　　　　　　　　　　　　　　　　　　200 000

2．管理费用

管理费用是指企业为组织和管理生产经营活动所发生的各项费用，包括企业在筹建期间内发生的开办费、董事会和行政管理部门在企业的经营管理中发生的或应由企业统一负担的公司经费、工会经费、职工教育经费、劳动保护费、研发费用、待业保险费、低值易耗品摊销、董事会经费、咨询费、审计费、诉讼费、排污费、业务招待费、技术转让费、无形资产摊销、存货盘亏和毁损（减盘盈），以及没有满足固定资产确认条件的固定资产日常修理费、大修理费用、更新改造支出、房屋的装修费用等。

为了核算企业管理费用的发生情况，应设置"管理费用"账户，该账户借方登记企业发生的各项管理费用，贷方登记期末转入"本年利润"账户的管理费用，期末结转后该账户无余额。该账户应按不同的管理部门分设明细账，按费用项目设置专栏进行明细核算。

【例12.20】 20×1年12月15日，陆达公司用银行存款支付办公费900元，增值税税额117元。

陆达公司根据有关凭证，应进行如下会计处理。

借：管理费用　　　　　　　　　　　　　　　　　　　　　　　　　　　　　900
　　应交税费——应交增值税（进项税额）　　　　　　　　　　　　　　　　117
　　贷：银行存款　　　　　　　　　　　　　　　　　　　　　　　　　　　1 044

3．财务费用

财务费用是指企业为筹集生产经营所需资金等而发生的筹资费用，包括利息支出（减利息收入）、汇兑差额和相关的手续费、企业发生的现金折扣或收到的现金折扣等。

为了核算企业财务费用的发生情况，应设置"财务费用"账户，该账户借方登记企业发生的各项财务费用，贷方登记企业发生的应冲减财务费用的利息收入、汇兑收益，以及期末转入"本年利润"账户的财务费用，期末结转后该账户无余额。该账户应按费用项目设置明细账，进行明细核算。

【例12.21】 20×1年12月30日，陆达公司收到银行通知，已划拨本月银行借款利息3 000元。

陆达公司根据有关凭证，应进行如下会计处理。

借：财务费用　　　　　　　　　　　　　　　　　　　　　　　　　　　　3 000
　　贷：银行存款　　　　　　　　　　　　　　　　　　　　　　　　　　　3 000

12.3　利润总额的形成

12.3.1　利润的概念和构成

利润也称为净利润或净收益，是企业在一定期间内的经营成果。利润可以反映企业在一定会计期间的经营业绩和获利能力，反映企业的产出与投入的差额，有助于投资人、债权人等进行盈利预测，评价企业经营绩效。

利润的形成过程主要经过 3 个环节，分别是营业利润、利润总额和净利润。相关计算公式如下。

1. 营业利润

营业利润＝营业收入－营业成本－税金及附加－销售费用－管理费用－研发费用－财务费用－资产减值损失－信用减值损失＋其他收益±投资损益±公允价值变动损益±资产处置损益

其中：营业收入＝主营业务收入＋其他业务收入

营业成本＝主营业务成本＋其他业务成本

2. 利润总额

利润总额也称会计利润、税前利润，是指一定会计期间企业在缴纳所得税之前实现的利润。

利润总额＝营业利润＋营业外收入－营业外支出

3. 净利润

净利润是指一定会计期间企业的利润总额减去所得税费用后的金额。

净利润＝利润总额－所得税费用

12.3.2 税金及附加

税金及附加是指应由营业收入（包括主营业务收入和其他业务收入）补偿的各种税金及附加，包括为了核算企业经营活动应负担的消费税、城市维护建设税、资源税、教育费附加、房产税、土地使用税、车船使用税、印花税等相关税费。

为了核算税金及附加，企业应设置"税金及附加"账户。该账户借方登记按照规定计算确定的与经营活动相关的税费，贷方登记企业收到的返还的消费税等原计入本账户的各种税金，以及期末转入"本年利润"账户中的税金及附加，期末结转后该账户无余额。

【例 12.22】 20×1 年 12 月末，陆达公司根据当月发生的经济业务计算确定，当月应交城市维护建设税 900 元，应交教育费附加 600 元。

陆达公司根据有关凭证，应进行如下会计处理。

① 资产负债表日（20×1 年 12 月 31 日）计算税金及附加。

借：税金及附加　　　　　　　　　　　　　　　　　　　　　　　　　1 500

　　贷：应交税费——应交城市维护建设税　　　　　　　　　　　　　　　900

　　　　　　　　——应交教育费附加　　　　　　　　　　　　　　　　　600

② 实际交纳税金。

借：应交税费——应交城市维护建设税　　　　　　　　　　　　　　　　900

　　　　　　——应交教育费附加　　　　　　　　　　　　　　　　　　600

　　贷：银行存款　　　　　　　　　　　　　　　　　　　　　　　　　1 500

12.3.3 资产减值损失、信用减值损失

资产减值损失是指因各项资产减值形成的损失。为了核算企业计提各项资产减值准备所形成的损失，应设置"资产减值损失"账户。该账户借方登记存货、长期股权投资、固定资产、在建工程、工程物资、无形资产、商誉等资产发生的减值损失，贷方登记企业计提存货跌价准备等相关资产价值的恢复金额以及期末转入"本年利润"账户的资产减值损失，期末结转后该账户无余额。

【例 12.23】 20×1 年年末，陆达公司无形资产的可收回金额为 29 800 元，账面原值为 500 000元，已计提累计摊销 200 000 元。

陆达公司根据有关凭证，应进行如下会计处理。

借：资产减值损失   2 000
  贷：无形资产减值准备   2 000

信用减值损失是指企业按照《企业会计准则第22号——金融工具确认和计量》（2017年修订）的要求计提的各项金融工具减值准备所形成的预期信用损失，包括债权投资、其他债权投资发生的减值损失。为了核算企业计提各项信用减值准备所形成的损失，应设置"信用减值损失"账户。该账户的结构参见"资产减值损失"账户。会计处理参见本书第4章4.6节相关内容。

12.3.4 公允价值变动损益

公允价值变动损益是指企业因相关金融资产公允价值变动而形成的应计入当期损益的利得或损失。为了核算公允价值变动带来的收益和损失，企业应设置"公允价值变动损益"账户。该账户贷方登记资产负债表日相关金融资产的公允价值高于账面余额的差额，借方登记资产负债表日相关金融资产的公允价值低于账面余额的差额，期末将该账户余额结转到"本年利润"账户，期末结转后该账户无余额。企业处置该金融资产时，应将公允价值变动损益转为投资收益。

【例12.24】20×1年12月末，陆达公司交易性金融资产的账面价值为605 000元，其公允价值为635 000元。

陆达公司根据有关凭证，应进行如下会计处理。

借：交易性金融资产——公允价值变动   30 000
  贷：公允价值变动损益   30 000

12.3.5 投资损益

投资损益是投资收益与投资损失的差额。为了核算投资损益，企业应设置"投资收益"账户。核算企业持有相关金融资产期间取得的投资收益以及处置该金融资产所实现的投资收益或发生的投资损失。该账户贷方登记相关金融资产持有期间收取的现金股利和利息以及出售该金融资产所实现的投资收益，借方登记出售该金融资产发生的投资损失，期末将该账户余额转入"本年利润"账户，期末结转后该账户无余额。该账户可按投资项目设置明细账，进行明细核算。

【例12.25】20×1年12月5日，陆达公司从二级市场购入某股票10 000股，每股价格10元，支付价款100 000元，另支付交易费用500元。12月24日，企业以每股12元价格将其全部出售，扣除交易费用后，取得出售收入119 400元。

陆达公司根据有关凭证，应进行如下会计处理。

① 购入股票。
借：交易性金融资产——成本   100 000
  投资收益   500
  贷：银行存款   100 500
② 出售股票。
借：银行存款   119 400
  贷：交易性金融资产——成本   100 000
    投资收益   19 400

12.3.6 资产处置损益

资产处置损益是指企业出售固定资产、在建工程及无形资产而产生的处置损益。企业应设置"资产处置损益"账户核算资产处置时产生的损益。该账户贷方登记取得的资产处置收益，借方登记发生的资产处置损失，期末将该账户余额转入"本年利润"账户，期末结转后该账户无余额。

12.3.7 营业外收支

1. 营业外收入

营业外收入是指企业发生的除营业利润以外的收益，主要包括债务重组利得、捐赠利得（企业接受股东或股东的子公司直接或间接的捐赠，经济实质属于股东对企业的资本性投入的除外）、罚没收入等。

为了核算企业营业外收入的发生情况，应设置"营业外收入"账户。该账户贷方登记企业发生的各项营业外收入，借方登记期末转入"本年利润"账户的营业外收入，期末结转后该账户无余额。该账户可按营业外收入的具体项目设置明细账，进行明细核算。

【例 12.26】 20×1 年 12 月 22 日，某客户因未按期归还企业出借的包装物，以押金 500 元和 200 元转账支票支付违约金。

陆达公司根据有关凭证，应进行如下会计处理。

借：银行存款 200
　其他应付款 500
　贷：营业外收入 700

2. 营业外支出

营业外支出是指企业发生的除营业利润以外的支出，主要包括债务重组损失、公益性捐赠支出、非常损失、固定资产报废、毁损、盘亏净损失、赔偿金、违约金支出等。

为了核算企业营业外支出发生的情况，企业应设置"营业外支出"账户。该账户借方登记企业发生的各项营业外支出，贷方登记转入"本年利润"账户的营业外支出，期末结转后该账户无余额。该账户可按营业外支出的具体项目设置明细账，进行明细核算。

【例 12.27】 20×1 年 12 月 23 日，陆达公司以银行存款对外进行捐赠 50 000 元。

陆达公司根据有关凭证，应进行如下会计处理。

借：营业外支出 50 000
　贷：银行存款 50 000

12.4 所得税费用

12.4.1 所得税费用概述

所得税费用是指应在会计税前利润中扣除的所得税费用，包括当期所得税费用和递延所得税费用（或收益）。《企业会计准则第 18 号——所得税》规定，所得税费用的核算采用资产负债表债务法。

1. 资产负债表债务法的概念

资产负债表债务法是从资产负债表出发，通过比较资产负债表上列示的资产、负债，按照企业会计准则规定确定的账面价值与按照税法规定确定的计税基础，对于两者之间的差异分别确定应纳税暂时性差异与可抵扣暂时性差异，并确认相关的递延所得税负债与递延所得税资产，并在此基础上确定每一期间利润表中的所得税费用。相关计算公式如下。

$$所得税费用＝当期所得税＋递延所得税$$

$$当期所得税＝当期应交所得税＝应纳税所得额×适用的所得税税率$$

$$递延所得税＝（期末递延所得税负债－期初递延所得税负债）－（期末递延所得税资产$$
$$－期初递延所得税资产）$$

$$＝当期递延所得税负债的增加－当期递延所得税负债的减少$$
$$＋当期递延所得税资产的减少－当期递延所得税资产的增加$$

2．所得税费用核算的一般程序

采用资产负债表债务法核算所得税时，企业一般应于每一资产负债表日进行所得税的核算。企业进行所得税核算一般应遵循以下程序。

（1）确认资产、负债的账面价值

首先，确定资产负债表中除递延所得税资产和递延所得税负债以外的其他资产和负债项目的账面价值。资产、负债的账面价值是指企业按照相关会计准则的规定进行核算后在资产负债表中列示的金额。

（2）确认资产、负债的计税基础

按照准则中对于资产和负债计税基础的确定方法，以适用的税收法规为基础，确定资产负债表中有关资产、负债项目的计税基础。

（3）确认暂时性差异

比较资产、负债的账面价值与对应的计税基础，对于账面价值与计税基础之间存在差异的，分析其性质，除准则中规定的特殊情况外，分别确认应纳税暂时性差异与可抵扣暂时性差异。

（4）确认递延所得税资产和递延所得税负债

将应纳税暂时性差异和可抵扣暂时性差异乘以适用的所得税税率，确定资产负债表日递延所得税负债和递延所得税资产的应有金额，并与期初递延所得税负债和递延所得税资产的余额相比，进一步确认当期递延所得税资产和递延所得税负债金额或应予转销的金额，作为构成利润表中所得税费用的递延所得税。

（5）确认当期所得税

按照适用的税法规定计算确定当期应纳税所得额，并将应纳税所得额与适用的所得税税率计算的结果确认为当期应交所得税，作为利润表中应予确认的所得税费用中的当期所得税。

（6）确定所得税费用

利润表中的所得税费用包括当期所得税和递延所得税两个组成部分，企业在计算确定了当期所得税和递延所得税后，两者之和（或之差），就是利润表中的所得税费用。

12.4.2　资产、负债的计税基础

1．资产的计税基础

资产的计税基础是指企业收回资产账面价值的过程中，计算应纳税所得额时，按照税法可以从应税经济利益中抵扣的金额，即该项资产在未来使用或最终处置时，允许作为成本或费用于税前列支的金额。相关计算公式如下。

$$资产的计税基础＝未来可税前扣除的金额$$

$$资产在某一资产负债表日的计税基础＝资产账面价值－以前期间已税前扣除的金额$$

通常情况下，资产在取得时其入账价值（账面价值）与其计税基础是相同的。但在后续计量过程中因企业会计准则规定与税法规定不同，使得资产的账面价值与计税基础之间产生了暂时性差异。

【例12.28】　20×1年12月甲公司购入一项设备的原价为1 000万元，使用年限为10年，会计处理时按直线法计提折旧，而该项设备税法规定可以按双倍余额递减法计提折旧，会计和税法都规定净残值为0。计提了2年的折旧后，20×3年年末，公司对该项设备计提了80万元的固定资产减值准备。

该项设备20×3年年末的账面价值＝1 000－1 000÷10×2－80＝720（万元）

该项设备20×3年年末的计税基础＝1 000－1 000÷10×2－（1 000－1 000÷10×2）÷10×2＝640（万元）

二者之间的暂时性差异为80万元。该差异在未来期间会增加企业的应纳税所得额和应交所

得税。

【例12.29】 甲公司20×1年取得专利权100万元，作为无形资产核算。企业按照8年期限摊销该专利权，税法规定可以按10年的期限摊销。取得该项无形资产1年后，

该项专利权20×2年年末的账面价值=100-100÷8=87.5（万元）

该项专利权20×2年年末的计税基础=100-100÷10=90（万元）

二者之间的暂时性差异为2.5万元。该差异会减少企业在未来期间的应纳税所得额和应交所得税。

2．负债的计税基础

负债的计税基础是指负债的账面价值减去未来期间按照税法规定计算应纳税所得额时可予抵扣的金额。计算公式如下。

$$负债的计税基础=负债的账面价值-未来可税前扣除的金额$$

通常情况下，负债的确认与偿还不会影响企业的损益，也不会影响其应纳税所得额，未来期间计算应纳税所得额时按照税法规定可予抵扣的金额为0，计税基础即为账面价值，如企业的短期借款、应付账款等。但是，某些情况下，负债的确认可能会影响企业的损益，进而影响不同期间的应纳税所得额，使得其计税基础与账面价值之间产生差额，如按照会计规定确认的某些预计负债。

【例12.30】 甲公司20×1年因销售产品承诺提供3年的保修服务，在20×1年确认了400万元的销售费用，同时确认为预计负债，当年末发生任何保修支出。

该项预计负债在甲公司20×1年12月31日资产负债表中的账面价值为400万元。

按照税法规定，与产品售后服务相关的费用在实际发生时允许税前扣除。因此该项预计负债未来期间计算应纳税所得额时按照税法规定可予抵扣的金额为400万元，所以该项预计负债的计税基础为0元（400万元-400万元）。

二者之间产生了400万元的暂时性差异。该差异会减少企业在未来期间的应纳税所得额和应交所得税。

12.4.3 暂时性差异

暂时性差异是指资产或负债的账面价值与其计税基础之间的差额，其中，账面价值是指按照会计准则规定确定的有关资产、负债在资产负债表中应列示的金额。由于资产、负债的账面价值与其计税基础不同，产生了在未来收回资产或清偿负债的期间内，应纳税所得额增加或减少并导致未来期间应交所得税增加或减少的情况。在这些暂时性差异发生的当期，一般应当确认相应的递延所得税负债或者递延所得税资产。

根据暂时性差异对未来期间应纳税所得额的影响，其可分为应纳税暂时性差异和可抵扣暂时性差异。

1．应纳税暂时性差异

应纳税暂时性差异是指在确定未来收回资产或清偿负债期间的应纳税所得额时，将导致产生应税金额的暂时性差异。该差异在未来期间转回时，会增加转回期间的应纳税所得额，即在未来期间不考虑该事项影响的应纳税所得额的基础上，由于该暂时性差异的转回，会进一步增加转回期间的应纳税所得额和应交所得税金额。在应纳税暂时性差异产生当期，企业应当确认相关的递延所得税负债。应纳税暂时性差异通常产生于以下情况。

（1）资产的账面价值大于其计税基础

一项资产的账面价值代表的是企业在持续使用或最终出售该项资产时将取得的经济利益的总额，而计税基础代表的是一项资产在未来期间可予税前扣除的金额。若资产的账面价值大于其计税基础，则该项资产未来期间产生的经济利益不能全部税前抵扣，那两者之间的差额就需要缴税。这样就产生了应纳税暂时性差异。

（2）负债的账面价值小于其计税基础

一项负债的账面价值为企业预计在未来期间清偿该项负债时的经济利益流出，而其计税基础代表

的是账面价值在扣除税法规定未来期间允许税前扣除的金额之后的差额。因负债的账面价值与其计税基础不同产生的暂时性差异，本质上是税法规定就该项负债在未来期间可以税前扣除的金额。负债的账面价值小于其计税基础，则意味着就该项负债在未来期间可以税前抵扣的金额为负数，即应在未来期间应纳税所得额的基础上调增，增加应纳税所得额和应交所得税金额，产生应纳税暂时性差异，应确认相关的递延所得税负债。

【例 12.31】 根据【例 12.28】资料，20×3 年 12 月 31 日，该项设备的暂时性差异为应纳税暂时性差异，金额为 80 万元。

2. 可抵扣暂时性差异

可抵扣暂时性差异是指在确定未来收回资产或清偿负债期间的应纳税所得额时，将导致产生可抵扣金额的暂时性差异。该差异在未来期间转回时会减少转回期间的应纳税所得额，减少未来期间的应交所得税。在可抵扣暂时性差异产生当期，应当确认相关的递延所得税资产。

可抵扣暂时性差异一般产生于以下情况。

（1）资产的账面价值小于其计税基础

当资产的账面价值小于其计税基础时，从经济含义来看，资产在未来期间产生的经济利益少，按照税法规定允许税前扣除的金额多，则就账面价值与计税基础之间的差额，企业在未来期间可以减少应纳税所得额并减少应交所得税，符合有关条件时，应当确认相关的递延所得税资产。

（2）负债的账面价值大于其计税基础

当负债的账面价值大于其计税基础时，负债产生的暂时性差异实质上是税法规定就该项负债可以在未来期间税前扣除的金额。

一项负债的账面价值大于其计税基础，意味着未来期间按照税法规定与该项负债相关的全部或部分支出可以从未来应税经济利益中扣除，可减少未来期间的应纳税所得额和应交所得税。

【例 12.32】 根据【例 12.29】资料，甲公司 20×2 年由于专利权账面价值与计税基础的差异，产生可抵扣暂时性差异，金额为 2.5 万元。

【例 12.33】 根据【例 12.30】资料，甲公司 20×1 年由于销售产品承诺的保修服务确认的预计负债账面价值与计税基础的差异，产生可抵扣暂时性差异，金额为 400 万元。

3. 特殊项目产生的暂时性差异

（1）未作为资产、负债确认的项目产生的暂时性差异

某些交易或事项发生以后，因为不符合资产、负债的确认条件而未体现为资产负债表中的资产或负债，但按照税法规定能够确定其计税基础的，其账面价值与计税基础之间的差异也构成暂时性差异。

例如，对于企业在开始正常的生产经营活动以前发生的筹建等费用，会计准则规定应于发生时计入当期损益，不体现为资产负债表中的资产。按照税法规定，企业发生的该类费用可以在开始正常生产经营活动后的 3 年内分期摊销，且可税前扣除。该类事项不形成资产负债表中的资产，但按照税法规定可以确定其计税基础，两者之间的差异也形成暂时性差异。

（2）可抵扣亏损及税款抵减产生的暂时性差异

对于按照税法规定可以结转的以后年度未弥补亏损及税款抵减，虽不是因资产、负债的账面价值与计税基础不同产生的，但与可抵扣暂时性差异具有同样的作用，均能减少未来期间的应纳税所得额和应交所得税，在会计处理上，与可抵扣暂时性差异的处理相同。

例如，广告费和业务宣传费支出作为当期损益。税法规定年度广告费和业务宣传费支出不得超过销售收入的 15%（另有规定的除外），超过部分，准许在以后纳税年度结转扣除。

应纳税暂时性差异与可抵扣暂时性差异的识别如表 12-2 所示。

表 12-2　应纳税暂时性差异与可抵扣暂时性差异的识别

账面价值与计税基础	资产	负债	递延所得税资产或负债
账面价值大于计税基础	应纳税暂时性差异		递延所得税负债
		可抵扣暂时性差异	递延所得税资产
账面价值小于计税基础	可抵扣暂时性差异		递延所得税资产
		应纳税暂时性差异	递延所得税负债

12.4.4　递延所得税

递延所得税是指按照会计准则规定，应予确认的递延所得税资产和递延所得税负债在期末应有的金额相对于原已确认金额之间的差额，即递延所得税资产及递延所得税负债的当期发生额，但不包括计入所有者权益的交易或事项的所得税影响。相关计算公式如下。

递延所得税＝（期末递延所得税负债－期初递延所得税负债）－（期末递延所得税资产－期初递延所得税资产）

递延所得税＝当期递延所得税负债的增加－当期递延所得税负债的减少＋当期递延所得税资产的减少－当期递延所得税资产的增加

当期递延所得税负债或资产＝期末递延所得税负债（资产）－期初递延所得税负债（资产）

期末递延所得税负债＝应纳税暂时性差异期末余额×适用所得税税率

期末递延所得税资产＝可抵扣暂时性差异期末余额×适用所得税税率

12.4.5　当期所得税

当期所得税是指企业按照税法规定计算确定的针对当期发生的交易和事项，应缴纳给税务机关的所得税金额，即应交所得税。当期所得税应以适用的税收法规为基础计算确定。相关计算公式如下。

当期所得税＝当期应交所得税＝应纳税所得额×适用的所得税税率－减免税额－抵免税额

应纳税所得额是指企业按所得税法规定的项目计算确定的收益。由于会计利润与应纳税所得额的计算口径、计算时间可能不一致，所以两者之间可能存在差异。例如，企业购买国债取得的利息收入，在会计核算中作为投资收益计入了会计利润，而所得税法规定国债利息收入免征所得税，不计入应纳税所得额；企业超过所得税法规定的计税工资标准以及业务招待费标准的支出，在会计核算中作为费用抵减了会计利润，但所得税法不允许在税前扣除；企业确认的公允价值变动损益、资产减值损失，在会计核算中已经调整了会计利润，但所得税法规定不计入应纳税所得额。

企业应在会计利润的基础上，按照适用税收法规的规定进行调整，计算出当期应纳税所得额。两者之间差异的调整可按照以下公式进行。

应纳税所得额＝会计利润＋纳税调整增加额－纳税调整减少额＋境外应税所得弥补境内亏损－弥补以前年度亏损

12.4.6　所得税费用

计算确定了当期所得税及递延所得税以后，利润表中应予确认的所得税费用为两者之和，计算公式如下。

所得税费用＝当期所得税＋递延所得税

12.4.7　所得税费用的会计处理

1．应设置的账户

企业在资产负债表债务法下进行会计处理时，需要设置"所得税费用""递延所得税资产""递延所得税负债""应交税费——应交所得税"等账户。

（1）"所得税费用"账户。核算企业根据《企业会计准则第 18 号——所得税》（简称所得税准则）确认的应从当期利润总额中扣除的所得税费用，并按照"当期所得税费用""递延所得税费用"设置明细账户进行明细核算；期末应将该账户的余额转入"本年利润"账户，期末结转后该账户无余额。

（2）"递延所得税资产"账户。核算企业根据所得税准则确认的可抵扣暂时性差异产生的所得税资产，并按照可抵扣暂时性差异的具体项目进行明细核算。该账户借方登记递延所得税资产的增加，贷方登记递延所得税资产的减少，期末借方余额反映企业已确认的递延所得税资产的余额。根据税法规定，企业可用以后年度税前利润弥补的亏损及税款抵减产生的所得税资产，也在该账户核算。

（3）"递延所得税负债"账户。核算企业根据所得税准则确认的应纳税暂时性差异产生的所得税负债，并按照应纳税暂时性差异的具体项目进行明细核算。该账户贷方登记递延所得税负债的增加，借方登记递延所得税负债的减少，期末贷方余额反映企业已确认的递延所得税负债的余额。

（4）"应交税费——应交所得税"账户。核算企业应交纳的企业所得税。该账户贷方登记企业按应纳税所得额和规定税率计算出的应当交纳的企业所得税税额，借方登记企业实际交纳的企业所得税税额。期末如为贷方余额，则反映企业应交而未交的企业所得税税额；期末如为借方余额，则反映企业多交应退还的企业所得税税额。

2．所得税费用的会计处理

资产负债表日，企业按照税法规定计算确定的当期应交所得税，借记"所得税费用——当期所得税费用"账户，贷记"应交税费——应交所得税"账户。

资产负债表日，企业根据所得税法规规定应予确认的递延所得税资产，借记"递延所得税资产"账户，贷记"所得税费用——递延所得税费用"等账户。本期应确认的递延所得税资产大于其账面余额的，应按其差额确认；本期应确认的递延所得税资产小于其账面余额的，做相反的会计分录。另外，如果资产负债表日预计未来期间很可能无法获得足够的应纳税所得额用以抵扣可抵扣暂时性差异的，按原已确认的递延所得税资产中应减记的金额，借记"所得税费用——当期所得税费用"等账户，贷记"递延所得税资产"账户。

资产负债表日，企业根据所得税法规规定应予确认的递延所得税负债：借记"所得税费用——递延所得税费用"等账户，贷记"递延所得税负债"账户。本期应予确认的递延所得税负债大于其账面余额的，应按其差额确认；应予确认的递延所得税负债小于其账面余额的，做相反的会计分录。

资产负债表日，企业结转所得税费用，借记"本年利润"账户，贷记"所得税费用（当期所得税费用、递延所得税费用）"账户。

企业交纳所得税时，借记"应交税费——应交所得税"账户，贷记"银行存款"账户。

【例 12.34】 陆达公司 20×1 年度利润表中利润总额为 2 400 万元。该公司适用的所得税税率为 25%，递延所得税资产及递延所得税负债不存在期初余额。与所得税核算有关的交易和事项中，会计处理与税收处理存在的差异如下。

（1）20×1 年 1 月开始计提折旧的一项固定资产，成本为 1 200 万元，使用年限为 10 年，净残值为 0，会计处理按双倍余额递减法计提折旧，税收处理按直线法计提折旧。假定税法规定的使用年限及净残值与会计规定相同。

固定资产账面价值＝1 200－240＝960（万元）

固定资产计税基础＝1 200－120＝1 080（万元）

（2）陆达公司决定捐赠给关联企业 100 万元。假定按照税法规定，企业向关联方的捐赠不允许税前扣除。

其他应付款账面价值＝100（万元）

其他应付款计税基础＝100（万元）

（3）期末持有的交易性金融资产成本为 600 万元，公允价值为 1 200 万元。税法规定，以公允价值计量的金融资产持有期间市价变动不计入应纳税所得额。

交易性金融资产账面价值＝1 200（万元）

交易性金融资产计税基础＝600（万元）

（4）违反环保规定应支付罚款 100 万元。

其他应付款账面价值＝100（万元）

其他应付款计税基础＝100（万元）

（5）期末对持有的存货计提了 60 万元的存货跌价准备。该存货账面余额为 1 660 万元。

存货账面价值＝1 660－60＝1 600（万元）

存货计税基础＝1 660（万元）

根据上述资产与负债项目账面价值和计税基础之间的差异，形成该公司 20×1 年应纳税暂时性差异和可抵扣暂时性差异。汇总如表 12-3 所示。

表 12-3　20×1 年资产与负债暂时性差异汇总表　　　　　　　　单位：万元

资产与负债项目	账面价值	计税基础	差异	
			应纳税暂时性差异	可抵扣暂时性差异
交易性金融资产	1 200	600	600	
存货	1 600	1 660		60
固定资产	960	1 080		120
其他应付款	200	200		
总计			600	180

① 计算 20×1 年度陆达公司当期所得税。

应纳税所得额＝24 000 000＋1 200 000＋1 000 000－6 000 000＋1 000 000＋600 000＝21 800 000（元）

应交所得税＝21 800 000×25%＝5 450 000（元）

② 计算 20×1 年度陆达公司递延所得税。

递延所得税资产＝1 800 000×25%＝450 000（元）

递延所得税负债＝6 000 000×25%＝1 500 000（元）

递延所得税＝1 500 000－450 000＝1 050 000（元）

③ 计算 20×1 年度陆达公司所得税费用。

所得税费用＝5 450 000＋1 050 000＝6 500 000（元）

④ 陆达公司根据所得税的有关凭证，应进行如下会计处理。

借：所得税费用　　　　　　　　　　　　　　　　　　　　　　6 500 000

　　递延所得税资产　　　　　　　　　　　　　　　　　　　　　450 000

　　贷：应交税费——应交所得税　　　　　　　　　　　　　　　　5 450 000

　　　　递延所得税负债　　　　　　　　　　　　　　　　　　　　1 500 000

另外，直接计入所有者权益的交易或事项，如因公允价值计量且其变动计入其他综合收益的金融资产公允价值的变动，使相关的资产、负债的账面价值与计税基础之间形成暂时性差异的，应按照准则规定确认递延所得税资产或递延所得税负债，并计入"其他综合收益"；企业合并中取得的资产、负债，其账面价值与计税基础不同，应确认相关递延所得税的，该递延所得税的确认影响合并中产生的商誉或是计入当期损益的金额，不影响所得税费用。

12.5　净利润及利润分配

12.5.1　净利润

净利润是指企业的利润总额扣除所得税费用后的余额。净利润通过"本年利润"账户进行核算。

1．净利润的核算方法

净利润的核算方法有账结法和表结法两种。

（1）账结法

企业采用账结法时，每月月末都要将损益类账户的余额转入"本年利润"账户，通过"本年利润"账户结出当月净利润和截至各月的本年累计已实现的净利润或发生的亏损。采用账结法，账面上能够直接反映各月和各月末本年累计已实现的净利润或发生的亏损，但每月结转本年利润的工作量较大。

（2）表结法

企业采用表结法时，各损益类账户每月月末只需结计出本月发生额和月末累计余额，只有在年末时，才将全年累计余额结转至"本年利润"账户。但每月月末将损益类账户的余额，填制到利润表的相应项目中去，在利润表中计算出本月和截至本月末的本年累计实现的净利润，通过利润表反映各期的净利润或亏损。采用表结法，各月和各月末本年累计已实现的净利润或发生的亏损不能在账面上直接得到反映，需要在利润表中进行结算，但平时不必结转本年利润，能够简化核算工作。

2．净利润的会计处理

期末（账结法1月末～12月末，表结法12月末），将各收入类账户的余额转入"本年利润"账户贷方，借记有关收入类账户，贷记"本年利润"账户；将各费用类账户的余额转入"本年利润"账户的借方，借记"本年利润"账户，贷记各有关费用类账户。结转后，"本年利润"账户如为贷方余额，则表示当年实现的净利润；如为借方余额，则表示当年累计发生的净亏损。

年度终了，企业应将本年度实现的净利润进行结转，结转时，借记"本年利润"账户，贷记"利润分配——未分配利润"账户，若结转本年度实现的净亏损，做相反的会计处理。

【例12.35】陆达公司采用表结法结转本年利润，20×1年12月末各损益类账户累计发生额如表12-4所示。

表12-4　损益类账户累计发生额　　　　　　　　　　　　　　　　　　单位：元

账户名称	借方余额	贷方余额
主营业务收入		40 000 000
其他业务收入		5 500 000
投资收益		4 250 000
公允价值变动损益		6 000 000
营业外收入		250 000
主营业务成本	25 000 000	
其他业务成本	4 400 000	
税金及附加	200 000	
销售费用	400 000	
管理费用	500 000	
财务费用	500 000	
资产处置损益	200 000	
营业外支出	800 000	
所得税费用	6 500 000	
合计	38 500 000	56 000 000

陆达公司根据有关凭证，应进行如下会计处理。

① 结转本年收入

借：主营业务收入   40 000 000

    其他业务收入   5 500 000

    投资收益   4 250 000

    公允价值变动损益   6 000 000

    营业外收入   250 000

  贷：本年利润   56 000 000

② 结转本年费用

借：本年利润   38 500 000

  贷：主营业务成本   25 000 000

    其他业务成本   4 400 000

    税金及附加   200 000

    销售费用   400 000

    管理费用   500 000

    财务费用   500 000

    资产处置损益   200 000

    营业外支出   800 000

    所得税费用   6 500 000

企业本年净利润＝56 000 000－38 500 000＝17 500 000（元）

12.5.2 利润分配

1．利润分配顺序

在一般情况下，企业实现的净利润必须按照国家有关法律、法规及公司章程的规定进行分配。

企业的净利润除国家另有规定者外，一般应按照下列顺序进行分配。

（1）弥补以前年度亏损

根据所得税法规定，企业某年度发生的亏损，在其后 5 年内可以用税前利润弥补，从其后第 6 年开始，只能用净利润来弥补。如果净利润还不够弥补亏损，则可用以前年度提取的盈余公积来弥补。

（2）提取法定盈余公积

公司制企业应按本年净利润的 10%的比例提取法定盈余公积，其他企业可以根据需要确定提取的比例，但不得低于 10%。当企业提取的法定盈余公积累计额达到公司注册资本的 50%以上时，可以不再提取法定盈余公积。

（3）提取任意盈余公积

公司在提取法定盈余公积后，可以根据股东会或者股东大会决议提取任意盈余公积，提取比例由企业自行确定。

（4）向投资人分配利润或股利

企业实现的净利润扣除提取的盈余公积再加上期初未分配利润，形成可供投资者分配的利润。可供投资者分配的利润应按投资人的出资比例或持有的股份向投资人进行分配，但公司章程另有规定的除外。

2．利润分配的会计处理

为了反映利润的分配过程和结果，企业应设置"利润分配"账户，其借方登记利润的各种分配数或年末从"本年利润"账户转入待弥补亏损数，贷方登记年末从"本年利润"账户转入的净利润或

已经弥补的亏损数。年终结算后，如为贷方余额，则反映企业历年积存的未分配利润；如为借方余额，则反映历年积存的尚未弥补的亏损。

在"利润分配"账户下应分别设置"提取法定盈余公积""提取任意盈余公积""应付现金股利或利润""转作股本的股利""盈余公积补亏"和"未分配利润"等明细账户，进行明细核算。

（1）弥补以前年度亏损

若企业以前年度发生亏损，则在"利润分配——未分配利润"账户出现借方余额。这时，企业以当年实现的利润（不论税前或税后）弥补以前年度亏损，不需要进行专门的会计处理。在企业将当年实现的利润从"本年利润"账户转入"利润分配——未分配利润"账户的贷方时，"利润分配——未分配利润"账户的贷方发生额与其期初的借方余额自然抵补。

企业用盈余公积弥补以前年度亏损时，应借记"盈余公积"账户，贷记"利润分配——盈余公积补亏"账户。

【例 12.36】 某企业 20×1 年年末尚有 100 000 元亏损（已过所得税法规定的 5 年弥补期）。20×1 年度企业实现净利润 80 000 元，企业决定将净利润弥补亏损后的剩余亏损额用盈余公积弥补。

该企业根据有关凭证，应进行如下会计处理。

① 结转本年利润。

借：本年利润   80 000

  贷：利润分配——未分配利润   80 000

"利润分配——未分配利润"账户期初为借方余额 100 000 元，结转本年利润后借方余额为 20 000 元，为尚未弥补的亏损。

② 用盈余公积补亏。

借：盈余公积   20 000

  贷：利润分配——盈余公积补亏   20 000

（2）提取盈余公积

企业当年实现的净利润在弥补以前年度亏损后，如果还有剩余，则按规定比例提取盈余公积（法定盈余公积和任意盈余公积），其中按照净利润的 10%提取法定盈余公积。法定盈余公积累计金额超过企业注册资本的 50%以上时，可以不再提取。任意盈余公积是按照股东大会决议提取的盈余公积，没有比例限制。

提取时，借记"利润分配——提取法定盈余公积或提取任意盈余公积"账户，贷记"盈余公积——法定盈余公积或任意盈余公积"账户。

【例 12.37】 陆达公司 20×1 年净利润为 17 500 000 元，以前年度未发生亏损，按 10%提取法定盈余公积，按 5%提取任意盈余公积。

陆达公司根据有关凭证，应进行如下会计处理。

借：利润分配——提取法定盈余公积   1 750 000

        ——提取任意盈余公积   875 000

  贷：盈余公积——法定盈余公积   1 750 000

        ——任意盈余公积   875 000

（3）向投资人分配利润或股利

根据可供投资者分配的利润金额，企业可采用现金股利（或利润）、股票股利等形式进行利润分配。

经股东大会或类似机构决议，分配给股东或投资者的现金股利或利润，借记"利润分配——应付现金股利"或"利润分配——应付利润"账户，贷记"应付股利"或"应付利润"账户。

经股东大会或类似机构决议，分配给股东的股票股利，应在办理增资手续后，借记"利润分配——转作股本的股利"账户，贷记"股本"账户。

【例 12.38】 陆达公司 20×1 年年初未分配利润为 3 000 000 元，则可供投资者分配的利润为 17 875 000（3 000 000＋17 500 000－1 750 000－875 000）元。同时，经股东大会决议，将向投资者分配现金股利 800 000 元。

陆达公司根据有关凭证，应进行如下会计处理。

　　借：利润分配——应付现金股利　　　　　　　　　　　　　　　　　　　800 000

　　　　贷：应付股利　　　　　　　　　　　　　　　　　　　　　　　　　　　　800 000

12.5.3　会计期末利润结转的会计处理

会计期末，企业应将各损益类账户的余额转入"本年利润"账户，结转后，各损益类账户均无余额。结转后，"本年利润"账户的贷方（借方）余额为当期实现的净利润（亏损）。将"本年利润"账户余额转入"利润分配——未分配利润"账户。同时，将"利润分配"账户所属的其他明细账户的余额，转入"未分配利润"明细账户。结转后，"本年利润"账户、"利润分配"账户的其他明细账户均无余额。"利润分配——未分配利润"明细账户的贷方余额，就是未分配利润的金额；如出现借方余额，则表示未弥补亏损的金额。

【例 12.39】 接【例 12.35】，20×1 年年末，陆达公司结转全年实现的利润。

陆达公司根据有关凭证，应进行如下会计处理。

　　借：本年利润　　　　　　　　　　　　　　　　　　　　　　　　　　17 500 000

　　　　贷：利润分配——未分配利润　　　　　　　　　　　　　　　　　　17 500 000

【例 12.40】 接【例 12.37】【例 12.38】，20×1 年年末，陆达公司结转该公司已分配的利润。

陆达公司根据有关凭证，应进行如下会计处理。

　　借：利润分配——未分配利润　　　　　　　　　　　　　　　　　　　3 425 000

　　　　贷：利润分配——提取法定盈余公积　　　　　　　　　　　　　　　1 750 000

　　　　　　利润分配——提取任意盈余公积　　　　　　　　　　　　　　　　875 000

　　　　　　利润分配——应付现金股利　　　　　　　　　　　　　　　　　　800 000

年末未分配利润＝3 000 000＋17 500 000－3 425 000＝17 075 000（元）

陆达公司"利润分配——未分配利润"明细账户年末记录如图 12-2 所示。

利润分配——未分配利润

	年初余额　　　　　3 000 000
利润分配转入　3 425 000	本年利润转入　17 500 000
	年末余额　　　　17 075 000

图 12-2　"利润分配——未分配利润"账户结构

本章小结

思考与练习

一、思考题

1. 什么是收入？收入是如何分类的？

3. 如何计量收入和费用?

4. 什么是费用? 费用是如何分类的? 期间费用的主要内容包括哪几个方面?

5. 什么是营业利润? 营业利润由哪些损益项目构成?

6. 什么是所得税费用? 如何确认?

7. 利润分配要遵循怎样的程序? 如何进行会计处理?

二、业务处理题

1. 目的:练习代销商品的会计处理。

资料:甲公司采用支付手续费的方式委托乙公司代销一批商品,商品成本 43 200 元。根据代销协议,商品售价为 48 000 元,增值税税额为 6 240 元,甲公司按销售价款(含增值税)的 3% 支付手续费。乙公司将该批商品售出后给甲公司开具代销清单,甲公司根据代销清单所列的已销商品金额给乙公司开具增值税专用发票。

要求:分别编制甲公司(委托方)和乙公司(受托方)代销商品的会计分录。

2. 目的:练习代销商品的会计处理。

资料:A 公司采用视同买断方式委托 B 公司代销一批商品,商品成本 36 000 元,协议买断价格 40 000 元,增值税税额 5 200 元。根据代销协议,B 公司在取得代销商品后,无论是否能够卖出、是否获利,均与 A 公司无关,代销商品的实际售价由 B 公司自定。B 公司将该批商品售出,实际售价 45 000 元,增值税税额 5 850 元。

要求:分别编制 A 公司(委托方)和 B 公司(受托方)代销商品的会计分录。

3. 目的:练习利润及利润分配的会计处理。

资料:高星公司 20×1 年度取得主营业务收入 6 000 万元,其他业务收入 1 500 万元,投资收益 1 800 万元,营业外收入 300 万元;发生主营业务成本 4 000 万元,其他业务成本 1 000 万元,税金及附加 200 万元,销售费用 950 万元,管理费用 650 万元,财务费用 300 万元,营业外支出 900 万元,所得税费用 520 万元。高星公司按净利润的 10% 提取法定盈余公积,20×1 年度向股东分配现金股利 300 万元。

要求:根据上述资料为高星公司做有关利润结转与分配的会计处理。

课堂测试 3

专业_____ 学号_____ 姓名_____

一、单项选择题

1. 下列项目中，不属于职工薪酬的是（　　）。

   A. 医疗保险费　　　　　　　　　　B. 非货币性福利

   C. 职工出差交通费补贴　　　　　　D. 辞退福利

2. 下列事项中，不会引起留存收益总额发生变动的是（　　）。

   A. 将盈余公积转增资本　　　　　　B. 分配现金股利

   C. 分配股票股利　　　　　　　　　D. 提取盈余公积

3. 下列项目中，应确认为收入的是（　　）。

   A. 无形资产出售收入　　　　　　　B. 设备出租的租金收入

   C. 罚款收入　　　　　　　　　　　D. 销售商品收取的增值税

4. 下列交易或事项中，不应确认为营业外支出的是（　　）。

   A. 捐赠支出　　　　　　　　　　　B. 罚款支出

   C. 计提无形资产减值准备　　　　　D. 报废固定资产净损失

5. "本年利润"账户年末结转前的贷方余额，表示（　　）。

   A. 历年累计实现的利润总额　　　　B. 历年累计实现的净利润

   C. 当年实现的利润总额　　　　　　D. 当年实现的净利润

二、多项选择题

1. 下列各项中，属于借款费用的有（　　）。

   A. 银行借款利息　　　　　　　　　B. 债券溢价的摊销

   C. 债券折价的摊销　　　　　　　　D. 发行股票的手续费

2. 下列各项中，会引起留存收益总额发生增减变动的有（　　）。

   A. 以盈余公积分配现金股利　　　　B. 以资本公积转增资本

   C. 以盈余公积转增资本　　　　　　D. 提取法定盈余公积

3. 下列各项中，关于未分配利润描述正确的有（　　）。

   A. 未分配利润是企业所有者权益的组成部分

   B. 可留待以后年度进行分配，但不得用于弥补亏损

   C. 可留待以后年度进行分配的当年结余利润

   D. 可留待以后年度进行分配的历年结存利润

4. 下列各项中，能够产生应纳税暂时性差异的有（　　）。

   A. 账面价值大于其计税基础的资产

   B. 账面价值小于其计税基础的负债

   C. 超过税法扣除标准的业务宣传费

   D. 企业因销售商品提供售后服务等原因确认的预计负债

5. 下列项目中，应计入管理费用账户的是（　　）。

   A. 辞退福利　　　B. 排污费　　　C. 无形资产摊销

   D. 技术转让费　　E. 研究费用

三、业务处理题

1. 目的：练习销售业务的会计处理。

资料：甲公司 20×1 年 12 月销售业务有关资料如下。

（1）该公司以商业汇票结算方式向乙公司销售 A 商品一批，按照销售合同确定的交易价格为 100 000 元，增值税税额为 13 000 元，商品已经发出，收到一张承兑期限 3 个月的银行承兑汇票。该批商品的生产成本为 60 000 元。

（2）该公司收到客户的一张订单，合同金额 20 万元；按合同约定预收定金 6 万元存入银行。该企业设置预收账款账户。

（3）该公司按订单要求发出价值 20 万元的商品。增值税税率为 13%，该公司收到客户补付的款项 16.6 万元。

（4）该公司销售一批商品给乙公司，开具增值税专用发票，售价 10 万元，增值税税率为 13%，该商品成本为 7 万元，货款未收；20×1 年 12 月 20 日，乙公司因质量问题要求在价格上（不含增值税）给予 5%折让，双方协议达成，甲公司开具红字增值税专用发票，并收回货款。

（5）该公司 20×1 年 12 月 21 日，向乙公司销售商品一批，标价总额 50 万元（不含增值税），增值税税率为 13%，由于成批销售，给予乙公司售价 10%商业折扣，上述款项尚未收回，已开具增值税专用发票，已销商品成本为 30 万元。

要求：根据上述经济业务编制相关会计分录。

2. 目的：练习利润业务的会计处理。

资料：A 公司 20×1 年年末各损益账户累计发生额如表 12-5 所示。

表 12-5 A 公司 20×1 年年末各损益账户累计发生额表　　　　　单位：元

账户名称	借方余额	贷方余额
主营业务收入		32 500 000
其他业务收入		440 000
投资收益		50 000
公允价值变动损益		65 000
营业外收入		180 000
主营业务成本	26 800 000	
其他业务成本	320 000	
税金及附加	65 000	
销售费用	480 000	
管理费用	1 250 000	
财务费用	78 000	
营业外支出	300 000	
所得税费用	2 000 000	

A 公司决定按 10%比例提取法定盈余公积，按 5%提取任意盈余公积，向普通股股东分配现金股利 1 000 000 元。另假设年初未分配利润为 100 000 元。

要求：根据以上资料，进行下列业务的会计处理。

（1）计算该公司 20×1 年的营业利润。

（2）计算该公司利润总额，并进行利润的结转。

（3）计算该公司净利润，并进行本年利润的结转。

（4）计算年末未分配利润，并进行利润分配的结转。

第13章 财务会计报告

本章主要阐述了财务会计报告相关的内容，包括资产负债表、利润表、现金流量表、所有者权益变动表的内容及编制方法。通过本章的学习，读者应了解财务会计报告的意义；财务报表的构成及分类、财务报表的编制要求；掌握资产负债表、利润表、现金流量表的内容、格式和编制方法；掌握所有者权益变动表的内容、格式和编制方法；理解附注的含义和报表重要项目的说明等。

13.1 财务会计报告概述

13.1.1 财务会计报告的含义及作用

财务会计报告是指企业对外提供的反映企业某一特定日期财务状况和某一会计期间经营成果、所有者权益变动、现金流量等会计信息的文件。财务会计报告包括会计报表、附注、其他财务会计报告。

会计报表是以货币的形式反映企业特定日期的财务状况和某一期间的经营成果、所有者权益变动、现金流量等会计信息。附注是对财务报表中列示项目的文字描述或明细资料，以及未能在规定报表中列示项目的说明。其他财务会计报告是为了方便企业信息使用者对企业的全面了解，对一些无法在会计报表中反映的信息进行披露和揭示，包括定量信息和定性信息等。

编制财务会计报告，是一项重要的会计工作，其提供的会计信息对于改善企业外部有关方面经济决策环境和加强企业内部经营管理，具有重要作用，其作用主要表现在以下几个方面。

（1）满足投资者、债权人等有关各方信息使用者的需要。他们通过财务会计报告可以了解企业的财务状况、经营成果和现金流量，进而判断投资风险、投资报酬以及偿债能力等，据此做出投资决策和信贷决策。

（2）满足国家宏观经济管理部门制定宏观经济决策的需要。国家宏观经济管理部门通过对各单位提供的财务会计报告进行分析，了解和掌握各部门、各地区经济计划（预算）完成情况以及各种财经法律制度的执行情况，从而及时运用经济杠杆和其他手段，优化资源配置。

（3）满足企业内部管理者了解情况、做出经营决策的需要。企业内部管理者可以通过财务会计报告全面、系统地了解企业的财务状况和经营成果，分析财务计划和有关方针政策的执行情况，以便及时发现经营管理中存在的问题及不足，及时制定措施加以改进，加强内部控制，改善经营管理，提高经济效益，并运用会计信息，适时地进行经济预测和决策。

13.1.2 财务报表的构成及分类

1．财务报表的构成

财务报表是企业财务会计报告的核心内容。根据《企业会计准则第 30 号——财务报表列报》的规定，为了达到财务报表有关决策有用和评价企业管理层受托责任的目标，一套完整的财务报表至少应当包括：资产负债表、利润表、现金流量表、所有者权益变动表以及附注。

2．财务报表的分类

按财务报表编报期间的不同，可以将其分为中期财务报表和年度财务报表。中期财务报表是以短于一个完整会计年度的报告期间为基础编制的财务报表，包括月报、季报和半年报等。中期财务报表至少应当包括资产负债表、利润表、现金流量表和附注。其中，中期资产负债表、利润表和现金流量表应当是完整报表，其格式和内容应当与年度财务报表相一致。与年度财务报表相比，中期财务报表中的附注披露可适当简略。

按财务报表编制主体的不同，可以将其分为个别财务报表和合并财务报表。个别财务报表是由企业在自身会计核算基础上对账簿记录进行加工而编制的财务报表，主要用以反映企业自身的财务状况、经营成果和现金流量情况。合并财务报表是以母公司和子公司组成的企业集团为会计主体，根据母公司和所属子公司的财务报表，由母公司编制的综合反映企业集团财务状况、经营成果及现金流量的财务报表。

13.1.3　财务报表的编制要求

为了保证同一企业不同时期和同一期间不同企业的财务报表相互可比，企业在编制财务报表时应遵循下列要求。

1．基本要求

（1）企业应当以持续经营为基础编制财务报表。企业要在持续经营的基础上，根据实际发生的交易和事项，按照企业会计准则的规定进行确认和计量，并在此基础上编制财务报表。以持续经营为基础编制财务报表不再合理的（如企业清算），企业应当采用其他基础编制财务报表，并在附注中披露这一事实。

（2）财务报表项目的列报应当在各个会计期间保持一致，不得随意变更。如果出现下列情况，则可以变更。

① 会计准则要求改变财务报表项目的列报。

② 企业经营业务的性质发生重大变化后，变更财务报表项目的列报能够提供更可靠、更相关的会计信息。

（3）企业应该根据重要性要求确定财务报表列报的项目。性质或功能不同的项目，应当在财务报表中单独列报，不具有重要性的项目除外。重要性应当根据企业所处环境，从项目的性质和金额大小两方面予以判断。

（4）财务报表中的资产和负债项目的金额、收入和费用项目的金额应分别列示，不得相互抵销。资产项目按扣除减值准备后的净额列示，不属于抵销。非日常活动产生的损益，以收入扣减费用后的净额列示，也不属于抵销。

（5）企业至少应当提供上一个期间的可比数据。当期财务报表的列报，至少应当提供所有列报项目上一可比会计期间的比较数据，以及与理解当期财务报表相关的说明。如果财务报表项目的列报发生变更，应当对上期比较数据按照当期的列报要求进行调整，并在附注中披露调整的原因和性质，以及调整的各项目金额。

（6）企业至少应当披露的项目。企业在报表的显著位置至少披露下列各项：编报企业的名称；资产负债表日或财务报表涵盖的会计期间；人民币金额单位；财务报表是合并财务报表的，应当予以标明。

（7）企业至少应当按年编制财务报表。年度财务报表涵盖的期间短于一年的，应当披露年度财务报表的涵盖期间，以及短于一年的原因。

2．具体要求

为了充分发挥财务报表的作用，保证其质量，企业编制的财务报表应符合以下具体要求。

（1）数字真实、计算准确。企业编制财务报表，应当以真实的交易、事项和完整、准确的账簿记录为依据。向不同的会计资料使用者提供的财务报表，其编制依据应当一致。

（2）内容完整。企业应当按照我国统一规定的财务报表格式和内容，根据完整、核对无误的账簿记录和其他有关资料编制财务报表，做到内容完整，不得漏报和任意取舍。

（3）准备齐备。在编制财务报表前，应全面清查资产、核实债务、核对会计凭证与账簿记录，按时结账，做到账证、账账、账实相符无误。

（4）报送及时。为了保证时效性，企业必须按规定的时间对外报送财务报表。月度财务报表于月度终了后6天内报送；季度财务报表于季度终了后15天内报送；半年度财务报表于半年终了后60天内报送；年度财务报表于年度终了后4个月内报送。

13.2　资产负债表

13.2.1　资产负债表概述

1. 资产负债表的含义和作用

资产负债表是反映企业在某一特定日期的财务状况的会计报表。它是根据"资产＝负债＋所有者权益"这一会计等式，依照一定的分类标准和程序，将企业在一定日期的全部资产、负债和所有者权益进行适当排列，并对日常工作中形成的大量数据进行高度浓缩、整理后编制而成的。

资产负债表的作用如下。

（1）反映企业所拥有的经济资源及其分布状况。资产负债表可以提供某一日期的资产总额及其结构，表明企业拥有或控制的资源及其分布情况，使用者可以一目了然地从资产负债表上了解企业在某一特定日期所拥有的资产总量及其结构。

（2）反映企业的资金来源及资本结构。企业的资金来源主要有两个方面：一是负债，二是所有者权益。资本结构是指企业的权益总额中负债和所有者权益的相对比例。资产负债表可以提供某一日期的负债、所有者权益总额及其结构，表明企业未来需要用多少资产或劳务清偿债务以及清偿时间，让使用者能够判断出该企业资本保值、增值的情况以及对负债的保障程度。

（3）反映企业资金的流动性。资金的流动性是指资产转换为现金或负债偿还所需时间的长短。资产负债表中的资产是按照流动性排列的，负债又分为流动负债和非流动负债，因此使用者可通过资产负债表中的相关数据，分析企业的财务风险，评价企业的偿债能力和支付能力。

（4）提供进行财务分析的基本资料。比如，报表使用者将流动资产与流动负债进行比较，可计算出流动比率；将速动资产与流动负债进行比较，可计算出速动比率等，可以查明企业的变现能力、偿债能力和资金周转能力，从而有助于报表使用者做出经济决策。

2. 资产负债表项目分类与排列

资产负债表项目分为资产、负债和所有者权益三大类别。

（1）资产类项目一般按流动性分类，流动性强的在先，流动性弱的在后。大体分为流动资产和非流动资产两类。其中流动资产主要包括货币资金、交易性金融资产、应收票据及应收账款、预付款项、其他应收款、合同资产、存货等；非流动资产主要包括债权投资、其他债权投资、长期股权投资、其他权益工具投资、固定资产、无形资产、其他非流动资产等项目。

（2）负债类项目一般也按流动性分类，分为流动负债和非流动负债，流动负债在先，非流动负债在后。其中流动负债主要包括短期借款、应付票据及应付账款、预收款项、合同负债、应付职工薪酬、应交税费、其他应付款等项目；非流动负债主要包括长期借款、应付债券、长期应付款、预计负债等项目等。

（3）所有者权益项目一般按照净资产的不同来源和特定用途进行分类，按照实收资本（或股本）、其他权益工具、资本公积、其他综合收益、盈余公积、未分配利润等项目分项列示。

资产负债表中的资产类至少应当列示流动资产、非流动资产以及资产的合计项目；负债类至少应当列示流动负债、非流动负债以及负债的合计项目；所有者权益类应当列示所有者权益的合计项目。

3. 资产负债表的格式

资产负债表的格式一般有两种：报告式资产负债表和账户式资产负债表。

（1）报告式资产负债表

报告式资产负债表是上下结构，上半部列示资产，下半部列示负债和所有者权益。具体排列形式又有两种：一是按"资产＝负债＋所有者权益"的原理排列，其简化形式如表 13-1 所示；二是按"资产－负债＝所有者权益"的原理排列，其简化形式如表 13-2 所示。

表 13-1 资产负债表

编制单位：　　　　　　　　　　　　　　　年　月　日　　　　　　　　　　　　　　　单位：元

项目	期末金额	年初金额
资产		
资产总计		
负债与所有者权益		
负债与所有者权益总计		

表 13-2 资产负债表

编制单位：　　　　　　　　　　　　　　　年　月　日　　　　　　　　　　　　　　　单位：元

项目	期末金额	年初金额
资产与负债：		
资产合计		
负债合计		
净资产总计		
所有者权益：		
所有者权益总计		

（2）账户式资产负债表

账户式资产负债表是左右结构，左边列示资产，右边列示负债和所有者权益。根据现行企业会计准则的规定，资产负债表采用账户式的格式。账户式资产负债表可以反映资产、负债、所有者权益之间的内在关系，即"资产＝负债＋所有者权益"。账户式资产负债表是我国普遍采用的格式，其具体格式如表 13-3 所示。

表 13-3 资产负债表　　　　　　　　　　　　　　　　会企 01 表

编制单位：陆达公司　　　　　　　　　　　20×1 年 12 月 31 日　　　　　　　　　　　单位：元

资产	期末余额	年初余额	负债和所有者权益（或股东权益）	期末余额	年初余额
流动资产：			流动负债：		
货币资金	815 131	1 406 300	短期借款	50 000	300 000
交易性金融资产	0	15 000	交易性金融负债	0	0
衍生金融资产	0	0	衍生金融负债	0	0

资产	期末余额	年初余额	负债和所有者权益（或股东权益）	期末余额	年初余额
应收票据及应收账款	664 200	545 100	应付票据及应付账款	1 053 800	1 153 800
预付款项	100 000	100 000	预收款项	0	0
其他应收款	5 000	5 000	合同负债	0	0
存货	2 484 700	2 580 000	应付职工薪酬	180 000	110 000
合同资产	0	0	应交税费	226 731	36 600
持有待售资产	0	0	其他应付款	82 215.85	51 000
一年内到期的非流动资产	0	0	持有待售负债	0	0
其他流动资产	100 000	100 000	一年内到期的非流动负债	0	1 000 000
流动资产合计	4 169 031	4 751 400	其他流动负债	0	0
非流动资产：			流动负债合计	1 592 746.85	2 651 400
债权投资	0	0	非流动负债：		
其他债权投资	0	0	长期借款	1 148 000	600 000
长期应收款	0	0	应付债券	0	0
长期股权投资	262 000	250 000	其中：优先股	0	0
其他权益工具投资	0	0	永续债	0	0
其他非流动金融资产	0	0	长期应付款	0	0
投资性房地产	0	0	预计负债	0	0
固定资产	2 201 000	1 100 000	递延收益	0	0
在建工程	728 000	1 500 000	递延所得税负债	0	0
生产性生物资产	0	0	其他非流动负债	0	0
油气资产	0	0	非流动负债合计	1 148 000	600 000
无形资产	540 000	600 000	负债合计	2 740 746.85	3 251 400
开发支出	0	0	所有者权益（或股东权益）：		
商誉	0	0	实收资本（或股本）	5 000 000	5 000 000
长期待摊费用	0	0	其他权益工具	0	0
递延所得税资产	7 500	0	其中：优先股	0	0
其他非流动资产	188 000	200 000	永续债	0	0
非流动资产合计	3 926 500	3 650 000	资本公积	0	0
			减：库存股	0	0
			其他综合收益	12 000	0
			盈余公积	124 770.4	100 000
			未分配利润	218 013.75	50 000
			所有者权益（或股东权益）合计	5 354 784.15	5 150 000
资产总计	8 095 531	8 401 400	负债和所有者权益（或股东权益）总计	8 095 531	8 401 400

13.2.2 资产负债表的编制方法

1. 年初余额栏的填列方法

资产负债表"年初余额"栏内的各项数字，应根据上年年末资产负债表"期末余额"栏内所列数字填列。如果上年度资产负债表规定的各个项目的名称和内容同本年度不相一致，则企业应对上年年末资产负债表各项目的名称和数字按照本年度的规定进行调整，并将调整后的金额填入表中"年初余额"栏内。

2．期末余额栏的填列方法

资产负债表"期末余额"栏内各项数字，一般应根据资产、负债和所有者权益类账户的期末余额填列，主要包括以下方式。

（1）根据总账账户的余额计算填列。"其他权益工具投资""合同资产""递延所得税资产""短期借款""交易性金融负债""合同负债""应交税费""持有待售负债""预计负债""递延收益""递延所得税负债""实收资本（或股本）""资本公积""库存股""其他综合收益""盈余公积"等项目应根据有关总账账户的期末余额填列。

有些项目则应根据几个总账账户的余额计算填列。如"货币资金"项目，需根据"库存现金""银行存款""其他货币资金"3个总账账户余额的合计数填列。"其他应付款"项目，应根据"应付利息""应付股利"和"其他应付款"账户的期末余额合计数填列；"其他流动资产""其他流动负债"应根据有关总账账户的余额分析填列。"长期应付款"项目，应根据"长期应付款"账户的期末余额，减去相关的"未确认融资费用"账户的期末余额后的金额，以及"专项应付款"账户的期末余额填列。

（2）根据明细账账户的余额计算分析填列。"交易性金融资产"项目，应根据"交易性金融资产"账户的相关明细账户期末余额分析填列。自资产负债表日起超过一年到期且预期持有超过一年的以公允价值计量且其变动计入当期损益的非流动金融资产的期末账面价值，在"其他非流动金融资产"项目中反映。"其他债权投资"项目，应根据"其他债权投资"账户的相关明细账户期末余额分析填列。自资产负债表日起一年内到期的长期债权投资的期末账面价值，在"一年内到期的非流动资产"项目中反映。企业购入的以公允价值计量且其变动计入其他综合收益的一年内到期的债权投资的期末账面价值，在"其他流动资产"项目中反映。"开发支出"项目，应根据"研发支出"账户中所属"资本化支出"明细账户期末余额填列。"应付票据及应付账款"项目，应根据"应付票据"账户的期末余额，以及"应付账款"和"预付账款"账户所属的相关明细账户的期末贷方余额合计数填列。"预收款项"项目，应根据"应收账款"和"预收账款"账户所属明细账户期末贷方余额合计数填列。"应付职工薪酬"项目，应根据"应付职工薪酬"账户的明细账户期末余额分析填列。"一年内到期的非流动资产""一年内到期的非流动负债"项目，应根据有关非流动资产或负债项目的明细账户余额分析填列。"长期借款""应付债券"项目，应分别根据其明细账户期末余额分析填列；"未分配利润"项目，应根据"利润分配"账户中所属的"未分配利润"明细账户期末余额填列。

（3）根据总账账户和明细账账户的余额计算分析填列。"长期借款"项目，应根据"长期借款"总账账户余额减去"长期借款"账户所属的明细账户中将在资产负债表日起一年内到期，且企业不能自主地将清偿义务展期的长期借款后的金额计算填列；"长期待摊费用"项目，应根据"长期待摊费用"账户的期末余额减去将于一年内（含一年）摊销的数额后的金额填列；"其他非流动资产"项目，应根据有关账户的期末余额减去将于一年内（含一年）收回数后的金额填列；"其他非流动负债"项目，应根据有关账户的期末余额减去将于一年内（含一年）到期偿还后的金额填列。

（4）根据有关总账和明细账户余额减去其备抵账户余额后的净值计算分析填列。"其他应收款"项目，应根据"应收利息""应收股利"和"其他应收款"账户的期末余额合计数，减去"坏账准备"账户期末余额后的金额填列。"持有待售资产"项目，应根据"持有待售资产"账户的期末余额，减去"持有待售资产减值准备"账户的期末余额后的金额填列。"债权投资"项目，应根据"债权投资"账户的相关明细账户期末余额，减去"债权投资减值准备"账户中相关减值准备的期末余额后的金额填列。自资产负债表日起一年内到期的长期债权投资的期末账面价值，在"一年内到期的非流动资产"项目中反映。企业购入的以摊余成本计量的一年内到期的债权投资的期末账面价值，在"其他流动资产"项目中反映。"在建工程"项目，应根据"在建工程""工程物资"账户的期末余

248

额，减去"在建工程减值准备""工程物资减值准备"账户的期末余额后的金额填列；"固定资产"项目，应根据"固定资产"账户的期末余额，减去"累计折旧""固定资产清理""固定资产减值准备"账户的期末余额后的金额填列；"长期股权投资""无形资产""投资性房地产""生产性生物资产""油气资产"项目，应根据相关账户的期末余额扣减相关的累计折旧（或摊销、折耗）填列，已计提减值准备的，还应扣减相应的减值准备，采用公允价值计量的上述资产，应根据相关账户期末余额填列；"长期应收款"项目，应根据"长期应收款"账户的期末余额，减去相应的"未实现融资收益"账户和"坏账准备"账户所属相关明细账户期末余额后的金额填列；"长期应付款"项目，应根据"长期应付款"账户的期末余额，减去相应的"未确认融资费用"账户期末余额，以及"专项应付款"账户的期末余额填列。

（5）综合运用上述填列方法分析填列。"应收票据及应收账款"项目，应根据"应收票据"账户的期末余额，以及"应收账款"和"预收账款"账户所属明细账户期末借方余额合计数，减去"坏账准备"账户中有关应收账款计提的坏账准备期末余额后的金额填列；"预付款项"应根据"预付账款"和"应付账款"账户所属明细账户期末借方余额合计数，减去"坏账准备"账户中有关预付款项计提的坏账准备期末余额后的金额填列；"存货"项目，应根据"原材料""库存商品""委托加工物资""周转材料""材料采购""在途物资""发出商品""材料成本差异""生产成本""受托代销商品"等账户期末余额的合计，减去"受托代销商品款""存货跌价准备"账户期末余额后的金额填列；"持有待售的资产""持有待售的负债"项目，应根据相关账户的期末余额分析填列等。

值得注意的是，发行优先股等其他权益工具的企业，如果发行的其他权益工具分类为权益工具，应当在资产负债表"实收资本"项目和"资本公积"项目之间增设"其他权益工具"项目，反映企业发行的除普通股以外分类为权益工具的金融工具的账面价值，并在"其他权益工具"项目下增设"优先股"和"永续债"两个项目，分别反映企业发行的分类为权益工具的优先股和永续债的账面价值。如果发行的优先股等其他权益工具分类为债务工具的，则在"应付债券"项目下增设"优先股"和"永续债"两个项目，分别反映企业发行的分类为金融负债的优先股和永续债的账面价值。如属流动负债，则应当比照上述原则在流动负债类相关项目列报。

13.3　利润表

13.3.1　利润表概述

1. 利润表的含义和作用

利润表是反映企业在一定会计期间经营成果的会计报表。

利润表的编制必须充分反映企业经营业绩的主要来源和构成，有助于报表使用者判断净利润的质量及其风险，有助于报表使用者预测净利润的持续性，从而做出正确的决策。利润表可以反映企业一定会计期间收入的实现情况，如实现的营业收入、投资收益、营业外收入各有多少等；可以反映一定会计期间的费用耗费情况，如耗费的营业成本、税金及附加、销售费用、管理费用、财务费用、营业外支出各有多少等；可以反映企业生产经营活动的成果，即净利润的实现情况，据以判断资本保值、增值等情况。将利润表中的信息与资产负债表中的信息相结合，还可以提供进行财务分析的基本资料，如将赊销收入净额与应收账款平均余额进行比较，计算出应收账款周转率；将销货成本与存货平均余额进行比较，计算出存货周转率；将净利润与资产总额进行比较，计算出资产收益率等，可以反映企业资金周转情况及企业的盈利能力和水平，便于报表使用者判断企业未来的发展趋势，做出经济决策。

2. 利润表的格式

利润表的格式一般有两种：单步式利润表和多步式利润表。

（1）单步式利润表格式

单步式利润表是将当期所有的收入列在一起，然后将所有的费用列在一起，两者相减得出当期净损益。单步式利润表格式如表13-4所示。

表13-4　利润表

编制单位：　　　　　　　　　　　　　　　　　年度　　　　　　　　　　　　　　　　单位：元

项目	本期金额	上期金额
一、收入		
营业收入		
投资收益		
营业外收入		
收入合计		
二、费用		
营业成本		
税金及附加		
销售费用		
管理费用		
研发费用		
财务费用		
资产减值损失		
信用减值损失		
营业外支出		
所得税费用		
费用合计		
三、净利润		

单步式利润表编制简单，易于理解，但不能反映利润的形成情况，提供的信息较少，不利于报表分析。

（2）多步式利润表格式

多步式利润表是通过对当期的收入、费用、支出项目按性质加以归类，按利润形成的主要环节列示一些中间性利润指标，分步计算当期净损益。

现行会计准则规定，企业应当采用多步式格式列报利润表，需将不同性质的收入和费用类别进行对比，从而可以得出一些中间性的利润数据，便于报表使用者理解企业经营成果的不同来源。企业可以分以下几个步骤编制利润表。

第一步，以营业收入为基础，减去营业成本、税金及附加、销售费用、管理费用、研发费用、财务费用、资产减值损失、信用减值损失，加上其他收益、投资收益（减去投资损失）、净敞口套期收益、公允价值变动收益（减去公允价值变动损失）、资产处置收益（减去资产处置损失）等，计算出营业利润。

第二步，以营业利润为基础，加上营业外收入，减去营业外支出，计算出利润总额。

第三步，以利润总额为基础，减去所得税费用，计算出净利润（或净亏损）。

第四步，列示其他综合收益的税后净额后计算综合收益总额。

第五步，普通股或潜在普通股已公开交易的企业，以及正处于公开发行普通股或潜在普通股过程中的企业，还应当在利润表中列示每股收益信息。

多步式利润表格式如表13-5所示。

表 13-5　利润表　　　　　　　　会企 02 表

编制单位：陆达公司　　　　　　20×1 年度　　　　　　　　单位：元

项目	本期金额	上期金额（略）
一、营业收入	1 250 000	
减：营业成本	750 000	
税金及附加	2 000	
销售费用	20 000	
管理费用	157 100	
研发费用	0	
财务费用	41 500	
其中：利息费用	41 500	
利息收入	0	
资产减值损失	30 900	
信用减值损失	0	
加：其他收益	0	
投资收益（损失以"－"号填列）	31 500	
其中：对联营企业和合营企业的投资收益	0	
净敞口套期收益	0	
公允价值变动收益（损失以"－"号填列）	0	
资产处置收益（损失以"－"号填列）	50 000	
二、营业利润（亏损以"－"号填列）	330 000	
加：营业外收入	0	
减：营业外支出	19 700	
三、利润总额（亏损以"－"号填列）	310 300	
减：所得税费用	85 300	
四、净利润（净亏损以"－"号填列）	225 000	
（一）持续经营净利润（净亏损以"－"号填列）		
（二）终止经营净利润（净亏损以"－"号填列）		
五、其他综合收益的税后净额	12 000	
（一）不能重分类进损益的其他综合收益	0	
1. 重新计量设定受益计划变动额	0	
2. 权益法下不能转损益的其他综合收益	0	
3. 其他权益工具投资公允价值变动	0	
4. 企业自身信用风险公允价值变动	0	
……		
（二）将重分类进损益的其他综合收益	12 000	
1. 权益法下可转损益的其他综合收益	12 000	

项目	本期金额	上期金额（略）
2. 其他债权投资公允价值变动	0	
3. 金融资产重分类计入其他综合收益的金额	0	
4. 其他债权投资信用减值准备	0	
5. 现金流量套期储备	0	
6. 外币财务报表折算差额	0	
……		
六、综合收益总额	237 000	
七、每股收益		
（一）基本每股收益	（略）	
（二）稀释每股收益	（略）	

多步式利润表比单步式利润表提供更为丰富的有关企业盈利能力方面的信息，也便于对企业的生产经营情况进行分析。

13.3.2　利润表的编制方法

1．上期金额栏的列报方法

利润表"上期金额"栏内的各项数字，应根据上年该期利润表"本期金额"栏内所列数字填列。如果上年该期利润表规定的各个项目的名称和内容同本期不相一致，应对上年该期利润表各项目的名称和数字按本期的规定进行调整，并将调整的金额填入利润表"上期金额"栏内。

2．本期金额栏的列报方法

利润表"本期金额"栏内各项数字一般应在分析计算损益类账户的发生额后填列。

（1）"营业收入""营业成本""税金及附加""销售费用""管理费用""财务费用""资产减值损失""公允价值变动收益""投资收益""其他收益""营业外收入""营业外支出""所得税费用"等项目，应根据有关损益类账户的发生额分析填列。

（2）"研发费用"项目，应根据"管理费用"账户下的"研发费用"明细账户的发生额分析填列。

（3）"利息费用"和"利息收入"项目，应根据"财务费用"账户的相关明细账户的发生额分析填列。

（4）"信用减值损失"项目，应根据"信用减值损失"账户的发生额分析填列。

（5）"净敞口套期收益"项目，反映净敞口套期下被套期项目累计公允价值变动转入当期损益的金额或现金流量套期储备转入当期损益的金额。该项目应根据"净敞口套期损益"账户的发生额分析填列；如为套期损失，以"－"号填列。

（6）"资产处置收益"项目，应根据"资产处置损益"账户的发生额分析填列；如为处置损失，以"－"号填列。

（7）"（一）持续经营净利润"和"（二）终止经营净利润"项目，分别反映净利润中与持续经营相关的净利润和与终止经营相关的净利润；如为净亏损，以"－"号填列。这两个项目应按照《企业会计准则第42号——持有待售的非流动资产、处置组和终止经营》的相关规定分别列报。

（8）"其他综合收益的税后净额"项目及其各组成部分，应根据"其他综合收益"账户及其所属明细账户的本期发生额分析填列。

（9）"营业利润""利润总额""净利润""综合收益总额"项目，应根据利润表中相关项目计算填列。如为亏损，以"－"号填列。

（10）"基本每股收益"和"稀释每股收益"项目，反映普通股和稀释潜在股所取得的每股收益。应根据基本每股收益和稀释每股收益两项指标填列。

13.4　现金流量表

13.4.1　现金流量表概述

1．现金流量表的含义和作用

现金流量表是反映企业一定会计期间内现金和现金等价物流入和流出的会计报表。编制现金流量表的主要目的是为财务报表使用者提供企业一定会计期间内现金和现金等价物流入和流出的信息，以便于财务报表使用者了解和评价企业获取现金和现金等价物的能力，并据以预测企业未来现金流量。通过现金流量表，报表使用者能够找出企业一定期间现金流入和流出的原因，并据此评价企业的支付能力、偿债能力和周转能力；也可以预测企业未来现金流量，分析企业未来获取现金的能力；可从现金流量的角度了解净利润的质量，为分析和判断企业的财务前景提供信息。

2．现金流量表的编制基础

现金流量表以现金及现金等价物为基础编制。现金流量表所指的现金是广义的现金，包括现金和现金等价物。

现金是指企业库存现金以及可以随时用于支付的存款。现金主要包括以下几类。

（1）库存现金

库存现金是指企业持有可随时用于支付的现金，与"库存现金"账户的核算内容一致。

（2）银行存款

银行存款是指企业存入金融机构、可以随时用于支取的存款，与"银行存款"账户核算内容基本一致，但不包括不能随时用于支付的存款。例如，不能随时支取的定期存款等不应作为现金；提前通知金融机构便可支取的定期存款则应包括在现金范围内。

（3）其他货币资金

其他货币资金是指存放在金融机构的外埠存款、银行汇票存款、银行本票存款、信用卡存款、信用证保证金存款和存出投资款等，与"其他货币资金"账户核算内容一致。

（4）现金等价物

现金等价物是指企业持有的期限短、流动性强、易于转换为已知金额现金、价值变动风险很小的投资，其中，"期限短"一般是指从购买日起 3 个月内到期。现金等价物虽然不是现金，但其支付能力与现金的差别不大，可视为现金。

3．现金流量的分类

现金流量指企业现金和现金等价物在一定会计期间内的流入和流出数量。我国现行的《企业会计准则——现金流量表》根据企业业务活动的性质和现金流量的来源，将企业一定期间产生的现金流量分为3类：经营活动产生的现金流量、投资活动产生的现金流量和筹资活动产生的现金流量。

（1）经营活动产生的现金流量

经营活动是指企业投资活动和筹资活动以外的所有交易和事项，主要包括销售商品、提供劳务、购买商品、接受劳务、支付税费等。

（2）投资活动产生的现金流量

投资活动是指企业长期资产的购建和不包括在现金等价物范围内的投资及其处置活动。长期资产是指固定资产、无形资产、在建工程、其他资产等持有期限在一年或一个营业周期以上的资产。投资活动既包括实物资产投资，也包括金融资产投资。之所以将"包括在现金等价物范围内的投资"排除在外，是因为其已视同现金。

（3）筹资活动产生的现金流量

筹资活动是指导致企业资本及债务规模和构成发生变化的活动。这里所说的资本，既包括实收资本（股本），也包括资本溢价（股本溢价）；这里所说的债务指的是对外举债，包括向银行借款、发行债券以及偿还债务等。

对于企业日常活动之外、不经常发生的特殊项目，如自然灾害损失、保险赔款、捐赠等，应当归并到相关类别中，并单独反映。

4．现金流量表的结构

我国企业的现金流量表包括正表和附注两部分，基本格式分别如表 13-6 和表 13-7 所示。现金流量表附注是现金流量表的补充资料。

表 13-6　现金流量表

编制单位：陆达公司　　　　　　　　　　20×1 年度　　　　　　　　　　　　　会企 03 表　　　　　　　　　　　　　　　　　　　　　　　　　　　　　单位：元

项目	本期金额	上期金额（略）
一、经营活动产生的现金流量：		
销售商品、提供劳务收到的现金	1 312 500	
收到的税费返还	0	
收到其他与经营活动有关的现金	0	
经营活动现金流入小计	1 312 500	
购买商品、接受劳务支付的现金	392 266	
支付给职工以及为职工支付的现金	300 000	
支付的各项税费	174 703	
支付其他与经营活动有关的现金	80 000	
经营活动现金流出小计	946 969	
经营活动产生的现金流量净额	365 531	
二、投资活动产生的现金流量：		
收回投资收到的现金	16 500	
取得投资收益收到的现金	30 000	
处置固定资产、无形资产和其他长期资产收回的现金净额	300 300	
处置子公司及其他营业单位收到的现金净额	0	
收到其他与投资活动有关的现金	0	
投资活动现金流入小计	346 800	
购建固定资产、无形资产和其他长期资产支付的现金	601 000	
投资支付的现金	0	
取得子公司及其他营业单位支付的现金净额	0	
支付其他与投资活动有关的现金	0	
投资活动现金流出小计	601 000	
投资活动产生的现金流量净额	−254 200	
三、筹资活动产生的现金流量：		
吸收投资收到的现金	0	
取得借款收到的现金	560 000	
收到其他与筹资活动有关的现金	0	

项目	本期金额	上期金额（略）
筹资活动现金流入小计	560 000	
偿还债务支付的现金	1 250 000	
分配股利、利润或偿付利息支付的现金	12 500	
支付其他与筹资活动有关的现金	0	
筹资活动现金流出小计	1 262 500	
筹资活动产生的现金流量净额	−702 500	
四、汇率变动对现金及现金等价物的影响	0	
五、现金及现金等价物净增加额	−591 169	
加：期初现金及现金等价物余额	1 406 300	
六、期末现金及现金等价物余额	815 131	

表 13-7 现金流量表补充资料

编制单位：陆达公司　　　　　　　20×1年度　　　　　　　单位：元

补充资料	本期金额	上期金额（略）
一、将净利润调节为经营活动现金流量：		
净利润	225 000	
加：资产减值准备	30 900	
固定资产折旧、油气资产折耗、生产性生物资产折旧	100 000	
无形资产摊销	60 000	
长期待摊费用摊销	0	
处置固定资产、无形资产和其他长期资产的损失（收益以"−"号填列）	−50 000	
固定资产报废损失（收益以"−"号填列）	19 700	
公允价值变动损失（收益以"−"号填列）	0	
财务费用（收益以"−"号填列）	11 500	
投资损失（收益以"−"号填列）	−31 500	
递延所得税资产减少（增加以"−"号填列）	−7 500	
递延所得税负债增加（减少以"−"号填列）	0	
存货的减少（增加以"−"号填列）	95 300	
经营性应收项目的减少（增加以"−"号填列）	−120 000	
经营性应付项目的增加（减少以"−"号填列）	32 131	
其他	0	
经营活动产生的现金流量净额	365 531	
二、不涉及现金收支的重大投资和筹资活动：		
债务转为资本	0	
一年内到期的可转换公司债券	0	
融资租入固定资产	0	
三、现金及现金等价物净变动情况：		
现金的期末余额	815 131	
减：现金的期初余额	1 406 300	
加：现金等价物的期末余额	0	
减：现金等价物的期初余额	0	
现金及现金等价物增加额	−591 169	

13.4.2 现金流量表的编制方法及程序

1. 直接法和间接法

企业编制现金流量表时，列报经营活动现金流量的方法有两种：一是直接法，二是间接法。这两种方法通常也称为编制现金流量表的方法。

直接法是指按现金收入和现金支出的主要类别直接反映企业经营活动产生的现金流量，如销售商品、提供劳务收到的现金；购买商品、接受劳务支付的现金等就是按现金收入和支出的类别直接反映的。在直接法下，一般是以利润表中的营业收入为起算点，调节与经营活动有关项目的增减变动，然后计算出经营活动产生的现金流量。

间接法是指以净利润为起算点，调整不涉及现金的收入、费用、营业外收支等有关项目，剔除投资活动、筹资活动对现金流量的影响，据此计算出经营活动产生的现金流量。由于净利润是按照权责发生制原则确定的，且包括了与投资活动和筹资活动相关的收益和费用，将净利润调节为经营活动现金流量，实际上就是将按权责发生制原则确定的净利润调整为现金净流入，并剔除投资活动和筹资活动对现金流量的影响。

采用直接法编报的现金流量表，便于分析企业经营活动产生的现金流量的来源和用途，预测企业现金流量的未来前景；采用间接法编报现金流量表，便于将净利润与经营活动产生的现金流量净额进行比较，了解净利润与经营活动产生的现金流量差异的原因，从现金流量的角度分析净利润的质量。

现金流量表准则规定企业应当采用直接法编制现金流量表，同时要求在现金流量表附注中提供以净利润为基础，调节到经营活动现金流量的信息。

2. 工作底稿法、T型账户法和分析填列法

在具体编制现金流量表时，企业可以采用工作底稿法或T型账户法，也可以根据有关账户记录分析填列。

（1）工作底稿法

工作底稿法是以工作底稿为手段，以资产负债表和利润表的数据为基础，对每一项目进行分析并编制调整分录，从而编制现金流量表。工作底稿法的程序如下。

第一步，将资产负债表的期初数和期末数过入工作底稿的期初数栏和期末数栏。

第二步，对当期业务进行分析并编制调整分录。编制调整分录时，要以利润表项目为基础，从"营业收入"开始，结合资产负债表项目逐一进行分析。在调整分录中，有关现金和现金等价物的事项，并不直接借记或贷记现金，而是分别计入"经营活动产生的现金流量""投资活动产生的现金流量""筹资活动产生的现金流量"有关项目。此时，借记表示现金流入，贷记表示现金流出。

第三步，将调整分录过入工作底稿中的相应部分。

第四步，核对调整分录，借方、贷方合计数均已经相等，资产负债表项目期初数加减调整分录中的借贷金额以后，也等于期末数。

第五步，根据工作底稿中的现金流量表项目部分编制正式的现金流量表。

（2）T型账户法

采用T型账户法编制现金流量表，是以T型账户为手段，以资产负债表和利润表数据为基础，对每一项目进行分析并编制调整分录，从而编制现金流量表。T型账户法的程序如下。

第一步，为所有的非现金项目（包括资产负债表项目和利润表项目）分别开设T型账户，并将各自的期末期初变动数过入各相关账户。如果项目的期末数大于期初数，则将期末数与期初数的差额过入和项目余额相同的方向；反之，过入相反的方向。

第二步，开设一个大的"现金及现金等价物"T型账户，每边分为经营活动、投资活动和筹资活动等3个部分，左边记现金流入，右边记现金流出。与其他账户一样，该类账户需过入期末期初变动数。

第三步，以利润表项目为基础，结合资产负债表分析每一个非现金项目的增减变动，并据此编制调整分录。

第四步，将调整分录过入各 T 型账户，并进行核对。该账户借贷相抵后的余额与原先过入的期末期初变动数应当一致。

第五步，根据大的"现金及现金等价物"T 型账户编制正式的现金流量表。

（3）分析填列法

分析填列法是直接根据资产负债表、利润表和有关会计账户明细账的记录，分析计算出现金流量各项目的金额，并据以编制现金流量表的一种方法。

13.4.3　现金流量表各项目的内容及填列方法

现金流量表的项目主要有：经营活动产生的现金流量、投资活动产生的现金流量、筹资活动产生的现金流量、汇率变动对现金的影响、现金及现金等价物净增加额、期末现金及现金等价物余额等项目。

1．经营活动产生的现金流量

（1）"销售商品、提供劳务收到的现金"项目

本项目用于反映企业销售商品、提供劳务实际收到的现金，包括销售收入和应向购买者收取的增值税销项税额，具体包括：本期销售商品、提供劳务收到的现金，以及前期销售商品、提供劳务本期收到的现金和本期预收的款项，减去本期销售、本期退回的商品和前期销售、本期退回的商品支付的现金。企业销售材料和代购代销业务收到的现金，也在本项目反映。

本项目的金额可以按照利润表中的"营业收入"进行调整取得。

① 由于该项目包括应向购买者收取的增值税销项税额，所以应在营业收入的基础上加上本期的增值税销项税额。

② 由于企业的商品销售和劳务提供并非均为现金交易，所以应加上应收账款与应收票据的减少数，或减去应收账款与应收票据的增加数。

③ 如果企业有预收货款业务，则该项目还应加上预收账款增加数，或减去预收账款减少数。

④ 如果企业采用备抵法核算坏账，则该项目应减去本期计提的坏账准备，或加上本期冲回的坏账准备。

⑤ 如果企业本期有应收票据贴现，发生了贴现息，则该项目应减去应收票据贴现息，因为贴现息代表了应收票据的减少，但并没有相应的现金流入。

⑥ 如果企业发生了按税法规定的应视同销售的业务，则该项目应减去相应的销项税额。

（2）"收到的税费返还"项目

本项目用于反映企业收到返还的各种税费，如收到的增值税、所得税、消费税、关税和教育费附加返还款等。本项目可以在分析计算"库存现金""银行存款""税金及附加""营业外收入"等账户后填列。

（3）"收到的其他与经营活动有关的现金"项目

本项目用于反映企业除上述各项目外，收到的其他与经营活动有关的现金，如罚款收入、经营租赁固定资产收到的现金、流动资产损失中由个人赔偿的现金收入、除税费返还外的其他政府补助收入等。其他与经营活动有关的现金，如果价值较大，则应单列项目反映。本项目可以在分析计算"库存现金""银行存款""管理费用""销售费用"等账户后填列。

（4）"购买商品、接受劳务支付的现金"项目

本项目用于反映企业购买材料、商品、接受劳务后实际支付的现金，包括支付的货款以及与货款一并支付的增值税进项税额，具体包括：本期购买商品、接受劳务支付的现金，以及本期支付前期购买商品、接受劳务的未付款项和本期预付款项，减去本期发生的购货退回收到的现金。为购置存货而

发生的借款利息资本化部分，应在"分配股利、利润或偿付利息支付的现金"项目中反映。

确定本项目金额通常以利润表上的"营业成本"为基础进行调整。

① 由于本项目包括支付的增值税进项税额，所以应在营业成本的基础上加上本期的增值税进项税额。

② 营业成本与购买商品并无直接联系，就商品流通企业而言，营业成本加上存货增加数或减去存货减少数，便可大致确定本期购进商品的成本。

③ 本期购进商品并不等于本期购进商品支付的现金，因为可能存在赊购商品或预付货款，所以应加上应付账款与应付票据的减少数、预付账款的增加数，减去应付账款与应付票据的增加数、预付账款的减少数。

④ 对于工业企业，存货包括材料、在产品与产成品等，存货的增加并非都与购进商品相关，本期发生的应计入产品成本的工资费用、折旧费用等也会导致存货增加，但与商品购进无关，因而应进一步扣除计入本期生产成本的非材料费用。

⑤ 应调整其他与商品购进和商品销售无关的存货增减变动，主要包括存货盘亏与盘盈、用存货对外投资或接受存货投资等。

（5）"支付给职工以及为职工支付的现金"项目

本项目用于反映企业实际支付给职工的现金以及为职工支付的现金，包括企业为获得职工提供的服务，本期实际给予的各种形式的报酬以及其他相关支出，如支付给职工的工资、奖金、各种津贴和补贴等，以及为职工支付的其他费用，但不包括支付给离退休人员的各项费用和在建工程人员的工资。企业支付给离退休人员的各项费用，在"支付的其他与经营活动有关的现金"项目中反映；支付的在建工程人员的工资，在"购建固定资产、无形资产和其他长期资产所支付的现金"项目中反映。

企业为职工支付的医疗、养老、失业、工伤、生育等社会保险基金、补充养老保险、住房公积金，企业为职工交纳的商业保险金，因解除与职工劳动关系给予的补偿，现金结算的股份支付，以及企业支付给职工或为职工支付的其他福利费用等，应根据职工的工作性质和服务对象，分别在"购建固定资产、无形资产和其他长期资产所支付的现金"项目和本项目中反映。

本项目可以在分析计算"库存现金""银行存款""应付职工薪酬"等账户后填列。

（6）"支付的各项税费"项目

本项目用于反映企业按规定支付的各项税费，包括本期发生并支付的税费，以及本期支付以前各期发生的税费和预交的税金，如支付的教育费附加、印花税、房产税、土地增值税、车船使用税、增值税、所得税等，但不包括本期退回的增值税、所得税。本期退回的增值税、所得税等，在"收到的税费返还"项目中反映。本项目可以在分析计算"应交税费""库存现金""银行存款"等账户后填列。

（7）"支付的其他与经营活动有关的现金"项目

本项目用于反映企业除上述各项目外，支付的其他与经营活动有关的现金，如罚款支出、支付的差旅费、业务招待费、保险费、经营租赁支付的现金等。其他与经营活动有关的现金，如果金额较大的，应单列项目反映。本项目可以根据有关账户的记录分析填列。

2. 投资活动产生的现金流量

（1）"收回投资收到的现金"项目

本项目反映企业出售、转让或到期收回除现金等价物以外的交易性金融资产、债权投资、其他债权投资、其他权益工具投资、长期股权投资、投资性房地产而收到的现金，不包括债权性投资收回的利息、收回的非现金资产，以及处置子公司及其他营业单位收到的现金净额。债权性投资收回的本金，在本项目中反映，债权性投资收回的利息，不在本项目中反映，而在"取得投资收益所收到的现金"项目中反映。处置子公司及其他营业单位收到的现金净额单设项目反映。本项目可以根据"交易性金融资产""债权投资""其他债权投资""其他权益工具投资""长期股权投资""投资性房地产"

"库存现金""银行存款"等账户的记录分析填列。

（2）"取得投资收益收到的现金"项目

本项目用于反映企业因股权性投资而分得的现金股利，从子公司、联营企业或合营企业分回利润而收到的现金，因债权性投资而取得的现金利息收入。股票股利不在本项目中反映；包括在现金等价物范围内的债券性投资，其利息收入在本项目中反映。本项目可以在分析计算"应收股利""应收利息""投资收益""库存现金""银行存款"等账户后填列。

（3）"处置固定资产、无形资产和其他长期资产收回的现金净额"项目

本项目用于反映企业出售固定资产、无形资产和其他长期资产所取得的现金，减去为处置这些资产而支付的有关费用后的净额。处置固定资产、无形资产和其他长期资产所收到的现金，与处置活动支付的现金，两者在时间上比较接近，而以净额反映更能准确地反映处置活动对现金流量的影响。由于自然灾害等原因所造成的固定资产等长期资产报废、毁损而收到的保险赔偿收入，在本项目中反映。如处置固定资产、无形资产和其他长期资产所收回的现金净额为负数，则应作为投资活动产生的现金流量，在"支付的其他与投资活动有关的现金"项目中反映。本项目可以在分析计算"固定资产清理""库存现金""银行存款"等账户后填列。

（4）"收到的其他与投资活动有关的现金"项目

本项目反映企业除上述各项目外，收到的其他与投资活动有关的现金。其他与投资活动有关的现金，如果价值较大，则应单列项目反映。本项目可以在分析计算有关账户后填列。

（5）"购建固定资产、无形资产和其他长期资产支付的现金"项目

本项目用于反映企业购买、建造固定资产，取得无形资产和其他长期资产支付的现金，包括购买机器设备所支付的现金及增值税款、建造工程支付的现金、支付在建工程人员的工资等现金支出，不包括为购建固定资产、无形资产和其他长期资产而发生的借款利息资本化部分，以及融资租入固定资产所支付的租赁费。为购建固定资产、无形资产和其他长期资产而发生的借款利息资本化部分，在"分配股利、利润或偿付利息支付的现金"项目中反映；融资租入固定资产所支付的租赁费，在"支付的其他与筹资活动有关的现金"项目中反映，不在本项目中反映。本项目可以在分析计算"固定资产""在建工程""工程物资""无形资产""库存现金""银行存款"等账户后填列。

（6）"投资支付的现金"项目

本项目反映企业进行权益性投资和债权性投资所支付的现金，包括企业取得的除现金等价物以外的交易性金融资产、债权投资、其他债权投资、其他权益工具投资而支付的现金，以及支付的佣金、手续费等交易费用。企业购买债券的价款中含有债券利息的，以及溢价或折价购入的，均按实际支付的金额反映。

企业购买股票和债券时，实际支付的价款中包含的已宣告但尚未领取的现金股利，或已到付息期但尚未领取的债券利息，应在"支付的其他与投资活动有关的现金"项目中反映；收回购买股票和债券时支付的已宣告但尚未领取的现金股利，或已到付息期但尚未领取的债券利息，应在"收到的其他与投资活动有关的现金"项目中反映。

本项目可以根据"交易性金融资产""债权投资""其他债权投资""其他权益工具投资""投资性房地产""长期股权投资""库存现金""银行存款"等账户的记录分析填列。

（7）"支付的其他与投资活动有关的现金"项目

本项目用于反映企业除上述各项目外，支付的其他与投资活动有关的现金。其他与投资活动有关的现金，如果价值较大的，应单列项目反映。本项目可以根据有关账户的记录分析填列。

3. 筹资活动产生的现金流量

（1）"吸收投资收到的现金"项目

本项目用于反映企业以发行股票、债券等方式筹集资金实际收到的款项净额（发行收入减去支付的佣金等发行费用后的净额）。以发行股票等方式筹集资金而由企业直接支付的审计、咨询等费用，

不在本项目中反映，而在"支付的其他与筹资活动有关的现金"项目中反映；由金融企业直接支付的手续费、宣传费、咨询费、印刷费等费用，从发行股票、债券取得的现金收入中扣除，以净额列示。本项目可以在分析计算"实收资本（或股本）""资本公积""库存现金""银行存款"等账户后填列。

（2）"借款收到的现金"项目

本项目用于反映企业举借各种短期、长期借款而收到的现金。本项目可以在分析计算"短期借款""长期借款""交易性金融负债""应付债券""库存现金""银行存款"等账户后填列。

（3）"收到的其他与筹资活动有关的现金"项目

本项目用于反映企业除上述各项目外，收到的其他与筹资活动有关的现金。其他与筹资活动有关的现金，如果价值较大，则应单列项目反映。本项目可在分析计算有关账户后填列。

（4）"偿还债务所支付的现金"项目

本项目用于反映企业以现金偿还债务的本金，包括归还金融企业的借款本金、偿付企业到期的债券本金等。企业偿还的借款利息、债券利息，在"分配股利、利润或偿付利息所支付的现金"项目中反映，不在本项目中反映。本项目可以在分析计算"短期借款""长期借款""交易性金融负债""应付债券""库存现金""银行存款"等账户后填列。

（5）"分配股利、利润或偿付利息支付的现金"项目

本项目用于反映企业实际支付的现金股利、支付给其他投资单位的利润或用现金支付的借款利息、债券利息。不同用途的借款，对应的利息的开支渠道不一样，如在建工程、财务费用等，但均在本项目中反映。本项目可以在分析计算"应付股利""应付利息""利润分配""财务费用""在建工程""制造费用""研发支出""库存现金""银行存款"等账户后填列。

（6）"支付的其他与筹资活动有关的现金"项目

本项目用于反映企业除上述各项目外，支付的其他与筹资活动有关的现金。比如，以发行股票、债券等方式筹集资金而直接支付的审计、咨询等费用，融资租赁所支付的现金，以分期付款方式购建固定资产以后各期支付的现金等。其他与筹资活动有关的现金，如果价值较大，则应单列项目反映。本项目可以在分析计算有关账户后填列。

4．汇率变动对现金的影响

编制现金流量表时，应当将企业外币现金流量以及境外子公司的现金流量折算成记账本位币。现金流量表准则规定，外币现金流量以及境外子公司的现金流量，应当采用现金流量发生日的即期汇率或按照系统合理的方法确定的、与现金流量发生日即期汇率近似的汇率折算。汇率变动对现金的影响额应当作为调节项目，在现金流量表中单独列报。

企业外币现金流量及境外子公司的现金流量折算成记账本位币时，所采用的是现金流量发生日的汇率或按照系统合理的方法确定的、与现金流量发生日即期汇率近似的汇率，而现金流量表"现金及现金等价物净增加额"项目中外币现金净增加额是按资产负债表日的即期汇率折算的。这两者的差额即为汇率变动对现金的影响。

5．现金流量表补充资料

企业应当采用间接法在现金流量附注中披露将净利润调节为经营活动现金流量的信息。现金流量表附注包括将净利润调节为经营活动现金流量、不涉及现金收支的重大投资和筹资活动、现金及现金等价物净增加额等项目。

（1）将净利润调节为经营活动现金流量

利润表中反映的当期净利润是按权责发生制原则确认计量的，而经营活动的现金流量净额是按收付实现制原则确认计量的，而且当期净利润中除包括经营净损益外，还包括不属于经营活动的损益，如投资收益和营业外收支净额等。因此，采用间接列报法将净利润调节为经营活动的现金流量净额时，需要调整以下四大类项目。

第一类，未实际支付现金的费用。按照权责发生制，这些费用包括在利润表中，已从利润中扣除，但却没有发生现金流出。所以，在将净利润调节为经营活动现金流量净额时，需要进行调整"增加"。如计提的资产减值准备、固定资产折旧、无形资产摊销和长期待摊费用摊销等。

第二类，未实际收到现金的收益。这些收益已包括在利润表中，增加本期利润，但却没有发生现金流入。因此，在将净利润调节为经营活动净现金流量时，需要进行调整"减少"。

第三类，不属于经营活动的损益。这类损失或收益已经包括在本年净利润中，将净利润调节为经营活动净现金流量时，也应进行调整：如为收益，则调整"减少"；如为损失和费用，则调整"增加"。这类项目主要有投资损益、处置固定资产、无形资产和其他长期资产净损益、属于投资活动和筹资活动的财务费用等。

第四类，经营性应收应付项目的增减变动。经营性应收项目的增加（或减少）会减少（或增加）本期经营活动的现金流入，而经营性应付项目的增加（或减少）会减少（或增加）本期经营活动的现金流出，因此也应调整；存货的增减变动也属于此类调整项目。

上述四大类调整项目对应的具体项目如下。

①"资产减值准备"项目。该项目用于反映企业当期计提并计入损益的各项资产减值准备，如坏账准备、长期投资减值准备、固定资产减值准备、无形资产减值准备、在建工程减值准备等。本项目可以在分析计算"资产减值损失"账户后填列。

②"固定资产折旧"项目。该项目反映企业本期计提的固定资产折旧。本项目可在分析计算"累计折旧"账户的贷方发生额后填列。

③"无形资产摊销"和"长期待摊费用摊销"项目。这两个项目分别用于反映企业本期摊入成本费用的无形资产价值及长期待摊费用。这两个项目可以在分析计算"累计摊销""长期待摊费用"账户的贷方发生额后填列。

④"处置固定资产、无形资产和其他长期资产的损失（减：收益）"项目。该项目用于反映企业本期处置固定资产、无形资产和其他长期资产的净损失，如为收益，以"一"号填列。本项目可根据"资产处理损益"等账户所属的有关明细账户的记录分析填列。

⑤"固定资产报废损失"项目。该项目用于反映企业本期发生的固定资产盘亏（减：盘盈）后的净损失。该项目可根据"营业外支出"和"营业外收入"账户所属的有关明细账户中固定资产盘亏损失减去固定资产盘盈收益后的差额填列。

⑥"公允价值变动损失"项目。该项目用于反映企业本期交易性金融资产等发生的公允价值变动损益。本项目可以根据"公允价值变动损益"账户的发生额列填；如为收益，以"一"号填列。

⑦"财务费用"项目。该项目用于反映企业本期实际发生的，应属于投资活动和筹资活动的财务费用。该费用在计算净利润时已扣除，但这部分现金流出不属于经营活动的范畴，所以，在将净利润调节为经营活动的现金流量时，应予以加回。本项目可以根据"财务费用"账户的记录分析填列；如为收益，以"一"号填列。

⑧"投资损失（减：收益）"项目。该项目用于反映企业对外投资所实际发生的投资损失减去收益后的净损失。本项目可以根据利润表"投资收益"项目内的数字填列；如为收益，以"一"号填列。

⑨"递延所得税资产减少（减：增加）"项目。该项目用于反映企业资产负债表"递延所得税资产"项目期末、期初余额的差额。本项目可以在分析计算资产负债表中的"递延所得税资产"项目期初、期末余额后填列。

⑩"递延所得税负债增加（减：减少）"项目。该项目用于反映企业资产负债表"递延所得税负债"项目期末、期初余额的差额。本项目可以在分析计算资产负债表中的"递延所得税负债"项目期初、期末余额后填列。

⑪"存货的减少（减：增加）"项目。该项目用于反映企业期末存货比期初存货减少的数额，如

为增加，则以"－"填列。本项目可以根据资产负债表"存货"项目的期初、期末余额的差额填列；期初数小于期末数的差额，以"－"号填列。

⑫ "经营性应收项目的减少（减：增加）"项目。该项目用于反映企业经营性应收项目期末比期初减少的数额，如为增加，则以"－"号填列。经营性应收项目主要是指应收账款、应收票据、预付账款、其他应收款和长期应收款中与经营活动有关的部分等。本项目可以根据资产负债表"应收账款""应收票据""预付账款""其他应收款""长期应收款"等项目的期初、期末余额的差额分析填列；期初数小于期末数的差额，以"－"号填列。

⑬ "经营性应付项目的增加（减：减少）"项目。该项目用于反映企业经营性应付项目期末比期初增加的数额，如为减少，则以"－"号填列。经营性应付项目主要是指应付账款、应付票据、预收账款、应付利息、应付职工薪酬、应交税费、其他应付款、长期应付款中与经营活动有关的部分等。本项目可以在分析计算资产负债表中的"应付账款""应付票据""预收账款""应付职工薪酬""应交税费""应付利息""其他应付款""长期应付款"等项目的期末、期初余额的差额后填列；期末数小于期初数的差额，以"－"号填列。

（2）不涉及现金收支的重大投资和筹资活动

该项目用于反映企业一定会计期间影响资产、负债或所有者权益但不形成该期现金收支的投资和筹资活动的信息。这些投资和筹资活动是企业的重大理财活动，对以后各期的现金流量会产生重大影响，因此，应单列项目在补充资料中反映。现金流量表补充资料中列示的不涉及现金收支的投资和筹资活动项目主要有以下几项。

① "债务转为资本"项目，用于反映企业本期转为资本的债务金额。

② "一年内到期的可转换公司债券"项目，用于反映企业一年内到期的可转换公司债券的本息。

③ "融资租入固定资产"项目，用于反映企业本期融资租入固定资产计入"长期应付款"账户的金额。

（3）现金及现金等价物净增加额

该项目反映企业一定会计期间现金及现金等价物的期末余额减去期初余额后的净增加额，其一般可以通过对"库存现金""银行存款""其他货币资金"账户以及现金等价物的期末余额与期初余额比较得出。

> 注意　需将补充资料中的"现金及现金等价物净增加额"与现金流量表中"五、现金及现金等价物净增加额"核对相符。

13.5　所有者权益变动表

13.5.1　所有者权益变动表概述

1．所有者权益变动表的含义和作用

所有者权益变动表是反映构成所有者权益的各组成部分当期的增减变动情况的会计报表。所有者权益变动表应当全面反映一定时期所有者权益变动的情况，不仅包括所有者权益总量的增减变动，还包括所有者权益增减变动的重要结构性信息，让报表使用者准确理解所有者权益增减变动的根源。资产负债表所有者权益类项目用于反映各个项目的期末余额和年初余额；所有者权益变动表用于反映所有者权益各个项目年初至期末变动的具体内容；因此，所有者权益变动表是对资产负债表所有者权益类项目变动的补充说明。

在所有者权益变动表中,企业的综合收益和与所有者(或股东)的资本交易导致的所有者权益的变动,应当分别列示。企业至少应当单独列示反映下列信息项目:综合收益总额;会计政策变更和差错更正的累积影响金额;所有者投入资本和向所有者分配利润等;提取的盈余公积;所有者权益各组成部分的期初和期末余额及其调节情况。

2. 所有者权益变动表的结构

为了清楚地呈现构成所有者权益的各组成部分当期的增减变动情况,所有者权益变动表应当以矩阵的形式列示。一方面,所有者权益变动表列示导致所有者权益变动的交易或事项,改变了以往仅仅按照所有者权益的各组成部分反映所有者权益变动情况的方式,其按所有者权益变动的来源对一定时期内所有者权益变动情况进行全面反映;另一方面,按照所有者权益各组成部分(包括实收资本、资本溢价、其他综合收益、盈余公积、未分配利润和库存股等)及其总额列示交易或事项对所有者权益的影响。此外,企业还需要比较不同年度的所有者权益变动情况,所以所有者权益变动表就各项目再分为"本年金额"和"上年金额"两栏分别填列。所有者权益变动表的具体格式如表 13-8 所示。

13.5.2 所有者权益变动表的编制方法

所有者权益变动表各项目应在分析计算所有者权益各相应账户的发生额后填列。

1. 所有者权益变动表纵向各项目的填列方法

(1)"上年年末余额"项目的填列

"上年年末余额"项目,应根据上年所有者权益变动表相关专栏的"本年年末余额"填列;"会计政策变更""前期差错更正"项目,应根据"利润分配——未分配利润"账户的记录,分别将会计政策变更、前期差错更正等事项对年初盈余公积、未分配利润项目的影响金额,在"盈余公积""未分配利润"专栏填列,如果是对上年年末余额的调减,应以"-"号列示。

(2)"本年年初余额"项目的填列

"本年年初余额"项目,应根据"上年年末余额""会计政策变更""前期差错更正"项目的金额计算填列。本年年初余额各专栏的金额应与资产负债表所有者权益各项目的年初余额一致。

(3)"本年增减变动金额"项目的填列

"本年增减变动金额"项目,应根据利润表以及"实收资本(或股本)""资本公积""库存股""其他综合收益""盈余公积"和"利润分配"账户的发生额分析填列。如果是调减金额,应以"-"号列示。

① "综合收益总额"项目,根据利润表的"其他综合收益的税后净额"和"净利润"项目的金额,分别在"其他综合收益"和"未分配利润"专栏填列。

② "所有者投入和减少资本"项目,根据"实收资本(或股本)""资本公积"和"库存股"账户的发生额,在"实收资本(或股本)""资本公积"和"库存股"专栏分析填列。

③ "利润分配"项目,根据"盈余公积"和"利润分配"账户的发生额,在"盈余公积"和"利润分配"专栏分析填列。

④ "所有者权益内部结转"项目,根据"实收资本(或股本)""资本公积""盈余公积""利润分配""其他综合收益"账户的发生额,在"实收资本(或股本)""资本公积""盈余公积""利润分配"专栏分析填列。该项目反映不影响当年所有者权益总额的所有者权益各组成部分之间当年的增减变动,包括资本公积转增资本(或股本)、盈余公积转增资本(或股本)、盈余公积弥补亏损等项金额。其中:"资本公积转增资本(或股本)"项目,反映企业以资本公积转增资本或股本的金额;"盈余公积转增资本(或股本)"项目,反映企业以盈余公积转增资本或股本的金额;"盈余公积弥补亏损"项目,反映企业以盈余公积弥补亏损的金额;"设定受益计划变动额结转留存收益"项目,反映计入其他综合收益的设定受益计划薪酬成本转增留存收益的金额。

会企04表

单位：元

表13-8 所有者权益变动表

20×1 年度

编制单位：陆达公司

项目	本年金额							上年金额						
	实收资本（或股本）	资本公积	减：库存股	其他综合收益	盈余公积	未分配利润	所有者权益合计	实收资本（或股本）	资本公积	减：库存股	其他综合收益	盈余公积	未分配利润	所有者权益合计
一、上年年末余额	5 000 000	0	0	0	100 000	50 000	5 150 000							
加：会计政策变更	—	—	—	—	—	—	—							
前期差错更正	—	—	—	—	—	—	—							
二、本年年初余额	5 000 000	0	0	0	100 000	50 000	5 150 000							
三、本年增减变动金额（减少以"-"号填列）														
（一）综合收益总额				12 000		225 000	237 000							
（二）所有者投入和减少资本														
1. 所有者投入的资本														
2. 股份支付计入所有者权益的金额														
3. 其他														
（三）利润分配					24 770.40	-24 770.40	0							
1. 提取盈余公积					24 770.40	-24 770.40	0							
2. 对所有者（或股东）的分配						-32 215.85	-32 215.85							
3. 其他														
（四）所有者权益内部结转														
1. 资本公积转增资本（或股本）														
2. 盈余公积转增资本（或股本）														
3. 盈余公积弥补亏损														
4. 设定受益计划变动额结转留存收益														
5. 其他综合收益结转留存收益														
6. 其他														
四、本年末余额	5 000 000	0	0	12 000	124 770.40	218 013.75	5354 784.15							

（4）"本年年末余额"项目的填列

"本年年末余额"项目，根据"本年年初余额""本年增减变动金额"项目的金额计算填列。本年年末余额各专栏的金额应与资产负债表所有者权益各项目的年末余额一致。

2．所有者权益变动表横向栏目的填列方法

（1）上年金额栏的列报方法

所有者权益变动表"上年金额"栏内各项数字，应根据上年度所有者权益变动表"本年金额"栏内所列数字填列。如果上年度所有者权益变动表规定的各个项目的名称和内容同本年度不相一致，则企业应对上年度所有者权益变动表各项目的名称和数字按本年度的规定进行调整，并将调整后的金额填入所有者权益变动表"上年金额"栏内。

（2）本年金额栏的列报方法

所有者权益变动表"本年金额"栏内各项数字一般应根据"实收资本（或股本）""资本公积""盈余公积""其他综合收益""利润分配""库存股""以前年度损益调整"等账户及其明细账户发生额填列。

值得注意的是：发行优先股等其他权益工具的企业，如果发行的优先股等其他权益工具分类为权益工具的，企业应当在所有者权益变动表中的"实收资本"栏和"资本公积"栏之间增设"其他权益工具"栏，并在该栏中增设"优先股""永续债"和"其他"等3小栏。将"（三）所有者投入和减少资本"项目中的"所有者投入资本"项目改为"所有者投入的普通股"，并在该项目下增设"其他权益工具持有者投入资本"项目，以下顺序号以此类推。"（四）利润分配"项目中"对所有者（或股东）的分配"项目包含对其他权益工具持有者的股利分配。

13.6　财务报表编制举例

13.6.1　资产负债表的编制例题

【**例 13.1**】　陆达公司 20×0 年 12 月 31 日的资产负债表（年初余额略）如表 13-9 所示。20×1 年 12 月 31 日的账户余额表如表 13-10 所示。假设陆达公司 20×1 年度除计提固定资产减值准备导致固定资产账面价值与其计税基础存在可抵扣暂时性差异外，其他资产和负债项目的账面价值均等于其计税基础。假定陆达公司未来很可能获得足够的应纳税所得额用来抵扣可抵扣暂时性差异，适用的所得税税率为25%。

（1）陆达公司 20×0 年 12 月 31 日的资产负债表（简表），如表 13-9 所示。

表 13-9　资产负债表（简表）　　　　会企 01 表

编制单位：陆达公司　　　　20×0 年 12 月 31 日　　　　单位：元

资产	期末余额	年初余额	负债和所有者权益（或股东权益）	期末余额	年初余额
流动资产：			流动负债：		
货币资金	1 406 300		短期借款	300 000	
交易性金融资产	15 000		交易性金融负债	0	
应收票据及应收账款	545 100		应付票据及应付账款	1 153 800	
预付款项	100 000		预收款项	0	
其他应收款	5 000		应付职工薪酬	110 000	
存货	2 580 000		应交税费	36 600	

资产	期末余额	年初余额	负债和所有者权益（或股东权益）	期末余额	年初余额
持有待售资产	0		其他应付款	51 000	
一年内到期的非流动资产	0		持有待售负债	0	
其他流动资产	100 000		一年内到期的非流动负债	1 000 000	
流动资产合计	4 751 400		其他流动负债	0	
非流动资产：			流动负债合计	2 651 400	
债权投资	0		非流动负债：		
其他债权投资	0		长期借款	600 000	
长期应收款	0		应付债券	0	
长期股权投资	250 000		长期应付款	0	
其他权益工具投资	0		预计负债	0	
投资性房地产	0		递延收益	0	
固定资产	1 100 000		递延所得税负债	0	
在建工程	1 500 000		其他非流动负债	0	
生产性生物资产	0		非流动负债合计	600 000	
油气资产	0		负债合计	3 251 400	
无形资产	600 000		所有者权益（或股东权益）		
开发支出	0		实收资本（或股本）	5 000 000	
商誉	0		资本公积	0	
长期待摊费用	0		减：库存股		
递延所得税资产	0		其他综合收益	0	
其他非流动资产	200 000		盈余公积	100 000	
非流动资产合计	3 650 000		未分配利润	50 000	
			所有者权益（或股东权益）合计	5 150 000	
资产总计	8 401 400		负债和所有者权益（或股东权益）总计	8 401 400	

（2）20×1年12月31日的账户余额表，如表13-10所示。

表13-10　陆达公司账户余额表

编制单位：陆达公司　　　　　　　　　　20×1年12月31日　　　　　　　　　　单位：元

账户名称	借方余额	账户名称	贷方余额
库存现金	2 000	短期借款	50 000
银行存款	805 831	应付票据	100 000
其他货币资金	7 300	应付账款	953 800
交易性金融资产	0	其他应付款	50 000
应收票据	66 000	应付职工薪酬	180 000
应收账款	600 000	应交税费	226 731
坏账准备	−1 800	应付利息	0
预付账款	100 000	应付股利	32 215.85

账户名称	借方余额	账户名称	贷方余额
其他应收款	5 000	递延所得税负债	0
材料采购	275 000	递延收益	0
原材料	45 000	长期借款	1 148 000
周转材料	38 050	股本	5 000 000
库存商品	2 122 400	资本公积	0
材料成本差异	4 250	其他综合收益	12 000
其他流动资产	100 000	盈余公积	124 770.4
其他债权投资	0	利润分配（未分配利润）	218 013.75
债权投资	0		
长期股权投资	262 000		
固定资产	2 401 000		
累计折旧	−170 000		
固定资产减值准备	−30 000		
工程物资	300 000		
在建工程	428 000		
无形资产	600 000		
累计摊销	−60 000		
递延所得税资产	7 500		
其他长期资产	188 000		
合计	8 095 531	合计	8 095 531

（3）根据上述资料以及账户记录，编制陆达公司 20×1 年 12 月 31 日的资产负债表，如表 13-3 所示。

13.6.2　利润表的编制例题

【例 13.2】陆达公司 20×1 年度有关损益账户和"其他综合收益"账户中有关明细账户的本年累计发生净额资料如下。

（1）陆达公司损益类账户 20×1 年度累计发生净额，如表 13-11 所示。

表 13-11　陆达公司损益类账户 20×1 年度累计发生净额

单位：元

账户名称	借方发生额	贷方发生额
主营业务收入		1 250 000
主营业务成本	750 000	
税金及附加	2 000	
销售费用	20 000	
管理费用	157 100	
财务费用	41 500	
资产减值损失	30 900	
投资收益		31 500

账户名称	借方发生额	贷方发生额
资产处置损益		50 000
营业外支出	19 700	
所得税费用	85 300	

（2）陆达公司"其他综合收益"账户中有关明细账户，如表13-12所示。

表13-12 陆达公司"其他综合收益"明细账户

20×1年度累计发生净额 单位：元

明细账户名称	借方发生额	贷方发生额
权益法下可转损益的其他综合收益		12 000
总计	0	12 000

陆达公司持有A公司30%的股份，能够对A公司施加重大的影响。20×1年度，A公司因持有的其他权益工具投资公允价值变动计入资本公积的金额为40 000元。假定昌盛公司与A公司适用的会计政策、会计期间相同，投资时A公司有关资产、负债的公允价值与其账面价值相同。双方也在当期及以前期间未发生任何内部交易，并且假定不考虑交易费用及其他相关因素。

（3）根据上述资料，编制陆达公司20×1年度利润表，如表13-5所示。

13.6.3 现金流量表的编制例题

【例13.3】接【例13.1】、【例13.2】的资料，陆达公司其他相关资料如下。

（1）20×1年度利润表有关项目的明细资料如下。

① 管理费用的组成：职工薪酬17 100元，无形资产摊销60 000元，折旧费20 000元，支付其他费用60 000元。

② 财务费用的组成：计提借款利息11 500元，支付应收票据（银行承兑汇票）贴现利息30 000元。

③ 资产减值损失组成：计提坏账准备900元。计提固定资产减值准备30 000元。上年年末坏账准备余额为900元。

④ 投资收益的组成：收到股息收入30 000元，与本金一起收回的交易性股票投资收益500元，自公允价值变动损益结转投资收益1 000元。

⑤ 资产处置收益的组成：处置固定资产净收益50 000元（其所处置固定资产原价为400 000元，累计折旧为150 000元，收到处置收入300 000元）。

⑥ 营业外支出的组成：报废固定资产净损失19 700元（其所处置固定资产原价为200 000元，累计折旧为180 000元，支付清理费用500元，收到残值收入800元）。

⑦ 所得税费用的组成：当期所得税费用为92 800元，递延所得税7 500元。

除上述项目外，利润表中的销售费用20 000元至期末已经支付。

（2）资产负债表有关项目的明细资料如下。

① 本期收回交易性股票投资本金15 000元、公允价值变动1 000元，同时实现投资收益500元。

② 存货中生产成本、制造费用的组成：职工薪酬324 900元，折旧费80 000元。

③ 应交税费的组成：本期增值税进项税额42 466元，增值税销项税额212 500元，已交增值税100 000元；应交所得税期末余额为20 097，应交所得税期初余额为0，应交税费期末数中应由在建工程负担的部分为100 000元。

④ 应付职工薪酬的期初数无应付在建工程人员的部分，本期支付在建工程人员职工薪酬200 000

元。应付职工薪酬的期末数中，应付在建工程人员的部分为 28 000 元。

⑤ 应付利息均为短期借款利息，其中，本期计提利息 11 500 元，支付利息 12 500 元。

⑥ 本期用现金购买固定资产 101 000 元，购买工程物资 300 000 元。

⑦ 本期用现金偿还短期借款 250 000 元，偿还一年内到期的长期借款 1 000 000 元；借入长期借款 560 000 元。

根据以上资料，采用分析填列的方法，编制陆达公司 20×1 年度现金流量表。

（1）陆达公司 20×1 年度现金流量表各项目金额，分析确定如下。

① 销售商品、提供劳务收到的现金＝主营业务收入＋增值税销项税额＋应收账款（年初余额－期末余额）＋应收票据（年初余额－期末余额）－当期计提的坏账准备－票据贴现的利息

＝1 250 000＋212 500＋（299 100－598 200）＋（246 000－66 000）－900－30 000

＝1 312 500（元）

② 购买商品、接受劳务支付的现金＝主营业务成本＋增值税进项税额－存货（年初余额－期末余额）＋应付账款（年初余额－期末余额）＋应付票据（年初余额－期末余额）＋预付账款（期末余额－年初余额）－当期列入生产成本、制造费用的职工薪酬－当期列入生产成本、制造费用的折旧费和固定资产修理费

＝750 000＋42 466－（2 580 000－2 484 700）＋（953 800－953 800）＋（200 000－100 000）＋（100 000－100 000）－324 900－80 000＝392 266（元）

③ 支付给职工以及为职工支付的现金＝生产成本、制造费用、管理费用中的职工薪酬＋（应付职工薪酬年初余额－应付职工薪酬期末余额）－[应付职工薪酬（在建工程）年初余额－应付职工薪酬（在建工程）期末余额]

＝324 900＋17 100＋（110 000－180 000）－（0－28 000）＝300 000（元）

④ 支付的各种税费＝当期所得税费用＋税金及附加＋应交增值税（已交税金）－应交所得税（期末余额－期初余额）

＝92 800＋2 000＋100 000－（20 097－0）＝174 703（元）

⑤ 支付其他与经营活动有关的现金＝其他管理费用＋销售费用

＝60 000＋20 000＝80 000（元）

⑥ 收回投资收到的现金＝交易性金融资产贷方发生额＋与交易性金融资产一起收回的投资收益

＝16 000＋500＝16 500（元）

⑦ 取得投资收益收到的现金＝收到的股息收入＝30 000（元）

⑧ 处置固定资产收回的现金净额＝300 000＋（800－500）＝300 300（元）

⑨ 购建固定资产支付的现金＝用现金购买的固定资产、工程物资＋支付给在建工程人员的薪酬

＝101 000＋300 000＋200 000＝601 000（元）

⑩ 取得借款收到的现金＝560 000（元）

⑪ 偿还债务支付的现金＝250 000＋1 000 000＝1 250 000（元）

⑫ 偿付利息支付的现金＝12 500（元）

（2）将净利润调节为经营活动现金流量，各项目计算分析如下。

① 资产减值准备＝900＋30 000＝30 900（元）

② 固定资产折旧＝20 000＋80 000＝100 000（元）

③ 无形资产摊销＝60 000（元）

④ 处置固定资产、无形资产和其他长期资产的损失（减：收益）＝－50 000（元）

⑤ 固定资产报废损失＝19 700（元）

⑥ 财务费用＝11 500（元）

⑦ 投资损失（减：收益）＝－31 500（元）

⑧ 递延所得税资产减少＝0－7 500＝－7 500（元）

⑨ 存货的减少＝2 580 000－2 484 700＝95 300（元）

⑩ 经营性应收项目的减少

＝（246 000－66 000）＋（299 100＋900－598 299－1 800）＝－120 000（元）

⑪ 经营性应付项目的增加

＝（100 000－200 000）＋（953 800－953 800）＋[（180 000－28 000）－110 000]＋[（226 731－100 000）－36 600]＝32 131（元）

（3）陆达公司现金流量表如表13-6所示，补充资料如表13-7所示。

13.6.4　所有者权益变动表的编制例题

【例13.4】　接【例13.1】【例13.2】和【例13.3】的资料，陆达公司其他相关资料为：提取盈余公积24 770.4元，向投资者分配现金股利32 215.85元。

根据上述资料，编制陆达公司20×1年度的所有者权益变动表，如表13-8所示。

13.7　附注

13.7.1　附注的含义和作用

附注是对资产负债表、利润表、现金流量表和所有者权益变动表等会计报表中列示项目的文字描述或明细资料，以及对未能在这些报表中列示项目的说明等。

财务报表中的数字是经过分类与汇总后的结果，是对企业发生的经济业务的高度简化和浓缩的数字，若没有形成这些数字所适用的会计政策、理解这些数字所必需的披露，财务报表就不可能充分发挥效用。因此，附注与资产负债表、利润表、现金流量表、所有者权益变动表等报表具有同等的重要性，是财务报表的重要组成部分。报表使用者了解企业的财务状况、经营成果和现金流量，应当全面阅读附注。

13.7.2　附注披露的内容

根据我国企业会计准则的规定，财务报表附注应当按照如下顺序披露有关内容。

1．企业的基本情况

（1）企业注册地、组织形式和总部地址。

（2）企业的业务性质和主要经营活动。

（3）母公司以及集团最终母公司的名称。

（4）财务会计报告的批准报出者和财务会计报告的批准报出日，以签字人及其签字日期为准。

（5）营业期限有限的企业，还应当披露有关营业期限的信息。

2．财务报表的编制基础

企业应当明确财务会计报告以持续经营为基础编制，且自资产负债表日起12个月不存在对企业持续经营产生重大影响的事项。

3．遵循企业会计准则的声明

企业应当声明编制的财务报表符合企业会计准则的要求，且真实、完整地反映了企业的财务状况、经营成果和现金流量等有关信息。

4．重要会计政策的说明

企业应当披露采用的重要会计政策，并结合企业的具体实际披露其重要会计政策的确定依据和财务报表项目的计量基础，包括企业采用的会计年度、记账本位币、企业会计计量所运用的计量属性、现金和现金等价物的构成、发出存货成本的计量、长期股权投资、投资性房地产的后续计量、固定资产的初始计量、无形资产的确认、收入的确认等。

5. 披露与收入有关的信息

（1）收入确认和计量所采用的会计政策

对于确定收入确认的时点和金额具有重大影响的判断以及这些判断的变更，包括确定履约进度的方法及采用该方法的原因，评估客户取得所转让商品控制权时点的相关判断，在确定交易价格、估计计入交易价格的可变对价、分摊交易价格以及计量预期将退还给客户的款项等类似义务时所采用的方法、输入值和假设等。

（2）与合同相关的下列信息

① 与本期确认收入相关的信息，包括与客户之间的合同产生的收入；该收入按主要类别分解的信息；该分解信息与每一报告分部的收入之间的关系等。

② 与应收款项、合同资产和合同负债的账面价值相关的信息，包括与客户之间的合同产生的应收款项、合同资产和合同负债的期初和期末账面价值及在本期内发生的重大变动情况等。

③ 与履约义务相关的信息，包括履约义务通常的履行时间、重要的支付条款、企业承诺转让的商品的性质、企业承担的预期将退还给客户的款项等类似义务、质量保证的类型及相关义务等。

④ 与分摊至剩余履约义务的交易价格相关的信息，包括分摊至本期末尚未履行履约义务的交易价格总额、上述金额确认为收入的预计时间的定量或定性信息、未包括在交易价格中的对价金额（如可变对价）等。

（3）与合同成本有关的资产相关的信息

这类信息包括确定该资产金额所做的判断、该资产的摊销方法、按该资产主要类别（如为取得合同发生的成本、为履行合同开展的初始活动发生的成本等）披露的期末账面价值以及本期确认的摊销及减值损失金额等。

6. 重要会计估计的说明

企业应当披露重要会计估计中所采用的关键假设和不确定因素，包括下一会计期间内很可能导致资产、负债账面价值重大调整的会计估计的确定依据等，具体包括坏账准备的计提方法、固定资产折旧年限、折旧方法、残余价值、无形资产摊销年限、存货的可变现净值的确定方法、存货跌价准备等。

7. 会计政策和会计估计变更以及差错更正的说明

（1）会计政策变更的性质、内容和原因。

（2）当期和各个列报前期财务报表中受影响的项目名称和调整金额。

（3）会计政策变更无法进行追溯调整的事实和原因以及开始应用变更后的会计政策的时点、具体应用情况。

（4）会计估计变更的内容和原因。

（5）会计估计变更对当期和未来期间的影响金额。

（6）会计估计变更的影响数不能确定的事实和原因。

（7）前期差错的性质。

（8）各个列报前期财务报表中受影响的项目名称和更正金额；前期差错对当期财务报表也有影响的，还应披露当期财务报表中受影响的项目名称和金额。

（9）前期差错无法进行追溯重述的事实和原因，以及对前期差错开始进行更正的时点、具体更正情况。

8. 报表重要项目的说明

企业对报表重要项目的说明，应当按照资产负债表、利润表、现金流量表、所有者权益变动表及其项目列示的顺序，采用文字和数字描述相结合的方式进行披露。报表重要项目的明细金额合计，应当与报表项目金额相衔接。

9．或有事项的说明

（1）预计负债的种类、形成原因以及经济利益流出不确定性的说明。

（2）与预计负债有关的预期补偿金额和本期已确认的预期补偿金额。

（3）或有负债的种类、形成原因及经济利益流出不确定性的说明。

（4）或有负债预计产生的财务影响，以及获得补偿的可能性；无法预计的，应当说明原因。

（5）或有资产很可能会给企业带来经济利益的，其形成的原因、预计产生的财务影响等。

（6）在涉及未决诉讼、未决仲裁的情况下，披露全部或部分信息预期对企业造成重大不利影响的，披露该未决诉讼、未决仲裁的性质以及没有披露这些信息的事实和原因。

10．资产负债表日后事项的说明

（1）资产负债表日后，重要的非调整事项的性质、内容，及其对财务状况和经营成果的影响，对于无法做出估计的，企业应当说明原因。

（2）资产负债表日后，企业利润分配方案中拟分配的以及经审议批准宣告发放的股利或利润，应有说明。

本章小结

思考与练习

一、思考题

1．财务报表有哪些分类方法？

2．简述资产负债表的结构。如何编制资产负债表？应注意什么？

3．简述利润表的结构。如何编制利润表？

4．简述现金流量表的结构。如何编制现金流量表？

5．简述所有者权益变动表的结构。

6．附注有何作用？包括哪些内容？

二、业务处理题

1．目的：练习经济业务的会计处理及资产负债表的编制。

资料：甲企业为增值税一般纳税企业，其有关资料如下。

（1）甲企业销售的产品、材料均为应纳增值税货物，增值税税率13%，产品、材料销售价格中均不含增值税。

（2）甲企业材料和产品均按实际成本核算，其销售成本随着销售同时结转。

（3）乙企业为甲企业的联营企业。甲企业对乙企业的投资占乙企业有表决权资本的25%。甲企业对乙企业的投资按权益法核算。

（4）甲企业20×1年1月1日有关账户余额如表13-13所示。

表13-13 账户余额表

单位：元

账户名称	借方余额	账户名称	贷方余额
库存现金	500	短期借款	300 000
银行存款	400 000	应付票据	50 000

账户名称	借方余额	账户名称	贷方余额
应收票据	30 000	应付账款	180 000
应收账款	200 000	应付职工薪酬	5 000
坏账准备	−1 000	应交税费	12 000
其他应收款	200	长期借款	1 260 000
原材料	350 000	实收资本	2 000 000
周转材料	30 000	盈余公积	120 000
库存商品	80 000	利润分配（未分配利润）	7 700
长期股权投资——乙企业	600 000		
固定资产	2 800 000		
累计折旧	−560 000		
无形资产	5 000		
合计	3 934 700	合计	3 934 700

（5）甲企业 20×1 年度发生如下经济业务。

① 购入原材料一批，增值税专用发票上注明的增值税税额为 39 000 元，原材料实际成本 300 000 元。材料已经到达，并验收入库。企业开出商业承兑汇票。

② 销售给乙企业一批产品，销售价格 40 000 元，产品成本 32 000 元。产品已经发出，开出增值税专用发票，款项尚未收到（除增值税以外，不考虑其他税费）。甲企业销售该产品的销售毛利率为 20%。

③ 对外销售一批原材料，销售价格 26 000 元，材料实际成本 18 000 元。销售材料已经发出，开出增值税专用发票。款项已经收到，并存入银行（除增值税以外，不考虑其他税费）。

④ 出售一台不需用的设备给乙企业，设备账面原价 150 000 元，已提折旧 24 000 元，出售价格 180 000 元。出售设备价款已经收到，并存入银行。甲企业出售该项设备的毛利率为 30%（假设出售该项设备不需交纳增值税等有关税费）。

⑤ 按应收账款年末余额的 5‰计提坏账准备。

⑥ 用银行存款偿还到期应付票据 20 000 元，交纳所得税 2 300 元。

⑦ 乙企业本年实现净利润 280 000 元，甲企业按投资比例确认其投资收益。

⑧ 摊销无形资产价值 1 000 元；计提管理用固定资产折旧 8 766 元。

⑨ 本年度所得税费用和应交所得税为 42 900 元；实现净利润 87 100 元；计提盈余公积 8 710 元。

要求：完成下列各题。

（1）根据上述资料，对甲企业的有关经济业务进行会计处理。

（2）填列甲企业 20×1 年 12 月 31 日资产负债表的期末余额（将结果填入表 13-14）。

表 13-14　资产负债表

编制单位：甲企业　　　　　　　　　　　20×1 年 12 月 31 日　　　　　　　　　　单位：元

资产	期末余额	负债及所有者权益	期末余额
流动资产：		流动负债：	
货币资金		短期借款	
交易性金融资产		应付票据及应付账款	
应收票据及应收账款		预收款项	
预付款项		应付职工薪酬	
其他应收款		应交税费	
存货		其他应付款	
流动资产合计		流动负债合计	
非流动资产：		非流动负债：	
长期股权投资——乙企业		长期借款	

续表

资产	期末余额	负债及所有者权益	期末余额
固定资产		非流动负债合计	
无形资产		负债合计	
非流动资产合计		所有者权益：	
		实收资本	
		盈余公积	
		未分配利润	
		所有者权益合计	
资产总计		负债及所有者权益总计	

2. 目的：练习经济业务的会计处理及利润表的编制。

资料：甲股份有限公司（以下简称甲公司）为增值税一般纳税企业，适用的增值税税率为13%，适用的所得税税率为25%，采用债务法核算所得税，不考虑其他相关税费，商品销售价格中均不含增值税税额，商品销售成本按发生的经济业务逐项结转。销售商品及提供劳务均为主营业务，资产销售（出售）均为正常的商业交易，采用公允的交易价格结算，除特别指明外，所售资产均未计提减值准备。

甲公司20×1年12月发生的经济业务及相关资料如下。

（1）12月1日，甲公司按照合同向A公司销售商品一批，增值税专用发票上注明销售价格为1 000 000元。增值税税额为130 000元。提货单和增值税专用发票已交A公司，款项尚未收取。为及时收回货款，甲公司给予A公司的现金折扣条件如下：2/20，1/40，n/60，该批商品的实际成本为750 000元。假设甲公司在资产负债表日预计客户将于合同签订后40天内付款。

（2）12月3日，甲公司收到B公司来函，要求对当年11月5日所购商品在销售价格上给予5%的折让（甲公司在该批商品售出时，已确认销售收入2 000 000元，但款项尚未收取）。经查核，该批商品存在外观质量问题，甲公司同意了B公司提出的折让要求。当日，甲公司收到B公司交来的税务机关开具的索取折让证明单，并开具红字增值税专用发票。

（3）12月10日，甲公司收到A公司支付的货款并存入银行。

（4）12月15日，甲公司与C公司签订一项专利技术使用权转让合同。合同规定：C公司有偿使用甲公司的该项专利技术，使用期为2年，一次性支付使用费1 000 000元；甲公司在合同签订日提供该专利技术资料，不提供后续服务。与该项交易有关的手续已办妥，从C公司收取的使用费已存入银行。

（5）12月16日，甲公司与D公司签订一项安装设备的合同。合同规定，该设备安装期限为2个月，合同总价款为339 000元（含增值税税额），合同签订日预收价款250 000元。至12月31日，甲公司已实际发生安装费用140 000元（均为安装人员工资），预计还将发生安装费用60 000元。甲公司按照投入法即实际发生的成本占总成本的比例计算确定安装劳务的完工程度。

（6）12月20日，甲公司收到E公司退回的商品一批。该批商品系当年11月10日售出，销售价格为500 000元，实际成本为450 000元，货款尚未收取。经查核，该批商品的性能不稳定，甲公司同意了E公司的退货要求。当日，甲公司办妥了退货手续，并将开具的红字增值税专用发票交给了E公司。

（7）12月21日，甲公司收到先征后返的增值税税额320 000元，并存入银行。

（8）12月31日，甲公司在财产清查时发现一批原材料盘亏和一台固定资产报废，盘亏的原材料实际成本为100 000元，报废的固定资产原价为1 000 000元，累计折旧为700 000元，已计提的减值准备为100 000元，原材料盘亏属于计量不准所致。

（9）除上述经济业务外，甲公司登记本月发生的其他经济业务形成的有关账户发生额如表 13-15 所示。

表 13-15 其他损益类账户发生额汇总

单位：元

账户名称	借方发生额	贷方发生额
其他业务成本	200 000	
销售费用	150 000	
管理费用	122 000	
财务费用	103 000	
税金及附加	65 000	
投资收益		142 000
营业外收入		80 000
资产处置损益	122 000	

（10）12 月 31 日，计算交纳本月应交所得税（假定本月无纳税调整事项）。

要求：完成下列各题。

（1）根据上述资料，对甲公司有关经济业务进行会计处理。应交税费账户要求写出明细账户及专栏名称。

（2）编制甲公司 20×1 年 12 月的利润表（以万元为单位，如表 13-16 所示）。

表 13-16 利润表

编制单位：甲公司	20×1 年 12 月 单位：万元
项目	**本期金额**
一、营业收入	
减：营业成本	
税金及附加	
销售费用	
管理费用	
财务费用	
资产减值损失	
信用减值损失	
加：其他收益	
投资收益（损失以"－"号填列）	
其中：对联营企业和合营企业的投资收益	
公允价值变动收益（损失以"－"号填列）	
资产处置收益（损失以"－"号填列）	
二、营业利润（亏损以"－"号填列）	
加：营业外收入	
减：营业外支出	
三、利润总额（亏损总额以"－"号填列）	
减：所得税费用	
四、净利润（净亏损以"－"号填列）	

参考文献

[1] 企业会计准则编审委员会. 企业会计准则案例讲解[M]. 上海：立信会计出版社，2018.

[2] 中华人民共和国财政部. 企业会计准则应用指南[M]. 上海：立信会计出版社，2017.

[3] 财政部会计资格评价中心. 中级会计实务[M]. 北京：经济科学出版社，2018.

[4] 中国注册会计师协会. 会计[M]. 北京：中国财政经济出版社，2018.

[5] 林钢. 中级财务会计（第2版）[M]. 北京：中国人民大学出版社，2018.

[6] 刘永泽，陈立军. 中级财务会计（第6版）[M]. 大连：东北财经大学出版社，2018.

[7] 弗雷德·菲利普斯（Fred Phillips）. 财务会计原理[M]. 北京：北京大学出版社，2010.

[8] 财政部会计资格评价中心. 初级会计实务[M]. 北京：中国财政经济出版社，经济科学出版社，2018.

[9] 全国税务师职业资格考试教材编写组. 财务与会计[M]. 北京：中国税务出版社，2017.

[10] 盖地. 税务会计与税务筹划（第10版）[M]. 北京：中国人民大学出版社，2017.

[11] 全国税务师职业资格考试教材编写组. 涉税服务相关法律[M]. 北京：中国税务出版社，2017.

[12] 王晓燕，张秀梅. 会计学[M]. 北京：人民邮电出版社，2015.